管理概论

（第二版）

管理概论课程组　主编

天津大学出版社
TIANJIN UNIVERSITY PRESS

内容提要

本教材立足管理知识的基本框架，从管理过程出发，系统梳理管理的基本概念、基本理论和基本方法，内容包括管理导论、管理基本原理与方法、管理发展史、决策与计划、战略管理、组织与组织文化、领导与激励、控制与风险管理、工程经济，共九章。本教材既可以作为高等院校的教材，又可以作为企事业单位的管理培训用书，同时也可以作为各类人员自学管理基础知识的参考教材。

图书在版编目(CIP)数据

管理概论 / 管理概论课程组主编. -- 2版. -- 天津：天津大学出版社，2023.11

ISBN 978-7-5618-7578-0

Ⅰ. ①管… Ⅱ. ①管… Ⅲ. ①管理学－高等学校－教材 Ⅳ. ①C93

中国国家版本馆CIP数据核字(2023)第154262号

GUANLI GAILUN (DI-ER BAN)

出版发行　天津大学出版社
地　　址　天津市卫津路92号天津大学内（邮编:300072）
电　　话　发行部:022-27403647
网　　址　www.tjupress.com.cn
印　　刷　北京盛通印刷股份有限公司
经　　销　全国各地新华书店
开　　本　720mm×1010mm　1/16
印　　张　20
字　　数　415千
版　　次　2023年11月第2版　2012年1月第1版
印　　次　2023年11月第1次
定　　价　52.00元

前　言

在现实社会中，管理无处不在，无时不在。管理学是在自然科学和社会科学的基础上建立起来的一门交叉学科。管理学发展至今，已形成较为完善的知识体系，具有科学性的特点。从管理学的形成和更新发展过程可以看出，管理学是一门实践性很强的学科。随着全球化进程的不断推进以及互联网、大数据、人工智能等高新技术的发展，组织始终处于动态变化的环境中，有效管理的重要性愈发凸显。

高校越来越重视大学生文化素质教育。面向非管理专业的学生开设“管理概论”必修课程，在天津大学已有 30 多年的历史。《管理概论》是初学者掌握管理基础知识的重要教材，书中全面系统地阐述了管理的基本内涵、基本理论和基本技术。

党的二十大报告提出，要“深化教育领域综合改革，加强教材建设和管理”。本书编写组以此为指导思想，在教材编写过程中，将马克思主义中国化时代化的最新理论成果融入教学内容，践行社会主义核心价值观，突出新发展阶段的时代背景，注重新发展理念的融入和新发展格局下的管理模式变革，在 2012 年版《管理概论》的基础上，将多年的教学经验和典型的管理实践相结合，不断丰富和发展“管理概论”课程的学习内容、学习方法和学习模式，从而形成本教材的特色。

一、本教材特色

1. 学习内容的变革

将 2012 年版《管理概论》第四章中“行为科学的概念、产生与发展”融入本教材第三章“管理发展史”中，较为完整地呈现管理理论体系的发展脉络；将其中有关个体行为与群体行为的内容融入本教材第七章“领导与激励”中，使得当今的领导与激励理论能更加鲜明地指导实践。同时，将管理的四个职能（计划、组织、领导、控制）结合持续变化和发展的环境中的管理现实，修改为决策与计划、战略管理、组织与组织文化、领导与激励、控制与风险管理五个方面。其中，本教材第四章“决策与计划”，突出决策是管理工作的本质，是计划的基础，2012 年版教材第十章和第十一章中的决策、预测、网络计划技术等管理方法也合并在本教材第四章中一并陈述，其目的是强调定量与定性相结合，分析不确定的管理现实问题，提出较为科学的计划方案。这样有利于提升读者应用管理知识和管理思维分析管理实践问题的能力，将管理与工程实践、企业实践、社会实践有机结合，深入理解和领会管理是无处不在、不可忽视的。此外，本教材增加了第五章“战略管理”，让读者理解战略在定位企业未来发展方向中的重要作用，领会不同管理层次的治理方法，进而了解供应链战略管理是当今国家治理的焦点。

2. 学习方法的变革

设置学习纲要，清晰列出每章的知识点、重点和难点，便于学生有的放矢地阅读；将现实的管理实践问题以引例的形式呈现，让学生在学习之前进行思考，并与学习之后的案例分析相结合，理论联系实践；通过思考题与自测题等练习帮助学生掌握管理的基本知识。此外，课后练习“一书一码”的设置，增强了学习的趣味性。

3. 学习模式的变革

本教材的各章既是独立的模块，每一章在基本知识点的基础上可拓展到管理学知识体系中需要深层次学习的相应内容；又是相互联系的统一体，在认识管理、了解学习管理的意义和方法的基础上，系统地讲述管理学知识体系中最基础、最核心的内容，形成多元化和一体化的学习模式。本教材采用案例式、体验式、启发式等学习方法，将管理理论与管理方法深度融合，使得管理理论更贴近实践，具有生动性、启发性和可操作性。本教材知识结构鲜明、语言通俗易懂、内容简明扼要，学生可以以问题为导向，学习、探讨和领悟管理的真谛。

二、本教材修订内容

第一章：增加“学习管理的意义与方法”，有助于学生深入理解管理是一门指导管理实践活动的重要学科，深入领会真正学好管理所需的科学方法论。

第二章：增加“效益原理”和“适度原理”，前者有助于学生理解效率、效果、效益的辩证统一关系，后者帮助学生理解管理的艺术性和直觉；同时增加“管理的基本方法”，进一步阐述管理学是一门应用型科学，要解决管理实践中遇到的各种问题，离不开科学有效的管理方法。

第三章：将管理发展史分为三个阶段，突出管理发展百年史的更新迭代以及中国当代管理思想的演变。

第四章：坚持计划是决策的一种表现形式，强调决策在管理中的重要作用，突出理论与实践相结合、定性与定量相结合的管理决策与预测，为计划提供科学的分析方法。

第五章：增加这一章的目的是，强调战略是企业发展的计划、计策、模式、定位、观念，引导企业塑造自己的未来，勇于创新持续发展；凸显战略管理是管理学知识体系中的一个重要分支。

第六章：增加“管理伦理与社会责任”，强调企业家的社会公德、责任心等道德的重要性，以及企业管理者是社会责任的受托者，社会责任是超越法律与经济的对企业的义务的要求。

第七章:梳理了领导理论的发展历程,强调领导的权变理论;增加了“管理沟通与冲突管理”,阐述管理工作中沟通的重要性以及解决冲突的基本方法,以摆脱由此产生的困境。

第八章:增加“风险管理与风险控制”。在组织发展中伴随着各式各样的风险,虽然在理论上没有一个切实可行的统一解决方案,但是依据风险规划,具体问题具体分析,可以有效实施风险监控管理。

第九章:将工程经济评价指标分为三个部分进行阐述,增加了应用练习,使读者能更加深入地理解工程与经济的深层含义。

三、本教材编写分工

本教材共分为九章,由高举红整理并统稿,其中第一章、第二章由闫东玲编写,第三章、第七章由贾湖、高举红编写,第四章、第五章由王振强、高举红编写,第六章、第八章由高举红编写,第九章由刘立秋编写。

在编写教材的过程中,我们得到了天津大学出版社的大力支持,其所给予的热情帮助和高效率的工作是本教材能够顺利出版的重要保障,对此,我们表示衷心的感谢。

在教材编写过程中,我们直接或间接地参考了国内外大量的论著、教科书等素材,主要参考文献列在书后,在此对原著作者表示诚挚的感谢。

本教材难免存在观点上的谬误、偏差,敬请广大读者不吝指正。

编者

2023 年 5 月

目　录

第一章　管理导论

与人类的无限需求相比,资源和人类获取资源的能力总是有限的,所以资源的稀缺性是一切经济问题的根源。在经济社会中,为了有效利用可支配资源以获取最大收益,决策、组织、领导、控制与创新等一系列管理工作无处不在。同样,在日常生活中,时间需要管理,学习需要管理,人生更需要管理。因此,了解并学习管理对我们至关重要。

学习纲要

✧ **知识点**:管理的基本内涵,管理者的不同分类。

✧ **重点**:管理的概念与特点,管理的科学性与艺术性,管理者的角色。

✧ **难点**:对管理内涵的理解,学习管理的方法。

名言名句

✧ 管理是由心智所驱使的唯一无处不在的人类活动。

——戴维·B. 赫尔茨(David B. Hertz)

✧ 在人类历史上,还很少有什么事比管理的出现和发展更为迅猛,对人类具有更为重大和更为激烈的影响。

——彼得·德鲁克(Peter Drucker)

✧ 有效的管理是一种随机制宜的,或因情况而异的管理。

——西里尔·奥唐奈(Cyril O'Donnell)、哈罗德·孔茨(Harold Koontz)

引例

李叶和王斌是大学同学,学的都是管理科学与工程专业。毕业后,李叶去了深圳一家有名的外资企业从事管理工作,而王斌被学校免试推荐为该校的硕士研究生。一晃三年过去了,王斌又以优异的成绩考入北京某名牌大学攻读管理科学与工程专业的博士学位。李叶在当上部门经理后也来到该校攻读MBA(工商管理硕士),进行学习深造。

王斌在办理报到手续时与李叶不期而遇。老同学相见自然免不了要"促膝长谈",因此两人约定:晚上来个"一醉方休"。王斌如约而至,两人在酒足饭饱之余闲聊起来,由于两人志趣相投,一会儿,他们就"什么是管理"的话题聊开了。

王斌非常谦虚地问:“李兄,我虽然读了许多有关管理的著作,但对于什么是管理我还是心存疑虑,管理学家西蒙说‘管理就是决策’,有的管理学家却说‘管理是协调他人的活动’,如此等等,真是各执己见,见仁见智。你是从事管理工作的,那你认为到底什么是管理呢?”

李叶略为思索了一会儿,说道:“你读的书比我多,思考问题也比我深。对于什么是管理,过去我从来没有认真想过,不过从我工作的经验看来,管理其实就是管人,人管好了,什么都好。”

“那么依你看,善于交际的、会拍马屁的人就是最好的管理者了?”王斌追问道。

“也不能这么说,”李叶忙回答,“虽然管人非常重要,但管理不仅仅是管人,正如你所说的,管理者还必须做决策、组织和协调各部门的工作等等。”

“你说得对,管理不仅要管人,还要做计划、定目标、选人才、做决策、组织实施和控制等等,那么,做这些工作就是管理啦?”王斌继续问道。

“可以这么说,我们做管理工作的差不多啥都得做,今天开会,明天制定规则,后天拟定方案,等等,所以说,搞好管理可真不容易。”李叶深有感触地说。

“那你怎么解释‘管理就是通过其他人来完成工作’?难道在现实中这种说法本身就是虚假的吗?”王斌显得有点激动地说。

李叶想了一会儿才回答:“我个人认为,‘管理就是通过其他人来完成工作’这句话有点偏颇,管理的确要协调和控制其他人的活动,使之符合企业制定的目标和发展方向,但管理者绝不是有些人所理解的单纯的发号施令者,其实管理者的工作量非常大,在很多方面,他们还必须协调各方并激励员工,同时起到表率和引导作用。”

“我同意你的观点,管理者不是发号施令者,也不是一味地叫别人帮他做事的人;管理者是‘舵手’,是‘领航员’,他必须带领其他人一起为组织目标的实现而奋斗。因此,管理是为了有效地实现组织目标,由管理者利用相关知识、技术和方法对组织活动进行决策、组织、领导、控制并带领组织不断实现创新的过程。”王斌好像深刻地理解了管理的实践内涵。

夜深了,李叶和王斌并没有丝毫的倦意,两人还在围绕“什么是管理”的话题继续探讨着。

(资料来源:百度题库)

思考

1. 有人说:“管理就是管人。”对此,你如何看待?

2. 案例中提到“管理者不是发号施令者……是‘舵手’,是‘领航员’”,你同意这种说法吗?为什么?

第一节　管理的基本内涵

一、管理的概念

1. 对管理概念的认识

管理的历史与人类社会的历史一样久远，可以说，只要有共同劳动就有管理活动。共同劳动需要对劳动进行分工、组织和协调，以完成任务和实现目标。这种分工、组织和协调就是管理活动。由此可见，管理产生于人类的共同劳动。那么，究竟什么叫管理呢？

管理，从字面上理解，管是主其事，理是治其事，管理是管辖治理的意思。在管理的内涵界定上，古今中外莫衷一是，众说纷纭。

➢ 苏格拉底（Socrates）把管理解释为“区别于技术知识和经验的另一种技能”。

➢ 诺贝尔经济学奖得主赫伯特·亚历山大·西蒙（Herbert Alexander Simon）说：“管理就是决策。”

➢ 管理过程学派鼻祖亨利·法约尔（Henri Fayol）认为：“管理，就是实行计划、组织、指挥、协调和控制。”

➢ 奥唐奈认为：“管理可看成是与经济发展有关的唯一最重要的社会活动。”

➢ 菲利普·E. 希克斯（Philip E. Hicks）认为：“管理是一门指导人们如何活动的艺术和科学。”

➢ 劳伦斯·阿普莱（Lawrence Appley）认为：“管理就是通过他人把事办好。”

➢ 威廉·H. 纽曼（William H. Newman）认为：“管理是把一个人群团体的努力朝着某个共同目标指引、领导和控制。”

➢ 艾尔莫·彼得森（Elmore Peterson）和 E. 格罗夫纳·普洛曼（E. Grosvener Plowman）认为：“管理是一个特定的人群团体用以确定、阐明和实现其目的和目标的技能。”

➢ 孔茨认为：“管理是一种在正式组织团体中通过别人并同别人一道来完成工作的技能；一种在正式组织团体中创造一种环境，使得人们能为达到团体目标，既作为个体而又能互相协作地完成工作的技能；一种消除完成工作障碍的技能；一种能以最高效率切实达到目标的技能。”

➢ 卢瑟·哈尔西·古利克（Luther Halsey Gulick）认为：“所谓管理，乃指任何一个企业的主管人员，研究如何运用良好的计划、健全的组织、适当的人员配置、正确的指挥方法、有效的内部协调、快速而准确的报告系统、严密而合理的控制，使该企业的资金、原料、人力、技术、时间、市场等，做到最佳组合，以达到预期的目标。”

➢ 乔治·R. 特里(George R. Terry)认为:“管理是对人力、原料、机器、方法、资金和市场这些基本要素的作用进行计划、组织和控制的活动,它提供指挥和协调,并对人们的努力提供领导,以达到团体所追求的目标。”

➢ 德鲁克认为:“管理是一种工作,因此它有其技能,有其工具,也有其技术。管理是一种学术,换句话说,是到处均可应用的一套系统化知识。管理也是一种文化,它包含在价值、风格、信仰与传统中。管理是一种任务,主要不在于‘知’,而在于‘行’。”

➢ 斯蒂芬·P. 罗宾斯(Stephen P. Robbins)认为:“管理者是这样的人,他们通过协调和监管他人的活动达到组织目标。”

➢ 周三多认为:“管理是为了实现组织的共同目标,在特定的时空中,对组织成员在目标活动中的行为进行协调的过程。”

2. 管理的定义

综合前人的研究,并吸取管理学理论和实践发展的最新成果,本书给出管理的一般性定义:管理就是在特定的环境下,以人为中心,对组织所拥有的资源进行有效的决策与计划、组织、领导、控制和创新,以实现组织目标的过程。

这一概念包含着以下几个方面的含义。

(1)管理是任何组织生存与发展所必需的活动

管理是人类的一种基本社会行为,它广泛地渗透到社会的各个领域。任何社会组织,凡是有人群共同活动的地方,无不存在管理,无不需要管理,无不依赖管理。

(2)管理工作是在一定的环境条件下开展的

环境既为管理工作提供了机会,又客观地存在着风险。组织的管理工作是在特定的时间和空间条件下进行的,组织既要为创造良好的社会物质环境和文化环境尽其社会责任,又要在管理的方法与技巧上因环境条件的不同而随机应变。没有一种在任何情况下都能奏效的、通用的、万能的管理方法。审时度势、因势利导、灵活应变,对管理的成功至关重要。

(3)管理的核心是人的行为

各种组织并不会自动地运转,它们必须由管理者来加以管理。管理者的行为是直接影响一个组织的绩效的关键因素。组织目标的确定及实现、组织成员工作的创造性与积极性、组织的运作效率也是直接影响一个组织的绩效的关键因素,这些无不取决于管理者及其运用的管理方式和管理方法。因此,管理者是管理工作系统中核心且关键的因素,管理者的核心任务是协调人的行为,管理者既要加强自我管理,约束自己的行为,又要使自己做到公平、正义、专业,这样才能有效协调他人的行为。

(4)管理的作用在于它的有效性

管理工作是由一系列相互关联的活动过程构成的,包括决策与计划、组织、领导、控制和创新，它们是管理的基本职能。管理是为实现组织目标服务的，是一个有意识、有目的的活动过程。有效的管理，既要选择“做正确的事”，这关系到管理活动的效益；又要重视“正确地做事”，这关系到管理活动的效率。所以，有效益就是要确定正确的目标，有效率就是要最优化利用组织的各种资源实现组织的目标。最好的管理者同时关注效益和效率，也就是“以正确的方式做正确的事”。

（5）管理的本质是协调

要实现组织目标，就必须使资源与职能活动协调。管理的主要任务是协调组织中的各种资源，包括人力资源、物力资源、财力资源、时间资源和信息资源等。而管理职能执行的直接结果就是将资源与活动协调起来。管理工作就是通过综合运用组织中的各种资源并协调利用这些资源的职能活动来实现组织的目标。所以，协调是通过管理的各项职能实现的，决策是协调的前提，组织是协调的手段，领导是协调的责任人，控制是协调的保证，创新是协调解决问题的途径。可见，协调永远是管理的本质。

需要强调的是，随着人类知识的积累，对客观规律认识的深化，人类社会的各种管理组织、制度、方法日趋完善，管理学取得长足的进步，管理学的研究者、管理学的学习者、管理学方面的著作文献等的数量也呈几何级数上升，人们对管理的理解也将不断深入。因此，管理是一个动态的、发展的概念。

二、管理的特点

根据以上管理的定义，可以看出管理具有如下几个特点。

1. 管理具有明确的目标

管理是一种有目的的活动，它引导集体活动指向既定目标。管理本身不是目的，管理活动服从和服务于组织的既定目标。目标不明确，管理就会无的放矢，浪费精力和资源。

2. 管理对象的主体是人

管理的对象是组织中的资源，包括人力、物力、信息和时间等。管理的实质就是通过决策、组织、领导、控制和创新等手段，实现组织内部各要素的合理配置，把资源转化为成果，将投入转化为产出。而纯粹以财、物、信息为对象的管理不是真正的管理，真正的管理以包括人在内的活动为管理对象。也就是说，管理中存在着一种人际关系，即管理者与被管理者。

3. 管理是一系列相互关联、连续、协调的活动过程

管理者在管理活动中，通过决策制订相应的计划，然后通过组织运营进行有效的实施，在此期间，还要通过领导与激励调动组织成员工作的积极性与创造性；与此同时，控制与监督、检查等管理工作支持着成员工作及管理活动有序、有标准、有目标地

开展,并在不断创新中寻求持续发展。各个环节要求相互关联、连续一致,不能相互脱节和相互矛盾。例如,虽然决策计划完美且正确,但若组织结构不合理,或领导控制不妥,仍然不能实现有效的管理。

4. 管理活动是在特定时空环境下进行的

组织是一个开放的系统,这就要求管理活动要适应环境变化的需求以实现组织目标;同时根据具体场景、具体问题应用适当的管理方法进行具体分析,提出切实可行的行动方案,实现管理的有效性。

三、管理的科学性与艺术性

管理是人类的重要社会活动,有其客观规律。一个多世纪以来,经过众多学者与实业家的探索、总结,管理已形成了反映管理过程客观规律的理论体系。管理原则与原理在实践中的应用,使管理成为在理论指导下的规范化的理性行为。孔茨在所著的《管理学精华》中曾指出:"管理作为一门科学尽管是粗糙的,但毕竟已有了它自己不同于其他学科的独特的学科知识体系。"下面从管理的科学性和艺术性来介绍管理的内在本质。

1. 管理的科学性

管理作为一门科学,就如医学对医生的作用一样,是管理人员所必需的。没有系统的医学知识指导的医生跟巫医没有两样;同样,缺乏系统的管理理论指导的管理人员也很难成为一个有效的管理者。管理者如果没有一定的管理科学知识,不具有一定的管理理论基础,要进行管理必然是依靠经验,或是凭直觉、碰运气;而有了系统化的科学管理知识,就有可能准确地把握管理环境的变化,进行科学的预测与决策分析,为管理实践中存在的问题找出正确的、可行的解决办法。不承认管理的科学性,不按照客观规律办事,违背管理原理与原则,随心所欲地进行管理,必将导致管理的失败。

但是,就像仅仅阅读游泳指南未必会游泳一样,对管理理论的了解也不能保证你成为一个出色的管理人员。一个人懂得管理原理和管理基本知识,并不意味着在实践中能正确地运用它们。如果只凭书本知识来开展管理活动,无视实践经验的积累,无视灵活运用理论的能力,注定难以达到预期的效果。从这种意义上说,管理不仅是一种知识,更是一种实践;不仅是一门科学,更是一门艺术。

2. 管理的艺术性

管理的艺术性强调其实践性,强调其在实践中富有创造性的运行方式和方法。管理理论并不能为管理者提供解决一切问题的标准答案,组织所处的环境与管理所面临的问题随时都在变化,因此,没有可以被重复验证的、一成不变的规律可循。管理理论作为普遍适用的原理、原则,必须结合实际才能奏效。这就要求管理者在管理实践中，既要运用管理理论和基本方法，又要发挥创造性，采取适宜的措施解决问题，高效地实现组织目标。

只把管理当成科学，排斥管理的艺术性，完全按管理原理与原则刻板地解决管理问题，是必然会碰壁的。管理对象的复杂性和管理环境的多变性，决定了管理知识在实践中的应用具有很强的技巧性和灵活性。因此，要成为一个合格的管理者，必须在管理实践中不断磨炼，积累管理经验，不断创新。

管理既是科学，也是艺术。说它是科学，是强调其客观规律性；说它是艺术，则是强调其灵活性与创造性。管理的科学性和艺术性并不互相排斥，而是相互补充的，管理是科学与艺术的结合。这种科学性与艺术性在管理的实践中相互作用，共同发挥管理的作用，促进组织目标的实现。因此，注重管理基本理论的学习，又不忽视在实践中的灵活运用，是每一个管理者走向卓越的根本保证。

管理工作虽是一种艺术，但管理实践工作者像其他实践工作者一样，如果他们懂得并利用基础科学知识，他们就能把工作做得更好。

——奥唐奈、孔茨

四、管理的职能

管理者怎样做才可以达到有效益和有效率呢？管理理论认为，管理者需要做好一系列基本工作。管理过程涉及哪些基本工作？也就是说，人类的管理活动具有哪些最基本的职能？

最早对管理的具体职能加以系统阐述的是法约尔。他在1916年出版的《工业管理与一般管理》一书中把管理的具体职能分为计划、组织、指挥、协调和控制五项，他代表的学派被称为“五功能学派”。其后，许多研究者又从不同的角度对管理的具体职能进行了探讨，出现了许多不同的学派。但从总体上来看，他们对管理职能的划分只是侧重点不同，繁简和表述不一，并没有原则上的区别。多数都是在法约尔“五功能学派”的基础上做些适当的归并与组合，如1937年美国管理学家古利克提出的“管理七职能论”。我国在20世纪80年代引进西方管理知识时最常见的关于管理职能的提法是计划、组织、领导、控制。进入21世纪以来，外部环境持续变化和发展，管理理论的最新成果以及新型管理实践不断涌现，事实一再证明，决策贯穿在所有管理活动之中。正如西蒙所言，管理就是决策。而创新同样存在于所有管理活动中，是迎合时代发展再认识再创造的不断迭代过程。所以，决策与计划、组织、领导、控制和创新成为一般管理活动最基本的职能。

1. 决策与计划

决策是组织在未来众多的行动可能中选择一个比较合理的方案。为了选择正确的行动方向、确定合理的行动目标，管理者要研究组织的内外环境情况，既要厘清组织外部环境特征及其变化趋势,把握发展机会;又要分析组织内部拥有资源的状况以及利用资源的能力,发挥组织自身的优势。因此,在编制组织行动计划的工作中,必须将决策目标在时间和空间上分解到组织的各个部门和工作环节,对组织成员提出具体要求。特别是在外部环境动态多变的情况下,决策成为制订计划的前提,为计划工作提供决策依据与决策目标;而计划又是实施决策的保证,是为决策服务的,是实施决策的工具。

"凡事预则立,不预则废。"任何管理工作都要从计划开始,计划是使决策成为管理活动的指南与依据。西蒙认为:"公司的经理们更多关注的不再是今日经营的工厂,而是对明天工厂的设计。经理们越来越没有理由让今天的那些紧急事件来占据用来对未来进行规划的时间。"显然,管理工作的本质就是决策,而决策贯穿于管理的各个职能中并发挥其作用。

2. 组织

管理者通过有效的决策制订出切实可行的计划之后,就要筹划相关的人力和资源去执行和完成既定计划,也就是要进行组织工作。组织工作就是依据既定的目标,对计划的实施进行合理的分工,对有限的资源进行合理配置和使用以及正确地处理人们相互关系的活动。换句话说,就是根据工作的需要与人员的特点,进行工作设计,通过授权和分工,将适当的人安排在适当的岗位,用制度规定各个成员的职责和上下左右的相互关系,形成一个有机的组织结构,使整个组织协调地运转。

3. 领导

仅仅有了目标和方案,规定了任务和分工,尚不足以使目标有效地实现。每一个组织都是由人和其他资源有机地结合而成的,人是组织中唯一具有能动性的因素。为了最大限度地发挥这种能动性的作用,管理者必须运用职权和威信对组织成员施加影响,激励组织成员,指导下属的行动,选择最有效的沟通途径,努力营造一种使组织中的成员以饱满的热情、高昂的士气投入工作,为实现组织目标而努力奋斗的氛围。

4. 控制

全面的计划、严密的组织、出众的领导并不能确保成功。组织是在复杂多变的环境中生存和发展的,每时每刻都会遇到各种意想不到的障碍和困难,必须应对各种各样的新问题和新情况。为了确保组织目标的顺利实现,管理者必须自始至终对组织的各项活动进展情况进行检查,发现或预见偏差后及时采取措施纠正,保证组织目标得以实现。

控制的实质就是使活动符合计划。计划是控制的前提,为控制提供目标和标准,没有计划就不存在控制;控制是实现计划的手段,没有控制,计划就不能顺利进行。控制在整个管理活动中起着承前启后的连接作用。由于控制,管理活动得以周而复始地不断循环。

5. 创新

由于组织活动是一种向外部延伸、面向未来发展的活动,而组织内外环境是在不断变化的,即使环境和资源不变,组织中的管理者对环境和资源的认识也可能发生变化,这些变化必然导致组织活动中涉及的技术与方法产生变革,人员安排与组织活动不断优化,组织活动方向、内容和形式选择等多方面都要进行调整。这些调整、优化、变革是通过管理的创新职能来实现的。只有不断创新,组织才能在急剧变化、竞争日益激烈的环境中持续发展。所以,人们认为, 21 世纪是知识经济时代,知识经济就是创新经济。创新是组织的灵魂,是 21 世纪管理者所应具有的最重要的素质。

各项管理职能都有自己独特的表现形式。例如,决策职能通过目标和计划的制订及行动的实施表现出来;组织职能通过组织结构的设计和人员的配置表现出来;领导职能通过领导者与被领导者的关系表现出来;控制职能通过偏差的识别和纠正表现出来;创新职能通过其他管理职能创新所取得的效果表现出来。管理基本职能之间是相互联系、相互制约的,计划、组织、领导、控制和创新都离不开决策;组织、领导和控制是组织目标得以实现的必要手段;创新是组织不断发展的根本保证。

这里要强调的是,以上划分的职能只是描述了管理活动的一般过程,具体领域中具体的管理活动并不一定完全与该描述一致,在管理中实施的职能可能多一项,也可能少一项,尤其是对特殊性质的管理问题而言,更是如此。管理职能总是与组织环境、管理主体、管理客体相联系的。管理职能和技巧总是对应特定的组织环境、管理主体、管理客体,有什么样的组织要素,就应有相应的管理职能。当组织环境、管理主体、管理客体发生变化时,管理职能就应相应地做出改变。

第二节　管理者

一、管理者的含义

在现代社会中,存在形形色色的组织。企业、社会团体、学校、医院、政府等都是组织。组织是人的集合。根据人在组织中的地位和作用,组织成员可以简单地划分成两类:管理者和操作者。操作者是指在组织中直接从事具体业务,且对他人工作不承担监督职责的人。他们的任务就是做好组织分派的具体的操作性事务。管理者是指在组织中指挥他人完成具体任务的人。有时管理者也从事具体业务工作,但区别于操作者的一个显著特点是管理者要听取操作者的工作汇报。管理者合格与否很大程度上取决于相关管理职能是否得到很好的履行。

管理者的责任是管理一个组织,对管理效用承担着重大的责任。管理是让别人与自己一道实现既定的组织目标,是通过他人协同把工作做好。因此,管理者需要不断完善自我,既要善于对组织所拥有的资源进行合理配置和有效使用,又要善于激励组织成员,调动他们的工作热情,充分发挥其主观能动性及创造性,实现组织既定目标。

二、管理者的分类

在一个组织中,有各种各样的管理者,一般可以用两种不同的方法进行分类:一种方法是按照管理者在组织中的层级进行划分,另一种方法是按照管理者所负责的组织活动进行划分。前者是根据等级制度进行的垂直划分,后者是根据职责范围进行的水平划分。

1. 按照管理者在组织中的层级进行划分

按照管理者在组织中的层级,可以把管理者划分为高层管理者、中层管理者和基层管理者三种类型。

(1)高层管理者

高层管理者是指对整个组织的管理负有全面责任的人,例如董事长、总经理、校长等。他们的主要职责是,规划组织未来的发展方向,制定组织的总目标、总战略,掌握组织的大政方针并评价整个组织的绩效。高层管理者是组织内最高层次的人员,通常人数不多,但对一个组织的成败至关重要。因此,高层管理者很少从事具体的事务性工作,把主要精力和时间放在对组织全局性或战略性问题的考虑上。高层管理者主要考虑组织的发展战略,侧重通过重大决策制订组织的总体行动计划,负责资源的统筹安排,沟通组织与外界的交往联系等。

(2)中层管理者

中层管理者通常是指处于高层管理者和基层管理者之间的一个或若干个中间层次的管理人员,例如厂长或经理、院长或系主任、处长等。其主要职责是,贯彻执行高层管理者制定的重大决策,指挥和协调基层管理者的工作。与高层管理者相比,中层管理者更注重日常的管理事务。例如,根据上级的决策计划,把具体任务分配给各个基层单位,了解基层管理者的要求,解决困难,协调行动,检查工作,通过基层管理者的努力去带动第一线的操作者完成各项任务。

(3)基层管理者

基层管理者是组织内最下层的管理者,是第一线的管理人员。在企业中,基层管理者可能被称为主管、领班,在运动队中可能被称为教练,在政府机关中可能被称为科长、股长。他们关心的主要是具体任务的完成情况。其主要职责是,直接指挥和监督现场作业员,保证完成上级下达的各项计划和指令。他们给下属作业人员分派具体工作任务,直接指挥操作者完成具体工作业务,保证各项任务的有效完成。

上述三个不同层次的管理人员，其工作内容和性质存在着很大的差别。基层管理者关心的主要是具体工作的完成情况，他们直接和一线作业人员打交道，负责具体的战术性工作，在处理问题时，往往凭借的是丰富的工作经验和熟练的技术技能。在管理职能中，基层管理者领导职能的发挥较高层及中层管理者更为重要。而高层管理者则对组织总的长远目标和战略决策计划负责，特别是面对变化莫测的外部环境，他们需要有高瞻远瞩的战略思维、敏锐的洞察力、决定组织长远发展的视野。对于高层管理者而言，决策和控制职能的发挥显得更为重要。不过，高层、中层、基层管理者的划分是相对的，组织范围与规模不同，管理者所处的层级就不同，职责也不同。

2. 按照管理者所负责的组织活动进行划分

按照管理者所负责的组织活动，可以把管理者划分为一般管理者和职能管理者两种类型。

（1）一般管理者

一般管理者是指负责管理整个组织的全部活动的人，如公司的总经理、医院的院长等。他们负责组织的全部经营活动。事业部经理与项目经理也具有和一般管理者相同的责任。事业部经理负责事业部内部各项职能活动的协调，项目经理则需要协调来自几个职能部门的人员的活动。

（2）职能管理者

职能管理者的管理活动仅仅涉及组织中的某一类职能。例如，生产经理仅对组织的生产活动负责，营销、人事、财务等其他职能活动则由其他职能管理者负责。职能管理者的下属人员从事相同性质的各种业务活动，如会计主管的下属人员分工处理记账、支票结算、工资核算、成本核算、审计等各种会计活动。

三、管理者的角色

根据著名的管理学家亨利·明茨伯格（Henry Mintzberg）的一项被广为引用的研究，在管理过程中，根据管理者担任某一职务的系列行为，可以把管理者扮演的角色描述为三个方面十种不同但高度相关的角色，见表 1-1。

1. 人际关系角色

人际关系角色的产生是以管理者的正式权力为基础的，管理者在处理与组织成员和其他利益相关者的关系时，他们就扮演人际关系角色。这类角色以人为中心，以交往、领导、联络为手段，大致可分为三个不同的角色：挂名首脑、领导者和联络者。

（1）挂名首脑

挂名首脑是管理者所担任的最基本和最简单的角色。由于具有正式权威，管理者成为一个组织的象征，因而必须履行一些礼仪性的职责，如出面接待前来观光的贵宾，或邀请重要客商共进午餐等。这些涉及人际关系的活动，有些只是例行公事，与重大的决策无关。但挂名首脑能使组织顺利运营,发挥作用,因而是管理者不可忽视的。

表 1-1 管理者的角色

角色		描述	特征活动
人际关系角色	挂名首脑	象征性的首脑,必须履行许多法律性的或社会性的例行行为	迎接来访者,签署法律文件
	领导者	负责激励和动员下属,负责人员配备、培训和交际	针对下属的所有管理活动
	联络者	维护自行发展起来的外部接触和联系网络,向人们提供优惠和信息	来函回复;外部董事会的工作;涉及组织以外的人的其他工作
信息传递角色	监听者	寻求和获取各种特定的、即时的信息,以便透彻地了解组织与环境,作为组织内部和外部信息的神经中枢	阅读期刊和报告,保持私人接触
	传播者	将从外部和下级得到的信息传递给组织的其他成员,有些是有关事实的信息,有些涉及对组织有影响的各种人的不同价值观的解释和综合	举行信息交流会,用打电话的方式传递信息,口头联系(如检查工作、即时的信息交流)
	发言人	向外界发布有关组织的计划、政策、行动、信息等,作为组织所在行业方面的专家	举行董事会议,向媒体发布信息
决策制定角色	企业家	寻求组织和环境中的机会,制定改进方案以发起变革,监督某些方案的策划	制定战略,检查会议决策执行情况,开发新项目
	故障排除者	当组织面临重大的、意外的挑战和危机时,负责采取补救行动	制定应对挑战和危机的战略,使局面得到控制和改善
	资源分配者	负责分配组织的各种资源——事实上是批准所有重要的组织决策	调度、询问、授权,从事涉及预算的各种活动和安排下级的工作
	谈判者	在主要的谈判中作为组织的代表	与工会进行合同谈判,与金融机构进行新股发行问题谈判

(2)领导者

领导者的角色是指管理者作为组织的行政长官,对其下属进行工作方面的指导、激励与控制,也包括确定组织的大政方针、发展方向和经营思路等。从某种意义上说,领导者的角色是为了把组织的目标与成员的个人目标结合起来,以促进有效的作业,其作用发挥得好坏直接关系到组织目标能否实现。领导者作用的发挥取决于管理者的正式权威与领导才能。

(3)联络者

管理者除了与下属联系外,还要与上级和外界联系,充当联络者的角色。联络是指管理者通过各种渠道建立和维持与组织以外的个人和团体之间的广泛联系,如参加外部的各种会议、社会活动和公共事务,同政府和其他机构的人员进行正式的、非正式的交往等。建立联系是为了获得信息、交流信息以及正确地做出决策。管理者必须对重要的组织问题有敏锐的洞察力,从而能够在组织内外建立关系和网络。

2. 信息传递角色

信息传递角色主要是指获取、处理和传递各种信息资源的角色。这类角色以信息沟通为中心,以信息的收集、加工和传播为手段,大致可分为三个不同的角色:监听者、传播者和发言人。

(1)监听者

管理者担负着获取各种与组织发展有关信息的使命。监听者通常接收来自两个方面的信息:通过联络者的角色获取外部信息,通过领导者的角色获取来自下属的内部信息。这些信息大致有五大类:内部业务信息、外部事件信息、分析报告、各种意见和倾向、压力等。管理者在收集信息时可以利用一切可以利用的渠道和手段,包括个人的社会关系和联系网络。

(2)传播者

传播者负责把收集到的信息经过必要的处理和筛选后传递给组织内部的有关人员或部门。管理者传播的信息可分为两种:一种是有关事实的信息;另一种是有关价值标准的信息。管理者向下属传递信息的目的是使下属了解情况,引导他们制定决策和处理日常工作;同时也是为了继续从下属那里得到更新的、自己急需的各类信息。

(3)发言人

传播者面向的是组织内部,而发言人则面向外部。发言人的主要职责是把本组织的信息向组织周围的环境传播:一是对组织有重要影响的人;二是组织之外的公众。管理者传递的是有关组织的决策计划、政策和成果的信息,并使信息接收者感到满意。

3. 决策制定角色

决策制定角色是指在管理过程中对一系列重大的或突发的问题做出决定并付诸实施的管理者。管理者在管理中的决定性作用,体现在出色地完成决策制定。在这一方面,经理人员的角色以决策为中心,以推动变革、排除故障、分配资源和谈判为手段,大致可分为四个角色:企业家、故障排除者、资源分配者和谈判者。

(1)企业家

这个角色指的是管理者在其职权范围内充当本组织许多变革的发起者和设计者。作为企业家的管理者总是力图改善组织或单位的现状,使之适应不断变化的环境。当管理者认为有必要采取行动来改进组织目前的状况时,决策的设计阶段就开始了。管理者或亲自挂帅,制定一个发展规划,或授权给下属进行设计抉择,使组织的发展有明确的方向和目标,如开发新产品、提供新服务或发明新工艺等。

(2)故障排除者

故障排除是指管理者需要及时处理意外事件,排除不可避免的各种故障,例如下属之间或组织之间的冲突、资源损失的危险、供应商不能履行合同等。这些意外事件的发生,并不是因为管理者低能,而是因为有些事情无法预料。所以,管理者通常需要花大量的时间去排除面临的故障,以使组织能正常运转。

(3)资源分配者

资源分配者的工作主要包括三个方面:第一,安排自己的时间,管理者的时间安排也是对组织各项活动重要性的一种暗示;第二,安排工作,即决定要做什么事、谁去做、通过什么机构去做等等,这是一种重要的资源分配形式;第三,对重大决定的实施进行事先审批,并在资源有限的情况下选用最好的方案。

(4)谈判者

谈判是指由管理者带队,同其他组织或个人进行重大的、非程序化的谈判。管理者要花相当多的时间从事谈判活动,可以说谈判是管理者工作的重要部分。这一角色是建立在挂名首脑、发言人、资源分配者三种角色之上的。因为管理者是挂名首脑,他的加入能增加谈判的可信性。更重要的是,只有管理者才有权调配组织的资源,而且只有其掌握谈判所必需的信息。

上述十种角色实际上是管理者在管理中所起的十种作用,是管理者从事管理活动时的十种身份及其特征。每个管理角色都占用管理者一定的时间和注意力。不过,在不同规模的组织中,管理者所扮演角色的重要性是不同的。此外,管理者个人的价值观、个性和风格等,也会影响其对不同角色和任务的承担。认识这十种角色,管理者就可以根据其个人的价值观、个性和风格,根据他在组织中的地位和担任的职务,根据其所在组织的类型和所处的环境,合理确定各种角色在自己管理工作中所占的时间比例,从而使管理工作卓有成效。

四、管理者的技能

管理者要在不同的环境中扮演好自己的角色,必须具备一定的管理技能。一个管理者能否在其管理岗位上发挥重要的作用或者说能否开展行之有效的管理工作,在很大程度上取决于他是否真正具备了管理所必需的相应管理技能。根据罗伯特· L. 卡茨(Robert L. Katz)的研究,管理者应当具备三种基本技能,即技术技能、人际技能和概念技能。

1. 技术技能

技术技能是指使用技术完成组织任务的能力,即从事自己管理范围内的工作所需的技术和方法,也称专业技术能力。管理者虽然不一定是技术专家,但也需要了解相关的基本技能,否则难以进行有效的沟通和指导。例如,工厂厂长不能对生产工艺毫无了解,军事首长不能对军事指挥一无所知。管理者只有充分了解相关的基本技能,才能正确行使自己的职责。当然,对不同层次的管理者的技术技能的要求是不同的,相对而言,基层管理人员需要具备的技术技能水平较高,而高层管理人员则只需要对相关的技术领域有基本的认识。

2. 人际技能

人际技能是指与人共事、激励或指导组织中的各类员工或群体的能力,是成功地与别人打交道并与别人沟通的能力。它主要包括表达能力、协调能力和激励能力。从某种意义上说,管理者的活动是围绕人进行的,因此与组织内外的各种人打交道,对外争取到有利的合作,对内与上下左右实现有效的沟通,是所有高、中、基层管理者必须掌握的基本技能。管理者特别要注意提高自己与他人共同合作的能力、处理好与同事的关系,以便培养团队精神。作为组织一员的管理者,其工作能力首先表现为处理人际关系的能力。

3. 概念技能

概念技能是指对事物进行抽象思考和整体把握的能力。它包括在复杂多变的环境中纵观全局、找出关键影响因素的能力,确定和协调各方面关系的能力以及权衡利弊和风险程度的能力,等等。任何管理者都会面临一些混乱而复杂的环境,需要洞察既定环境中的各种要素,抓住问题的实质,做出正确的决策。在实际工作中,管理者所处的层级越高,其面临的问题就越复杂和多变,所做的决策往往无先例可循,就越需要概念技能。

以上三种管理技能,所有的管理者都应具备,但对不同层级的管理者有不同的要求:处于较低层级的基层管理者,主要需要技术技能,其次是人际技能;处于最高层级的管理者,则尤其需要具备较强的概念技能,其次是人际技能与技术技能。管理者的层级与技能要求的相互关系如图 1-1 所示。

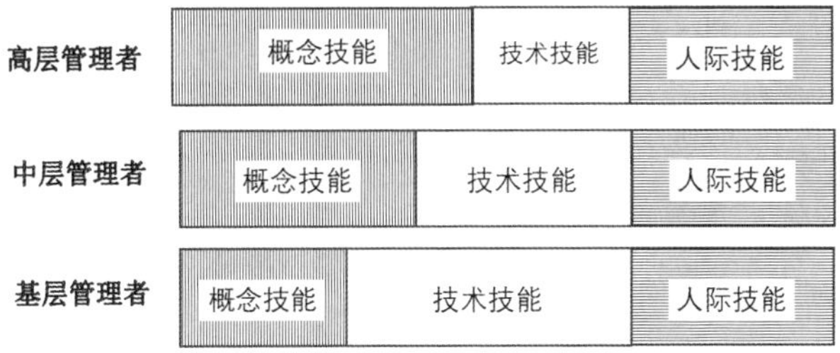

图 1-1 管理者的层级与技能要求的相互关系

第三节　管理的重要性

一、管理知识在大学生知识结构中的重要性

1. 从培养目标看

2023 年,教育部会同国家发展和改革委员会、工业和信息化部、财政部、人力资源和社会保障部印发的《普通高等教育学科专业设置调整优化改革方案》提到,要全面推进“四新”(即新工科、新医科、新农科、新文科)建设,提高高校服务经济社会发展的能力。“四新”建设要求学生不仅要在专业技术上表现优秀,还要了解经济社会发展以及管理理论与实践,新经济时代对人才提出的新目标定位与需求为高等教育提供了契机。

纵观全球,世界各国的高等教育早已把具有经济头脑和管理能力作为培养工程技术人才全面素质的一个重要内容。显然,大学教育不仅重视工程技术和科学研究的基础理论教育,而且把经济管理知识作为教学体系中必不可少的重要部分,这符合高等教育的专业性与综合性相结合的原则。因为当代科学技术发展日新月异,各学科知识互相渗透,研究方法互相移植,所以,从事现代化建设的专业高素质人才,应当具备扎实的、广博宽厚的基础知识和团队协作与交流能力,只有这样才能应对复杂与多变的环境,产生创新思维,才能适应科学技术发展的需要。

2. 从社会需求看

随着社会主义市场经济和商品经济的发展,高校培养的毕业生,不仅要解决科学技术问题,而且要面对瞬息万变和异常激烈的市场竞争,于是,社会对高等教育提出了培养新型人才的要求。新型高层次人才不仅要懂技术,而且要懂经济,会管理,能竞争,即社会要求高等学校要文理渗透,培养复合型人才。

科学技术与经济管理是密切联系的。科学技术可以推动经济的发展,科学技术又以经济为发展基础。社会需要技术人才,也需要技术管理、科学管理人才。理工科专业毕业生中的一部分佼佼者,将来要进入各级领导岗位,在大学中学习的管理和经济知识无疑会对他们的工作起重要的作用。

3. 从未来工程技术人员能力结构的需求看

未来社会需要什么样的科学技术人才参与国际竞争?他们应具有什么样的基本技术素质?这是很值得关注的问题。我国高等工科教育的迫切任务是尽快培养与国际接轨的中国工程师,尽快解决工科教育中重理论轻实践、强调个人学术能力而忽视团队协作能力、重视知识学习而轻视开拓创新的问题。欧美国家几十年的工程教育改革理念是,着力培养具备优秀的职业道德,正直,富有责任感,具有较强的项目开

发、设计和建造能力与较强的创新能力，具有较强的团队精神和领导能力，具有较强的沟通能力、较强的英语语言表达能力的高级工程专业人才。所以，高等学校培养的未来科学技术人才是掌握多学科知识、具备强能力结构的高素质复合型新工科人才。

二、大学生应具备的最基本的管理知识

大学生应具备哪些管理基础知识？不同学校、不同专业的要求不尽相同，甚至同一学校同一专业的不同学生，因其就业意向、个人发展方向不同，可能也各自有所侧重。“管理概论”对于大学生来说，是一门很重要的基础知识课程。

“管理概论”是以企业的决策、组织、领导和控制为主要内容的一门课程。大学毕业生大多要到企业从事工程技术工作，掌握企业管理的基础知识非常重要。本书通过系统介绍管理的基本理论和基本方法，为大学生打开学习经管知识的一扇窗，推开管理世界的一扇门，提供开启经济社会管理实践的一把钥匙。

第四节　学习管理的意义与方法

一、学习管理的意义

1. 学习管理有助于把握管理活动的规律，提高管理实践活动的能力

任何客观事物都有其变化和发展的内在规律，人类的追求就在于不断发挥自身的主观能动性，发现并认识这些规律，运用这些规律提高实践活动的能力。作为人类社会实践活动的一个重要形式，管理也有其自身的内在规律，例如，社会经济发展的规律、市场价值规律、收入分配规律、人力资源开发与管理规律、物质资源配置与管理规律、生产过程组织规律、制定和实施规章制度的规律、部门设置与调整规律、直接与间接控制规律、反馈规律等。管理学从诞生之日起就担负着总结管理规律，帮助学习者掌握并运用这些规律来提高管理能力的使命。

2. 学习管理有助于优化生产力的组合，大大推动生产力的发展

生产力是一个复杂的系统，它既有独立的实体要素，包括劳动者和生产资料，也有非独立的渗透性要素，包括科学技术等。作为一门科学技术，管理贯穿于生产力体系之中，管理理论和方法将直接影响生产力的组织，影响生产力作用的充分发挥。在生产力系统中，各实体要素都存在并不能够真正解决社会生产过程中的一系列问题，这就需要人们的管理工作，即根据社会需要确定生产目标，组织生产过程。离开了管理，也就无所谓生产力。分散的劳动者和生产资料要想形成现实的生产力，必须依赖于管理；生产力作用的充分发挥，必须依赖于管理人员对生产力要素的优化组合，而这种优化组合又是以管理理论的指导为前提的。因而，管理者运用管理理论的能力

与水平的高低决定着生产力组织水平的高低,生产目标是否合理,生产过程能否顺利进行和现实生产力能否真正形成。基于这种认识,有些人认为至今最伟大的发明不是汽车、计算机,而是管理,即以管理理论为基础的管理技术和方法。美国有些人曾这样说:“我们之所以成为超级大国,是因为我们靠的是‘三分技术、七分管理’。”甚至有人认为,现代社会发展的三大支柱是科学、技术和管理。现代社会发展已证明管理在现代社会中的重要地位。例如,精益管理的作用就不可小觑。

3. 学习管理有助于培养优秀的管理人才

学习、研究管理学是培养优秀管理人才的重要手段。管理者是管理的主体,在管理工作中发挥着主体作用,只有掌握了系统化的、科学的管理知识,才能更好地运用管理理论去指导管理实践,产生良好的管理效果。目前,我国正处于社会主义市场经济体制建设的关键时期,无论是宏观上的经济社会还是微观上的企业运营,都有很多亟待解决的管理问题,我国虽然缺乏科技人才,但更缺乏管理人才。因此,我们必须认清形势,强化管理学习,培养满足我国社会主义经济建设需要的优秀管理人才。

4. 学习管理有助于实现管理国际化和管理创新

当今社会是信息社会,人类即将跨入知识经济的时代,在这个时代,有诸多的机遇,也存在许多挑战。可以预测,随着社会的不断进步,管理学将进入一个新的历史发展时期,管理国际化和管理创新是管理学发展的必然趋势。管理理论的学习与普及,有利于促进管理国际化,有利于世界各民族在管理理论方面相互交流,相互借鉴,取长补短。我们应该抓住机遇,面向未来,面向世界,普及管理学的学习,加快管理学理论研究,开创出具有中国特色的“兼收并蓄”的管理学科体系。同时,我们应该看到,管理学也具有较鲜明的时代特色,一个时代有一个时代的管理模式,亦应有相应的管理理论,新的时代需要新的管理模式,需要管理理论与实践的突破。要想实现管理创新,就必须回顾过去,立足现实,面向未来,深入学习并系统掌握管理的基本知识与管理技能。

总之,作为一门指导管理实践活动的重要学科,管理学对于人们掌握管理活动的一般规律,优化组合生产要素,培养优秀的管理人才,实现管理国际化和管理创新,提高社会劳动生产率,具有深刻的现实意义。

二、学习管理的方法

1. 辩证唯物主义和历史唯物主义法

马克思主义是一个完整的理论体系,它是在批判地继承人类优秀文化遗产的基础上创立的。马克思主义既是无产阶级科学的世界观,又是无产阶级和人民群众完整的方法论。马克思主义辩证唯物主义和历史唯物主义的基本原理,对我们研究管理学具有根本的指导意义。生产力与生产关系、经济基础与上层建筑相互关系的原理，物质和意识相互关系的原理，客观规律与人的主观能动性相互关系的原理，理论和实践相互关系的原理，领导者与劳动人民群众相互关系的原理，集权与分权、纪律和自由、集中与民主相互关系的原理，系统思想，事物之间的普遍联系与发展的思想，等等，对我们学习管理学具有根本的指导作用。此外，马克思主义理论中关于国家管理、社会管理、国民经济管理、企业管理、生产管理的论述，对管理两重性的分析，对人的本质的揭示，以及对资本主义管理本质的批判，对未来社会主义管理模式的描述，等等，对我们学习、研究管理学具有重要的指导意义。

中国特色社会主义理论体系，是包括邓小平理论、"三个代表"重要思想、科学发展观在内的科学理论体系，习近平新时代中国特色社会主义思想是中国特色社会主义理论体系的重要组成部分。其中的改革开放思想、经济建设思想、政治体制改革、文化管理、军队管理、党的建设等等，对我们学习、研究管理学，建立具有中国特色的管理学理论体系，有着更广泛、更直接的指导作用。

2. 系统分析方法

要进行有效的管理活动，必须对影响管理过程的各种因素及其相互之间的关系进行整体的、系统的分析和研究，才能形成有效的基本管理理论和做出科学合理的决策。整体的、系统的学习方法，就是用系统的观点来学习管理的原理，分析并研究管理活动。所谓系统是指由相互作用和相互依赖的若干组成部分结合成的、具有特定功能的有机整体。系统本身又是它所从属的一个更大系统的组成部分。根据这个定义，管理过程是一个系统，管理的概念、理论和技术方法也是一个系统。这样，从管理的角度看，系统有两个含义：①系统是一个实体；②系统是一种方法或手段。二者既有区别，又有密切联系。对管理来说，系统分析方法是研究组织与管理问题的主要思维方法。

从系统观点来看，管理者在研究和解决组织中某一个部分的问题时，必须顾及组织中相关的其他部分。管理者必须把组织当作一个动态的整体，全面地考虑问题，不能只考虑组织产出的经济效果，还要考虑其对环境和社会的影响，这样的组织才有生命力。

系统分析方法不仅把组织的各组成部分视为相互联系的，也把组织及其环境视为相互联系的。组织的生存与发展取决于它和环境的相互作用。组织从环境中获得信息、能量与资源，又将其产出输出给环境。绝大部分组织必须按照开放系统来运行，并运用系统的方法进行管理，否则难以生存。系统分析的一般步骤如下。

(1)确定问题，收集资料

在进行系统分析之初，必须首先确定所要解决的问题的性质和范围，研究问题包含哪些主要因素，分析系统要素之间的相互关系及其与外界环境之间的相互关系。确定问题后就应该开始收集资料，调查、实验、观察和记录各要素的情况，掌握环境情况等。这对于建立模型，对各种模型方案进行可行性研究、比较是必不可少的。

（2）系统分析

对于同一特定的目标，实现的方法很多，每种方法的投资和效益也会有差别。系统分析的关键在于拟定尽可能多的行动方案并进行实验和比较，以寻求费用最低而效果最好的方案。分析时，总是将复杂的系统分解成若干较简单的子系统，再将分解的结果进行综合、整体分析。这样反复多次，才可能接近客观情况。

各种方案经过系统分析后，哪个好，哪个差，可行性如何，都有了可靠的依据。但这些方案是否可靠，引用的情报信息是否准确，还需要决策者再做判断，这是决策者运用智慧及经验的过程。因此，系统分析不仅需要管理科学理论方法，还需要决策者的智慧和经验。

（3）方案决策

在两种或两种以上值得采用或进一步考虑的方案中选择方案，尽可能在待选方案中选择出满足系统要求的最佳方案。

（4）实施计划

根据最后选定的方案，按决策计划方案具体实施。如果实施得比较顺利，或遇到的困难不大，略加修改即可顺利进行，那么整个步骤即告一段落。如果问题较多，就需要重新进行系统分析。

在管理实践中，系统分析方法存在的最大问题是最优方案难以确定，因为任何方案都不可能做到从任何角度考虑都最优，对同一个方案，如果选定的影响因素不同，最优的结论往往也不同。因此，方案的取舍要有一个明确的评价目标。

3. 矛盾分析方法

"具体问题具体分析"的矛盾分析方法是研究管理问题和解决管理问题的重要方法。某些管理学派，特别是古典学派中持有统一论（Universal Approach）观点的学者，认为管理者只要找出"放之四海而皆准"的原理、原则，就可以解决管理中的一切问题。这种学术观点实质上是形而上学的方法论，是管理学中的教条主义。这种学术观点在20世纪40年代以前占据非常重要的地位。其客观原因是市场环境的变化相对稳定，某些管理原理、原则也的确可以在环境稳定的条件下发挥作用。但从20世纪50年代起，人们日益感到一些管理原理、原则无法在不同条件下照搬照套。于是就有了以德鲁克为代表的经验学派或"案例"主义学派。但是，单纯的"案例"教学容易使人犯经验主义的错误。该方法不重视环境条件的变化，照搬过去的经验，同教条主义一样也是形而上学的思想方法，同样是不正确的。正确的思想方法应是坚持马克思主义唯物辩证法的对立统一原则，做到具体问题具体分析，以及抓住主要矛盾学会统筹兼顾。

4. 从实际出发,理论联系实践

一切从实际出发,离不开我国的国情,从管理的角度来看,我国的经济文化发展水平和民族传统文化是我们学习管理的出发点;在管理领域的经验与教训是我们研究中国特色管理理论的基础。

首先,中华民族有着源远流长的文明史,形成了极为复杂的传统文化体系,既有优秀的传统文化,也有落后的不合时宜的传统文化。比如儒家文化以"仁"为核心,坚持"中庸"的处世态度,它有扼杀人的个性、束缚人的创造精神以及抑制社会活力的一面,也有崇尚集体观念,有利于促进社会统一和谐、发挥整体优势的另一面。按现代管理的系统思想来说,发挥系统整体优势与调动系统各要素的积极性,二者紧密联系,不可分割。因此,研究中国管理问题时,应对中国古代管理思想本着取其精华、去其糟粕的态度,从丰富的历史遗产中探讨传统文化对当今管理的启示。

其次,改革开放以来,中国共产党领导全国人民在中国特色社会主义现代化建设中取得了举世瞩目的成就。就管理领域来说,国家宏观调控措施的选择和运用、经济手段的综合运用、中央与地方权力的合理划分、管理职能的转变、人事制度的改革、管理组织的调整、现代企业制度的建设等,都卓有成效。这些管理实践活动是中国国情的重要组成部分,是建立具有中国特色管理体系的出发点之一。所以,我们不仅要借鉴和运用相对成熟的西方管理理论,还要从我国国情出发,用科学的方式思考管理实践的特征,提高对管理理论的认识与运用能力,提高管理思维能力,通过具体案例解剖或事例分析把握理论与方法的本质。

思考题

1. 简述管理的概念与管理者的含义。
2. 管理的基本职能包括哪些?
3. 如何理解管理的特点?
4. 为什么说管理既是科学又是艺术?
5. 管理者要扮演哪些角色?
6. 管理者应具备哪些基本技能?
7. 简述学习管理的意义。

➢ 自测题及参考答案

➢ 案例分析

第二章 管理基本原理与方法

在人类长期管理实践中形成的一整套管理者必须遵守的客观规律,称为管理基本原理,这些基本原理是从管理实践中总结出来的管理活动的行为准则,也是今后管理实践中必须遵守的基本原则。管理方法是管理基本原理的自然延伸和具体化、实际化。掌握管理基本原理与方法是学习管理知识的基本要求。

学习纲要

✧ **知识点:**管理的基本原理,管理的基本方法。

✧ **重点:**整分合原理、人本原理、效益原理、能级原理、弹性原理等。

✧ **难点:**管理的二重性,管理的系统原理。

名言名句

✧ 有效的管理者善于用人。

——德鲁克

✧ 差错发生在细节,成功取决于系统。

——比尔·马瑞特

✧ 效率是"以正确的方式做事",而效能则是"做正确的事"。对企业而言,不可缺少的是效能,而非效率。

——德鲁克

✧ 没有原则,人们就处于黑暗和混乱之中;原则是灯塔,它能使人辨明方向,但它只能为那些知道通往自己目的地道路的人所利用。

——法约尔

引例

王经理原为个体企业经理,由于懂技术又要求严格使原企业取得了较好的经济效益,并获得当地政府的认可。2001 年 3 月,他被调到当地某集体所有制企业担任总经理。新企业是生产同类产品的企业,但生产规模扩大了一倍。应这位经理的要求,原企业三名骨干同时被调入新企业,其中一名担任副总经理,另外两名担任技术骨干。经过两年的拼搏,到 2003 年新企业状况明显好转并取得了较好的经济效益。2005 年,该企业效益更上一层楼。王经理比较注重物质奖励,几年来拿出相当多的钱发了奖金。2005 年底，企业规模扩大一倍，最早的三名骨干继续被委以重任。但到 2006 年、2007 年企业竞争力和经济效益明显下降，2008 年出现巨亏，2009 年濒临倒闭。虽然企业陷入困境有内外部大环境（如金融危机）的原因，但调查发现还有其他重要原因：①用人上注重关系，不太注重能力；② 注重物质奖励，缺乏思想方面的教育；③ 发展思路、市场定位过于死板。

（资料来源：百度题库）

思考

1. 这家企业在用人、激励以及确定发展定位等方面的管理措施上出现了什么问题，从而导致濒临倒闭？

2. 在企业管理中，我们必须遵循哪些管理的基本规律？违背这些规律会出现什么问题？

第一节　管理的二重性原理

一、管理的二重性

管理的二重性是马克思主义关于管理问题的基本观点。马克思主义认为，企业管理具有二重性。一方面，管理与生产力、社会化大生产相联系，具有组织技术属性（自然属性），是生产过程固有的属性；另一方面，管理与生产关系、企业制度相联系，具有社会经济属性（社会属性）。这就是管理的二重性。

马克思主义认为，资本主义企业的生产过程本身具有二重性：资本主义生产一方面是生产物质产品，创造价值和使用价值的过程，另一方面是生产资本主义生产关系，追求剩余价值的过程，即剥削的过程。管理是一切社会化生产过程不可缺少的职能，是生产过程固有的属性。同时，管理又代表着生产资料所有者的利益和目的，是一定利益集团维护本集团利益的职能，不同社会制度下反映不同的社会属性。

二、管理二重性原理的内涵

一方面，管理具有自然属性。自然属性与生产力相联系，体现为合理组织生产力。管理对象是由多种要素组成的系统，管理效果很大程度上取决于组织与协调这些要素的科学性与合理性。管理的自然属性告诉我们，企业管理中只要是先进的方法、先进的生产力，就可以学习、引进。一般地，自然属性与不同的社会意识形态以及东西方差别无关，是不以人的意志为转移的，是一种客观存在的属性。

另一方面，管理具有社会属性。社会属性与生产关系相联系，体现为维护和完善生产关系。管理的社会属性告诉我们,管理实践处于具体社会、具体环境中。管理或多或少都体现着生产资料所有者指挥劳动、监督劳动的意志,体现着生产资料占有者和多数管理者的基本目的。对所有者无益的事可以不做,不听使唤的人可以不用。

管理二重性原理可用关系图形描述,见图 2-1。

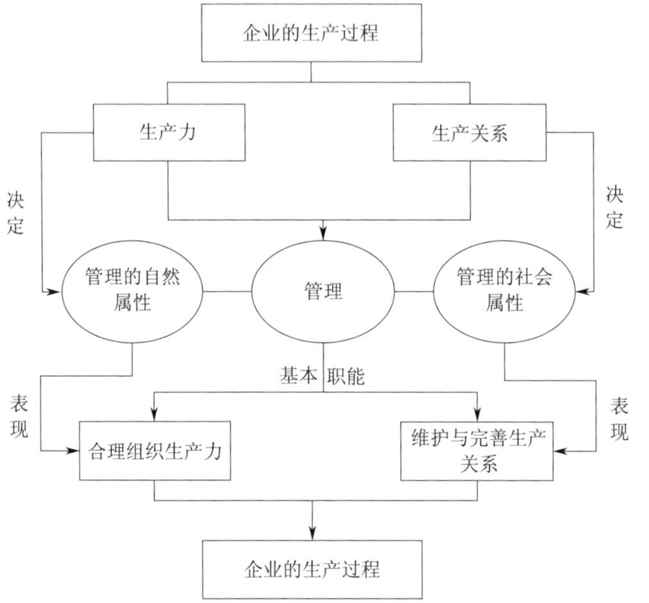

图 2-1 管理二重性原理关系图

三、学习管理二重性原理的意义

管理二重性原理揭示了管理的两大基本职能:管理一方面要合理组织生产力,另一方面要维护和完善生产关系。掌握二重性原理,对于我们学习管理和从事管理工作具有重要意义,有助于管理者在管理实践中正确把握方向。二重性原理是我们认识、学习和借鉴发达国家企业管理经验与方法的指导思想,也是研究、总结和发展我国企业管理经验的理论武器。

要建设中国特色社会主义,发展和完善社会主义市场经济,就必须充分利用国内和国外两种资源,学习国外先进的管理手段与方法。中国和西方的文化背景和历史传统不一样,中国的管理问题不能通过生搬硬套西方经济管理理论来解决,要注重国情的差别。在借鉴时,要批判地吸收,取其精华、去其糟粕,全盘否定和一律照搬都是错误的。

我们在应用某些理论、技术与方法时,必须结合本部门、本单位的实际情况,因地制宜。一方面,要通过管理对企业及生产经营过程进行系统设计,合理开发和配置企业所需的各项资源,实现生产要素的优化组合,建立有效的经营机制,完善分工协作的组织结构,不断提高劳动效率和经营业绩;另一方面,要通过管理不断巩固社会主义生产关系,确保公有制经济和国有资产的不断发展壮大,处理好企业所有者、经营管理者和劳动者的相互关系,搞好企业的上层建筑和意识形态领域的建设。总体来看,我国企业及其他社会组织的管理都是为建设中国特色社会主义服务的,管理都是为了使人与人之间的关系以及国家、集体和个人的关系更加和谐。

第二节 管理的系统原理

一、关于系统

管理的系统原理源于系统理论,因此有必要对系统的概念加以描述。

(一)系统的概念

系统是由两个或两个以上相互联系、相互作用、相互依赖的要素结合而成的,在一定的环境下,是具有特定功能和结构的有机整体。要素、结构、联系、功能和环境是构成系统的基本条件。

1. 要素

要素指构成系统的基本组成部分。要素和系统的关系,是部分与整体的关系,具有相对性。一个要素只有相对于由它和其他要素构成的系统而言,才是要素;而相对于构成它的组成部分而言,则是一个系统。

2. 结构

结构指系统内部各要素的排列组合方式。每一个系统都有自己特定的结构,它以自己的存在方式,规定了各个要素在系统中的地位与作用。系统的整体功能是由结构来实现的。

3. 联系

联系指系统要素与要素、要素与系统、系统与环境之间的相互作用关系。一个要素的变化会影响其他要素的变化,进而影响系统的发展。要素的发展变化也会受到系统的制约,这是因为系统的发展是要素存在和发展的前提。一个整体的系统与它周围的环境之间通常存在着物质、能量和信息的交换。

4. 功能

功能指系统与外部环境在相互联系和作用的过程中所产生的效能。不同的系统有不同的功能。没有功能的系统是没有存在价值的。

5. 环境

环境指系统与其边界之外进行物质、能量和信息交换的客观事物或其总和。系统边界起到对系统的投入与产出进行过滤的作用,边界之外是系统的外部环境,它是系统存在、变化和发展的必要条件。系统外部环境的性质和内容发生变化,往往会引起系统的性质和功能发生变化。因此,任何一个具体的系统都必须具有适应外部环境变化的功能,否则,将难以生存与发展。

系统是客观存在的,具有普遍性。系统的形式是多样的,可以按不同的标准划分。如:自然系统(生态系统、星际系统)和人造系统(生产系统、管理系统、社会系统);封闭系统(不与外界进行物质、信息、能量交换的系统)和开放系统(在存在和运动过程中不断地与外界发生交互作用的系统);静态系统(系统的结构和状态不随时间而改变)和动态系统(系统的结构和状态随时间而改变);等等。

(二)系统的特征

要对系统有进一步的认识,就必须知道系统的特征。任何系统都具备下列基本特征。

1. 整体性

整体性是系统最重要的基本特征,主要表现为两个方面:从构成上来看,系统是由若干既相互联系又相互区别的要素(子系统)构成的整体;从功能上来看,系统整体功能的实现依赖于要素的相互作用。而要素是通过相互联系、相互作用形成的组织化、有序化、集成化的有机整体,使得系统的整体功能大于各要素功能的总和。

2. 层次性

任何系统都有一定的层次结构,其中低一级的要素是它所属的高一级要素或系统的有机组成部分。不同层次上的要素发挥着不同的作用。当我们面临一个复杂系统时,应搞清它是由哪些要素(子系统)构成的,处于哪个层级。比如企业运营系统一般由采购系统、生产系统、销售系统和售后系统构成,而采购系统一般由供应商管理系统、订单管理系统、质量管理系统等构成。

3. 有一定的边界

任何系统都存在于特定的环境之中,有一定的边界,通常与外界有着物质、能量、信息的交换。比如从外界获取原材料、了解顾客需求、输入动力、输出产品与服务等。

4. 目的性

任何系统都具有明确的目标。系统的内部结构随着系统目标的变化而改变,应适时根据环境的变化或对未来的把握设定新的目标,根据目标改进或设计系统。

5. 动态性

系统作为一个运动着的有机体,其稳定状态是相对的,运动状态是绝对的。运动是系统的生命。例如企业是社会经济系统中的子系统,它为了适应外部社会经济系统的需要，必须不断完善和改变自己的功能，由此企业内部各个子系统的功能及相互关系也随之发展变化。所以，企业的管理具有动态性。

6. 环境适应性

环境适应性是指系统随环境的改变而改变其结构和功能的能力。一方面，若系统原有稳定状态被破坏，系统能抗拒环境的干扰，修补被破坏的因素，致使系统回到原来的稳定状态，如导弹系统；另一方面，若系统原有稳定状态被破坏，系统能够适应环境、进行自身调节，逐渐过渡到一个新的稳定状态，如自然界的进化，企业、团体自身的调节变化。

二、管理的系统原理

管理的系统原理是指管理者在管理实践中要运用系统的思维与观点看问题，将管理对象看作一个系统，深入系统分析每一个要素及要素之间的联系，把握系统的特征及系统整体的运行规律，运用科学系统的理论、方法和手段，对系统进行有效的管理、控制和优化，进而实现系统的总体目标。

进一步理解管理的系统原理可从下面五点来把握：

①将我们管理的对象视作一个系统；

②了解系统的要素，分析系统的结构，研究系统的联系，把握系统的功能；

③在管理实践中，要以系统思维看待问题与解决问题，使用的方法、手段要系统化；

④注意系统环境的变化，研究系统对环境的适应性，适时地对系统进行改进、优化；

⑤从整体上把握组织运行规律，以求整体效益最大化。

对于企业管理来讲，首先，要把企业看成一个系统，它有一个统一的功能和目的，就是高质量、低消耗地提供产品或劳务，提高企业的经济效益，促进企业和国民经济的发展。其次，企业系统中又有许多子系统，如生产系统、人事系统、财务系统、销售系统等，工作的班组、售后服务体系、质量管理体系、管理信息系统等又是不同体系下的更小系统。

每个子系统都有各自的功能和目的。要想科学地组织、协调和管理，首先必须遵循系统原理。比如，只布置了工作但不对工作效果进行检查，是不符合系统原理的。再如，对企业的好坏进行评价只关心产出，不关心质量、不关心成本、不考虑环境污染也不是系统化的评价。同时企业又处在国民经济大系统中，企业管理不仅要处理好企业内部各个系统之间的关系，使它们发挥最大作用，而且必须兼顾国民经济效益、社会效益和环境效益等。

三、系统原理强调“一加一大于二”

系统原理强调的是整体性。比如,一个企业局部设施先进并不代表能够创造高的产值,只有综合功能好才能创造好的效益。由系统的特征可以知道,系统的功能不是各个要素功能的简单相加,而是要素相互联系、相互作用后产生的集成化效果。“一加一大于二”的思想是系统原理所强调的。如果你是企业领导,你应该是具备“一加一大于二”思想的管理者,合理调配有限的资源以创造更大的价值,为企业创造更好的效益,这才是硬道理。

第三节　能级原理

能级原理是指管理的组织结构与组织成员的能级结构必须相互适应和协调,这样才能提高管理效率,实现组织目标。首先,为了获得最佳的管理效果,就必须建立一个合理的能级。就管理系统而言,稳定的管理能级结构为正三角形,且可分为三个层次:最高层是决策层,决定系统的大政方针;第二层是管理层,运用管理职能来实现决策目标;第三层是执行层,具体执行管理指令,直接组织人、财、物等方面的管理活动。其次,要将不同能力的人放置在相应的岗位上,形成动态的管理体系。动态意味着岗位功能、上下级关系等不是一成不变的,而是随时间或条件而改变的。比如一个人通过培训、进修学习或自己的刻苦努力可以升任高一层的管理者,反之,工作中不思进取、敷衍了事或犯错误要被降职。

“能级”一词是从物理学中借用过来的概念,原意是原子由原子核和核外绕核运转的电子构成,电子由于具有不同的能量,按照各自不同的轨道围绕原子核运转,即能量不同的电子处于不同的等级,这种现象在管理学上同样存在。

管理学中的能级原理是指在现代管理中,机构、法和人都有能量问题,根据能量的大小可以建立一定的秩序、一定的规范或一定的标准。现代管理的任务是建立一个合理的能级,使管理的内容动态处于相应的能级中,这就是现代管理的能级原理。在现代管理系统中,各元素的活动必须服从于系统,具有高效率与高可靠性的要求。管理的能级结构是指为了实施有效的管理,必须在组织中建立一个合理的能级结构,并按照一定的标准,将管理的对象置于相应的等级中。

在行政管理活动中,按能级使用人才,实现合理的能级管理,能保证组织结构的稳定性和有效性,并能获得最佳的管理效率和效益。根据国内外行政管理实践的经验,运用能级原理应注意以下原则或要求。

①能级的划分与组合应保证行政组织结构的稳定性和有效性。稳定的结构层次一般应按战略规划层—战术计划层—具体执行层由上向下排列。每个行政人员应按

其不同的素质和能力安排到相应的层级上。

②不同的能级应具有不同的责任、权力和利益,遵循责权利一致的原则。做到责权利三者相统一,才能充分发挥各级组织的主动性和创造性,保证它们各自承担的任务高效率地完成。

③各类能级必须动态对应。首先,应知人善任,量才任用,人尽其才。清代诗人顾嗣协的《杂兴》诗云:“骏马能历险,犁田不如牛。坚车能载重,渡河不如舟。舍长以就短,智者难为谋。生材贵适用,慎勿多苛求。”此诗很有哲理,值得现代管理者借鉴。其次,随着员工的不断成长,应将其安排到相应的能级岗位上,即为动态对应,这有助于提升员工的积极性和活力。

能级原理要求领导在组织的人才使用上,要保证每个人能在其位、谋其政、行其权、尽其责、取其酬、获其荣、惩其误。在现代管理中,能级与责权利不相匹配的安排必将影响组织目标的顺利实现。

第四节 整分合原理

一、整分合原理的含义

整分合原理可以简明地表述为现代高效率的管理,在整体规划下必须分工明确,在分工的基础上进行有效的组合。

整体是前提,管理者要用整体意识、全局观念来支配行动,即努力把握管理对象整体的特点及其运动规律。分工之前,在充分认识组织系统与内外部环境关系的基础上,制定出适合组织系统长远发展的整体目标。

分工是关键。没有分工的整体是混沌的原始状态,构不成有序的系统,只有通过分工,才能提高系统的运行效率。分工也就是建立合理的组织结构,加强组织的功能,提高组织的工作效率,高效地实现组织目标。同时,在加强分工的有效性上,一定要关注分工的程度,过细的分工会使问题复杂化,加大管理成本;同样分工不到位也会造成工作效率低下。对于不同性质的工作、不同的行业,分工的具体方法是不同的,但基本指导思想是提高系统的效率,如车间里一般按“工序”分工,办公室按分管“工作”进行分工,研究所或研究院按“科研课题”进行分工,等等。

有了整体观念,实行了合理的分工,还是不够的,必须在科学分工的基础上实行组织严密有效的协作。分工有可能在相互联系方面脱节,因此必须对分工以后的各种管理工作进行综合和协调,包括以共同的目标来统一各部门、各单位的思想和行动,减少不必要的相互隔绝、脱节和相互牵制,明确各部门间相互业务关系、联系的方式,合理调节个人、局部、整体利益关系。

二、贯彻整分合原理的方法

在企业中,要贯彻整分合原理必须做到能级对应和优化组合。

1. 能级对应

现代管理涉及能量问题,能量有大有小。不同的人有不同的才能,适合不同的工作和不同的岗位,量才分工,各负其责,才能产生最佳效果。能力是做工的本领,对于人来说,能力大小通俗说就是办事本领大小,能力是人成功地完成某种活动的心理(内部)特征,能力的外传和显现称为能量。任何一个组织都由不同能量(能力)的人组成,不同能力的人按照一定规范和标准分成的类可称为能级。因此,一个有效的管理者必须根据每个人的能量对其加以分级运用,做到能级对应,知人善任,用人之长,避人之短。

2. 优化组合

贯彻整分合原理,既要搞好分工,同时也要搞好协作,实现优化组合。优化组合包括目标优化组合、组织优化组合、人才优化组合和环境优化组合。优化组合有助于实现总体目标与局部目标的统一性;各个局部的信息一致性、沟通顺畅性以及控制协调性;充分做到人尽其才、才尽其用,人事相宜。

第五节　弹性原理

弹性原理是指现代高效的管理必须保持充分的弹性,留有缓冲余地。管理必须有很强的适应性和灵活性。管理之所以要保持充分的弹性,有以下几个方面的原因。

1. 管理不同于其他学科

管理是一门软科学,管理的方法和手段具有灵活性和艺术性。管理决策没有最优解,只有满意解。

2. 多因素性

管理中所面临的问题是多样的,造成问题的因素是多样的。针对多因素问题,既不能穷尽地收集信息,又不能不分主次"胡子眉毛一把抓"。所以,在区分主要与次要因素的同时做到多因素综合平衡,留有可调节的余地。

3. 不确定性

人类社会活动具有不确定性。管理是一项社会活动,组织内外部环境都在变化中,没有一劳永逸的管理措施。管理必须是动态的,充满弹性的。

4. 行为问题

管理的主要对象是人。在实际工作中常常出现"上有政策,下有对策"的现象,造成组织目标的实现南辕北辙。管理中对类似这种行为问题处理不当,有时会产生严重的后果。所以,针对人的行为产生的问题要对症下药、谨慎行事,保持灵活性。

需要指出的是:留有多大的弹性或弹性限度,没有一个固定的规范。弹性太大就会失去章法,被钻空子,管理就会混乱;弹性太小起不到作用,是僵化的管理。掌握合适的弹性尺度是管理艺术,需要在实践中进行探索。

管理弹性可分为消极弹性与积极弹性。其中,消极弹性认为保持管理弹性和留有余地是给自己"留一手",不去解决问题,留有推卸责任的余地。积极弹性认为保持管理弹性和留有余地是管理实践的客观要求,是遇事"多一手"。在关键环节上保持可调性,有助于充分发挥管理者的聪明才智,提供可供选择的多种方案。

第六节　动力原理

管理作为一个系统,必然有系统动力问题。没有动力的系统即便结构完美,也是一个死的系统,犹如没有能源输入或没有产出的工厂一样。管理的动力原理认为,管理必须具有动力,并且管理者能正确地运用动力,才能使管理活动持续而有效地进行下去。管理的基本动力有以下三种。

1. 物质动力

物质动力是指以适当的物质刺激调动人们的积极性所产生的对实现组织目标的推动力。物质动力在日常管理中体现为适时对被管理者进行物质刺激。俗话说,"金钱不是万能的,但没钱是万万不能的"。因此适当的物质奖励是十分必要的。但管理者要学会科学地、灵活地运用物质动力,掌握好物质刺激的"度"。事事奖励、时时奖励不一定能收到理想的效果,经济上也是不允许的。

2. 精神动力

精神动力是指以精神刺激来调动人们的积极性所产生的对实现组织目标的推动力。精神刺激可以通过信仰、革命理想教育 、爱国主义教育、倡导企业精神、表扬、奖状、先进称号、政治思想工作等实现;也可以通过向员工授权、对他们的工作绩效和创新表示认可,实行公平、公开的晋升制度,提供学习与培训、进一步提升的机会等途径实现。人是有精神的,管理离不开精神动力,精神动力是无形的。精神激励是一项深入细致、复杂多变、应用广泛、影响深远的工作,是调动员工积极性、主动性和创造性的有效方式。

3. 信息动力

信息动力是指通过信息交流或信息传递对组织活动产生的动力。信息是多样的,如文字、数据、图像、观念、知识、情报、消息、广告、谈话、管理指令等都是信息的具体表现形式。知识就是力量,信息就是财富。信息冲击产生的压力会转变成竞争的动力,它对组织活动起着直接的、整体的、全面的促进作用。管理者应注重信息动力的作用,建立合理的信息交流网络,确保信息的通畅性与及时性,充分利用各种信息,为企业发展做贡献。

第七节 人本原理

人本原理认为管理既是由人进行的,同时又是对人的管理。人本原理认为人不是脱离其他管理对象的要素而孤立存在的人,而是作为管理对象的整体系统中的人。人是其他构成要素的主宰,也是组织中的重要资源。财、物、时间、信息等资源只有在为人所掌握、为人所利用时,才能发挥其价值。人是组织的中心,也是管理的中心,管理工作的核心任务是调动人的积极性,发挥人的主动性,激发人的创造性。人本原理可从下面几点加以理解。

①人是生产力的首要因素,是社会一切财富的创造者。

②管理不应以“事”为中心,只见“事”,不见“人”, 而应以“人”为中心,注重人与事的整体性、系统性以及以人为中心的系统优化。不应将人视为一种“工具”,随意地控制与使用,而应视其为一种“资源”来保护、引导与开发。

③只有真正解放了被管理者,才能最终解放管理者自己。

④管理措施、管理手段、管理方法要人性化。

⑤管理的合理性建立在对人本性的科学认识的基础上。西方管理理论中,不同管理学派的区别之一是对人认识的不同。如:科学管理学派以人是“经济人”为假设;行为科学学派以人是“社会人”为假设;决策理论学派以人是“决策人”或“管理人”为假设;权变理论学派则以人是“复杂人”为假设。

⑥人的自由和全面发展是整个社会发展的趋势和最高追求目标。

⑦重视人的精神需求。组织中的管理者只有不断引导与培养员工的价值取向,使其与组织目标相一致,才能使员工齐心协力助力组织的发展。就如企业的每一位管理者,不仅要完成企业的生产与销售目标,还要培养一支为实现企业组织目标而能够攻坚克难打硬仗的员工队伍。

第八节 效益原理

任何组织在任何时期的存在都是为了实现一定的目标。同时,任何组织在任何时期的目标活动都需要组合和利用一定的资源,从而付出一定的代价。效益是指组织目标的实现与实现组织目标所付代价之间的一种比例关系。追求组织活动的效益就是尽量以最少的资源消耗去实现组织的既定目标。如何做到这点?现代管理大师德鲁克认为在管理工作中要面对的两个问题是“做什么”和“怎么做”，与之对应的就是管理工作的效果和效率。

效率是指系统输入与输出的关系，是投入与产出的关系，与效益有一定的联系。在实践工作中，效益与效率不一定是一致的。比如企业花巨资增添技术设备来提高生产效率，导致生产成本增加，只有增加产量才能提高生产效益。若产出的实际结果符合市场需求，效率与效益是一致的；若遭遇市场需求变化出现滞销，就会出现效率高而效益降低的现象。所以，要“正确地做事”，选择适当的方式、方法，使有限资源合理配置与有效利用，才能保持效率与效益的一致性。

效果是指由投入经过转换而产生的成果，其中有的是有效益的，有的是无效益的。比如，企业生产出的产品虽然质量合格但卖不出去，造成积压，这些产品就不具有效益。只有有效的结果，被社会所接受的结果才是有效益的。所以要“做正确的事”，即在有效率地做事之前，必须确认所做事情是正确的，是组织长远发展的目标方向，这样才能保证效率与效果、效益的一致性。

当今社会，效益包括经济效益、社会效益和环境效益，其中经济效益是人们在社会经济活动中所取得的收益性成果；社会效益则是在经济效益之外的对社会生活有益的效果；环境效益是对人类社会活动的环境后果的衡量。人们在使用环境资源的过程中，环境的各种功能给人们带来效益。从根本上讲，环境效益是经济效益和社会效益的基础，经济效益和社会效益必须在服从环境效益的前提下，追求最大化，三者互为条件，相互影响，是辩证统一的关系。比如，生态环境保护系统承担着实现城市和乡村环境再生产的重要使命，它的发展只有同城乡的经济系统、社会系统的发展相适应，才能使城乡生态环境的再生产同经济和人口的再生产相适应，实现经济效益、社会效益和环境效益的结合与统一。

第九节　适度原理

1. 适度原理的内涵

组织在业务活动范围的选择上既不能过宽，也不能过窄；在管理幅度的选择上，既不能过大，也不能过小；在权力的分配上，既不能完全集中，也不能绝对分散。必须在两个极端之间找到最恰当的点，进行适度管理。度的把握在很大程度上取决于管理者的直觉。

2. 适度管理的缘由

适度管理的根本原因在于管理所面对的不确定性以及与这种不确定性相关的管理实践的艺术性特征。而在管理实践中，根据活动环境、活动条件以及活动对象等因素的特征及其变化，管理者需要艺术地运用科学的管理理论和方法，在错综复杂、矛盾对立的背景中审慎地做出适当的选择,体现管理活动的有效性。

3. 适度原理的启示

适度原理要求管理者要艺术地运用科学的管理理论和方法做出适度或适当的选择,重视直觉能力的培养和应用。以经验为基础的直觉在管理活动的组织中依然有着十分重要的作用。

第十节　管理的基本方法

管理学是一门应用型科学。要解决管理实践中遇到的各种问题,离不开科学有效的管理方法。

所谓管理方法,是指为了实现管理目的而运用的手段、方式、途径和程序的总称。具体来说,管理方法包括:管理的经济方法、管理的法律方法、管理的行政方法和管理的教育方法等。

一、管理的经济方法

(一)经济方法的含义

经济方法是按照客观经济规律,采用各种经济手段,对不同经济主体彼此之间的关系进行调节,以获取可期的经济效益与社会效益的管理方法。这里所说的各种经济手段,主要包括价格、税收、信贷、利润、工资、奖金与罚款等。

(二)经济方法的特点

1. 利益性

经济方法是通过各种利益机制对被管理者进行引导,间接影响他们追求利益的行为的一种管理方法。

2. 关联性

在经济方法的使用过程中,各种具体的经济手段彼此关联,相互影响,任何一种经济手段的变化都可能会引起社会各领域关系的连锁反应。这种影响不仅涉及当前,有时还会涉及未来,产生一些难以预料的结果。

3. 灵活性

经济方法具有灵活性。首先,针对不同的管理对象,如企业、部门、个人等,可以采用不同的手段。其次,即使是同一种管理对象,根据不同时期不同的条件,也可以采用不同的方式进行管理。

4. 平等性

经济方法要求社会依据统一的价值尺度来评价经济活动、分配经济成果,承认各个组织之间和个人之间获得经济利益的权利是平等的。各种经济杠杆对情况相同的组织及个人具有相同的调节作用，不允许有特殊性和例外情况。

（三）经济方法的正确应用

经济方法也存在明显的缺陷，如容易使组织和个人产生单纯追求物质利益的倾向和拜金主义的思想，容易导致企业利益目标的分散和混乱，这就要求在运用经济方法进行管理时注意以下几点。

1. 将经济方法和教育方法有机结合

经济方法的使用不能忽视与教育方法的有机结合，必须让组织和个人不断地接受教育，以提高知识水平和思想修养。

2. 综合运用和不断完善经济方法

各种经济手段在不同的领域和情况下发挥着不同的作用，经济杠杆的单独运用往往难以取得预期效果，因此在具体应用中要注意经济方法的综合运用和完善。

二、管理的法律方法

（一）法律方法的含义

法律方法是指用法律实现群体意志，维护群体根本利益，代表群体对经济、政治、文化活动实现强制性、统一性的管理方法。

（二）法律方法的特点

1. 规范性

法律和法规是所有组织和个人行动的统一准则，对其具有同等的约束力。法律和法规之间不允许相互冲突，其定义是准确阐明且只有一种意义的解释，法规服从法律，法律服从宪法。

2. 强制性

运用法律方法实施管理，任何组织和个人都必须接受。如果违反法律法规，必将受到法律的严厉制裁。

3. 严肃性

法规和法律具有严肃性，不可朝令夕改、随意废止，也不可因人而异，法外容情。

（三）法律方法的正确应用

1. 加强法制教育

必须加强被管理对象的法制教育，使被管理对象知法、懂法，在此基础上，再对其非法行为进行必要的惩罚。

2. 法治与人治相结合

在法律方法的使用中，仅仅依靠法治是不够的。为了使被管理对象自觉守法，还应对他们加强思想教育，增强他们自觉为实现个人和组织目标而努力工作的动力。

三、管理的行政方法

(一)行政方法的含义

行政方法是指行政主体依靠行政组织的权威,运用行政手段,包括行政命令、指示、制度、规定、条例及规章制度等措施,按照行政组织的系统和层次进行行政管理活动的方法。它是在实际的行政管理过程中运用最普遍的行政管理方法,当然也是一种非常有效的行政管理方法。其实质是通过行政组织中的职位和职务来进行管理。

(二)行政方法的特点

行政方法与法律方法具有一些共同特点,如都具有强制性,除此之外,行政方法还具有以下几个特点。

1. 权威性

行政方法的基础是管理机关和管理者的权威。提高各级管理者的权威,是运用行政方法进行管理的前提,也是提高行政方法有效性的基础。

2. 强制性

强制性要求人们在行动的目标上服从统一的意志,在行动的原则上高度统一,但允许人们在方法上灵活多样。强制性由一系列的行政措施体现,包括表扬、奖励、晋升、任务分配、工作调度及批评、降职、记过、撤职等。

3. 层次性

行政方法是根据行政组织的纵向结构自上而下、由大到小一层层进行管理的,行政指令都是直线传递、层层下达的。

4. 具体性

行政指令的内容和发布的对象都是具体的,因事、因时、因地、因人而异。

5. 无偿性

行政方法的运用,并不考虑上下级之间利益的平衡及等价交换,对于服从者的行动不考虑价值补偿,甚至为执行上级的指令,牺牲下级的具体、局部利益也在所不惜,这体现了行政方法的无偿性。

(三)行政方法的正确应用

1. 行政方法必须以科学知识为基础

在管理中运用行政方法,涉及多种学科理论知识的综合应用,如政治学、法学、行政管理学等。这些知识对行政方法的科学化有良好的促进作用。

2. 行政方法要有针对性

一定的行政方法对应一定的行政对象。好的行政方法如果不顾时间、条件、地点和对象,也不会收到好的效果。因此,必须从行政对象出发,采取不同的行之有效的行政方法。

四、管理的教育方法

（一）教育方法的含义

教育是教育者根据一定社会（或阶级）的要求，有目的、有计划、有组织地对受教育者的身心施加影响的活动，其目的是让受教育者的行为符合管理的要求。

（二）教育方法的特点

1. 示范性

教育可以改变人们的思想，引导人们的行为，因此具有很强的示范性。

2. 自主性

教育方法通过改变人的知识结构及思想认识来影响人的行为，进而使其为了实现管理目标而不断努力。这种改变需要员工存在主动的意愿，组织仅仅是提供改变的平台而已。

3. 强制性

某些教育内容在组织的管理规章制度中做了强制性的规定，例如安全教育、职责条例教育、操作规程教育、上岗资格教育、保密教育、交通规则教育等。这些教育内容是相应岗位上的职工必须遵守的。

（三）教育方法的正确应用

教育方法的局限性首先表现在教育过程相对较长，见效慢，因此对于组织亟待解决的问题，教育方法并不适用；其次是教育方法需要建立长久机制，需要大量的人力、物力和财力，会增加组织的成本。

正确运用教育方法，必须遵循教育的基本原则：一是要理论联系实际，拒绝教条主义和形式主义；二是要全面教育，不能有任何方面的偏废；三是要进行长期教育，不能急功近利，有短视行为；四是要注意反馈，用实践来检验教育内容和教育模式的合理性，并根据反馈结果对教育内容、教育模式进行相应的调整与改变。

五、管理的技术方法

（一）技术方法的含义

技术方法是指组织中各个层次的管理者（包括高层、中层和基层管理者）根据管理活动的需要，自觉运用自己或他人所掌握的各类技术（主要包括信息技术、决策技术、计划技术、组织技术和控制技术等），以提高管理的效率和效果的管理方法。

（二）技术方法的特点

1. 客观性

客观性主要表现为：技术是客观存在的，是不以人的意志为转移的；技术方法产生的结果是客观的。

2. 规律性

规律性主要表现为:技术脱胎于现实世界中普遍存在的客观规律;技术方法是有规律的,每种方法都是有章可循的,每种技术方法的步骤都是特定的。无论何种组织,无论面临什么样的环境,只要采用同一技术方法,就必须遵循同样的步骤。

3. 精确性

精确性是指只要技术数据是正确无误的,由技术方法产生的结果就是精确的。

4. 动态性

管理者在管理过程中时时会遇到新情况、新问题,而传统的技术方法可能会失效或效果不好,所以管理者必须紧密追踪不断涌现的新技术,关注新技术的发展动态,将现有的管理技术及时升级换代。故技术方法呈现出动态性特征。

(三)技术方法的正确应用

首先,正确使用技术方法有一定的前提,或者说技术方法有一定的适用范围。在有些场合,技术方法是有用的,但在另一些场合,技术方法可能无法发挥作用。比如对单只股票的价格预测,技术方法有时就没有经验判断和直觉来得准确。其次,管理者在解决管理问题时,应该把各种管理方法结合起来使用,争取收到较好的效果。最后,管理者要不断学习新技术的应用方法,知道技术的价值所在和局限性,多向组织内外的技术专家学习,牢固掌握技术方法,为管理工作服务。

思考题

1. 管理的基本原理包括哪些?
2. 管理活动为什么要遵循弹性原理?
3. 论述学习管理二重性原理的重要意义。
4. 如何理解系统原理强调的“一加一大于二”?
5. 作为一个管理者,应如何灵活运用动力原理?
6. 结合实际,谈谈你对各种管理的基本方法的理解(开放题)。

➢ 自测题及参考答案

➢ 案例分析

第三章　管理发展史

管理理论是对管理实践中管理活动的一般规律的抽象和总结。基于时代背景以及实践特征，本章将管理发展史分为三个阶段，分别是古典管理阶段（20世纪40年代以前）、现代管理阶段（20世纪40年代至70年代）、当代管理阶段（20世纪80年代至今）。

学习纲要

✧ **知识点**：掌握管理的百年发展与演变。

✧ **重点**：不同时期管理理论的代表人物与贡献内容等。

✧ **难点**：经济人与社会人的演变，科学管理与行为科学的演变。

名言名句

✧ 变化不是威胁，而应该把它看作机会。

——德鲁克

引例

福特汽车公司（Ford Motor Company）是世界上最大的汽车企业之一，由亨利·福特（Henry Ford）先生创立于1903年。1908年福特汽车公司生产出世界上第一辆属于普通百姓的汽车——T型车，世界汽车工业革命就此开始。1913年，福特汽车公司又开发出了世界上第一条流水线，这一创举使T型车的产量达到了1 500万辆，缔造了一个至今仍未被打破的世界纪录。福特先生为此被尊称为“为世界装上轮子”的人。1999年，《财富》杂志将他评为“20世纪商业巨人”以表彰他和福特汽车公司对人类工业发展所做出的杰出贡献。亨利·福特先生成功的秘诀只有一个：尽力了解人们内心的需求，由最好的员工，用最好的材料，为大众制造人人都买得起的好车。

当今福特汽车公司仍然是世界一流的汽车企业，仍然坚守着亨利·福特先生提出的企业理念：“消费者是我们工作的中心所在。我们在工作中必须时刻想着我们的消费者，提供比竞争对手更好的产品和服务。”正因为这样，2003年，福特汽车公司的328 000名雇员在世界各地200多个国家的福特汽车制造和销售企业中，共同创造了1 642亿美元的营业总收入。

福特汽车公司旗下拥有的汽车品牌有阿斯顿·马丁（Aston Martin）、福特

(Ford)、捷豹(Jaguar)、路虎(Land Rover)、林肯(Lincoln)、马自达(Mazda)、水星(Mercury)和 Volvo(沃尔沃)。此外,它还拥有世界最大的汽车信贷企业——福特信贷(Ford Credit),全球最大的汽车租赁公司—赫兹(Hertz)以及汽车服务品牌 Quality Care。这些都是人们耳熟能详的品牌,同时,由于福特汽车公司多年的苦心经营,这些品牌本身具有巨大的价值。2003 年 6 月 16 日,福特汽车公司庆祝了百年华诞。

(资料来源:百度百科)

思考

纵观福特汽车公司的发展史,探索企业管理思想如何助力福特汽车公司成就百年基业。

第一节　古典管理阶段

一、中国古代的管理思想

中国是世界文明的发源地之一,有着 5 000 多年的文明史,在管理思想发展史上占有重要地位。

帝王统治制度的建立,以阶级对抗为核心的社会分层现象,较复杂的礼仪制度和为王权服务的宗教力量的形成,文字系统的出现,青铜铸造和玉雕业的兴盛,印刷术、指南针、火药和造纸术等四大发明,都是中国古代文明的标志。

在中国 2 000 多年的封建社会中,在中央集权的国家管理制度、财政赋税的管理、官吏的选拔与管理、人口田亩管理、市场与工商业管理、漕运驿递管理、文书与档案管理等方面,不断有新的发展,也出现了许多杰出的管理人才。他们在军事、政治、财政、文化、教育与外交等领域显示了卓越的管理才能,积累了宝贵的管理经验,如田忌赛马所体现出的博弈思想。战国时期著名的"商鞅变法"是通过变法提高国家管理水平的一个范例。

《孙子兵法》由春秋战国时期杰出的军事家孙武所著,共十三篇,篇篇闪耀着智慧的光芒。"知己知彼,百战不殆"这样的辩证思想在《孙子兵法》中比比皆是。《孙子兵法》中的许多思想不仅在军事上而且在管理上对今天的工作都有重要的参考价值,日本和美国的一些大公司甚至把《孙子兵法》列为经理的必读书籍。除《孙子兵法》外,还有《孙膑兵法》《六韬》《司马法》等著名兵书,《老子》《阴符经》等道家经典,《齐民要术》《农政全书》《天工开物》等生产技术著作,这些都包含着间接的管理思想。

《周礼》是一部论述封建国家政权职能的专著,由著名政治家、思想家、文学家、军事家周公旦所著。《周礼》所涉及的内容极为丰富，大至天下九州，天文历象；小至沟洫道路，草木虫鱼。内容包括政治、经济、财政、教育、军事、司法和工程等各个方面。凡邦国建制，政法文教，礼乐兵刑，赋税度支，膳食衣饰，寝庙车马，农商医卜，工艺制作，各种名物、典章、制度，无所不包。《周礼》堪称上古文化史之宝库。其中关于封建国家国民经济管理的设计，在许多方面达到了相当高的水平。

都江堰位于四川省都江堰市城西，是中国古代建设并使用至今的大型水利工程，被誉为“世界水利文化的鼻祖”，该工程由秦国蜀郡太守李冰及其子率众于公元前256年左右修建，是全世界迄今为止年代最久、唯一留存、以无坝引水为特征的宏大水利工程，属全国重点文物保护单位。

中国古代许多伟大建筑工程的管理实践蕴含了丰富的管理思想和方法。万里长城，东起河北省的山海关，西到甘肃省的嘉峪关，横跨河北、北京、山西、内蒙古、陕西、宁夏、甘肃等七个省、自治区、直辖市，长达6 700千米，历时几百载，展现出周密的工作计划、完善的施工管理和优良的工程质量，堪称世界奇迹。

中国古代管理实践与管理思想还有很多，这里不再赘述。下面将中国古代的主要管理思想概括如下。

1. 儒家的管理思想——重人求和思想

中国传统文化中儒家思想一直居于主导地位。儒家思想一贯强调人是管理的核心，要求重视人的需要，讲求用人之道，实现人的和谐。

“民惟邦本，本固邦宁”的民本思想源于先秦，汉以后被进步思想家们奉为治国的基本方略。在得人和用人方面，孔子提倡：“礼之用，和为贵。”管子强调：“上下不和，虽安必危。”儒家首先提出人性本善的基本假设，进而提出仁政、德治、礼制的管理方法，最后提出“齐家治国平天下”的管理目标。儒家主张施仁政，其中的重要内容是反对苛政与任意刑杀，认为“苛政猛于虎”。儒家倡导用道德感化的方式来统治人民，因此主张德治。孔子主张：“道之以政，齐之以刑，民免而无耻。道之以德，齐之以礼，有耻且格。”政、刑只能起镇压作用，使人不敢犯罪；德、礼则可以笼络人心，使人知耻归心，要“为政以德”“道之以德”“齐之以礼”“使民也义”。孟子主张：“以德服人者，中心悦而诚服也。”

2. 法家的管理思想——依法治国思想

法家是中国历史上提倡以法治为核心思想的重要学派，战国时期法家主要划分为齐法家和秦晋法家两大阵营。秦晋法家主张不别亲疏，不殊贵贱，一断于法；齐法家主张以法治国，法教兼重。秦晋法家奉法、术、势为至尊与圭臬；齐法家既重术、势，又重法、教。秦晋法家以商鞅改革材料为内容，形成《商君书》。思想家韩非子集法家之大成，他的杰出贡献主要是在政治学术思想方面创立了自己独特的思想体系，著有《韩非子》一书。

法家的管理思想体现为:以法治国的行政管理思想,做到“法必明,令必行”;“富国以农”的经济管理思想,首先提出农战政策、“耕战合一”、“寓兵于农”,目的就是实现“富国强兵”。法家提倡贤能并举的人事管理思想,“所举者必有贤,所用者必有能”,“官贤者量其能,赋禄者称其功”。韩非子认为,世人的天性都是趋利避害的,因此实行严格的赏罚制度是最有效的管理手段。

3. 道家的管理思想——顺道无为思想

道家首先提出人性自然的主张,进而提出无为而治的管理方法,最后指出要实现的管理目标是至德之世。道家是以老子的“道”的学说为中心的学派,用道来说明宇宙万物的客观规律,主张“道法自然”,自然界和人类社会的运行都有其固有的规律。管子指出,对自然界来说,“天不变其常,地不易其则”,其运行规律不以人的意志为转移。自然界如此,人类社会亦如此。利用和改造自然的社会活动的有效进行要在“辨道”的基础上“顺道”,即认识事物的客观规律,并按照客观规律办事。辨道顺道,才能无为而治。无为不是消极放任,而是由客观规律自行发挥作用。

4. 兵家的管理思想——预谋慎战思想

兵家的管理思想(简称“兵家思想”)起源于《孙子兵法》,后由孙膑继承并发展。兵家思想是中华优秀传统文化的重要组成部分,对古代军事的战争决策、指挥、统筹以及规律方面的认识起关键性作用。

兵家思想也蕴含丰富的战略管理思想,其关于谋略的论述,是管理哲学思想中最丰富的内容。孙子提倡“上兵伐谋”,“以虞待不虞者胜”,主张未战先算。管子提倡“以备待时”,要有预见,才能备患于无形,立于不败之地。孙子强调:“兵者,国之大事,生死之地,存亡之道,不可不察也。”这里的“察”,不仅强调研究道、天、地、将、法,分析双方资源优劣,还强调要意识到“军争为利,军争为危”,估算可能付出的代价。“凡事预则立,不预则废”,“无过在于度数,无困在于预备”。

中国古代先哲的这些思想虽然大多数涉及宏观层面的国家和社会治理,但仍可为当今微观组织的管理提供重要的启迪。

二、西方工厂制度早期的管理思想

西方管理思想是伴随着工厂制度的出现而开始大量涌现的。

(一)产生背景

18 世纪下半叶开始,随着科学技术的发展,在英国爆发了工业革命(第一次工业革命,或称产业革命)。其特征是以蒸汽机取代生物能源,工业化的龙头为轻工业中的纺织业,它开辟了人类社会以纺织机、蒸汽机为主的机械时代。机器的使用,使以手工业为主(小生产)的工厂向采用机器为主(专业化分工)的资本主义工厂制度过渡。生产从家庭转移到独立的场所(工厂),生产力得到了很大的发展。

工业革命引起了社会的巨大变革，企业规模不断扩大，需要筹集大量资本，雇佣大量工人。资产阶级和无产阶级的矛盾开始显现。此时需要新的管理思想和手段来处理劳资关系。随着人们对自然的认识水平的提高、生产组织方式的变化，工业企业的效率问题、企业中人的管理问题更加突出，尤其是生产控制、财务控制等管理职能逐渐引起人们的高度重视，出现了一些股份制企业，即生产要素的所有权与使用权分离，所有者不参与管理。企业的管理日趋复杂。

（二）主要代表人物及其管理思想

1. 亚当·斯密

亚当·斯密（Adam Smith，1723—1790）1776年发表了代表作《国民财富的性质和原因研究》（简称《国富论》）。这本巨著不仅在经济学史上有着极高的价值，而且为管理学的发展提供了宝贵的思想遗产。《国富论》系统地阐述了劳动价值论及劳动分工理论。

该书以制针业为例说明劳动分工给制造业带来的变化。如果每个人都完成全部的制造过程，那么一个雇佣10个人的工厂每天只能生产200根针；如果把制针程序分成若干项，每一项变成一种特殊的工作，如一个人担任抽线工作，另一个人专门拉直，第三个人负责剪断，第四个人进行磨尖，第五个人在另一端打孔，那么尽管工厂设备简陋，也可使产量达到48 000根以上。由此可见，分工后提高的生产率是惊人的。斯密关于劳动分工的分析，后来发展成为管理学的一条基本原则。

亚当·斯密认为，劳动分工提高生产效率的原因为：第一，提高了每个工人的技术熟练程度；第二，节省了从一种工作转换到另一种工作所需要的时间；第三，分工使劳动简化，使工具专门化，从而有利于创造新工具和改进设备。

亚当·斯密还提出一个重要论点：经济现象是基于奉行利己主义的人们的活动产生的。他认为，人们在追求私人利益时，必须顾及其他人的利益，这样就产生了相互的共同利益，进而产生和发展了社会利益。这种认为人都要追求自己的经济利益的“经济人”观点，正是以“看不见的手”为标志的资本主义生产关系的反映。

2. 罗伯特·欧文

罗伯特·欧文（Robert Owen，1771—1858）是一位英国的空想社会主义者，也是一位企业家、慈善家，被誉为“现代人事管理之父”“人本管理的先驱”。

欧文认为，好的环境可以使人形成良好的品行，坏的环境则使人形成不好的品行。他对当时很多资本家过分注重机器而轻视人的做法提出了强烈批评，并采用多种办法改善工人的工作环境和生活环境。在他自己的工厂里，欧文进行了一系列的改革：停止雇佣10岁以下的童工，将原来雇佣的童工送到学校学习；将每人每天的工作时间降至10.5小时；禁止对工人实施体罚；为工人提供厂内膳食；设立按成本价向工人销售生活必需品的商店；通过建造工人住宅与修筑道路改善工人生活的社区环境等。在他的厂区,人们看到的是一排排整齐的工人宿舍,每个家庭均为两居室。欧文很注重绿化环境,在工人住宅的周围,树木成荫,花草成行,这对工人的身心健康有着十分积极的影响。

欧文指出人的因素在工业生产中的重要作用。他嘲笑那些宁愿将大量的钱币和许多时间用在购买和改进机器上,也不愿对人力资源进行投资的实业家。他认为,把同样数目的钱和时间用来改善劳动环境,那么带来的收益将是资本的50%,甚至会是100%。

3. 安德鲁·尤尔

安德鲁·尤尔(Andrew Ure, 1778—1857)出生于英国的格拉斯哥,是最早的管理教育者。他先后在爱丁堡大学和格拉斯哥大学学习,从1804年起,尤尔成为格拉斯哥大学安德逊学院的教授,开始了他的学术生涯。

随着工业革命的发展,工厂生产规模逐步扩大,带来了许许多多管理上的问题,其中管理人员的缺乏显得尤为突出,尤尔及时地认识到了这一问题。在尤尔的建议下,格拉斯哥大学于1839年专门建立了一所向工人传授科学知识的学院。尤尔一马当先,开启了管理教育的先河。尤尔的教育是富有成效的,很多听他讲课的人员很快从工人转变为职员、仓库管理员、小商人和店主。后来他们成为这些工厂的重要管理人员。

1835年尤尔出版了《制造业哲学》一书。虽然该著作大部分探讨的是丝绸、棉纺、毛纺以及麻纺工业的制造技术问题,但最终还是谈到了管理。尤尔认为企业管理的本质是,用机械科学代替手工技巧,用训练有素的企业职工代替经验技巧型的手工艺人。要达到这一目的,管理人员必须对生产做出安排,使生产过程相互衔接,实现整个工厂的协调一致。

4. 查尔斯·巴贝奇

查尔斯·巴贝奇(Charles Babbage, 1792—1871)是英国的一位数学家,曾于1828—1837年在剑桥大学任数学教授。1832年他出版了《论机器和制造业的经济》一书。在这本书中,巴贝奇继承了亚当·斯密对劳动分工的研究,并指出,劳动分工不仅可以提高工作效率,还可以帮资本家减少工资支出。他指出:一项复杂的工作,如果不进行分工,则每个工人都要完成制造过程中的每项劳动,因此企业必须根据全部工序中技术要求最高和体力要求最强的标准来雇佣工人,并支付每个人的工资;相反,在进行了合理的分工后,企业就可以根据不同工序的复杂程度和劳动强度来雇佣不同的工人,支付不同标准的工资,从而使工资总额减少。

他认为劳动分工使生产率提高的原因主要是:①节省了学习所需要的时间;②节省了学习期间所耗费的材料;③节省了从一道工序转移到下一道工序所需要的时间;④经常从事某一工作,肌肉能够得到锻炼,不易引起疲劳;⑤节省了改变工具、调整工具所需要的时间;⑥重复同一操作,技术熟练,工作效率高;⑦注意力集中于单一作业,便于改进工具和机器。

1833 年,他设计了一种能自动执行指令、具有现代计算机所有基本因素(包括储存设备、穿孔卡输入系统、运算器、机外储存系统)的“分析机器”。

此外,巴贝奇还强调在企业管理中不能忽视人的因素。他认为企业与工人之间有一种共同的利益,主张实行分红制度,使提高了劳动效率的工人能够分享到工厂的一份利润,并对那些提出了能产生显著效果的合理化建议的工人给予奖励,等等。

(三)早期管理思想的特点

西方工厂制度下的早期管理思想处于积累实践经验的阶段,这一阶段也称为资本主义自由竞争阶段。企业性质主要体现为私人企业、合伙性企业、家族性企业,没有摆脱小生产的经营方式的影响。多数企业的所有者职能与管理职责没有分开,即所有者指挥并管理生产。管理的依据是个人的经验、习惯、感觉和意志,没有统一的管理方法。员工被认为是“经济人”,并处于管理者的监视之下,激励方式是“胡萝卜加大棒”。工人和管理人员的培养靠的是师傅带徒弟的方式,没有统一的标准。此阶段的管理主要解决的是分工和协作问题,注重劳动分工对生产效率的影响,认识到改善生产环境对生产效率的影响。计划职能、控制职能受到人们重视。理论上尚未出现专门论述管理原理的著作,管理思想不系统、不全面。但这些管理思想对于促进生产和促进科学管理理论的产生与发展,都有积极的影响。

三、科学管理思想

科学管理思想形成于 20 世纪初至 20 世纪 40 年代。科学管理思想由科学管理理论和古典组织理论构成。

(一)产生背景

首先,在生产力方面, 1870 年以后,欧美资本主义国家的科学技术发展迅速,各种新发明、新技术层出不穷。一系列电气发明,使电力作为一种新能源被广泛应用。这不仅为工业提供了方便而价廉的新动力,而且有力地推动了一系列新兴工业的诞生,并带来了社会生产力的巨大飞跃。生产力的发展以及机器在工业生产中的广泛运用,使企业生产成本下降。加上需求的增加,企业的数量越来越多,生产规模不断扩大,生产复杂程度不断提高。因此,企业对管理的要求也就越来越高,迫切要求人们把过去在企业管理方面积累的经验加以标准化、系统化和科学化。在规模的扩大方面,企业需要筹集大量资本,雇佣更多的工人,于是股东的数目不断增多,他们不能全部参加管理,这就需要建立某种法定的组织形式,将企业的所有者职能与管理职能分开。

其次,在生产关系方面,传统管理方法的特点是,主要靠工厂主个人的经验进行管理,靠饥饿政策迫使工人工作。为了增利,不是延长绝对劳动时间就是增加劳动强度。资本家与工人间的矛盾越来越激烈。许多企业出现了工会组织,工会组织要求减小劳动强度,提高工资。资本家试图清除工会组织,但结果是徒劳的。因为经验式的管理不能满足社会化大生产的需要,必须采用新的管理方法来解决劳资关系问题,即用科学的管理方法代替传统的经验式管理方法。

(二)主要代表人物及其管理思想

1. 科学管理理论

科学管理理论或科学管理方法是由科学管理之父弗雷德里克·温斯洛·泰勒(Frederick Winslow Taylor, 1856—1915)、动作研究之父弗兰克·吉尔布雷斯(Frank Bunker Gilbreth, 1868—1924)、效率工程师哈林顿·埃默森(Harrington Emerson, 1850—1931)、泰勒的弟子兼助手亨利·劳伦斯·甘特(Henry Laurence Gantt, 1861—1919)等建立和发展的管理体系,目的在于消除浪费,改进工程技术和生产方法,确定资本家和工人之间的公平分配方法。

科学管理是20世纪初在西方工业国家影响最大、推广最普遍的一种管理思想和理论。科学管理以工厂管理为对象,根本目的是提高劳动生产率。它首次将科学引入管理领域,强调用科学的管理方法替代传统的经验式管理方法。

科学管理理论的重要举措就是实行工具标准化、操作标准化、劳动动作标准化、劳动环境标准化等标准化管理。管理人员的首要责任就是把过去工人自己通过长期实践积累的大量的传统知识、技能和诀窍集中起来,并主动把这些传统的经验收集起来、记录下来、编成表格,然后将它们概括为规律和守则,有些甚至转化为数学公式,最后将这些规律、守则、公式在全厂实行。

1)科学管理之父——泰勒

泰勒于1856年生于美国费城的一个律师家庭,中学时因夜读过度,视力受损,虽考上哈佛大学但未能就读。1875年,他进入一家水力机械厂当徒工;1878年,他进入费城米德维尔钢铁公司当普通工人,先后被提升为工长、机修车间主任、总机械师,28岁时任公司总工程师。泰勒拥有包括发明高速工具钢在内的40多项专利,足以成为一名专职的卓越发明家,但他醉心于科学管理,1890年离开米德维尔钢铁公司从事管理咨询和顾问工作。1898年进入伯利恒钢铁公司继续从事管理方面的研究。1901年退休后,他用大部分时间从事写作、演讲,宣传他的一套工厂管理的科学方法,即通常所说的“泰勒制”。其代表作有《科学管理原理》《计件工资制度》《车间管理》《论成功之道》。泰勒于1906年任美国机械工程师学会主席,获得宾夕法尼亚大学名誉科学博士学位。1915年,在一次发表演讲的归途中,泰勒患了肺炎,在刚度过59岁生日的第二天于医院病逝。泰勒被埋葬在一座能俯视费城钢铁厂的小山上,墓碑上刻着“科学管理之父弗雷德里克·温斯洛·泰勒”。

泰勒一生大部分的时间都在关注如何提高生产效率。这不但要降低成本和增加利润，而且要通过提高劳动生产率增加工人的工资。泰勒对工人在工作中的"磨洋工"问题深有感触。他认为"磨洋工"的主要原因在于工人担心工作干多了，可能会使自己失业，因而他们宁愿少生产而不愿意多干。泰勒认为，生产率是劳资双方都忽视的问题，部分原因是管理人员和工人都不了解"一天合理的工作量"和"一天合理的报酬"。此外，泰勒认为管理人员和工人都过分关心盈余在工资和利润之间的分配，而对如何提高生产效率进而使劳资双方都能获得更多报酬则几乎一无所知。泰勒指出"在科学管理中，劳资双方需要发生思想革命：双方不再把注意力放在盈余分配上，应将注意力转向增加盈余的数量上。他们应当用友谊合作、互相帮助来代替敌对情绪，通过共同努力，创造出比过去大得多的盈余"。泰勒在以下四个方面进行了研究。

（1）标准化管理思想

随着生产规模的扩大，生产过程中大量采用了机器设备。设备操控、生产技术主要掌握在工人手中，资本家对生产的作业时间、作业方法等不能实行完全控制。对工人中出现的一些技术性"磨洋工"现象，资本家也无从辨别。为了适应生产力发展的要求，为了提高生产效率，为了剥夺工人决定生产方法和生产时间的权力，资本家迫切需要一种新的管理方法。泰勒认为，只有实行标准化，才能达到这一目的。

1898 年，泰勒在受雇于伯利恒钢铁公司期间，进行了著名的"搬运生铁块实验"和"铁锹实验"。"搬运生铁块实验"是在这家公司的五座高炉的产品搬运班组的大约 75 名工人中进行的。这一研究改进了操作方法，训练了工人，结果使生铁块的搬运量提高了 3 倍。"铁锹实验"系统地研究了各种材料能够达到标准负载的锹的形状、规格，以及各种原料装锹的最好方法。此外，泰勒还对每一套动作的精确时间做了研究，从而得出了一个"一流工人"每天应该完成的工作量。这一研究结果产生的效果是非常显著的，堆料场的劳动力从 400~600 人减少为 140 人，平均每人每天的操作量从 16 吨提高到 59 吨，每个工人的日工资从 1.15 美元提高到 1.88 美元。

（2）时间研究

泰勒经过大量研究发现，工人还有 2/3 的效率没有发挥。主要原因为：自然怠工，这是由天生的惰性引起的；有组织的怠工，这是考虑到对周围人的影响，故与别人保持相同的速度。工人认为，他们一天完成的工作量是管理者制定的，完成的量多了，就会再加码。如果拼命干，可能会导致大批同事失业，当然也可能是自己失业。在粗放型管理方法中，工人没有改进操作方法的积极性。一天合理的工作量是多少，工人和管理者都不知道，也没人重视。1881 年泰勒 25 岁时，他开始进行劳动时间研究，这也是科学管理的重要思想基础。

所谓时间研究（Time Study），就是研究人们在工作期间各种活动的时间构成。

对工人在工作日内的工时消耗情况,按照时间顺序进行实地观察,记录、分析并找出时间的浪费原因,提出改进的措施。比如某位工人在工作时间内,进行工作准备用了多长时间,干活用了多长时间,停工待料用了多长时间,聊天用了多长时间,自然需要(如必要的休息、上厕所等)用了多长时间,清洗机器用了多长时间,等等,实际记录,分析考察,定出合理的工作量。结合时间研究,泰勒还进行了动作研究。

(3)差别计件工资制

泰勒详细研究了当时资本主义企业中所推行的工资制度。他发现这些工资方案存在共同的缺陷,就是不能充分调动职工的积极性,不能满足效率最高的原则。例如,实行日工资制时,工资实际上是按职务或岗位发放的,这样在同一职务和岗位上的人不免产生平均主义,没有积极性。又如在传统的计件工资制中,虽然工人在一定范围内可以多干多得,但超过一定范围后,资本家为了享有迅速生产带来的利益,就要降低工资率。这样,尽管工人努力工作,也只能获得比原来计日工资略多一点的收入。

1895 年,泰勒提出了一种具有很大激励作用的报酬制度——差别工资制。首先,设立专门的制定定额的部门。这个部门的主要任务是通过计件和工时的研究,进行科学的测量和计算,制定一个标准制度,以确定合理的劳动定额和恰当的工资率,从而改变过去以经验和估计为依据的方法。其次,制定差别工资率。按照工人是否完成定额而采用不同的工资率。如果工人能够保质保量地完成定额,就按高的工资率付酬,以资鼓励;如果工人的生产没有达到定额,就将全部工作量按低的工资率给付,并予以警告,如不改进,就要被解雇。例如,某项工作的定额是 10 件,每件完成给 0.1 元,又规定该项工作完成定额工资率为 125%,未完成定额率为 80%,那么,如果完成定额,就可得工资 $10 \times 0.1 \times 125\%=1.25$ 元;如未完成定额,例如哪怕完成了 9 件,也只能得工资 $9 \times 0.1 \times 80\%=0.72$ 元。

(4)例外管理

所谓例外管理是指企业的上级主管要把一般的日常事务授权给下级管理人员去处理,而自己只保留对例外事项或重要问题的决策与监督权。

2)动作研究之父——吉尔布雷斯

吉尔布雷斯于 1868 年出生在美国缅因州费尔菲尔德,1885 年通过了麻省理工学院的入学考试,但因家庭困难没有入学,进入一家建筑承包公司做学徒工。 在以后的 10 年时间里,吉尔布雷斯刻苦钻研,努力工作,在混凝土建造方面做出了许多革新。因为在技术上的杰出成就,他成为公司的总监。1895 年,吉尔布雷斯在波士顿注册登记了自己的建筑承包公司。由于管理方面的诸多改进,他的公司办得十分红火。在此期间,尽管完全没有参与泰勒的工作,但他已经注意到了作业中的多余动作,并进行了相应的研究。后来,他放下了承包业务的大部分工作,去从事管理和咨询工作。1907 年遇见泰勒后,他把自己的思想同泰勒的思想结合起来,应用于实践,使科学管理思想更加丰富。1910 年,吉尔布雷斯对东方铁路运费案极为感兴趣,并参加了倡导“科学管理”的集团。1912—1917 年的 5 年时间内,他把美国普罗维登斯市的新英格兰巴特公司作为自己的实验基地,继续管理研究与实践。1924 年 6 月 14 日,由于心脏病发作,正在准备参加布拉格国际管理大会的吉尔布雷斯突然去世,当时他才 56 岁。

吉尔布雷斯在自己的建筑承包公司中进行了著名的动作研究。所谓动作研究(Motion Study)就是研究工人干活的合理性,研究工人干活时其各部位的动作是否合理,有无浪费。他通过照相或录像,然后放像,进行分析比较,去掉多余动作,改善必要的动作,从而减轻人的疲劳,提高劳动生产率。他在照相机的帮助下,对砖瓦匠的活动进行了分析。他对砌砖过程的每个动作进行了认真而又有趣的分析和研究,把所有不必要的动作一个个地排除掉,并用快动作代替慢动作。结合墙、灰浆箱和砖堆等的位置,他设计了砌砖工每只脚的精确位置,使砌砖工每砌一块砖无须再来回走动。他研究发明了一种支架并申请了专利。支架上搁一张桌子,所有的材料都堆置在上面,使砖、灰浆、砌砖工和墙处于各自合适的位置上,支架由一名专门的工人掌管,随着墙升高,他为所有的砌砖工调高支架。这样砌砖工在取每块砖和每一刀灰浆时,就无须再做一俯一伸那样劳累的动作了。结果,在砌外层砖时,他把砌每块砖的动作从 18 个减少到 4.5 个;在砌内层砖时,把动作从 18 个减少到 2 个,使每个工人一小时的砌砖数从 120 块增加到 350 块。

吉尔布雷斯还提出动素(Therbligs)的概念,1 动素等于 0.129 7 秒。

动作研究通常把作业动作分解为最小的分析单位,然后通过定性和定量分析,找出最合理的动作,以使作业达到高效、省力和标准化的目的。比如,吉尔布雷斯把手的动作分为 17 种基本动素:伸手、移物、握取、装配、使用、拆卸、放手、检查、寻找、选择、计划、定位、预定位、持住、休息、迟延、故延。

由于吉尔布雷斯的出色的研究成果,很快他就赢得了管理专家的荣誉,并被称为动作研究之父。

吉尔布雷斯的工作得到了妻子莉莲·吉尔布雷斯(Lillian Moller Gilbreth, 1878—1972)的大力帮助和支持。1904 年,莉莲和吉尔布雷斯结婚。在他们共同生活的日子里,莉莲给予吉尔布雷斯巨大的帮助。莉莲是位非常了不起的女性,在抚养着 12 个孩子的繁忙家务劳动之余,潜心于管理方面的研究。与吉尔布雷斯有区别的是,莉莲比较关心工作中人的因素,她认为,引起工人极大不满的原因不是工作的单调乏味,而是主管部门缺乏对工人的关心。而吉尔布雷斯进行的是生产效率或寻找工作最佳方法的研究。莉莲是最早的工业心理学家之一,并在 1915 年获得了心理学专业的博士学位。1924 年吉尔布雷斯不幸逝世,她便承担起他的咨询业务,直到 1972 年去世。

3)哈林顿·埃默森

埃默森开始是专门为伯林顿铁路公司经理解决问题的代表,后来成为处于严重停工状况的圣菲铁路公司的顾问,仅仅通过三年时间,埃默森就使该公司恢复了正常的劳资关系,并降低了25%的开支,还使该公司每年节约150万美元的资金。

埃默森与泰勒是同时期的人,1903年他与泰勒建立了通信联系。1910年,他在洲际商务委员会为反对美国东北部铁路公司提高货运费作证时,声称铁路公司只要采用泰勒的"科学管理"方法,一年可以节省3亿美元,也就是每天可以节省约100万美元。他的这席话震动了美国的工商业界,对"科学管理"的推广起到了积极的作用。虽然后人一般将埃默森视为泰勒的追随者,然而,埃默森的研究工作实际上与泰勒并没有什么直接关系,他对"科学管理"的贡献绝大多数都是独立完成的。

1912年,他出版了《十二个效率原则》一书,积极宣传效率观念,成为管理思想史上的又一个里程碑。这十二条效率原则是:①有明确的理想,即有十分明确的目标;②主动征求各种建议;③选择有能力的顾问,建立一支有能力的参谋队伍;④有纪律;⑥有记录;⑤公正处理各项事务;⑦实行有效调度;⑧制定标准和进度表;⑨创造标准化的条件;⑩确定标准化的操作方法;⑪制定标准做法的书面说明书;⑫实行激励报酬。

4)亨利·劳伦斯·甘特

甘特出生于美国马里兰州的一个农民家庭,早期家境贫寒。幼年的艰辛使甘特明白了勤勉、俭朴、自省、奋斗的意义所在。1880年,他在霍普金斯大学以优异成绩毕业;1884年,他成为一名机械工程师。1887年,甘特来到米德维尔钢铁公司任助理工程师,在这里他结识了泰勒,并在后来和泰勒一起去了伯利恒钢铁公司。此后,甘特同泰勒密切合作,共同研究科学管理问题。1902年以后,甘特离开了泰勒,独立开业当咨询工程师,并先后在哥伦比亚大学、哈佛大学、耶鲁大学等任教。第一次世界大战期间,甘特放弃了赚钱的企业咨询,为政府和军队充当顾问,对造船厂、兵工厂的管理进行了深入的研究。

甘特对管理的最大贡献是发明了甘特图(Gantt Chart),甘特图又称为横道图、条状图(Bar Chart)。甘特图是一种线条图,横轴表示时间,纵轴表示要安排的活动,线条表示工作期间计划的和实际的活动完成情况。甘特图是对简单项目进行计划与排序的一种常用工具。甘特图具有简单、醒目和便于编制等特点,在企业管理中尤其是在项目管理中被广泛地应用(图3-1和图3-2)。

2. 古典组织理论

(1)法约尔的一般管理理论

法约尔(1841—1925)1841年出生于法国中部一个中产阶级家庭,1860年毕业于圣艾蒂安国立矿业学院,并以矿业工程师的身份进入一家大型矿业公司,在此度过了整个职业生涯。在公司里，他起初是采矿作业的基层技术人员，由于管理才能出色迅速得到重用，先后被任命为矿井矿长、经理，直至董事长兼总经理。1918 年，他从公司退休，投身于管理理论的研究和宣传，创立并领导了一个管理研究中心，直至 1925 年去世。

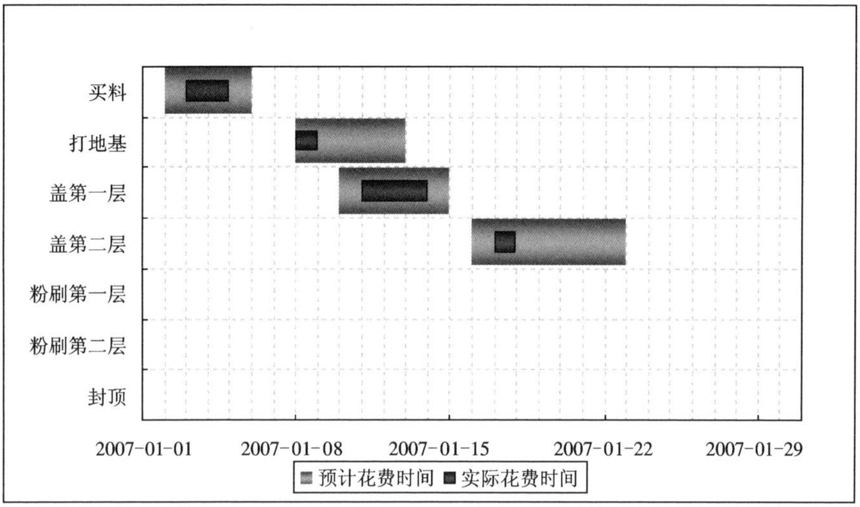

图 3-1　大楼建设甘特图

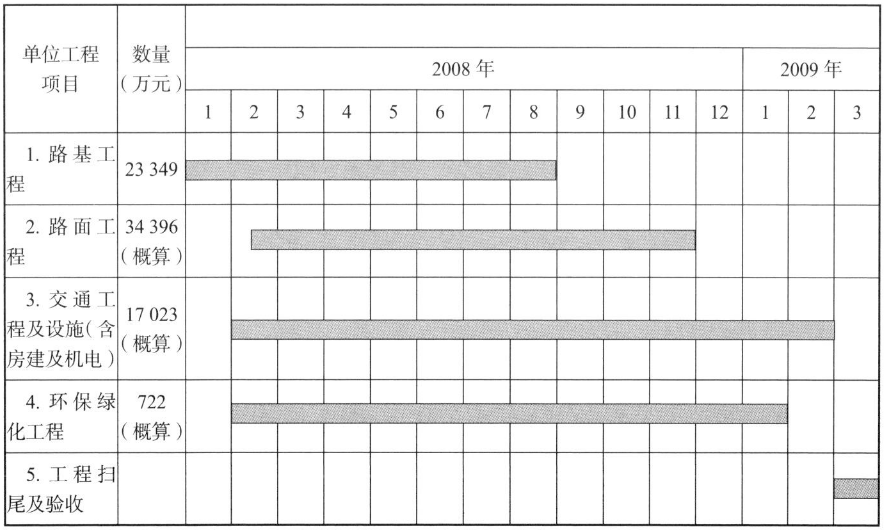

图 3-2　公路建设甘特图

法约尔的贡献是在管理的范畴、管理的组织理论、管理的原则方面提出了崭新的观点。法约尔最主要的贡献体现在三个方面:从经营职能中独立出管理活动;提出管理活动所需的五大职能;提出管理活动应遵循的 14 条管理原则。这三个方面也是其一般管理理论的核心。

法约尔认为,企业管理活动主要包括以下方面。

①技术活动:生产、制造、加工。

②商业活动:购买、销售、交换。

③财务活动:资金筹集和运用。

④核算活动:存货盘点、资产负债表制作、成本核算、统计。

⑤安全活动:设备和人员的保护。

⑥管理活动:计划、组织、指挥、协调和控制。

管理的五项基本职能是计划、组织、指挥、协调、控制。而 14 条管理原则包括:劳动分工,权力与责任,纪律,统一指挥,统一领导,个人利益服从整体利益,人员报酬,集中,等级制度,秩序,公正,人员稳定,首创精神,团结精神。

法约尔生前曾打算写一本包括四个部分的管理学著作:第一部分论证管理教育的必要性和可能性;第二部分研究管理的要素和原则;第三部分介绍他自己的观察和经验;第四部分分析第一次世界大战的教训。后两部分的研究成果未曾发表,前两部分的观点则主要体现在他于 1916 年发表的《工业管理和一般管理》中,这本书系统地介绍了法约尔管理思想的主要观点。

法约尔生前关于管理的著述有《管理的一般原则》(1908)、《工业管理和一般管理》(1916)、《国家在管理上的无能》(1921)、《公共精神的觉醒》(1927)、《高等技术学校中的管理教育》(1917)、《国家的行政管理理论》(1923)。

法约尔是一般管理理论的创立者。他的管理思想从具体的环节、技巧中抽象出来,形成了具有普遍意义的职能和原则,既适用于一般的企业管理,也对社会组织、政府和国家的管理具有普遍意义。法约尔提出的许多概念、术语和原理在现代管理学中得到普遍运用。管理之所以能够走进大学课堂,依赖于法约尔的卓越贡献。法约尔的理论给实际管理人员带来巨大的帮助,其中某些原则甚至以"公理"的形式为人们接受和使用。

继泰勒的科学管理之后,一般管理被誉为管理史上的第二座丰碑。法约尔的一般管理理论与泰勒的科学管理理论并不矛盾,只不过是从两个方面来看待和总结管理实践。

泰勒是从一个普通工人通过自己的努力不断晋升的,而法约尔一开始就是管理人员,并长期参与企业高层的管理活动,所以站得高、看得远。泰勒的研究是从车床前的工人开始的,研究的是企业内部具体工作的效率;而法约尔的研究是从办公桌前的总经理开始的，以企业整体作为研究对象，他指出有关管理理论不仅适用于公私企业，而且适用于军政机关和社会团体，这正是其一般管理理论的基石。

（2）马克斯·韦伯的行政组织理论

马克斯·韦伯（Max Weber，1864—1920）是德国的社会学家、经济学家和管理学家，与泰勒和法约尔是同时代人。韦伯在管理思想上的最大贡献是提出了“理想的行政集权制理论”，被人称为“组织理论之父”。韦伯的主要著作有《新教伦理与资本主义精神》《一般经济史》《社会和经济组织的理论》等。

韦伯强调权力的作用。他认为，任何组织都必须有某种形式的权力作为基础，才能实现目标。韦伯指出，存在三种纯粹形态的权力：传统的权力、超凡（神授）的权力以及理性（合法）的权力。

在这三种纯粹形态的权力中，传统的权力是世袭得来而不是按能力挑选的，其管理单纯是为了保留过去的传统；超凡的权力则过于带感情色彩并且是非理性的，不是依据规章制度而是依据神秘或神圣的启示；只有理性（合法）的权力才宜作为理想组织体系的基础。

韦伯认为科层组织是最理想的组织形式。科层组织或称官僚行政组织（Bureaucracy）强调组织活动要通过职务和职位而不是通过世袭或个人魅力来进行管理，是一种纯理性化的组织模式，对当时新兴的资本主义企业制度的完善起了划时代的作用，所以，后人称他为“组织管理之父”。

韦伯认为，理想的行政组织应当以合理、合法权力为基础，不以个人或世袭地位为基础。韦伯的行政组织体系具有以下特点。①有确定的组织目标。人员的一切活动都是为了实现组织目标。②有明确的分工。每个职位的权力和责任都应有明确的规定。③建立自上而下的等级系统。组织内的每个职位，按照等级原则进行法定安排。④建立职业管理人员队伍。管理者应是一种职业管理人员，有固定的薪金和明文规定的升迁制度。⑤组织中人员之间的关系是以理性为指导的职位关系，不受个人情感的影响。⑥遵守规则和纪律。管理者必须严格遵守组织中规定的规则和纪律。

韦伯的行政组织理论虽然不是管理思想的全新开创，却是社会实践的理论总结，为新兴的资本主义制度提供了一种效率高、理性化的组织管理体系。韦伯的行政组织理论自出现以来得到了广泛的应用，并为分析实际生活中的各种组织形态提供了一种规范典型，对后来的管理学者，特别是组织理论学家有很大影响。

（三）科学管理的局限性

①“经济人”假设，认为人是纯粹的“经济人”，工人最关心的是自己的金钱收入。

②机械模式，资本家与工人之间只是一种管理者与被管理者的机械模式。工人如同机器一样受资本家支配，资本家说什么工人就干什么。

③管理者单方面测试,确定标准工作量,没有发挥工人的主观能动性,劳资关系不会长久。

④只注重工作现场作业效率的提高,未能从企业角度考虑经营管理问题。

(四)科学管理阶段的特点

科学管理阶段学者提出了理想的组织理论体系以及以提高效率为主的科学管理方法。泰勒等人开创的科学管理方法,第一次将科学引进管理领域,使管理从经验上升为科学,加强了社会公众对消除浪费和提高效率的关注,促进了生产、经济和社会的发展,为管理理论的系统形成奠定了基础。法约尔、韦伯等人建立的古典组织理论,设想了理想的组织结构框架,提出了保证组织有效运作的许多重要原则,为后来组织理论的发展创造了条件。但科学管理阶段的理论基础并不扎实,机械模式及"经济人"假设使劳资关系不能长久。

第二节　现代管理阶段

20 世纪 40 年代至 20 世纪 70 年代是现代管理阶段。

一、产生背景

① 20 世纪 40 年代,资本主义世界经济大萧条后,尤其是第二次世界大战以后,世界的政治形势趋于稳定,许多国家都致力于发展本国经济。生产力迅速发展,企业的规模越来越大,生产的国际化进程加速,这一切都对管理工作提出了许多新问题,引起了人们对管理工作的普遍重视。

②行为科学产生,员工激励等问题逐步引起管理者的重视。

③ 1945 年底,美国工程师约翰·皮斯普·埃克特(John Presper Eckert)和约翰·威廉·莫奇利(John William Mauchly)成功研制出世界上第一台通用电子计算机。随着计算机技术的发展,20 世纪 40—60 年代各种单机自动化加工设备(如数控机床)大量出现并应用,对生产管理方法提出更高的要求。

④其他科学技术进一步发展,促进了管理学科的发展。运筹学的产生和发展,系统论、控制论、信息论这三论(被称为横向型科学或横断型科学)所具有的一般科学方法论主义,使管理这门科学面貌一新,发生了质的变化。

二、行为科学理论

行为科学理论是在梅奥开创的人际关系学说的基础上发展起来的。

(一)基本概念

行为科学(Behavioral Science)是利用多种学科的知识与方法研究自然和社会环

境中人类行为规律的科学。行为科学有广义和狭义之分，广义的行为科学把一切与行为有关的研究甚至动物的行为研究都列入行为科学的范畴；狭义的行为科学主要是对工作环境中个人、群体、领导的行为进行分析和解释的心理学说和社会学说。本节主要从狭义角度给出行为科学的基本内容。

行为科学的目的是探求人类行为的产生、发展和变化规律，以预测、控制和引导人的行为，达到充分发挥人的作用、调动人的积极性的目的。

行为科学的学科范畴涉及社会学、心理学、人类学、伦理学、政治学、经济学、历史学、法律学、教育学、精神病学等多学科的知识。

（二）产生与发展

1. 霍桑实验

霍桑实验（Hawthorne Studies）是从 1924 年到 1932 年，在美国芝加哥城郊的西方电器公司所属的霍桑工厂中进行的一系列实验。该厂有较完善的娱乐设施、医疗制度和养老金制度，但工人们仍然有很强烈的不满情绪，生产效率很低。为找到原因，1924 年 11 月美国国家科学研究委员会组织了一个包括多方面专家的研究小组进驻霍桑工厂，进行实验。

出发点：当时处于科学管理阶段，人们更关心方法改进与生产效率的提高，认为工作环境与工作条件是影响生产效率的主要因素。

（1）照明实验

照明实验是为了弄清照明强度对生产效率产生的影响。在实验过程中，不断增加工作车间的照明强度，如从 10 烛光到 24 烛光，再到 46 烛光，最后到 76 烛光；如专家预期的那样，随着照明强度的增加，生产效率逐步提升；保持高照明强度一段时间后，开始逐渐降低工作车间的照明强度，但出乎专家预料的是，生产效率并未降低；继续降低照明强度，从 10 烛光降至 3 烛光，生产效率仍未下降；直到降至 0.06 烛光，照明强度几乎和月光亮度差不多时，生产效率才被迫下降。照明实验宣告失败。为解释实验结果和查找原因，1927 年美国国家科学研究委员会聘请梅奥进驻霍桑工厂，继续进行实验。

乔治·埃尔顿·梅奥（George Elton Mayo，1880—1949），出生在澳大利亚的阿德莱德，后获得阿德莱德大学逻辑和哲学硕士学位；1919 年，任昆士兰大学逻辑学、伦理学和哲学讲师；1922 年，移居美国；1926 年，任哈佛大学工商管理研究院工业研究室的副教授，1929 年，成为该研究院工业研究室的终身教授。其著作有《工业文明的社会问题》和《工业文明的人类问题》等。

（2）继电器装配实验（福利实验）

梅奥来到了霍桑工厂，对美国国家科学研究委员会实验（那时还没有完成）的初步结果很感兴趣。为了能够找到更有效地影响职工积极性的因素，梅奥继续进行实验。他选出 6 名女工,在单独的房间中从事装配继电器的工作。在实验过程中,不断地增加福利,例如由原来的一周工作 6 天改为工作 5 天,增加工作日间歇期的休息时间,公司免费供应午餐和茶点,工作时间可以自由交谈,观察人员对她们的态度也非常和蔼,等等。结果也像专家预想的那样,随着工作条件的改善,生产效率逐步提升。持续一段时间后,撤销了这些福利,但生产效率未按预想的那样下降,反而继续上升。

究竟是什么原因导致了这种结果呢?梅奥等人经过深思,认为是工作条件与工作环境之外的原因导致的。如实验过程中工人从生产现场转移到特殊的实验室中,管理者改变了传统的严格的命令和控制方法,征询意见时工人的意见被同情地予以倾听。梅奥认为,职工与研究者之间的融洽人际关系比福利更能调动职工的积极性。

(3)访谈实验

访谈实验的目的是了解如何得到员工真正的内心感受,进而了解倾听他们的诉说对解决问题的帮助,最终实现生产效率的提高。

梅奥等制订了一个征询职工意见的访谈计划,在 1928 年 9 月到 1930 年 5 月不到两年的时间内,研究人员与工厂中 2 万名左右的职工进行了访谈。在访谈前选择了一些规定的问题,希望职工针对管理层的一些规划、管理政策和工作条件发表自己的意见。然而,在执行计划的过程中,职工对这些问题根本不感兴趣,而对提纲以外的问题倒是大发意见。显然,工人认为的重要的事与企业或研究人员所认为的不一致。于是研究小组对访谈计划做了调整,每次访谈前,谈话的内容和方式不做任何规定。访谈者的任务就是让工人多讲话,即工人可以就任何一个问题自由地发表言论,这样工人有了一个自由发表意见、发泄心头之气的机会,虽然工作条件或劳动报酬实际上并没有改变,但是工人普遍认为自己的处境比以前好了。

访谈实验的结果显示,员工的不满情绪对提高生产效率具有很大的影响。

(4)继电器绕线组的工作室实验(群体实验)

在这个实验中,梅奥等人选择了 14 名男工人在单独的房间里从事绕线、焊接和检验工作,对这个班组实行特殊的工人计件工资制度。实验者原来设想,实行这套奖励办法会使工人更加努力工作,以便得到更多的报酬。

但观察的实际结果是,每个工人的日产量平均都差不多,保持在中等水平。根据动作和时间分析的理论,每个工人应该完成的标准定额为 7 312 个焊接点,但是工人每天只完成 6 000~6 600 个焊接点就不干了,即使离下班还有较长的时间,他们也自行停工不干了。他们为了维护群体的利益,自发地形成了一些规范。他们约定,谁也不能干得太多,突出自己;谁也不能干得太少,影响全组的产量,并且约法三章,不准向管理层告密,如有人违反这些规定,轻则挖苦谩骂,重则拳打脚踢。进一步调查发现,工人们之所以维持中等水平的产量,是担心产量提高,管理层会改变现行奖励制度,或裁减人员,使部分工人失业,或者会使干得慢的伙伴受到惩罚。工人对不同层次的上级持不同态度。研究发现，一个人在组织中职位越高，就越受人尊敬，大家对他就越顾忌。

群体实验显示工人中有着自己的利益群体。

梅奥通过霍桑实验得到如下重大发现：

①工作条件与工作环境不是引起生产效率变化的决定性因素；

②工作中职工除了考虑金钱因素外还考虑许多其他因素，如领导的重视、与周围人的关系等；

③企业中存在非正式的利益群体。

2. 人际关系学说

在霍桑实验重大发现的基础上，梅奥提出了人际关系学说，该学说主要包括以下内容。

①工人是“社会人”而不是“经济人”。工人们的行为并不单纯出自追求金钱的动机，他们还有社会方面、心理方面的需要（即追求人与人之间的友情、安全感、归属感和受人尊敬等），而后者更为重要。

②企业中存在非正式组织。企业中除了存在为了实现企业目标而明确规定各成员相互关系和职责范围的正式组织之外，还存在非正式组织。这种非正式组织的作用在于维护其成员的共同利益，使之免受由其内部个别成员的疏忽或外部人员的干涉所造成的损失。

③生产效率主要取决于职工的工作态度以及其和周围人的关系。

④管理的重点在于提高工人的满意度。决定劳动生产效率的首要因素是工人的满意度，满意度越高，士气就越高，生产效率就越高。高的满意度来源于工人个人需求（不仅包括物质需求，还包括精神需求）的有效满足。

人际关系学说的主要贡献：为管理思想的发展开辟了新的领域，为行为科学的产生奠定了基础，也为管理方法的变革指明了方向，引发了管理上的一系列改革。

3. 行为科学的产生

随着时间的推移，霍桑实验及人际关系学说的影响逐步扩大。一些大学也开始设立相应的课程，人际关系学说及其观点逐步进入企业。此后西方从事这方面研究的学者大量出现。1949 年，在美国芝加哥大学的一次跨学科会议上，与会者正式提出行为科学的大致领域，这标志着行为科学正式产生。同年，福特基金会成立行为科学部，1950 年建立行为科学高级研究中心，1953 年委托哈佛大学、斯坦福大学等高等学府从事行为科学的研究。1956 年，美国出版了第一期《行为科学》杂志。

行为科学大致的研究内容：①个体行为问题，如人的需要和激励问题；②与企业管理者有关的“人性”假设问题；③企业管理中的群体行为问题；④企业管理中的领导行为问题。

1927—1949 年的人际关系学说阶段被称为行为科学的早期阶段。20 世纪 70 年代行为科学传入中国。1985 年 1 月,我国正式成立行为科学学会,行为科学研究也取得了一些成果。1985 年 4 月中旬,在中国科学技术协会召开的交叉学科讨论会上,我国著名科学家钱学森提出,行为科学应作为与自然科学、社会科学、数学科学、系统科学等并列的第九大独立的现代科学。

(三)行为科学对管理的重要作用

①行为科学是传统管理思想与现代管理思想的分水岭,使人们用崭新的思想认识管理,主张从社会学、心理学方面研究管理。

②行为科学引起了管理对象重点的转变。传统的古典管理理论把重点放在对事和物的管理上,强调生产操作的标准化及合理组织结构的建立,忽视了个人的需要和个人的目标,从而忽视了人的主动性和创造性。而行为科学认为应当把管理的重点放在人及其行为的管理上,因为一切事情都要靠人去做,一切产品的生产、一切的组织目标都要靠人去实现。管理者应通过对人的行为的预测、激励和引导,来实现对人的有效控制,进而达到对事和物的有效控制,有效地实现管理目标。

③行为科学引起了管理方法的转变。由于管理对象重点的变化,管理方法也发生了重大的变化,由原来的监督管理转变为人性化的管理。早期的管理理论强调自上而下的严格的权力和规章制度的作用,把人看成会说话的机器,忽视了人的社会关系和感情因素的作用以及人的主动性和创造性。而行为科学则强调人的欲望、感情、动机的作用,因而在管理的方法上强调满足人的需要和尊重人的个性,以及采用激励和诱导的方式来调动人的主动性和创造性,以把人的潜力充分发挥出来。企业中出现了“以职工为中心的”“弹性的”管理方法以及“参与管理”“目标管理”“工作内容丰富化管理”等新的管理方式。

三、其他学派

除了管理工作者和管理学家外,其他领域的一些专家,如社会学家、经济学家、生物学家、数学家等纷纷加入了研究管理的队伍,他们从不同的角度,用不同的方法进行研究。这一切为管理理论的发展创造了极其有利的条件,因此出现了研究管理理论的各种学派。这一时期呈现“百家争鸣、百花齐放”的繁荣景象。美国管理学家孔茨形象地称之为管理理论丛林。1961 年,孔茨把当时西方的管理学派分为 6 个学派:管理过程学派、经验学派、人类行为学派、社会系统学派、决策学派、数理学派。1980 年,孔茨又指出西方的管理理论已经发展到 11 个学派:经验和案例学派、人际关系学派、群体行为学派、社会协作系统学派、社会技术系统学派、决策理论学派、系统学派、数理学派、权变管理学派、管理角色学派、管理过程学派。

1. 经验和案例学派

该学派通过分析经验(各种实际案例)来研究管理问题,其理论前提是:通过对管理者在个别情况下成功或失败的经验和教训的研究,使人们懂得在将来相应的情况下如何运用有效的方法来解决现实中的管理问题。这个学派的学者主要研究实际管理者的管理实践活动。他们通过分析实际案例,总结出一般性的结论,向管理者和学习管理学的学生传授,使他们从中学到管理的知识和技能。这个学派的代表人物是德鲁克、欧内斯特·戴尔(Ernest Dale)、纽曼、斯隆(A. P. Sloan)等人。

2. 人际关系学派

该学派认为,既然管理是通过他人或和他人一起使工作有效完成的过程,那么研究管理必须注重人际关系。他们以个人心理学为研究的理论基础,研究具有社会心理性质的个人行为的动机;进而指出,处理好组织中的人际关系是管理者必须掌握的一种技巧。该学派的主要代表人物有梅奥、罗特利斯伯格、马斯洛、赫茨伯格等。

3. 群体行为学派

该学派注重研究组织中群体的行为,包括群体的文化、行为方式和行为特点等,也称为组织行为学派。他们从事的研究主要有:组织中非正式组织对正式组织行为的影响,组织中个人的从众行为,组织中的信息沟通,等等。该学派的主要代表人物有梅奥、卢因、阿吉里斯等。

4. 社会协作系统学派

社会协作系统学派亦称"社会合作系统学派",该学派的代表人物是切斯特·欧文·巴纳德(Chester Irving Barnard)。他认为组织是一个复杂的社会系统,应该把组织作为协作的社会系统来研究,从社会学角度分析管理问题。其主要观点如下。①组织是一个由个人组成的协作系统,个人只有在一定的相互作用的社会关系下同他人协作才能发挥作用。②组织包含三个要素:能够互相进行信息交流的人;这些人愿意做出贡献;为了实现一个共同的目标。③管理者在系统中应处于相互联系的中心并致力于协调;管理者的主要职责是提供信息交流的体系,促成必要的个人努力,提出和制定目标。该学派把人际行为和群体行为这两个方面引导到一个协作系统中,并把协作系统的概念扩大到任何一个具有明确目标的协作集体。该学派的主要代表作有巴纳德的《经理人员的职能》。

5. 社会技术系统学派

这是一个较新的管理学派,其创始人是英国的特里斯特(E. L. Trist),他和他的同事认为,组织是由技术系统和社会系统形成的社会技术系统,个人的态度和行为都受到其工作中的技术系统的巨大影响,管理只分析社会系统是不够的,还需要研究技术系统对人的影响,因此必须把社会系统和技术系统结合起来考虑,管理者的一项主要任务就是确保这两个系统相互协调。他们提出:"一个从社会技术观点考虑的、尽力从组织的社会和技术两个方面来改进组织的变革,将创造出一个既能使生产效率更高而又使组织中成员更为满意的工作系统。”由此,他们的研究主要放在技术与人及工作的密切联系方面。

6. 决策理论学派

决策理论学派的代表人物是著名的诺贝尔经济学奖获得者、美国卡内基梅隆大学教授西蒙和詹姆斯· G. 马奇(James G. March)。该学派认为决策是管理者的主要任务,因而应集中研究决策问题,尤其是西蒙提出的行为决策观对现代管理理论做出了卓越的贡献。西蒙等在社会系统学派的理论基础上,吸收了行为科学、系统理论、运筹学和计算机科学的知识,形成了这个新的管理理论学派。

7. 系统学派

系统理论的发展使得许多学者强调在管理的研究中应用系统方法。根据系统的思想,组织是一个由许多子系统构成的系统,这一系统又是环境大系统的一个子系统,它们不断地与环境进行物质、能量、信息等资源的交换。该学派认为,一个组织的有效管理者必须理解构成整个组织的每一个子系统,并使它们相互协调,同时组织系统必须适应环境才能有效地生存和发展。系统学派的创立标志着管理理论的研究者们已广泛接受了“系统”这一管理思想方法。该学派的主要代表人物是美国的卡斯特和罗森茨威克。

8. 数理学派

数理学派又称管理科学学派或管理中的数量学派,其以现代自然科学和技术科学的最新成果,如先进的数学方法、电子计算机技术、系统论、控制论、信息论等为手段,运用数学模型,对管理领域中的人、财、物和信息、时间等资源进行系统的定量分析,并做出最优规划和决策。这一学派注重定量的数学模型,认为通过建立数学模型这一手段,可以把问题(管理问题也不例外)的基本关系表示出来,并在确定目标后求出最优结果。该学派的主要代表人物是美国的伯法(E. S. Buffa)、蒙特卡罗,苏联的康特洛维奇等人。这个学派认为管理工作是可以用数学模型来表示、分析的,他们反对凭经验、凭直觉、凭主观判断来进行管理,主张采用科学的方法,探求最有效的工作方式或最优的方案,以达到最高的工作效率,用最短的时间、最小的支出,取得最大的效果,使整个管理从以往的定性描述变为定量的科学预测。

9. 权变管理学派

这个学派认为,不存在最好的、能适应一切情况的、一成不变的管理理论,强调管理者的实际工作取决于其所处的环境条件,因此管理者应根据不同的情境及其变量决定采取何种管理方法和管理手段。该学派的代表人物有弗雷德·卢桑斯、菲德勒和伍德沃德。

10. 管理角色学派

这个学派的代表人物是加拿大的亨利·明茨伯格。该学派主张通过观察管理者的实际工作情况，发现管理者的活动规律，从而明确管理者的工作内容。明茨伯格通过对管理者实际工作活动的调查，对管理者定义了三类十种角色。

11. 管理过程学派

管理过程学派又叫管理职能学派或经营管理学派。这个学派的创始人是法约尔，20 世纪 50 年代以后的主要代表人物是孔茨、奥唐奈等。这个学派是以管理的职能及其发挥作用的过程为研究对象的，认为管理就是通过别人或同别人一起完成工作的过程。通过对这个过程的研究，该学派的学者总结出一些基本的原理和规律性的内容，并由此形成一种管理理论。这种管理理论以管理职能为基本框架，把管理的概念、原则、理论和方法加以理性概括，从而形成一种“一般性”的管理理论。这个学派也从其他学科吸收对管理最有用、与管理关系最密切的知识，因此在一定程度上它是一种兼容并蓄的管理理论。

四、现代管理阶段的特点

现代管理阶段的特点是：从研究效率上升到研究效果，探索管理的科学，即努力把科学运用到管理之中，对行为科学的重视以及运筹学、系统论、控制论和信息论的综合应用，使管理理论上升到新的阶段，形成了管理理论的丛林。

第三节 当代管理阶段

20 世纪 80 年代至今称为当代管理阶段。

一、业务流程再造

20 世纪 80 年代，信息技术不断发展，并被广泛应用到企业管理中。20 世纪 30—40 年代形成的企业组织已不能适应日益激烈的竞争。一些管理学者提出要在企业管理的制度、流程、组织、文化等方面进行创新，美国企业从 20 世纪 80 年代开始率先进行了大规模的“企业重组革命”，企业管理经历了前所未有的脱胎换骨的变革。业务流程再造便是在这样的背景下产生的。

企业业务流程再造（Business Process Reengineering，BPR）也称为企业流程再造或业务流程重组，是由美国麻省理工学院教授迈克尔·哈默（Michael Hammer）和詹姆斯·钱皮（James Champy）于 1993 年提出的。根据哈默和钱皮的观点，企业流程再造就是“对组织的作业流程进行根本的再思考和彻底的再设计，以求在成本、质量、服务和速度等至关重要的绩效指标上有显著的改善”。

这里包含四个关键术语。①根本性:不是因循守旧,而是从根本上思考公司必须做什么以及怎样做,跳出传统框框,针对切实的需要进行思考。②彻底性:对事物追根溯源,抛弃陈规陋习,创造全新的工作方法,对企业进行重新构造。③显著性:意味着不再对业务流程进行小幅度的改善,而是创造新系统,实现突飞猛进的业绩提升与改善。④流程:按照业务需要的自然顺序来设计流程或程序,改变以任务为基础的思路,采用以流程为基础,着眼于业务流程需要的工作安排,以及基于流程的组织结构设计,实现业务流程的顺畅运作与协作。

业务流程再造的主要程序:首先,对原有业务流程进行全面的功能和效率分析,发现其存在的问题;其次,设计新的流程改造方案并对其进行评估;再次,制订与流程改进相匹配的组织结构、人力资源配置和业务规范等方面的改进规划,形成系统的再造方案;最后,组织实施与持续改进。业务流程再造能够为企业创造优化的业务流程,提升企业的核心竞争力。业务流程再造的工作重点是消除价值传递链中非增值活动和调整核心增值活动。应遵循的基本原则包括:发现并消除非增值活动,对剩下的必要活动进行简化;进一步整合经过简化的任务,以使之流畅、连贯并能够满足顾客需要,充分运用和发展信息技术的强大功能,实现以流程加速与提升顾客服务准确性为目标的自动化;使组织扁平化,决策权下放或外移,管理者的工作职责转变为指导、帮助和支持。

二、中国当代管理思想的演变

(一)社会主义经济体制改革阶段

1.1978 年 12 月至 1984 年 10 月

(1)“计划经济为主、市场调节为辅”的原则

党的十一届三中全会后,我国的经济体制改革开始。鉴于当时国民经济比例严重失调, 1979 年 4 月的中共中央工作会议制定了“调整、改革、整顿、提高”的新八字方针。1981 年 6 月,党的十一届六中全会通过的《关于建国以来党的若干历史问题的决议》指出:“必须在公有制基础上实行计划经济,同时发挥市场调节的辅助作用。” 1982 年 9 月,党的十二大详细阐述并通过了“计划经济为主、市场调节为辅”的原则。

(2)扩大企业自主权,简政放权

1984 年 5 月,国务院颁布的《关于进一步扩大国营工业企业自主权的暂行规定》明确规定了企业 10 个方面的自主权:生产经营计划权、产品销售权、产品定价权、物资选购权、资金使用权、资产处置权、机构设置权、人事劳动权、工资使用权、联合经营权。

（3）解决吃大锅饭问题

通过利润留成、盈亏包干、以税代利、自负盈亏等方式解决企业吃国家大锅饭的问题。通过实行计件工资、超产奖、浮动工资等方式解决职工吃企业大锅饭的问题。

（4）实行利改税

经济体制改革前，国家和国营企业的分配关系主要体现为国营企业向国家上缴利润。利改税是将国营企业原来向国家上缴利润的大部分改为征收所得税。从1980年起，国家先后在18个省市的几百个国营企业中进行了征收所得税（即利改税）的试点工作，并在总结经验的基础上全面推行。

2.1984年11月至1991年10月

（1）股份制试点

股份制是将企业的资产划分为一定数量的股份，进而发行认购，吸收投资者入股的一种资本组织形式。我国股份制试点工作的主要目的是通过个人持股和企业相互参股，改变长期以来的全民所有制企业归国家所有的格局，促进两权分离，政企分开，使企业真正成为自主经营、自负盈亏的独立法人实体。1984年7月，北京天桥百货商场率先进行股份制试点，同年11月，上海电声总厂发起组建“上海飞乐音响股份公司”，公开发行股票。

（2）由“计划经济为主、市场调节为辅”到有计划的商品经济

1987年10月，党的十三大报告指出“社会主义经济是公有制基础上的有计划的商品经济”，不再提“计划经济即有计划的商品经济”。过去讲有计划的商品经济重点在计划，现在重点在商品经济。报告提出，“新的经济运行体制，总体上来说应当是‘国家调节市场，市场引导企业’的机制”。这个新体制框架有三个层次：企业、市场和国家。其基本原则是：企业要成为自负盈亏的商品生产者；要有一个完善发达的市场体系；国家要搞好宏观管理。

（3）推行承包责任制

在农村的土地家庭联产承包责任制取得成功以后，其成功经验向企业尤其是城市企业推广。自1987年4月国务院做出在全国范围内推广经营承包责任制决定后，全国80%以上的独立核算工业企业和90%以上的预算内国有工业企业于1987年开始了第一轮承包。

3.1991年11月至2013年2月

（1）转换企业经营机制

由于当时的计划成分较多，企业许多经营活动是被动开展的，缺少灵活性。具体表现在：企业经营积极性不够，技术进步缓慢，劳动生产率提高不快，产品质量低下，花色品种单一，产品成本不断上升，亏损面越来越大，最终使社会主义制度的优越性没有得到充分发挥。

转换企业经营机制,从根本上说就是使企业真正成为自主经营、自负盈亏的具有自我改造和自我发展能力的社会主义商品生产者和经营者,成为权力、责任、利益三者紧密结合的经济实体。这里的“利”是企业积极经营的动力;“权”是企业灵活经营的能力;“责”是企业承担经营风险的压力。

1992 年 7 月,国务院颁布了《全民所有制工业企业转换经营机制条例》。该条例进一步明确了企业的十四项权利,如企业对国家赋予其经营管理的财产享有占有、使用和依法处置的权利,等等。

(2)建立社会主义市场经济

1992 年 1 月 18 日到 2 月 21 日,邓小平同志先后视察了深圳、珠海、广州、上海,发表了重要讲话,这些讲话称为南方谈话。邓小平同志指出,在社会主义的条件下也可以搞市场经济。1992 年 10 月 12 日至 18 日,中国共产党第十四次全国代表大会在北京举行。大会确定我国经济体制改革的目标是建立社会主义市场经济体制。

(3)建立现代企业制度

1993 年 11 月,党的十四届三中全会审议通过《中共中央关于建立社会主义市场经济体制若干问题的决定》。该决定指出:“以公有制为主体的现代企业制度是社会主义市场经济体制的基础。”

1997 年 9 月,十五大要求加快推进国有企业改革,再次肯定建立现代企业制度是国有企业改革的方向。国有大中型企业必须按照“产权清晰、权责明确、政企分开、管理科学”的要求,实行规范的公司制改革,使企业成为适应市场的法人实体和竞争主体。

(二)中国当代管理思想发展的新阶段

1. 推进国家治理能力现代化

2013 年 11 月召开的中共十八届三中全会,针对当时国内外形势,做出了《中共中央关于全面深化改革若干重大问题的决定》(简称《决定》)。《决定》指出,全面深化改革的总目标是完善和发展中国特色社会主义制度,推进国家治理体系和治理能力现代化。必须更加注重改革的系统性、整体性、协同性,加快发展社会主义市场经济、民主政治、先进文化、和谐社会、生态文明,让一切劳动、知识、技术、管理、资本的活力竞相迸发,让一切创造社会财富的源泉充分涌流,让发展成果更多更公平惠及全体人民。

2. 强调市场在资源配置中的决定性作用

党的十五大提出,“使市场在国家宏观调控下对资源配置起基础性作用”。党的十六大提出,“在更大程度上发挥市场在资源配置中的基础性作用”。党的十七大提出,“从制度上更好发挥市场在资源配置中的基础性作用”。党的十八届三中全会明确提出,应把市场在资源配置中的“基础性作用”修改为“决定性作用”。处理好政府与市场的关系,实际上就是解决在资源配置中市场起决定性作用还是政府起决定性作用的问题。理论和实践证明,市场配置资源是最有效率的形式。

3.“一带一路”倡议

“一带一路”是“丝绸之路经济带”和“21世纪海上丝绸之路”的简称。2013年9月和10月,中国国家主席习近平分别提出建设“新丝绸之路经济带”和“21世纪海上丝绸之路”的合作倡议。依靠中国与有关国家既有的双多边机制,借助既有的、行之有效的区域合作平台,“一带一路”旨在借用古代丝绸之路的历史符号,高举和平发展的旗帜,积极发展与共建国家的经济合作伙伴关系,共同打造政治互信、经济融合、文化包容的利益共同体、命运共同体和责任共同体。经过多年的建设与实施,“一带一路”取得了举世瞩目的成就。

4. 经济新常态

2014年,中国经济进入了新常态阶段:从消费需求看,过去我国消费具有明显的模仿型特征,现在转向个性化、多样化消费;从投资需求看,传统产业相对饱和,但基础设施互联互通和一些新技术、新产品、新业态、新商业模式的投资机会大量涌现;从出口和国际收支看,我国低成本比较优势发生了转化,必须加紧培育新的比较优势,使出口继续对经济发展发挥支撑作用;从资源配置模式和宏观调控方式看,全面刺激政策的边际效果明显递减,既要全面化解产能过剩,也要通过发挥市场机制作用探索未来产业发展方向,必须全面把握总供求关系新变化,科学进行宏观调控。2015年中国经济面临严峻挑战:房地产库存居高不下,钢铁煤炭产量严重过剩。为避免经济硬着陆,中国紧急出台“去产能、去库存、去杠杆、降成本、补短板”五大“供给侧结构性改革”政策。

5. 进一步加大国有企业改革力度

中共十八届三中全会指出,经过多年的改革发展,国有企业取得了较好的成绩,但也存在着一些问题。全会提出一系列的改革措施,如:国有资本要加大对公益性企业的投入,国有资本控股经营的自然垄断行业,实行政企分开、政资分开、特许经营、加强监管等;建立职业经理人的制度,更好地发挥企业家作用;进一步破除各种形式的行政垄断;健全协调运转、有效制衡的公司法人治理结构;加大高新技术的投入,提升企业核心竞争力;鼓励绿色经济、低碳经济的发展。中国经济管理体制改革和企业改革步入了一个新的阶段。2017年,党的十九大报告进一步提出全面建成小康社会的目标,号召全国人民为实现中华民族伟大复兴的中国梦而奋斗。2022年,党的二十大报告再次强调,深化国资国企改革,加快国有经济布局优化和结构调整,推动国有资本和国有企业做强做优做大,提升企业核心竞争力。优化民营企业发展环境,依法保护民营企业产权和企业家权益,促进民营经济发展壮大。完善中国特色现代企业制度,弘扬企业家精神,加快建设世界一流企业。

6. 加快构建新发展格局,着力推动高质量发展

党的二十大报告强调,我们要坚持以推动高质量发展为主题,把实施扩大内需战略同深化供给侧结构性改革有机结合起来,增强国内大循环内生动力和可靠性,提升国际循环质量和水平,加快建设现代化经济体系,着力提高全要素生产率,着力提升产业链供应链韧性和安全水平,着力推进城乡融合和区域协调发展,推动经济实现质的有效提升和量的合理增长。

思考题

1. 管理发展史共分几个阶段?
2. 早期管理思想的特点是什么?
3. 简述科学管理阶段的特点。
4. 简述科学管理思想的产生背景。
5. 简述科学管理主要代表人物及其贡献。
6. 简述霍桑实验的主要内容。
7. 梅奥提出的人际关系学说的主要内容有哪些?
8. 简述行为科学对管理的重要作用。

➢ 自测题及参考答案

➢ 案例分析

第四章　决策与计划

决策是管理工作的本质。管理的各项职能——计划、组织、领导、控制和创新都离不开决策。计划过程是决策的组织落实过程。决策是计划的基础，计划是决策的逻辑延伸。计划将组织在一定时期内的活动任务分解到组织的每个部门、环节和个人，这样不仅能为工作活动过程提供具体的依据，而且能为决策目标的实现提供保证。

学习纲要

✧ **知识点**：决策的基本理论，计划工作的基本内容和基本方法。

✧ **重点**：决策的定性和定量方法，计划的基本内涵，计划工作的基本方法。

✧ **难点**：决策树，网络计划技术。

名言名句

✧ 凡事预则立，不预则废。

——《礼记·中庸》

✧ 为了在动荡不定的世界上求得生存，就必须做出精明的决策。

——德鲁克

✧ 世界上每 100 家破产倒闭的大企业中，85%是因为企业管理者的决策不慎造成的。

——全球知名的高端智库兰德公司

✧ 运筹于帷幄之中，决胜于千里之外。

——《史记·高祖本纪》

✧ 有兵必须审敌虚实而趋其危。

——《吴子·料敌》

引例

数字技术是金融行业数字化转型的重要动力。2020 年以来，各大银行都在大力全面推进数字技术建设。比如，建设银行深化平台经营，依托数字技术和科技赋能，不断优化“建行惠懂你”APP（应用程序），2022 年 12 月公开数据显示，其 APP 累计访问量超过 1.7 亿次，下载量超 2 250 万次，授信客户超 165 万户，授信金额超 1.3 万亿元。此外,工商银行积极加强自有平台建设,打造客户服务线上主阵地,加快服务、场景、运营等方面的创新,截至2021年6月末,个人手机银行客户达4.88亿户,移动端月活用户量超1.6亿户,客户规模与活跃度在行业内领先。

大银行依托自身的硬件实力与人才优势,能够快速实现数字化升级;但对大多数中小金融机构来说,数字化转型显然是一件比较复杂的事情。一方面,中小金融机构在数字化实践上的经验相对欠缺,哪些环节需要改造、哪些环节需要重建,难以准确把握;另一方面,与大多数大机构动辄进行全链路升级不一样,中小金融机构所面临的业务场景更细,与其大刀阔斧将原本已经建设完成的业务链路全部推倒重来,不如聚焦最为核心的业务场景,用"小场景小改造"更为实际。对中小金融机构来说,每一项运营决策的背后都需要投入一定资源成本,如何能在资源最少的情况下完成运营目标,就成为必须考虑的问题。

引入第三方成熟的数字技术和产品,往往能达到事半功倍的效果。以最常见的APP首页广告投放为例,过去,大多数机构只能依靠过往的类似活动数据来大致归纳用户对哪一类首页广告更感兴趣,并以此作为新一轮活动的借鉴。但对这个参考逻辑只要稍加深究,就能觉察出问题。首先是无法排除影响单场活动的外在因素,比如在参考过往活动数据的过程中,1月份的活动与11月份的活动就可能分别受到元旦假期、"双11"促销活动影响,但这些外在因素仅靠单场的活动沉淀数据是无法体现的;其次是不同活动的主题、性质、目的,甚至是目标人群都不一样,如果统一以一个数字维度来做判断,难免偏颇。

因此,更科学的方式应该是在确定目标定量的基础上,控制外在条件变量,即同时开展A、B两个实验,同时分别上线两套不同的首页广告,在此基础上保证上线时间、呈现位置等其他场外因素一致,以此在实际场景中观测哪一版本的内容更受用户欢迎。值得注意的是,通过A、B实验的方式进行测试,往往需要在小范围内圈选一定用户进行,而非一开始就开启全量用户测试,因此能够便捷控制参与实验的用户量,也是中小金融机构在初次尝试这类方法时需要考虑的核心问题之一。

火山引擎数智平台推出的A、B测试DataTester已经被包括金融、零售、互联网、汽车等在内的多个行业广泛应用。通过DataTester,企业可以将A、B两套不同策略同时上线,并在产品内提前完成适用人群圈选,被圈选的用户将会被随机展现A、B其中之一的策略,如APP新频道入口,A策略的入口在首页的左上角,B策略的入口在首页右上角——被随机展现的用户可以依据自身的习惯,去发现入口完成频道进入,或直接因缺乏兴趣而忽略。

通过这样的实验,企业就可以知道哪一项策略更受用户欢迎,当实验周期结束,沉淀出相关数据后,输出策略的部门就可以更好地做出决策,并在全量用户范围内完成策略上线。除了DataTester之外,火山引擎数智平台目前还全面输出增长分析

DataFinder、智能洞察 DataWind、增长营销平台 GMP 和客户平台 VeCDP 等系列 SaaS 产品，助力中小金融机构轻量化部署，实现数字化转型过程中的诸多环节难点攻坚。

（资料来源：https://news.sina.com.cn/sx/2023-01-11/detail-imxzuxpn2241636.shtml）

思考

简述中小金融机构数字化升级的决策思路。

第一节　决策的基本含义与决策方法

一、决策概述

（一）决策的概念

现代决策理论认为，管理的重心在经营，经营的重心在决策。决策正确，企业的生产经营活动才能顺利开展；决策失误，企业的生产经营活动就会遇到挫折，甚至失败。

那么，什么是决策呢？美国现代决策理论的创始人，1978 年经济学诺贝尔奖获得者西蒙教授，以心理学、社会学、社会心理学等行为科学为基础，重视社会环境及心理活动对决策过程的作用，形成了内容极为丰富、完整的西蒙决策理论。西蒙指出："决策是管理的心脏，管理是由一系列决策组成的；管理就是决策。"他认为要经营管理好企业，使企业产生最大的效益，就必须具备有效的组织、合理的决策和良好的人际关系。三者中决策是管理的基础和核心，脱离了决策就谈不上管理。美国学者亨利·艾伯斯认为："决策有狭义和广义之分。狭义地说，决策是在几种行为方针中做出选择；广义地说，决策还包括在做出选择之前必须进行的一切活动。"管理学教授里基·格里芬指出："决策是从两个以上的备选方案中选择一个的过程。"周三多教授认为："所谓决策，是指组织或个人为了实现某种目标而对未来的一定时期内有关活动的方向、内容及方式的选择或调整的过程。"有关决策的定义，还有很多不同的描述。但是，随着科学技术的发展，人们对现代决策逐渐形成这样的共识：决策是组织为了达到某一目标、目的或企图，在众多方案中选择一个最优的方案，并加以实施的过程。

决策的概念，包括以下几个要点。

①决策应该有明确合理的目标。这是决策的出发点和归宿。无目标或目标不合理的行动是盲目的、错误的行动，只会导致企业的损失和浪费。

②决策必须有两个或两个以上的备选方案，但只能采用其中一个。为实现企业

某一特定目标,必须从多个可行方案中,通过分析、比较和判断,进行优选。

③决策的实质,是为谋求企业外部环境、内部条件和经营目标之间的动态平衡而做出的努力。从提出问题、确定目标、收集资料、拟定行动方案、评价选择,到采取行动、实施反馈等一系列活动,都是为此目标而努力的。

(二)决策的意义

决策在管理中有着十分重要的地位。经济体制、生产布局、科学研究、人才开发等工作,至关重要的一个方面就是决策,稍有失误,就可能造成重大损失和浪费,因此说决策具有重要意义。决策的意义具体如下。

1. 正确的决策是企业生存和发展的重要保证

在市场经济条件下,企业外部环境因素,特别是市场环境因素对企业的影响非常大,作为企业生存的空间,它要求企业的行为具有很强的方向性和适应性。一方面,企业的长期战略目标应符合社会和市场的长期利益,要有远见;另一方面,企业的生产经营活动应能满足社会和市场不断变化的需要,要有灵活性和适应性。所以企业必须有正确的决策,使自己的行为有利于市场和社会,得到承认并取得经济效益,才能不断发展壮大。

2. 科学的决策是企业实现管理现代化的关键

随着商品经济的发展,企业与外界的联系、市场竞争、市场需求日益复杂多样,客观上要求企业的管理水平现代化,有效地发挥企业管理的各项职能。而企业管理职能的基础,就是决策。没有决策的现代化,各项职能的效用就无从提高,就不可能实现管理的全面现代化。

3. 合理的决策是促进企业整个系统协调统一的重要手段

(1)决策为企业规定的经营目标,是企业一切经济活动和全体职工共同奋斗的总目标。目标体系的建立能调动人们的积极性和创造性,为实现总目标做出贡献。

(2)决策为企业规定的经营方针,是企业各项管理工作应遵循的行动准则,它能统一全体职工的思想和行动,使大家相互协调、相互配合。

(3)决策为企业规定的经营策略,是企业落实经营方针、实现经营目标的具体对策和途径,可以使企业的各项工作按统一步调有序进行。

(三)决策的特点

1. 目标性

任何决策都包含着目标的确定。目标体现的是组织想要获取的结果。目标明确以后,方案的拟定、比较、选择、实施及实施效果的检查就有了标准与依据。

2. 可行性

决策要注意实施条件的限制。方案的实施需要利用一定的资源,缺乏必要的人力、物力、财力,理论上十分完善的方案也只能是空中楼阁。因此,在决策过程中,决策者不仅要考虑采取某种行动的必要性,还要注意实施条件的限制。

3. 选择性

决策的关键是选择。没有选择就没有决策。而要有所选择,就必须提供可以相互替代的多种方案。事实上,为了实现同样的目标,组织总是可以从事多种不同的活动。这些活动在资源要求、可能结果及风险程度等方面存在着或多或少的差异。因此,决策要从多种方案中选择,既有可能性,也有必要性。

4. 动态性

决策是一个不断循环的过程。作为过程,决策是动态的,没有真正的起点,也没有真正的终点。组织的外部环境在不断变化,这就要求决策者密切监视并研究外部环境及其变化,从中发现问题或找到机会,及时调整组织的活动,以实现组织与环境的动态平衡。

(四)决策的分类

决策的内容十分广泛,从不同的角度,按照不同的标准,可以把决策分为各种不同的类型。对决策进行分类,主要是为了认识不同类型决策的特征,掌握不同类型决策的规律,并在实际管理工作中根据不同类型的决策采取不同的决策方式和方法。

1. 程序化决策与非程序化决策

按决策的规范性,决策可以划分为程序化决策与非程序化决策。

(1)程序化决策

程序化决策是针对例行的、重复出现的活动而言的,如订货程序、制订生产作业计划等。由于问题是重复出现的,其过程已标准化,有决策的先例。管理者仅需按原来规定的程序、处理方法和标准进行决策。“决策可以程序化到呈现出重复和例行状态,可以程序化到制定出一套处理这些决策的固定程序,以致每当它们出现时,不需要重复处理它们。”对于这类决策问题,只要获得所需的信息,就可按规定的程序进行决策。决策分析中主要讨论这类决策问题,它们大多数可以用数量化的方法解决。

(2)非程序化决策

非程序化决策是针对例外问题的,这类问题是偶然发生的,是第一次做出决策,无先例可循,如新产品开发、产品方向变更、企业规模扩大、市场开拓、重大人事变更、组织机构的重大调整等,主要由上层管理人员承担。非程序化决策需要考虑内外部条件变动及其他不可量化的因素,所以无法用常规的办法来处理,决策者个人的经验、知识、洞察力及直觉、信念等主观因素,对决策有很大影响。

2. 战略决策与战术决策

按决策的重要程度,决策可以划分为战略决策与战术决策。

(1)战略决策

战略决策是所有决策中最重要的,主要涉及组织的大政方针、战略目标等重大事项的决策活动,是组织全局性的、长期性的、关系组织生存和发展的根本性决策。战略决策一般需要经过较长时间才能看出决策效果,所需解决的问题复杂,决策过程所需考虑的环境变化较大,往往并不过分依赖复杂的数学模式及技术,定量分析和定性分析并重,对决策者的洞察力、判断力有很高的要求。在战略决策中,找出关键问题并利用复杂计算更为有效。因此,必要时,可以借助组织外部人员(如咨询顾问等)对战略性决策方案进行设定和分析。大多数战略决策属于非程序化决策。

(2)战术决策

战术决策是组织在内部范围贯彻执行的决策,属于执行战略决策过程中的具体决策。战术决策旨在实现组织内部各环节活动的高度协调和资源的合理利用,以提高经济效益和管理效能。如企业的生产计划、销售计划、更新设备的选择、新产品定价、流动资金筹措等问题的决策属于此类决策。战术决策不直接决定企业组织的命运,但决策行为的质量在很大程度上影响组织目标的实现程度和组织效率。战术决策是每个主管人员的日常工作内容,它依赖主管人员的经验和综合研究方法,也可使用电脑和数据模型辅助决策。

3. 个体决策与群体决策

按决策的主体,决策可以划分为个体决策与群体决策。

(1)个体决策

个体决策是指决策机构的主要领导成员通过个人决定的方式,按照个人的判断力、知识、经验和意志所做出的决策。如厂长负责制企业中的决策就主要是由厂长个人做出方案抉择的。个体决策一般用于日常工作中程序化的决策和管理者职责范围内事情的决策。

(2)群体决策

群体决策是为充分发挥集体的智慧,由多人共同参与决策分析并制定决策的整个过程。如董事会制下的决策就是一种群体决策,由集体做出决策方案的选择。这类决策主要适用于某些全局性、战略性、长远性问题的决策。它的最大特点是具有广泛而深刻的群众性,通过发挥集体的智慧,弥补个体决策的不足。

4. 确定型、风险型与不确定型决策

按决策问题的性质,决策可以分为确定型、风险型与不确定型决策。

(1)确定型决策

确定型决策是指决策者对供选择的各备选方案所处的客观条件完全了解,每一个备选方案只有一种结果,比较其结果的优劣就可做出决策。

确定型决策问题必须具备如下四个条件:①存在决策者期望达到的一个决策目标;②未来的状况只存在一个确定的自然状态;③存在两个或两个以上的备选方案,以供决策者选择;④每一个备选方案在确定状态下的损益值可以定量地估算出来。

在实际问题中，确定型决策问题并非上述那样简单。尤其当行动方案数量较多时，就很难直观地找出最优方案，因此必须借助优化技术求解。

(2)风险型决策

风险型决策是指每一个备选方案的执行，都会出现几种不同的情况，决策者不知道哪种自然状态会发生，但知道有多少种自然状态以及每种自然状态发生的概率，因此在依据不同概率所拟定的多个决策方案中，不论选择哪一种方案，都要承担一定的风险。

风险型决策问题应具备如下五个条件：①存在决策者期望达到的一个决策目标；②存在两个或两个以上不以决策者的意志为转移的自然状态；③存在两个或两个以上可供决策者选择的行动方案；④不同行动方案在不同自然状态下的损益值均可定量地估算出来；⑤在各种自然状态中，未来究竟出现哪一种自然状态，决策者无法肯定，但可事先通过一定的方法或手段得到必要的信息。

(3)不确定型决策

不确定型决策是指决策者只知道每个备选方案都存在两种以上不可控的状态，不知道每种自然状态发生的概率，或只能以主观经验判断，这时，方案的最终选择主要取决于决策者的态度、经验及其所持的决策原则。

5. 多目标决策和单目标决策

(1)多目标决策

多目标决策是指所要达到的决策目标是多个的决策。一般来说，这些目标之间具有相互联系与相互制约的关系。如消费者总是希望其购买的商品既“物美”又“价廉”，企业总是既希望以较高的价格销售更多的商品或降低库存费用，又期望能够保证生产的产品及时售出等，这些都是多目标决策问题。从中我们可以看出，这些决策所要求实现的目标大多是相互矛盾、相互牵制的。在这种情况下，就需要决策者全面考虑各个目标之间的综合平衡，以求做出总体最优决策。实际管理工作中，多目标决策比单目标决策更具有实用价值。

(2)单目标决策

单目标决策是指只有一个决策目标的决策。决策的目的是满足某个指标要求。这种决策目标单一，制定和实施较为容易，但多数带有片面性。如企业家单纯追求自身经济利益的最大化或者个人一味地追求高收入等，而这些现象通常并不是社会所提倡的。社会所提倡的是企业在追求经济利益最大化的同时还应考虑社会效益等指标，个人在追求其收入最大化的同时不能忽视其职业道德等因素。

(五)决策的要素

1954 年，决策理论家萨维奇(L. J. Savage)曾提出一个著名的做鸡蛋煎饼的例子。这个例子说的是一个家庭主妇准备用 6 个鸡蛋和一碗面粉做鸡蛋煎饼。当第 5

个鸡蛋打到碗里以后,她发现第6个鸡蛋的蛋壳颜色不正常而不确定这个鸡蛋是否已变质。她要么把第6个鸡蛋打进去做6个鸡蛋的鸡蛋饼,要么把第6个鸡蛋扔掉,这时她要决定怎么办。简单地说,如果计划用6个鸡蛋做鸡蛋煎饼,已经向碗里打了5个好鸡蛋,准备打第6个鸡蛋时,她面临三种选择。

第一种方案(a_1):将第6个鸡蛋打破放入已有5个鸡蛋的碗里。

第二种方案(a_2):将第6个鸡蛋打破放入另外一个碗里,以便检查其质量好坏。

第三种方案(a_3):不管鸡蛋是好是坏,将第6个鸡蛋扔掉。

由于事先不知道第6个鸡蛋是好是坏,每种方案均面临两种可能的状态。

第一种状态(θ_1):第6个鸡蛋是好的。

第二种状态(θ_2):第6个鸡蛋是坏的。

每个打蛋方案在鸡蛋不同质量状态下的决策结果,可以表示为表4-1。

表4-1 每个打蛋方案决策结果

方案	鸡蛋质量	
	好	坏
将第6个鸡蛋直接打入已有5个鸡蛋的碗里	做成6个鸡蛋的鸡蛋饼	5个鸡蛋浪费,做无蛋煎饼
将第6个鸡蛋直接打入另一个碗里	做成6个鸡蛋的鸡蛋饼,多洗一个碗	做成5个鸡蛋的鸡蛋饼,多洗一个碗
将第6个鸡蛋扔掉	做成5个鸡蛋的鸡蛋饼,浪费一个好蛋	做成5个鸡蛋的鸡蛋饼

从表4-1可以看出,决策由下面几个基本要素组成。

1. 决策者

决策者即决策主体,受社会、政治、经济、文化、心理等因素的影响,决策者可以是个体,也可以是群体。本例中,该家庭主妇即为决策者。

2. 决策目标

决策者必须有一个希望达到的明确目标,可以是单个目标,也可以是多个目标。决策目标既体现了决策者的主观意愿,也反映了客观事实,没有目标就无从决策。

3. 决策的可行方案

决策的可行方案必须至少有两个可供选择,它是实现决策目标的具体措施和手段。决策方案的个数可以是有限个,也可以是无限个。如本例中决策者有3种可供选择的方案。

4. 自然状态

自然状态是指决策者采取某种决策方案时决策环境客观存在的各种状态。自然状态可以是确定的,也可以是不确定的。每个方案实施后可能出现一个或多个自然状态。

5. 决策结果

决策结果即采取某种决策方案在不同的自然状态下所出现的结果。决策结果可以是收益值、损益值或效用值。如表 4-1 中 3 种可能的方案在 2 种可能的自然状态下对应 6 种可能的结果。

6. 决策准则

决策准则是为实现决策目标,选择行动方案时所依据的价值标准和行为准则。一般来说,决策准则依赖于决策者的价值取向或偏好。

(六)决策的程序

决策是一个动态分析的反馈过程。所要解决的问题复杂多样,决策的程序也不尽相同,但一般都遵循以下七个基本程序,这是一个动态的连续过程。这七个基本程序及相互间的关系如图 4-1 所示。

1. 发现问题

发现问题是解决问题的前提,所有决策分析的最终目标都是为了解决问题。这里所谓问题是指决策对象的现实状态与期望状态之间存在的差异。爱因斯坦曾经说过:提出一个问题往往比解决一个问题更重要。要发现问题就要深入调查研究,理解决策系统的实际情况,然后用创造性的想象力,从新的角度去看旧的问题,只有这样才能发现决策系统的实际状态与目标要求之间的差距,找出问题的关键,从而积极地发现、提出问题。发现问题后,还应准确地界定问题的性质、特点、范围、背景和条件等,进一步分析问题产生的原因,以便查清问题的真相,抓住问题的本质去解决问题。

2. 确定决策目标

决策目标是在一定的环境条件下,决策系统期望达到的状态,是决策过程中拟定决策方案、评估方案和选择方案的基准。决策目标必须明确、具体、协调和可行。确定目标要围绕战略总目标进行,并通过目标分解或进一步展开,根据条件逐次筛选。在许多决策问题中,目标往往不止一个,利润、时间、质量等都可能是决策目标。因此确定决策目标,需要有科学的分析过程,且要主次恰当,统筹兼顾。决策目标的确定在决策分析中至关重要。目标的重要性决定了确定目标是决策分析过程中的一个重要阶段。

3. 收集资料

决策过程是资料的搜集、处理、传递的过程。资料是决策的基础,是控制决策实施的依据,是检验决策是否正确的依据。没有一定的资料,就不能对决策做出定性分析,也不能做出定量分析,因而必须拥有必要的资料。决策中不但需要收集历史和现状的资料,而且需要收集预测资料。因为决策总是在未来执行的,如果对未来的趋势不了解或推测错误,就难免造成决策失误。

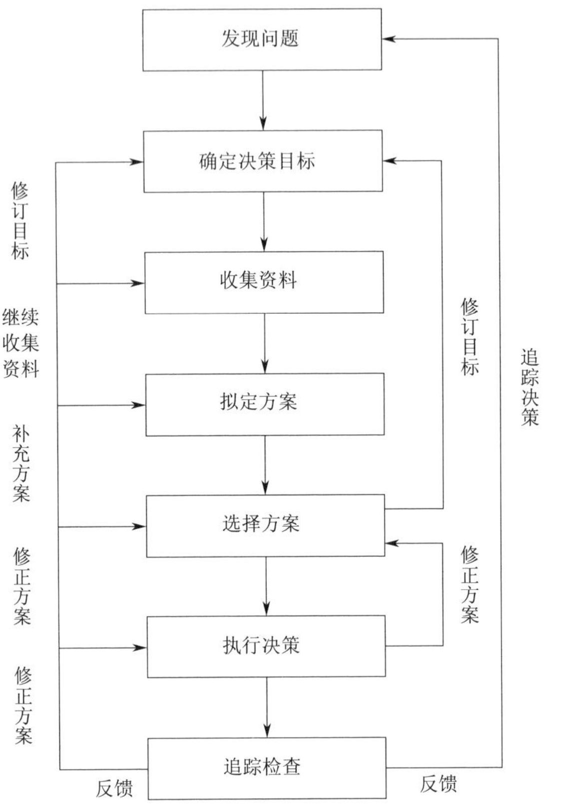

图 4-1　决策的程序

4. 拟定方案

在确定目标后,在收集和分析资料的基础上拟定决策方案。拟定决策方案就是寻找实现决策目标的手段。为了实现目标,人们总是追求最佳的手段,因此需要充分发挥创造力和想象力,提出尽可能多的备选方案供决策者比较和选择。拟定备选方案时要满足以下要求:① 整体详尽性,即备选方案应包括全部可能的方案,否则可能使被选方案达不到优化的目的;② 相互排斥性,即不同方案之间必须有原则性区别,不能是甲方案的行动措施包括在乙方案之中,或者两个方案是解决同一问题的两个要素;③ 方案的可比性,即每一个方案都应该根据评价准则定量反映方案的效果,以便比较选择。

5. 选择方案

选择方案是决策分析过程中最为关键的一个环节。选择方案包括分析与评价方案,它是指根据决策目标和评价标准,应用科学的方法和有效的手段对拟定的可行方案进行分析、比较和评价,得出备选方案的优劣顺序,从中挑选出一两个让人比较满意的方案,供决策者最后抉择。在评价分析过程中有时还要进行灵敏度分析,或根据分析结果进一步提出修正方案,或综合几个备选方案的优点提出修正方案,这就要求决策者具备敏锐的洞察力和良好的分析与判断能力,以确保方案最后抉择成功。

6. 执行决策

决策方案的实施是决策的延续和具体化,并且是检验决策是否正确的基本环节。有时为了验证方案的可行性和可靠性,在方案选定以后需要进行一些局部实验。验证可行后,即可进入实施阶段;如果不可行,则要修正决策。

7. 追踪检查

由于决策是个动态的过程,是在动态中逼近目标的,因此就必须不断、及时地追踪检查实施过程中的情况和结果。所谓追踪检查,是把实施方案与实际执行情况进行对比分析,及时找出未能达到预期效果的原因,并采取相应的对策。追踪检查是决策动态过程的反映,即决策→执行→再决策→再执行。

二、定性决策

(一)定性决策的概念

定性决策又称主观决策,是指在决策中直接利用决策者或有关专家的智慧来进行决策的方法,这是一种"软技术"。管理决策者运用社会科学的原理并依据个人的经验和判断能力,采取一些有效的组织形式,充分利用各自丰富的经验、知识和能力,从对决策对象本质特征的研究入手,掌握事物的内在联系及其运行规律,对企业的经营管理决策目标、决策方案的拟定以及方案的选择和实施做出判断。定性决策方法适用于受社会、经济、政治等非计量因素影响较大,所含因素错综复杂,涉及社会心理因素较多以及难以用准确数量表示的综合性战略问题,是企业界决策采用的主要方法。

(二)定性决策方法

1. 头脑风暴法

头脑风暴法(Brain Storming, BS)由现代创造学的创始人、美国学者阿历克斯·奥斯本于1938年首次提出。这是一种产生新思想、拟定备选方案的方法,其做法是通过专家们的相互交流,引起思维共振,产生组合效应,从而激发创造性思维。头脑风暴法是比较常用的群体决策方法,在集体讨论问题的过程中,每提出一种方案设计思想,就会引发他人联想,并鼓励提出任何种类的方案设计思想,同时禁止对各种方案的任何批判。因此,在进行风暴式思考的过程中,所追求的是更多的创造性思维。

头脑风暴法应遵守如下原则:

①严格限制决策对象范围,明确具体要求;

②不能对别人的意见提出怀疑和批评,要认真研究任何一种设想,而不管其表面看来多么不可行;

③鼓励专家对已提出的方案进行补充、修正或综合;

④消除与会者顾虑,创造自由发表意见而不受约束的氛围;

⑤提倡简短精练的发言,尽量减少详述;

⑥与会专家不能宣读事先准备好的发言稿。

头脑风暴法主要是吸收专家积极的创造思维,强调集体思维,一般参与者以五六人为宜,时间一般为60~120分钟,参加的人员中不宜有领导者,参加者的专业也不一定都与所讨论问题的专业一致,可以包括一些学识渊博、对讨论问题有所了解的其他领域的专家。

2. 德尔菲法

德尔菲法(Delphi Technique)由美国兰德公司于1946年始创实行,最早用于预测,后来推广应用到决策中。德尔菲是古希腊传说中的神谕之地,城中有座阿波罗神殿可以预测未来,因而借用其名。德尔菲法是一种反馈匿名函询法,它以匿名方式通过几轮函询征求专家们的意见,组织决策小组对每一轮的意见进行汇总、整理,再将其作为参考资料发给每一个专家,供他们分析、判断,提出新的意见,如此反复,专家的意见渐趋一致,最后得出最终结论。

德尔菲法的大体过程是:①拟定决策提纲;②选择专家;③提出预测和决策;④修改决策;⑤确定决策结果。在③、④中,可采用统计的方法,将专家的意见画成分布图,如图4-2所示。

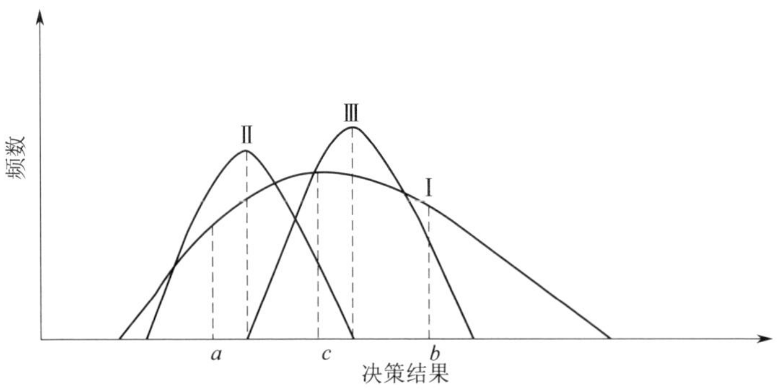

图4-2　德尔菲法结果统计示意图

找出多数人意见的所在位置中位点 c 以及 2 个四分点 a 点和 b 点，将统计结果告诉每位专家，并告诉他自己的意见在图中的位置及与他意见相同的人数，对于意见处在 a 点以左和 b 点以右的专家们，要特别细心地询问他们提出不同意见的原因，并请他们再做第二次决策，将会得到决策方案Ⅱ或决策方案Ⅲ。如此反复，意见会集中到某一个决策结果。

德尔菲法具备以下三个特点：①匿名性；②反馈性；③决策结果的统计性。

该法也存在如下缺点：①受专家组的主观制约，决策的准确程度取决于专家们的观点、学识和对决策对象的感兴趣程度；②专家的评价主要是直观判断，缺乏严格的论证。

应用该方法的关键是：①选择好专家，这主要取决于决策所涉及的问题或机会的性质；②确定适当的专家人数，一般 10~50 人较好；③拟定好意见征询表，因为它的质量直接关系到决策的有效性。

3. 淘汰法

淘汰法是指根据一定的标准和条件，将全部备选的方案筛选一遍，淘汰达不到要求的方案，缩小选择范围。其基本原理是在选择目标方案时，先制定一个标准，以作为淘汰的依据，依据标准对目标方案进行衡量，不合乎标准者均应淘汰。一轮淘汰之后，可放宽标准，再淘汰，经过逐轮放宽标准淘汰方案，直到选出最后的方案。

4. 环比法

环比法也叫“0-1 评分法”，即在所有方案中进行两两比较，优者得 1 分，劣者得 0 分，最后以各方案得分多少为依据选择方案。

假设某公司面临一项决策，有 5 个备选方案供决策者选择，分别为 S_1，S_2，S_3，S_4，S_5，采用环比法选择方案，评分结果见表 4-2。

每个单元格中的数据表示，纵向方案与横向方案比较时所得分数，例如第三行第二列单元格中的数字 1，表示方案 S_1 与方案 S_2 比较时 S_1 得分为 1，那么 S_2 得分为 0，因此第二行第三列单元格中的数据为 0。

根据表 4-2，可以得到在环比中各方案的得分：S_1 为 1 分；S_2 为 0 分；S_3 为 3 分；S_4 为 2 分；S_5 为 4 分。因此选择方案 5 为最终执行方案。

5. 电子会议法

电子会议法是将专家会议法与尖端的计算机技术相结合的一种决策方法。几十人围坐在一张马蹄形的桌子旁，这张桌子上除了许多计算机终端外别无他物。将问题显示给决策参与者，并将他们的回答打在计算机屏幕上。个人评论和票数统计都投影在会议室内的大屏幕上。

表 4-2　0-1 评分表

横向方案	纵向方案				
	S_1	S_2	S_3	S_4	S_5
S_1	—	0	1	1	1
S_2	1	—	1	1	1
S_3	0	0	—	0	1
S_4	0	0	1	—	1
S_5	0	0	0	0	—

电子会议法的主要优点是匿名、诚实和快速,而且能够超越空间的限制。决策参与者能不透露姓名地打出自己所要表达的任何信息。它使人们充分地表达他们的想法而不会受到惩罚,消除了闲聊和讨论偏题,且不必担心打断别人的"讲话"。

电子会议法的主要缺点是:那些打字快的人比那些口才好但打字慢的人占优势;这一过程缺乏面对面的口头交流所传递的丰富消息。

此外,常用的定性决策方法还有经验判断法、动机诱导法、专家会议法等,由于篇幅有限,本章不再赘述。

三、定量决策

定量决策的核心是把与决策有关的变量与变量、变量与目标之间的关系,用数学关系表示,即建立数学模型,然后通过计算求出答案,供决策者参考使用。它主要适用于具有较详细的预测数据资料的决策,所运用的数学工具多种多样,复杂程度也不相同。

(一)确定型决策

确定型决策是指决策者确切地知道不可控的环境因素的未来表现,即只有一种自然状态需要考虑,每一个方案对应一个特定结果。在确定型决策下,决策方案的选择简化为对每一个方案结果的值进行直接比较的过程。

确定型决策的特点是自然状态只有一种,决策环境完全确定,决策问题的未来发展只有一种确定的结果,决策者只要通过分析、比较各个方案的结果就能选出最优方案。也就是说,确定型决策分析适用于方案实施中遇到的客观情况只有一种的场合,即在确定的环境下只有一种自然状态的场合。例如,企业经过市场调查发现是生产的产品供不应求,并且预计在今后五年内需求量持续上升,则企业在这种确定的自然状态下,只要拟定多个可行的生产方案,然后通过分析、评价,从中选出生产量最大的那个决策方案并投产即可。确定型决策的常用方法主要有线性规划决策法和价值效益评价决策法。

1. 线性规划决策法

线性规划决策法是一种寻求单位资源最佳效用的数学方法，常用于解决组织内部有限资源的调配问题，是解决各变量最优决策问题的方法，是在相互关联的多变量约束条件下，解决或规划一个对象的线性目标函数最优的问题。具体而言，就是在人力、物力资源数量一定的情况下，如何应用才能取得最大经济效益，或在一定的任务下，如何统筹安排，才能以最小的消耗完成任务。其中目标函数是指决策者要求达到目标的数学表达式，用一个极大或极小值表示，约束条件是指实现目标的能力资源和内部条件的限制因素，用一组等式或不等式表示。

一般来讲，一个经济、管理问题满足以下条件时，最好用线性规划模型求解：① 问题的目标能用数值指标来反映；② 存在达到目标的多种方案；③ 要达到的目标是在一定约束条件下实现的。

下面用一个实例来介绍利用线性规划决策法建立数学模型进行决策的步骤。

【例 4-1】设某企业生产 A、B 两种产品，单件 A、B 产品的净产值分别为 700 元、1 200 元，每种产品的生产都需要钢材、水泥和黄沙。两种产品所需材料数量以及可用材料数量见表 4-3。

表 4-3　材料品种及数量

材 料	两种产品所需材料数量(千克/件)		可用材料数量(千克)
	A	B	
钢材	9	4	360
水泥	4	5	200
黄沙	3	10	300

解：根据决策的程序，该例中的决策目标为经济效益；决策准则为经济效益最大；决策策略为产品的组合；最优策略为使单个产品的净产值最大的生产计划，也就是使单个产品的净产值最大的产品组合策略。

决策步骤如下。

第一步：建立数学模型。

设生产 A 产品 x_1 件，B 产品 x_2 件，根据已知条件得到下述约束方程：

$$\left.\begin{aligned}9x_1+4x_2\leqslant 360\\4x_1+5x_2\leqslant 200\\3x_1+10x_2\leqslant 300\\x_1\geqslant 0,x_2\geqslant 0\end{aligned}\right\}\tag{4-1}$$

总净产值为

$$\max Z=700x_1+1\,200x_2\tag{4-2}$$

上述函数 Z 称为决策目标函数。因此,最优决策(x_1 , x_2)是满足约束条件且使目标函数达到极大值的一个解。

第二步:求解最优策略。

① 引入松弛变量 x_3 、x_4 、x_5 ,化式(4-1)为等式方程

$$\left.\begin{aligned}9x_1+4x_2+x_3=360\\4x_1+5x_2+x_4=200\\3x_1+10x_2+x_5=300\end{aligned}\right\}\tag{4-3}$$

目标函数 Z 可写成

$$Z=700x_1+1\,200x_2+0x_3+0x_4+0x_5\tag{4-4}$$

② 运用单纯形法求解最优策略。

求得 $x_1=20$, $x_2=24$,最大净产值为 42 800 元。其结果是生产 A 产品 20 件,B 产品 24 件,最优的产品组合是(20,24)。

2. 价值效益评价决策法

价值是一个直观的概念,但是价值的大小并不一定能直观衡量。在管理科学中,衡量价值的大小时常把严格的度量方法与系统的判断和主观评价结合起来。在此介绍一种价值与效益评价的方法,该方法称为计分模型法。

为了实现某特定目标,拟定了几个可行方案,每个方案的价值与效益均可做出评价,然后将价值效益作为决策的准则,选出最优方案。

假设 T_j 表示第 j 个方案的总价值, K 表示此方案所有性能的个数, W_i 表示第 i 种性能所占的比重或加权数, R_{ij} 表示第 j 个方案第 i 种性能的计分数,则有计分模型

$$T_j=\sum_{i=1}^{K}W_iR_{ij}\quad(j=1,2,\cdots,n)\tag{4-5}$$

某种性能又常常划分为若干个指标,例如有 N_i 种指标,假定第 i 种性能的第 l 种计分为 m_{il} ,则有

$$R_{ij}=\frac{1}{N_i}\sum_{l=1}^{N_i}m_{il}\tag{4-6}$$

对于上述计分模型，下面将用实例说明。

【例 4-2】假设某企业为提高经济效益，决定研制具有现代化管理水平的经营管理信息系统，以加强市场预测和管理决策。现有三个方案，各方案的性能和计分见表4-4。

表 4-4 各方案的性能和计分

编号	性能标准与加权值	编号	性能指标		计分		
					方案 T_1	方案 T_2	方案 T_3
1	市场预测精度 $W_1=3$		项目	精确性	$N_1=4$	$N_1=4$	$N_1=4$
		1	短期预测	98%以上	$m_{11}=1$	$m_{11}=0$	$m_{11}=1$
		2	中期预测	95%以上	$m_{12}=1$	$m_{12}=1$	$m_{12}=1$
		3	长期预测	90%以上	$m_{13}=1$	$m_{13}=1$	$m_{13}=1$
		4	超长期预测	80%以上	$m_{14}=0$	$m_{14}=0$	$m_{14}=1$
					$R_{11}=\frac{1}{N_1}\sum_{l=1}^{N_1}m_{1l}=\frac{3}{4}$	$R_{12}=\frac{1}{N_1}\sum_{l=1}^{N_1}m_{1l}=\frac{2}{4}$	$R_{13}=\frac{1}{N_1}\sum_{l=1}^{N_1}m_{1l}=\frac{4}{4}$
2	市场信息处理速度 $W_2=2$				$N_2=3$	$N_2=3$	$N_2=3$
		1	高速		$m_{21}=0$	$m_{21}=1$	$m_{21}=1$
		2	中速		$m_{22}=1$	$m_{22}=1$	$m_{22}=1$
		3	低速		$m_{23}=1$	$m_{23}=1$	$m_{23}=1$
					$R_{21}=\frac{2}{3}$	$R_{22}=\frac{3}{3}$	$R_{23}=\frac{3}{3}$
3	经济性 $W_3=1$				$N_3=3$	$N_3=3$	$N_3=3$
		1	低购置费		$m_{31}=1$	$m_{31}=0$	$m_{31}=0$
		2	低维护费		$m_{32}=1$	$m_{32}=1$	$m_{32}=0$
		3	低运转费		$m_{33}=1$	$m_{33}=0$	$m_{33}=0$
					$R_{31}=\frac{3}{3}$	$R_{32}=\frac{1}{3}$	$R_{33}=0$

解:由 $T_j = \sum_{i=1}^{K} W_i R_{ij}$ 得到各方案的价值效益计算结果如下:

$$T_1 = 3\times\frac{3}{4} + 2\times\frac{2}{3} + 1\times\frac{3}{3} = 4.58$$

$$T_2 = 3\times\frac{2}{4} + 2\times\frac{3}{3} + 1\times\frac{1}{3} = 3.83$$

$$T_3 = 3\times\frac{4}{4} + 2\times\frac{3}{3} + 1\times 0 = 5$$

比较上述三个方案,T_3 最大,故取 T_3 为最优方案。

此外,确定型决策方法还有线性盈亏平衡分析决策法、非线性盈亏平衡分析决策法和微分极值决策法等。由于篇幅有限,本章不再赘述。

(二)风险型决策

风险型决策是指决策者对未来的情况无法做出肯定的判断,但可判明各种情况发生的概率。例如,某种商品的未来市场状态有畅销(θ_1)、平销(θ_2)和滞销(θ_3)三种,到底属于何种,没有十分的把握,但可确定 $p(\theta_1)=0.5$,$p(\theta_2)=0.3$,$p(\theta_3)=0.2$。因此,做任何一种决策都要冒一定的风险,故称此种决策为风险型决策。

风险型决策的特点是,每个方案的实施都存在着非决策者所能控制的两个以上的自然状态,各种自然状态可能发生的概率是可以确定的。风险型决策主要用于远期目标的战略决策或随机因素较多的非常规决策,如投资决策、筹资决策、组织发展决策等。

风险型决策的方法很多,本节主要介绍两种风险型决策方法:期望值法和决策树法。

1. 期望值法

期望值法是风险型决策的一种基本方法,是通过求出每种方案的期望收益值,根据决策目标要求,选择最大或最小期望值所对应的方案作为最优方案的一种决策方法。

(1)具体决策步骤

期望值法的具体决策步骤如下:

① 判断决策问题可能出现的几种自然状态 $\theta_1,\cdots,\theta_j,\cdots,\theta_n$,拟定决策问题的备选方案 $s_1,\cdots,s_i,\cdots,s_m$;

② 推测各个方案在各种自然状态下的损益值 $a_{ij}(s_i,\theta_j)$;

③ 估算各个自然状态发生的概率 $p(\theta_j)$;

④ 计算各个行动方案的期望收益值,就是各方案在不同自然状态下的损益值

$a_{ij}(s_i,\theta_j)$ 与对应的发生概率 $p(\theta_j)$ 的乘积之和，然后选取其中最大值或最小值 $f(s^*)=(\min_i)\max_i\left[\sum_{j=1}^{n}p(\theta_j)a_{ij}(s_i,\theta_j)\right]$ 对应的方案 s^* 为最优方案。

（2）实例分析

【例 4-3】某企业为了改进生产提高利润，拟定了三个生产方案：方案一（s_1）为扩建原有生产线，改进老产品；方案二（s_2）为新建一条生产线，生产新产品；方案三（s_3）为新建两条生产线，生产新产品。企业依据以往的经验和最新的市场调研结果，估算出了畅销（θ_1）、平销（θ_2）和滞销（θ_3）三种市场状态的发生概率：$p(\theta_1)$ 为 0.5，$p(\theta_2)$ 为 0.3，$p(\theta_3)$ 为 0.2。三个方案在三种状态下的预期收益值见表 4-5。

表 4-5　三个方案在三种状态下的预期收益值　　（单位：万元）

方案	状态		
	θ_1（畅销）	θ_2（平销）	θ_3（滞销）
s_1	400	250	150
s_2	650	450	50
s_3	1 000	600	−250

解：按照期望值法的决策步骤，可以得到决策矩阵（表 4-6），由此可知，方案一扩建原有生产线的期望收益值是 305 万元，方案二新建一条生产线的期望收益值是 470 万元，方案三新建两条生产线的期望收益值是 630 万元。因此 $f(s^*)=\max_i\left[\sum_{j=1}^{n}p(\theta_j)a_{ij}(s_i,\theta_j)\right]=630$ 万元，此时 $s^*=s_3$。决策者将选取期望收益值最大的方案三。

表 4-6　期望值法决策矩阵　　（单位：万元）

方案	状态			$\sum_{j=1}^{n}p(\theta_j)a_{ij}(s_i,\theta_j)$
	θ_1（畅销）	θ_2（平销）	θ_3（滞销）	
	$p(\theta_1)=0.5$	$p(\theta_2)=0.3$	$p(\theta_3)=0.2$	
s_1	400	250	150	305
s_2	650	450	50	470
s_3	1 000	600	−250	630*
期望值法决策	$f(s^*)=\max_i\left[\sum_{j=1}^{n}p(\theta_j)a_{ij}(s_i,\theta_j)\right]$			630

2. 决策树法

(1)决策树的概念

决策树是一种用来描述各个方案在未来可能出现的各种状态下的损益情况的树形图,它借助若干个节点和分枝形象地描述了这些方案可能出现的状态及其发生概率、各方案在各种状态下的损益值等信息。

(2)决策树的基本组成

决策树的基本组成部分包括节点和分枝,其中节点分为三种,分枝分为两种。

决策树中的节点如下。

① 决策点,一般用方框“□”表示,是决策的起点,一般位于决策树的最左端,通常被称为“根节点”。如果做多阶段决策,在多阶段决策树形图的中间也可以有多个决策点,但是仍以决策树“根节点”为最终决策方案。

② 状态点,一般用圆圈“○”表示,是方案枝或概率枝的终点,也是表示一个备选方案可能遇到的自然状态的起点。节点上方的数字表示该方案的期望收益值。

③ 结果点,一般用三角形“△”表示,位于树的末梢处,表示一个方案在一个自然状态下的结局,结果点处要标明备选方案在此条概率分枝上的损益值。

决策树中的分枝如下。

① 方案枝是连接决策点与状态点的若干条直线,每条直线表示一个备选方案。

② 概率枝是从状态点引出的若干条直线,每条直线代表着一种自然状态及其可能出现的概率,决策树的每条概率枝上面注有自然状态发生的概率。

(3)决策树法的决策步骤

决策树法利用树图模型描述决策分析问题,并直接在决策树图上进行决策分析,它具有直观易懂、清晰明了的特点。利用决策树法进行决策的步骤如下。

① 绘制决策树。

② 自右向左计算各个方案的期望收益值,将计算结果标在方案枝右端状态点上。

③ 根据各方案的期望收益值大小进行选择,在期望收益值小的方案枝上画上“//”符号,表示删去。这个过程称为“剪枝”,最后保留下来的分枝即为最优方案。

(4)实例分析

【例 4-4】某企业计划研制开发新产品,决定对生产线进行技术改造,通过调查研究拟定了两个备选方案:一是全部改造;二是部分改造。采用方案一全部改造需投入资金 300 万元,新产品如果销路好年盈利将达 100 万元,如果销路差每年将亏损 25 万元;采用方案二部分改造只需投入资金 150 万元,新产品如果销路好年盈利将达 50 万元,如果销路差每年盈利为 10 万元。两个方案的预计使用期均为 10 年。目前根据市场调查研究及预测分析可知，前 5 年销路好的概率为 0.7，且前 5 年销路好、后 5 年销路也好的概率为 0.8；前 5 年销路差、后 5 年销路也差的概率为 0.6。试问在这种情况下，企业采用哪个方案更好？

解：①绘制决策树，如图 4-3 所示。

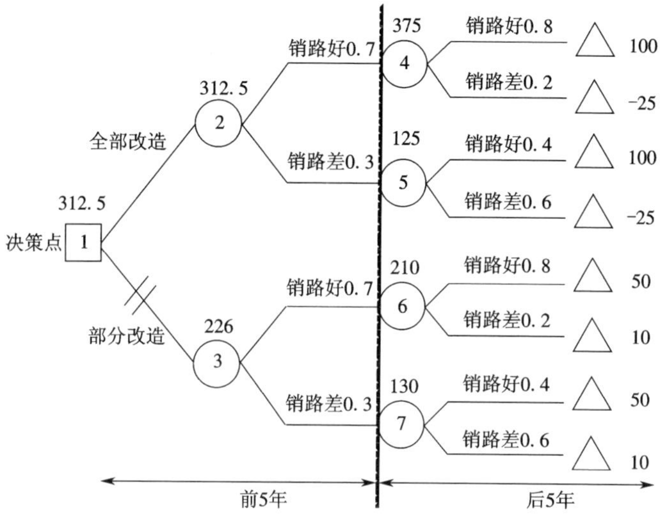

图 4-3　决策树

② 计算各节点处的期望收益值。按照从右至左的顺序，首先计算后 5 年的期望收益值。

节点 4：$[100\times0.8+(-25)\times0.2]\times5=375$（万元）

节点 5：$[100\times0.4+(-25)\times0.6]\times5=125$（万元）

节点 6：$(50\times0.8+10\times0.2)\times5=210$（万元）

节点 7：$(50\times0.4+10\times0.6)\times5=130$（万元）

然后计算 10 年计划期内的期望收益值，注意要减去投入的成本，具体计算过程如下。

节点 2：$[100\times0.7+(-25)\times0.3]\times5+375\times0.7+125\times0.3-300=312.5$（万元）

节点 3：$(50\times0.7+10\times0.3)\times5+210\times0.7+130\times0.3-150=226$（万元）

将以上计算结果填至决策树的相应节点上方。

③剪枝决策。参照图 4-3 决策树的结果可以看出，采用方案一全部改造可以得到净收益 312.5 万元，采用方案二部分改造仅可得到净收益 226 万元，因此企业的决策者将选择方案一全部改造为最优方案。故在决策树上保留最优方案枝，即全部改

造，剪掉方案二所在的方案枝。

【例 4-5】某生产企业，由于某项工艺不好，产品成本高，现在计划对该项工艺进行改进。取得新工艺有两种途径：一是自行研究(需投资 1 000 万元)，成功的可能性为 0.8；二是国外引进(需投资 700 万元)，成功的可能性为 0.7。不论自行研究成功还是国外引进成功，生产规模都有两个方案。当自行研究和国外引进均失败时，仍采用原工艺进行生产。根据市场预测，该产品销路好、一般和差的概率分别为 0.3、0.5、0.2。不同状态下收益情况见表 4-7，试画决策树并进行决策。

表 4-7 期望值 (单位：万元)

状态	方案				
	原工艺	自行研究成功(0.8)		国外引进成功(0.7)	
		规模 1	规模 2	规模 1	规模 2
销路好(0.3)	3 000	5 000	4 500	3 500	3 800
销路一般(0.5)	2 600	3 000	2 500	2 700	2 200
销路差(0.2)	2 000	1 000	1 500	1 600	1 200

解：按照决策树法进行决策的步骤如下。

① 从左向右绘制决策树。

如图 4-4 所示，决策点 1 引出两个方案分枝：自行研究和国外引进。两个方案分枝的端点分别是状态点 2 和 3。

从节点 2 引出两个状态分枝：自行研究成功(概率为 0.8)和自行研究失败(概率为 0.2)。其中，由于自行研究成功需要做出进一步决策，成功分枝的端点是决策点 4，而失败后不需要再做决策，其分枝的端点是状态点 5。决策点 4 引出两个方案分枝：规模 1 和规模 2。规模 1 方案分枝的右端状态点 8 引出 3 个概率分枝，在概率分枝上标上相应概率并在其右端结果点旁边标上相应的损益值；同样，规模 2 方案分枝的右端状态点 9 引出 3 个概率分枝，也在概率分枝上标上相应概率并在其右端结果点旁边标上相应的损益值。从节点 5 引出销路好、销路一般和销路差 3 个概率分枝，并标上相应概率，然后在右端结果点旁边标上相应的损益值。

节点 3 同节点 2 一样，引出两个概率分枝：国外引进成功(概率为 0.7)和国外引进失败(概率为 0.3)，其中由于引进成功需要做出进一步决策，成功分枝的端点是决策点 6；失败后不需要再做决策，其分枝的端点是状态点 7。决策点 6 同样引出两个方案分枝：规模 1 和规模 2。规模 1 方案分枝的右端节点 10 引出 3 个概率分枝，标上相应概率并在右端结果点旁边标上相应的损益值；同样，规模 2 方案分枝的右端节点 11 引出 3 个概率分枝，也标上相应概率并在右端结果点旁边标上相应的损益值。从节点 7 引出销路好、销路一般和销路差 3 个概率分枝并标上相应概率，然后在右端结果点旁边标上相应的损益值。

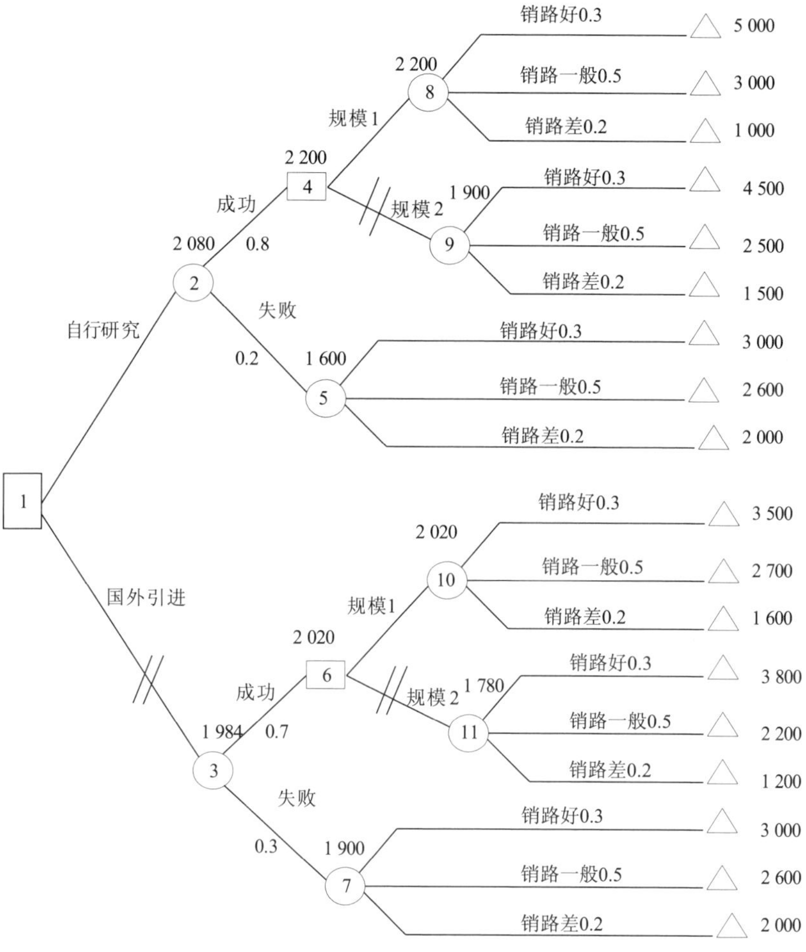

图 4-4　决策树

②从右向左计算各个方案的期望收益值，将计算结果标注在各个节点的上方（注意：不同方案需要减去其对应的初始投资）。

$$E(8)=0.3\times5\,000+0.5\times3\,000+0.2\times1\,000-1\,000=2\,200（万元）$$

$$E(9)=0.3\times4\,500+0.5\times2\,500+0.2\times1\,500-1\,000=1\,900（万元）$$

$E(4)=E(8)=2\,200$，此时规模 1 和规模 2 两个方案相比较，规模 1 优于规模 2 方案，所以规模 2 方案分枝剪掉。

$E(5)=0.3\times3\ 000+0.5\times2\ 600+0.2\times2\ 000-1\ 000=1\ 600$(万元)

$E(2)=0.8\times E(4)+0.2\times E(5)=0.8\times2\ 200+0.2\times1\ 600=2\ 080$(万元)

$E(10)=0.3\times3\ 500+0.5\times2\ 700+0.2\times1\ 600-700=2\ 020$(万元)

$E(11)=0.3\times3\ 800+0.5\times2\ 200+0.2\times1\ 200-700=1\ 780$(万元)

$E(6)=E(10)=2020$,此时规模 1 和规模 2 两个方案相比较,规模 1 优于规模 2 方案,所以规模 2 方案分枝剪掉。

$E(7)=0.3\times3\ 000+0.5\times2\ 600+0.2\times2\ 000-700=1\ 900$(万元)

$E(3)=0.7\times E(6)+0.3\times E(7)=0.7\times2\ 020+0.3\times1\ 900=1\ 984$(万元)

③剪枝,确定最优方案。

根据以上计算结果和图 4-4 可知,节点 2 的值大于节点 3,说明自行研究的期望收益值大于从国外引进的期望收益值,所以将国外引进方案剪枝,剩下的自行研究方案为最优。本例为二级决策,第一级决策要在规模 1 和规模 2 两个方案中做出选择,第二级决策要在自行研究和国外引进两个方案中做出选择。

此外,风险型决策方法还有最大可能法,由于篇幅有限,本章不再赘述。

(三)不确定型决策

不确定型决策是指在决策所面临的自然状态难以确定而且各种自然状态发生的概率也无法预测的条件下所做出的决策。

不确定型决策下,决策者对决策因素的未来状态和决策后可能出现的结果虽有所了解,但不是肯定的,并且对各种可能结果没有客观的概率作为依据,也无经验或统计数据可循。这是一种既非确定型也非风险型的决策。这种决策,由于有关因素难以确定,完全取决于决策者的经验与估计,对未来状况分析判断的能力,以及审时度势的胆略。其决策准则具有很大程度的主观随意性。决策者一般根据自己的风险偏好以及以往的经验进行决策。

下面主要介绍五种不确定型决策的准则。

1. 悲观决策准则

(1)概念及使用情况

悲观决策准则的基本思想:决策者对客观情况总持悲观态度,认为在未来发生的各种自然状态中,最坏状态出现的可能性比较大,故其从每一个决策方案可能出现的最差结果出发,最佳选择是从最不利的结果中选择最有利的结果。

悲观决策准则虽具有保守的特质,但也考虑在最不利的方案中选取最有利的方案,具有稳健可靠的特点。因此该准则一般适用于以下情况:① 在竞争激烈的市场中,资金薄弱、规模较小或刚刚成立的企业,担心经不起经济大潮的冲击,决定从最坏的角度出发进行生产决策;② 决策者认为最坏状态发生的可能性较大,对好状态缺乏信心；③ 企业已经遭受损失。总的来说，对于那些把握性很小、损失很大的决策问题，可以考虑采用悲观决策准则。

（2）实例分析

【例 4-6】某企业打算生产某产品，据市场预测，产品销路有三种情况：销路好、销路一般和销路差。生产该产品有三种方案：① 改进生产线；② 新建生产线；③ 与其他企业协作。据统计，各方案在不同情况下的收益见表 4-8。如果采用悲观决策准则选择，企业应该选择哪个方案？

表 4-8　各方案在不同情况下的收益（单位：万元）

方案	状态		
	销路好	销路一般	销路差
s_1	180	120	−40
s_2	240	90	−80
s_3	100	70	16

解：从表 4-8 可看出，方案 s_1 的最小收益为−40 万元，方案 s_2 的最小收益为−80 万元，方案 s_3 的最小收益为 16 万元，经过比较可知，s_3 方案的最小收益值最大，所以选择方案 s_3。

2. 乐观决策准则

（1）概念及使用情况

乐观决策准则的基本思想：决策者对客观情况总持乐观态度，进而选择其中最满意的方案。对于以收益最大为目标的决策者来说，首先要找到各个行动方案的最大收益值，然后选择这些最大收益值中的最大者所对应的方案为最优方案；对于损失而言，则是要找出各个行动方案的最小损失值，然后选择这些最小损失值中的最小者所对应的方案为最优方案。

乐观决策准则的运用，往往是由于决策者认为形势比较好，在未来发生的各种自然状态中，最好状态发生的可能性较大，因此该准则一般适用于以下情况：① 决策者希望利用有可能达到的高期望值目标激励、调动人们的积极性；② 企业处于绝境，运用其他较稳妥的决策准则难以摆脱困境，运用高期望值以求一搏；③ 对竞争对手做充分估计，判断其在乐观状态下可能达到的极值，有利于做出合理的决策；④ 看好前景，应当采取积极的态度，否则会延误时机；⑤ 企业力量强大，如果过于稳妥、保守，会无所作为，不如凭借其强大的风险抵御力勇于开拓，积极发展。

（2）实例分析

仍以例 4-8 为例，如果采用乐观决策准则选择，企业应该选择哪个方案？

从表 4-6 可看出，方案 s_1 的最大收益为 180 万元，方案 s_2 的最大收益为 240 万元，方案 s_3 的最大收益为 100 万元，经过比较可知，方案 s_2 的最大收益值最大，所以选择方案 s_2。

3. 折中决策准则

（1）概念及使用情况

折中决策准则的基本思想：决策者对未来事件的估计既不乐观，也不悲观，主张找一个折中的标准。这个标准可以用一个数值来表示乐观程度，这一数值称为乐观系数，用 α 表示。$\alpha=0$ 时为悲观决策准则；$\alpha=1$ 时为乐观决策标准；乐观系数取 $0<\alpha<1$ 时，称为折中决策准则。该准则通过计算折中收益值，取其中最大值为决策方案。折中收益值按下面的公式计算：

$$\overline{a_i}=\alpha a_{\max}+(1-\alpha)a_{\min} \tag{4-7}$$

折中决策准则主要应用于工业生产、销售、交通运输、建筑施工等领域，它应用的客观基础是，客观条件和主观条件虽然不能保证获得最佳结果，但对决策者而言仍具有一定的有利条件，在这种情况下即可应用折中决策准则。

（2）实例分析

仍以例 4-6 为例，假设乐观系数为 0.6，如果采用折中决策准则选择，企业应该选择哪个方案？

方案 s_1 的折中收益值 $\overline{a_1}=0.6\times180+0.4\times(-40)=92$（万元）

方案 s_2 的折中收益值 $\overline{a_2}=0.6\times240+0.4\times(-80)=112$（万元）

方案 s_3 的折中收益值 $\overline{a_3}=0.6\times100+0.4\times16=66.4$（万元）

经过比较可知，方案 s_2 的折中收益值最大，所以选择方案 s_2。

4. 等可能决策准则

（1）概念及使用情况

等可能决策准则是由 19 世纪数学家拉普拉斯（Laplace）提出的，因此又称为拉普拉斯准则。这个准则的基本思想是：在各种自然状态发生的可能性不清楚时，假定未来这些自然状态发生的概率相等，然后按照相同的概率求出各个行动方案的期望收益值，具有最大期望值的方案即最优方案。期望收益值按下面的公式计算：

$$e_i=\sum_{j=1}^{n}\frac{1}{n}a_{ij}(s_i,\theta_j) \tag{4-8}$$

等可能决策准则主要应用于工业生产、销售、交通运输、建筑施工等领域，在决策者无法预测各种自然状态出现的概率时，认为各种状态出现的概率相等，但每种状态下各方案的损益值是可以预测的，在这种情况下，可以使用等可能决策准则。

（2）实例分析

仍以例 4-6 为例，如果采用等可能决策准则选择，企业应该选择哪个方案？

$$方案 s_1 的期望收益值 e_1=\frac{1}{3}\times180+\frac{1}{3}\times120+\frac{1}{3}\times(-40)=86.7（万元）$$

$$方案 s_2 的期望收益值 e_2=\frac{1}{3}\times240+\frac{1}{3}\times90+\frac{1}{3}\times(-80)=83.3（万元）$$

$$方案 s_3 的期望收益值 e_3=\frac{1}{3}\times100+\frac{1}{3}\times70+\frac{1}{3}\times16=62（万元）$$

经过比较可知，方案 s_1 的期望收益值最大，所以选择方案 s_1。

5. 遗憾决策准则

（1）概念及使用情况

遗憾决策准则是由萨维奇提出的，因此又称为萨维奇准则。遗憾决策准则的基本思想：当决策者做出决策后，如果发现所选方案并非最优方案，必定会感到遗憾或后悔。这种情况下，先计算各个行动方案在不同自然状态下的后悔值，然后找出各个方案的最大后悔值，再从这些最大后悔值中选择最小的后悔值，最终将这个最小后悔值对应的方案确定为最优方案。所谓后悔值是指决策者因失策所造成的损失价值，是在各种自然状态下，方案中的最大收益值与各方案的收益值之差，或者各方案的损失值与最小损失值之差。后悔值按下面的公式计算：

$$r_{ij}=a_{j\max}-a_{ij} \tag{4-9}$$

遗憾决策准则主要适用于有一定基础或者实力的企业。因为这类企业能够承担一定的风险，不愿过于保守失去机会，又不愿冒大风险，过于激进，不然会冲击本不稳定的基础。

（2）实例分析

仍以例 4-6 为例，如果采用遗憾决策准则选择，企业应该选择哪个方案？

根据表 4-8 和式（4-9）可以得到遗憾决策准则矩阵（表 4-9）。

由表 4-9 可知，方案 s_1 的最大后悔值最小，所以选择方案 s_1。

此外，不确定型决策方法还有层次分析法，由于篇幅有限，本章不再赘述。

表 4-9 遗憾决策准则矩阵

方案	状态			最大后悔值
	销路好	销路一般	销路差	
s_1	60	0	56	60
s_2	0	30	96	96
s_3	140	50	0	140

第二节 计划的基本内涵

一、计划的定义

计划(Planning)是管理者确定组织目标及行动方案的过程。计划是对未来行动在时间和空间上的事先安排,是组织、领导、控制和创新等管理活动的基础。

计划包括定义组织的目标,制定全局战略以实现这些目标,制订全面的分层计划体系以整合和协调各种活动。因此,计划涉及确定目标(做什么)以及实现这些目标的手段或方法(怎么做)。计划是未来行动的蓝图,是为实现组织目标而对未来行动所做的综合的统筹安排。它是未来组织活动的指导性文件,提供从目前通向未来目标的道路和桥梁。正如孔茨所言:"计划工作"是一座桥梁,它把我们所处的此岸和我们要去的对岸连接起来,以克服这一天堑。

二、计划工作的性质

1. 首位性

计划工作先于其他管理职能。一切管理活动都是为了有效实现企业的目标。而计划为这一目标的实现设计了方案。因此计划工作在组织管理职能中处于首要地位。组织、领导和控制职能都是按计划指明的方向或思路进行的。换句话说,当计划工作完成后,就可以确定合理的组织结构、人员结构,确定有效的领导方式和激励方式,确定有效的控制方法和手段。要使其他管理职能发挥效用,必须首先做好计划工作。

2. 目的性

目的性是指每一个计划及其派生计划都旨在促使企业或各类组织的总目标和一定时期目标的实现。没有计划,一个组织就不可能实现其目标。

计划的目的性还意味着,组织的工作目标设定应具有主动性和超前意识,而不是被动的。比如,当次品产生后才找原因,才意识到问题的存在,这是被动的管理。对质量管理部门来说,产品质量控制计划和方法的定位应瞄准如何不出次品、少出次品这一目标。

3. 普遍性

计划的普遍性有两层含义。一是指社会各部门、各环节、各单位、各岗位,为有效实现管理目标,都必须具有相应的计划。上至国家,下至班组、个人,无不如此。二是指所有管理者,从最高管理人员到第一线的基层管理人员都必须从事计划工作。尽管总经理和班组长各自计划工作的范围、特点不同,但他们都必须在上级规定的权力和业务范围内做好自己的计划工作。

4. 有效性

计划的有效性是指计划不仅要确保组织目标的实现,而且要从众多的方案中选择最优的方案,以合理利用资源和提高效率。计划工作的有效性通常用计划对组织目标的贡献来衡量,即实施计划产生的效果与制订和执行计划的花费做比较。需要指出的是,衡量效率时,不仅要用金钱、时间、产量等量化指标来衡量,还应用适用性、满意度等定性指标加以补充。

5. 科学性

计划的科学性是指制订计划要保持科学的态度,在准确的信息、完整的数据资料基础上,采用正确的科学方法,如科学预测、系统分析、综合平衡、方案优化等,制订可行的、科学的计划。

计划的科学性还意味着,制订计划必须遵循客观实际,符合事物本身发展的规律,不能脱离了现实条件任意杜撰,随意想象。

6. 创新性

创新性是指制订计划要有新意,不能保守,不能照搬照抄。另外,计划工作通常是针对需要解决的新问题和可能发生的新变化、可能出现的新机会而做的,因而计划的制订过程也是创造性过程。正如一项新产品的成功在于创新一样,成功的计划也依赖创新。

三、计划的作用

任何计划都是尺度、准则、灯塔、路标。

——列宁

1. 计划是组织生存与发展的纲领

成功的计划为组织在朝着目标前进的道路上最大限度地减少风险,为组织发展指明方向,能够使组织在复杂的环境中立于不败之地。没有计划会使组织迷失方向,行动杂乱无章,遭遇灾难性的后果。

2. 计划是组织、协调的前提

管理中的组织、领导(指挥、协调)、控制等职能都是以计划为前提的。要让组织各个环节和部门的活动都能在时间、空间和数量上相互衔接,既围绕整体目标,又各行其是、互相协调,就必须有一个严密的计划。没有计划,就好比汽车总装厂事先没有流程设计一样,后果不可想象。

3. 计划是领导实施的准则

计划是管理活动中一切行为的准则。计划指导着不同空间、不同时间、不同岗位上的人员,使他们围绕一个总目标,井然有序地去实现各自的分目标。没有计划,管理者的决策会朝令夕改,随心所欲,自相矛盾,被管理者会无目的地盲动,结果必然是组织秩序的混乱,事倍功半,劳民伤财。

4. 计划是控制活动的依据

控制是通过纠正偏离计划的偏差,使管理活动保持与目标的要求一致。计划为管理活动确定了数据、尺度和标准,它不仅为控制指明了方向,而且还为控制活动提供了依据。没有计划的活动是无法控制的,也无所谓控制。

四、计划的类型

计划的类型很多,按不同的分类方法有不同的种类,通常可以根据计划的形式、职能、广度、时间跨度以及明确性等标志对计划进行分类,见表 4-10。

表 4-10　计划分类汇总

分类标志	类　型
形式	使命、目标、战略、政策、程序、规则、规划、方案和预算等
职能	销售计划、生产计划、财务计划、新产品开发计划、人事计划等
广度	战略计划、战术计划和作业计划
时间跨度	长期计划、中期计划和短期计划
明确性	具体性计划和指导性计划

1. 按计划的表现形式分类

孔茨和海因•韦里克按不同的表现形式,从抽象到具体,将计划分为一个层次体系:使命、目标、战略、政策、程序、规则、规划、方案和预算等。从他们的分类可以看出,计划在表现形式上多种多样,如图 4-5 所示。

(1)使命

使命是一个组织存在的理由,是对组织目标的陈述,是组织在社会上应起的作用、所处的地位。定义组织的使命会迫使管理者仔细地确定组织的产品或服务范围,如工商企业的使命是向社会提供有经济价值的产品或服务，大学的使命是培养社会所需要的高级专门人才。

（2）目标

组织的使命太抽象，它需要具体化为组织在一定时期的目标和各个部门的目标。目标是组织期望达到的结果，是计划工作的终点，也是组织、领导和控制职能所要达到的结果。

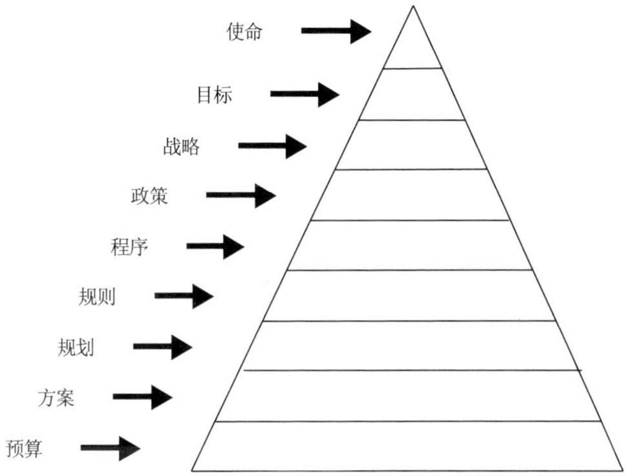

图 4-5　计划的表现形式

（3）战略

战略是为实现组织的长远目标所选择的发展方向、所确定的行动路线以及资源分配方案的一个总纲。战略也可以理解为范围更广、时间跨度更长的计划。

（4）政策

政策是组织在决策或处理问题时，用来指导和沟通思想与行动方针的明文规定。政策有助于将一些例行问题事先确定下来，避免每次重复分析相同的情况；制定政策还有助于管理者把职权授予下级。比如某大学明文规定新进教师必须具有博士学位，公共场所禁止吸烟等。

（5）程序

程序是相互关联的一系列步骤，它规定了处理那些重复发生的例行问题的标准方法。制定程序的目的是减轻主管人员决策的负担，明确各个工作岗位的职责，提高管理活动的效率和质量。例如企业供应商选择流程就是一套程序化的步骤，大学新生报到流程也是由一系列步骤构成的程序。

(6)规则

规则是一种明确的陈述,它是对具体场合和具体情况,允许或不允许采取某种特定行动的规定。例如行人应该走人行道,在我们国家开车需要靠右行驶等。

(7)规划

规划是组织对全局或长远工作做出的统筹部署,是为了实施组织既定方针所必需的目标、政策、程序、任务分配、执行步骤、资源使用等而制订的综合性计划。

(8)方案

方案是解决问题的具体方法和措施等。一项方案可能很大,也可能很小,如产品开发方案、员工技能培训方案、市场营销方案等。

(9)预算

预算是一种用数字(货币)表示组织未来经济活动的计划,如国家财政预算、企业财务预算、建设项目预算等。预算可以帮助企业各级管理人员,从资金和现金的角度,全面、细致地了解企业经营管理活动的规模、重点和预期结果。

2. 按职能分类

职能(Function)通常被定义为一个具体单位或一个具体部门,这里指人们通过使用专门的技能、知识和资源来完成专门的任务。可以按职能将企业的经营计划分为销售计划、生产计划、采购计划、供应计划、新产品开发计划、财务计划、人事计划、后勤保障计划等。

3. 按广度分类

按广度可将计划分为战略计划、战术计划和作业计划。

战略计划是应用于整个组织的、为组织设立总体目标和寻求组织在环境中的地位的计划。它是涉及范围宽广,内容抽象、概括,不要求直接具有可操作性的计划。

战术计划是指将战略计划付诸实施的计划,是有关组织活动具体如何运作的计划,是具体的、明确的、通常要求具有可操作性的计划。

作业计划是给定部门或个人的具体行动计划,一般情况下是必须执行的命令性计划。

战略、战术和作业计划强调的是组织纵向层次的指导和衔接。具体来说,战略计划往往由高层管理人员负责制订,战术和作业计划往往由中层、基层管理人员甚至具体作业人员负责制订,战略计划对战术、作业计划具有指导作用,而战术和作业计划的执行可以确保战略计划的实施。

4. 按时间跨度分类

按时间跨度可将计划分为长期计划(Long-term Plans)、中期计划(Middle-term Plans)和短期计划(Sort-term Plans)。

(1)长期计划

长期计划适用期一般在 5 年以上,对较长时期的发展方向、规模、目标以及战略性措施等做出了规定。因而,战略性、综合性是长期计划的特点,其目的在于帮助高层或中层管理人员确定、指挥和协调有关的重要活动。

(2)中期计划

中期计划一般指 1~5 年的计划。中期计划是介于长期计划和短期计划之间的一种发展计划,连接着长期计划和短期计划。

(3)短期计划

短期计划一般指 1 年以内的计划,如季度计划、月度计划、学年计划、学期计划等。

5. 按明确性分类

根据计划内容的明确性标准,可以将计划分为具体性计划(Specific Plans)与指导性计划(Directional Plans)。具体性计划具有明确规定的目标,不允许模棱两可。比如,企业销售经理打算使企业销售额在未来 6 个月增长 15%。他需要制定明确的程序、预算方法以及日程进度表,这便是具体性计划。而指导性计划只规定某些一般的方针和行动原则,给予行动者较大的自由处置权,比如规定企业销售额在未来 6 个月要有大幅度增长,相对于具体性计划,指导性计划指出的是重点发展方向,而非具体的行动方案。

第三节 计划工作的基本程序与制订原则

一、计划工作的基本程序

任何计划工作,其工作步骤基本相同,主要包括下面几项内容。

1. 估量机会

对机会的估量是在实际计划工作开始之前就着手进行的,其内容包括:了解组织所处的外部环境和内部条件,对未来可能出现的变化和机会进行初步的分析,形成判断;根据外部环境带来的机会和威胁以及组织自身的优势和劣势,弄清自己所处的地位,了解自己利用机会的能力,列举不确定性因素,分析其发生的可能性和影响程度。在反复斟酌的基础上,确定切合实际的目标。

2. 确定目标

制订计划是在估量机会的基础上,为组织及其下属的每个工作单位确定计划工作的目标。目标是期望达到的结果,为管理者和每个人指明方向。

3. 确定前提条件

确定前提条件就是确定一些关键性的前提条件,并使计划制订人员对此形成共识。计划工作的前提条件就是计划工作的假设条件,即计划实施时的预期环境。

4. 拟定备选方案

对过去的计划方案稍加修改或略加推演是不会得到最好的方案的。此外,方案也不是越多越好,即使我们可以采用数学方法和借助电子计算机制订计划,还是要对备选方案的数量加以限制,以便把主要精力集中在对少数最有希望的方案的分析方面。

5. 评价备选方案

评价备选方案是按照计划的前提条件和目标来权衡各种因素,比较各个方案的利弊,对各个方案进行评价。显然,确定目标和确定计划工作的前提条件的工作质量,直接影响到方案的评价。

6. 选择方案

这是在评价方案的基础上做出的关键一步。如果发现有两个可取的方案,必须决定首先采取哪个方案,同时对另一个方案进行细化和完善,并将其作为备选方案。

7. 拟定辅助计划

辅助计划是总计划的分计划。总计划要靠辅助计划来保证,辅助计划是总计划的基础。如雇用和培训各类人员的计划、采购和安装零部件的计划、建立维修设施的计划、营销以及广告计划等。

8. 编制预算使计划数字化

计划工作的最后一步是将计划转化为预算,使之数字化。预算实质上是资源分配计划。预算做好了,可以成为综合平衡各类计划的一种工具,也可以成为衡量计划完成进度的重要标准。

二、计划制订的基本原则

1. 先进性原则

首先,思想上要具有超前意识。只有观念上领先,才能使计划有新意,具有挑战性,才能激发人们的拼搏精神。制订计划时要着力挖潜,提倡竞争,勇于创新。

另外,制订计划采用的方法手段要先进,如使用的预测方法、评估模型等不应是落后的、过时的。相应方案涉及的软硬件设施的技术应是先进的。

2. 可行性原则

一方面,制订计划必须符合客观实际。所确定的计划或目标,经过努力是可以达到的、能够实现的。要使目标责任者感到,既充满信心,又不敢掉以轻心。目标标准不能过高,否则不能实现。目标标准也不能太低,承担者轻而易举即可实现,这样会失去目标或计划的作用。另一方面,计划的内容应是科学合理的,采用的技术手段是先进的,未来计划实施过程中的投入产出比有较好的经济效益。

3. 全面性原则

制订计划时要有全局观念、整体观念，要用全面、发展、联系的观点看问题，而不是片面、孤立、静止地看问题。既要看到组织的内部条件，又要了解组织的外部环境；既要立足于现在，又要着眼于未来。通过综合分析多方面的情况，最后做出科学合理的决策。计划要能反映单位的全面工作，体现单位的基本任务，避免片面性，防止顾此失彼。

4. 重点性原则

一个组织的工作千头万绪，需要解决的问题很多。制订的计划不可能面面俱到，无所不包。因此，制订计划时要明确工作重心，避免分散精力和资源，以便把有限的人力、物力和财力优先用于解决最关键、最迫切的问题上。

5. 灵活性原则

灵活性原则是指所定计划要具有一定的可调性，使计划的主要目标值和对策措施都留有余地，有多种实施方案。当环境变化时，既有适应变化的预备方案，又有临时应急的有效措施。

第四节　计划工作的基本方法

一、目标管理

目标管理（Management by Objective，MBO）是1954年由美国管理学家德鲁克在其出版的《管理的实践》一书中提出的。他认为，企业的目标和任务必须化为具体的、各层次的目标，企业的各级主管必须通过这些目标，对下级进行领导和指导，以此来达到企业的总体目标。20世纪50年代末，美、日及西欧各国的企业广泛应用了目标管理，目前它已成为世界上流行的一种企业管理体制。我国企业于20世纪80年代初开始引进目标管理，并取得较好成效。

1. 目标管理的定义

通过一种专门设计的过程，将组织的整体目标一级接一级地转换为各级组织的目标，直至个人的具体目标，并制定相应的实现目标的保证措施，形成如图4-6所示的一个目标体系。目标完成情况可作为各部门或个人绩效评定的依据。目标管理不是用目标来控制下级，而是用它来激励下级。

2. 目标管理的特点

①明确目标。目标应具体、明确，如成本降低7%等。

②参与决策。用参与的方式确定目标，即上级和下级共同参与目标的选择，并对如何实现目标达成一致。

③规定期限。每一个目标的完成都有一个明确的时间界限,如3个月、6个月或1年。

④反馈绩效。目标管理寻求不断将实现目标的进展情况反馈给个人,以便他们能够调整自己的行动,也包括正式的评估会议、上下级共同回顾和检查进展情况。

3. 目标管理的过程和步骤

目标管理是一个过程,图4-7展示的是目标管理的一般步骤。

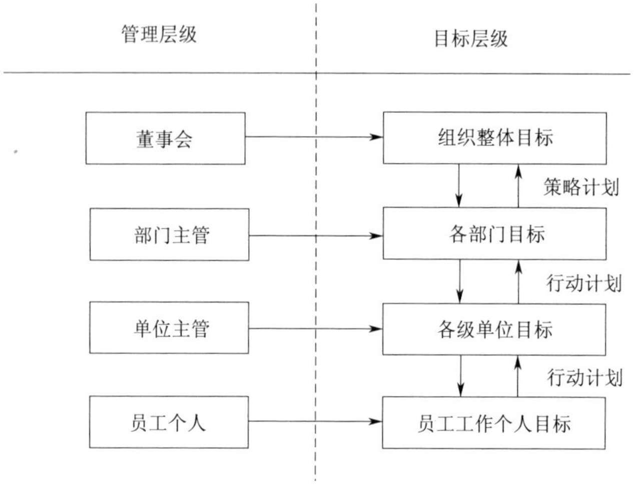

图4-6 目标的层级结构

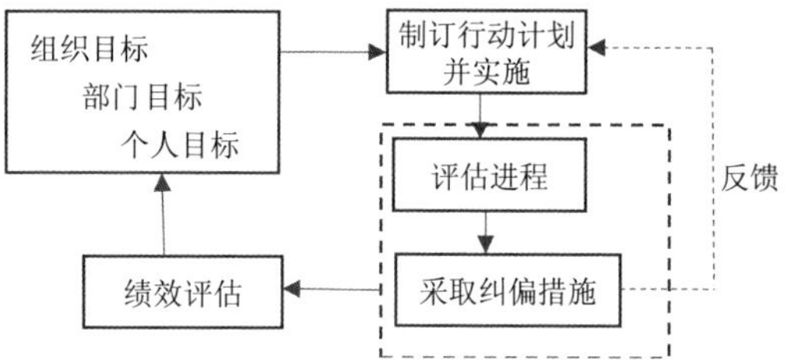

图4-7 目标管理的一般步骤

(1)制定目标

目标管理从制定目标开始。制定目标包括制定组织的总目标及展开总目标,即根据总目标自上而下制定部门目标和个人目标。

企业总目标确定之后,要将总目标层层分解,逐级落实。各级部门要根据总目标的要求和自己的具体情况,制定确保总目标实现的各级部门的目标,包括各级领导在内的每个人都要制定出确保上述目标实现的个人目标。这样通过目标的层层分解,形成一个纵横交错、协调一致的企业目标体系。

(2)实施

确定目标之后,就进入实施阶段,在实施阶段需要制订行动计划并实施。实施阶段是目标管理的关键环节,在目标实施过程中,不是靠上级的严格监督和控制,而是靠执行者的“自主管理”和“自我控制”,上级只是按照例外原则,对一些重大问题进行指导、监督和帮助。

(3)信息反馈

在计划实施过程中不断评估进程,定期检查目标的进展情况,并向有关单位和个人进行信息反馈,及时发现问题并采取纠偏措施,解决问题。

(4)绩效评估

绩效评估也就是成果评定,目标管理特别强调成果,重视成果评定。

①自我评定:每个人对照目标要求和实际工作成绩进行自我评价,成果评定以自我评定为主。

②民主评定:结合各部门、各环节以及每个人的分目标完成情况,进行民主讨论,集体评定。

③上级协商评定:在下级自我评定的基础上,上级对下级的目标执行情况做出评价。如果下级的自我评定结果切合实际,上级做出同意的结论即可;如果下级的自我评定结果与实际有较大出入,则上级需与下级进行协商,并由上级做出评定意见。

二、网络计划技术

网络计划技术(Network Planning Technology),是指用于工程项目的计划与控制的一项管理技术。

20 世纪初,甘特创造了横道图(也称作甘特图),横道图用于表示工程项目的进度计划。随着现代化生产的不断发展,项目的规模越来越大,影响因素越来越多,项目的组织管理工作也越来越复杂。1957 年,美国杜邦公司发明了关键路线法(Critical Path Method, CPM)。在将该方法用于一处价值 1 000 美元的新化工厂的建设时,经过与传统的甘特图对比,工期缩短了 4 个月。后来,此法又被用于设备维修,使因设备维修需要停产 125 小时缩短了 78 小时。1958 年,美国海军特种计划局在研制北极星导弹核潜艇时,采用了计划评审技术(Program Evaluation and Review Technique, PERT),使原定 6 年的研制时间缩短了 2 年。

我国应用网络计划技术是从 20 世纪 60 年代初期开始的。著名科学家钱学森将网络计划技术引入我国,并将其应用于航天系统。著名数学家华罗庚在综合研究各类网络方法的基础上,结合我国的实际情况对其进行简化,于 1966 年在中国工业出版社出版图书《统筹方法平话及补充》,为推广应用网络计划方法奠定了基础。

(一)计划评审技术

计划评审技术是在网络理论基础上发展起来的计划控制方法,其核心工具是网络图,即用网络图的形式显示项目中各项工作之间的关系。计划评审技术的主要内容是:在某项业务开始之前制订周密的计划,并依据计划制定一套完整的执行方案;然后,用方向线、节点、数字等符号把执行方案绘制成网络图,之后便依据网络图进行控制。借助网络图,每个项目成员都能看到自己对于整个项目的成功所起的关键作用,不切实际的时间安排能够在项目计划阶段被发现并及时加以调整,所有成员能够将注意力以及资源集中在真正关键的任务上。

(二)网络图

网络图可按不同的情况或不同的视角分成不同类型的网络图。最常见的分法是将网络图分为单代号网络图和双代号网络图。

单代号网络图又称为节点式网络图,它用节点表示工序,用箭线表示工序之间的逻辑关系。双代号网络图又称为箭线式网络图,它用箭线及其两端节点的编号表示工序以及工序之间的逻辑关系,两个节点之间只能有唯一的一条箭线,两个节点的编号只能唯一地表示一道工序。双代号网络图比单代号网络图使用更方便,便于计算机处理,深受工程技术人员和管理人员的欢迎。本章只介绍双代号网络图。

(三)双代号网络图的构成

1. 活动(Activity)

活动也称为工作、工序、作业,用"→"表示。一般规定,箭线上方注明活动内容(用符号表示),下方注明活动消耗的时间。活动是网络图的基本组成部分。活动的内容可多可少,范围可大可小。可以把整个产品设计工作作为一项活动,也可把产品设计中的设计任务书、技术设计、工作图设计或者测绘、审图、描图、晒图等分别作为一项活动。活动一定占用时间,通常消耗资源。有的活动只占用时间,但不消耗资源,如油漆的干燥、铸件的冷却、某些产品的溶解等。

2. 事项(Event)

事项表示一项活动的开始或完成,用带有标号的圆圈表示。在网络图中,圆圈是两条或两条以上箭线的相交点,故又称为节点。事项既不占用时间又不消耗资源,只表示活动的开始或结束。这样,在双代号网络图中,用 (i, j) 两个代号及箭线表示一项活动(或工序)。箭尾的节点(标号为 i)为活动的开始点,箭头的节点(标号为 j)为活动的完成点。双代号 (i, j) 只能唯一地表示一项活动(或工序)。

3. 虚工序(Dummy Activity)

因为箭线首尾的节点编号只能唯一地表示一项活动(或工序),因此对于平行活动(具有相同首尾节点编号的活动)来讲就需要借助虚工序,用虚箭头表示,如图 4-8

所示。

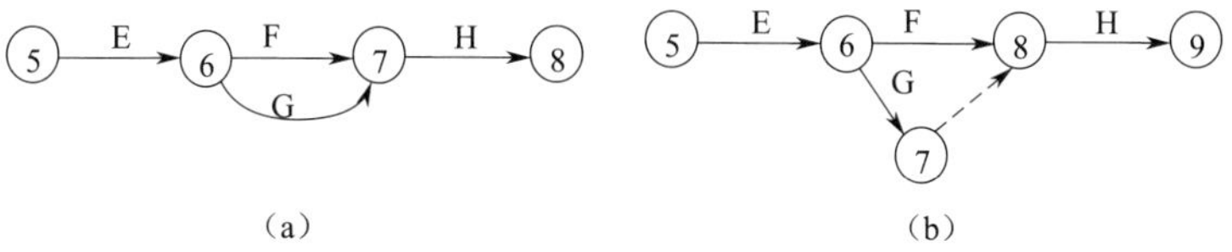

图 4-8　虚工序

(a)错误画法　(b)正确画法

虚工序仅仅起着表示活动前后顺序的作用,即表明工序的逻辑关系,并不是一个真正的活动(或工序),也没有活动名称。虚工序既不占用时间,也不消耗资源。计算网络时间参数时,可以把虚工序视为作业时间为 0 的一项活动(或工序)。

4. 线路(Path)

线路是指从网络始点事项开始,顺着箭线方向,到网络终点位置,由一系列首尾相连的节点和箭线所组成的通路。

(四)双代号网络图的绘制

1. 基本规则

(1)基本信息表

一个网络图中所有活动(工序)的前后关系、所需时间等基本信息用一张表来表示(表 4-11)。

表 4-11　网络图基本信息

紧前工序	—	—	—	A、B	B、C	D、E	F	F	H	H
工序	A	B	C	D	E	F	G	H	I	J
工序作业时间(天)	7	9	5	10	7	5	6	3	7	6

表 4-11 中第二行是一个项目或工程的所用活动或工序按前后顺序的排列,第一行是各个工序的紧前工序,第三行是各个工序所需时间。

(2)紧前工序和紧后工序

为了明确反映工序前后顺序关系,经常使用紧前工序和紧后工序的概念。表 4-11 中工序 A、B、C 没有紧前工序,表示这三个工序可以同时进行,或不分先后独立进行;而工序 D 的紧前工序为工序 A、B,表示当且仅当工序 A、B 完工后,工序 D 才可以开始,工序 D 是工序 A 和工序 B 的紧后工序,依此类推。

(3)工序的唯一性

任何一个节点均可以与多条箭线相连,但两个节点之间只能有唯一的一条箭线。换言之,两个节点编号只能唯一地表示一道工序。如果一道工序与其他的工序有共同的起始节点,就不能有共同的终止节点,反之亦然。基于表 4-11 的部分表示如图 4-9 所示。

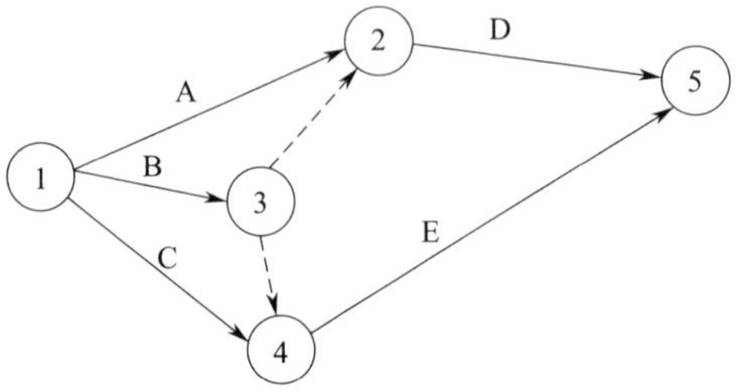

图 4-9　工序的唯一性

2. 绘图注意事项

(1)网络图中只能有一个起点和一个终点

网络图中只能有一个最初的起点和一个最终的终点,如图 4-10 和图 4-11 所示。

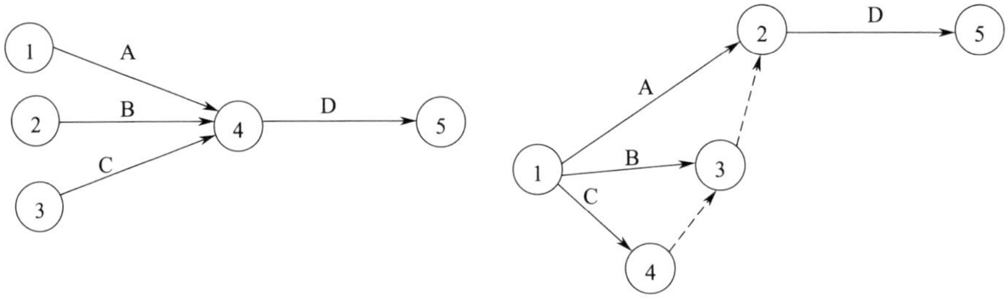

（a）　（b）

图 4-10　含一个起点的网络图

(a)错误画法　(b)正确画法

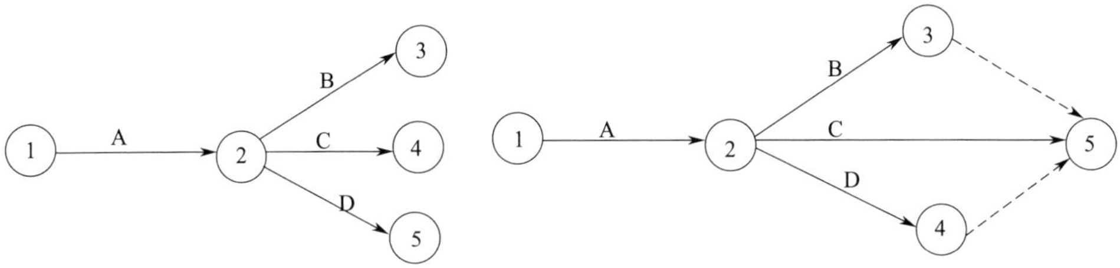

（a）　（b）

图 4-11　含一个终点的网络图

(a)错误画法　(b)正确画法

(2)箭线走向及编号顺序

所有箭线尽量不弯曲、不用折线,箭线要由左偏向右。节点编号从左到右依次按照 1、2、3 的顺序标注。

（3）网络图中不能出现循环线路

箭线从某一个节点出发只能按照编号由小到大、自左向右前进，不能回到该节点上。图 4-12 中有循环线路，是错误的。

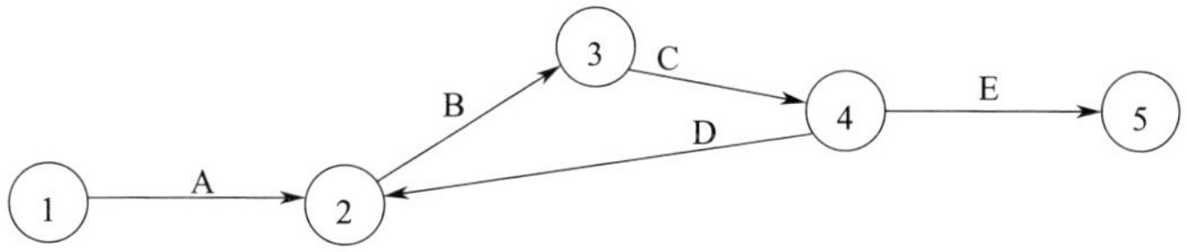

图 4-12　包含循环线路的网络图

（4）冗余关系

冗余关系是指两道工序之间存在不必要的紧前关系。图 4-13 中工序 C 的紧前工序是工序 A、B，引入两个虚工序导致冗余现象出现，可改成图 4-14 的画法。

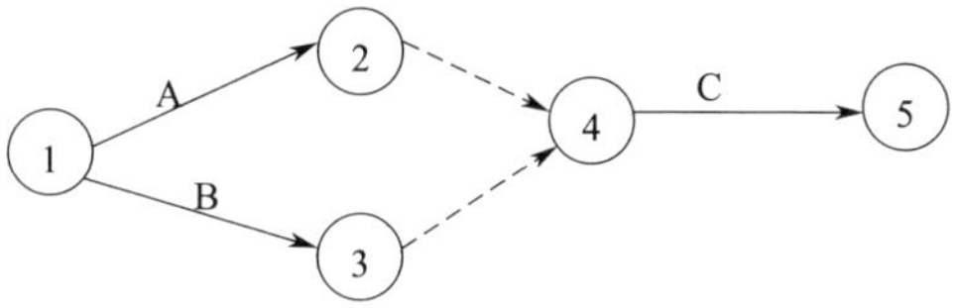

图 4-13　存在冗余的网络图

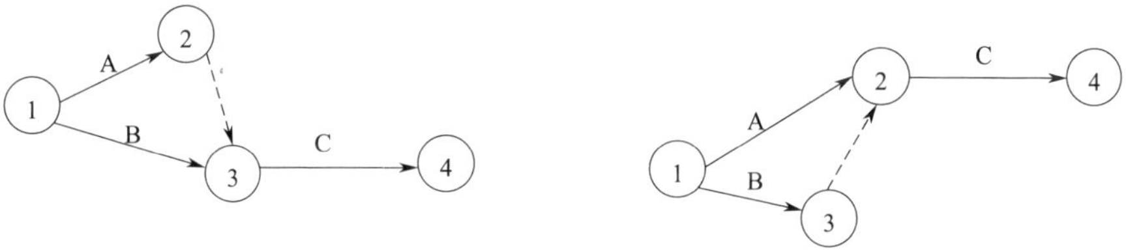

图 4-14　不存在冗余的网络图

（5）一张网络图中，每道工序只能出现一次

在实际生产中，可能会出现重复的工序，如刷油漆→油漆干燥→刷油漆，虽然有相同的两道刷油漆工序，但不能用同一工序名表示，可分别表示为刷油漆 1 和刷油漆 2，以区别两道不同的工序。

（6）网络图必须正确反映工序之间的逻辑关系

网络图中工序的数目（不包括虚工序）和工序之间的紧前或平行关系必须与工序要求一致。在一个网络图中，虚工序越少越好。因为虚工序用于表明平行工序之间的逻辑关系，而且要使任何两个节点仅能表示一道工序，因此判断虚工序是否必要的方法是，检查虚工序箭头和箭尾所连的两道或两道以上平行工序是否来源于同一节点,或虽不源于同一节点,但不能表示它们共同完成。如图 4-15(a)中的工序 A、B 源于同一节点,连接 A、B 的虚工序是必要的;而工序 E、F 源于两个不同的节点,因此连接 E、F 的虚工序是多余的,应消除,正确画法如图 4-15(b)所示。

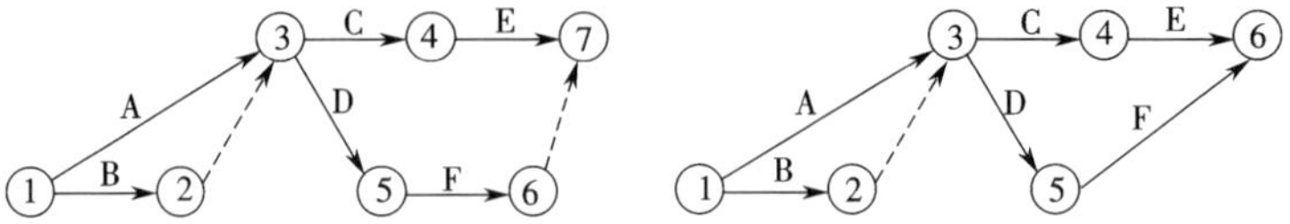

(a)　　(b)

图 4-15　虚工序的问题

(a)错误画法　(b)正确画法

(7)网络图的布局问题

为了使网络图简单易读,应尽量避免箭线之间的交叉。在多数情况下,通过适当安排工序的相对位置而又不改变给定的逻辑关系,可以避免交叉或尽量少交叉。例如对于同一问题,网络图 4-16(b)就比图 4-16(a)布局得当。

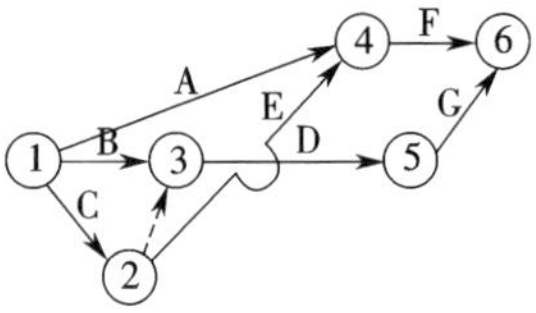

(a)

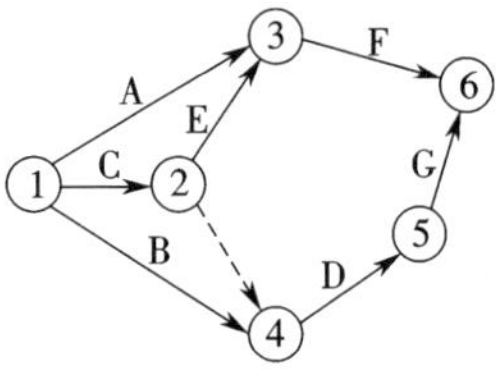

(b)

图 4-16　网络布局问题

(a)布局不当　(b)布局得当

3. 绘制双代号网络图

根据绘图基本规则和注意事项,绘制的双代号网络图如图 4-17 所示。图 4-17 是针对表 4-11 的网络图。从左向右的箭线上方是工序任务(活动),下方是工序作业时间。

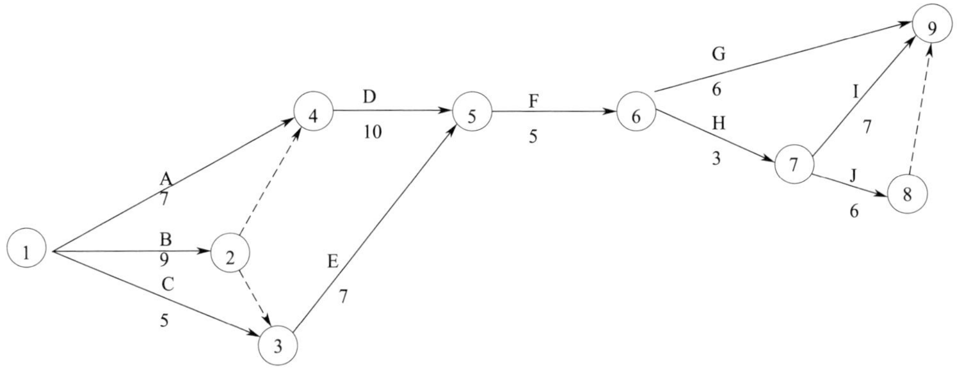

图 4-17 表 4-11 数据信息对应的网络图

【例 4-7】根据表 4-12 中的工序关系绘制双代号网络图。

表 4-12 工序信息表

紧前工序	—	—	A	A	B	B	B	D	C、D	C、D	E、F、H	F、G	F、G	J、K、L
工序	A	B	C	D	E	F	G	H	I	J	K	L	M	N
作业时间（天）	7	6	8	5	9	11	8	7	13	10	5	8	7	12

解:绘制的双代号网络图如图 4-18 所示。

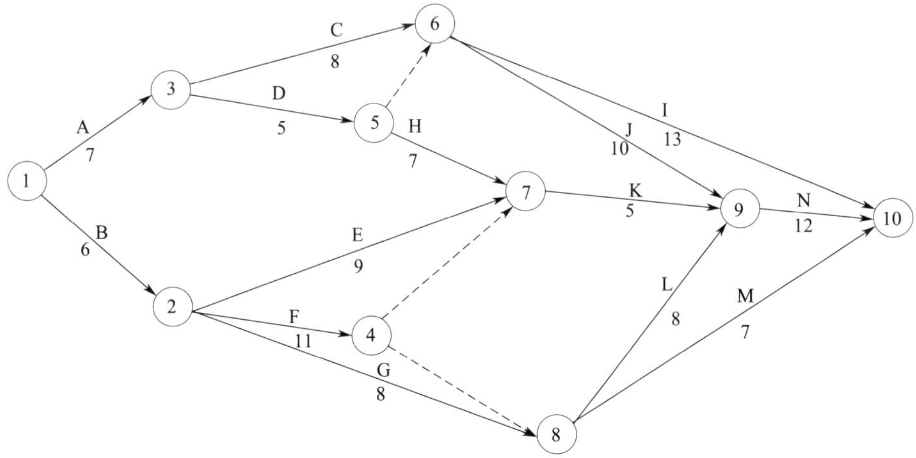

图 4-18 例 4-7 对应的双代号网络图

(五)网络时间参数的迭代计算

设 i、j 表示节点的编码，(i, j) 表示从节点 i 开始到节点 j 结束的一道工序。网络

时间参数用下面的符号表示:

$t(i,j)$——工序 (i,j) 的作业时间;

$ET(i)$——节点 i 的最早时间;

$LT(i)$——节点 i 的最晚时间;

$ES(i,j)$——工序 (i,j) 的最早开始时间;

$EF(i,j)$——工序 (i,j) 的最早结束时间;

$LS(i,j)$——工序 (i,j) 的最晚开始时间;

$LF(i,j)$——工序 (i,j) 的最晚结束时间。

网络时间参数的确定与计算是为了得到时差和关键路线。

1. 节点的最早时间与最晚时间

节点的最早时间是指以该节点为起始节点的所有工序最早可以开始的时间。假定双代号网络图始点的最早时间为零。其他节点 j 的最早时间等于所有指向该节点的箭线各箭尾节点的最早时间与该箭线(工序)的作业时间之和的最大值,如图 4-19 所示。

$$ET(1)=0$$

$$ET(j)=\max_{i\to j}\{ET(i)+t(i,j)\} \tag{4-10}$$

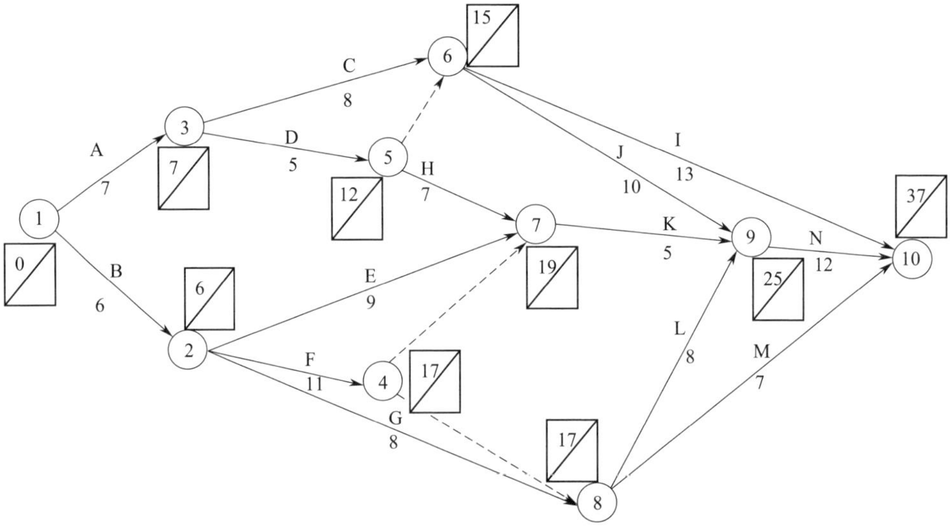

图 4-19　含最早时间的网络图

各节点的最早时间按节点从左到右的顺序依次求出,并将数字填入节点附近方形格子的左上角。

在例 4-7 的网络图中：

$$ET(1)=0$$

$$ET(2)=0+6=6$$

$$ET(3)=0+7=7$$

$$ET(4)=6+11=17$$

$$ET(5)-7+5-12$$

$$ET(6)=\max\{7+8,12+0\}=15$$

$$ET(7)=\max\{12+7,6+9,17+0\}=19$$

依此类推，参见图 4-19。

节点的最晚时间是指以该节点为终止节点的所有工序最迟必须完工的时间。计算节点的最晚时间总是从网络的终点开始，按照箭尾方向自右向左计算，一直到网络起始节点为止。网络终点的最早时间表明了整个项目的最早完工时间。为了尽量缩短项目的完工时间，我们规定，网络终点的最晚时间等于网络终点的最早时间。其他节点的最晚时间等于所有从该节点直接发出的各个箭头节点的最晚时间与该工序作业时间之差的最小值。假设最终节点编号为 n，那么

$$LT(n)=ET(n)$$

$$LT(i)=\min_{i\to j}\{LT(j)-t(i,j)\} \tag{4-11}$$

各节点的最晚时间按节点从右到左的顺序依次求出，并将数字填入节点附近方形格子的右下角。

在图 4-19 的网络图中，$ET(10)=37$，意味着网络图对应终点 10 处的最早时间第 37 天就可以完工。基于此，限定网络图终点 10 处的最晚时间为 37 天，则 $LT(10)=37$，也就是工程在第 37 天必须完工。

$$LT(10)=37$$

$$LT(9)=37-12=25$$

$$LT(8)=\min\{37-7,25-8\}=17$$

$$LT(7)=25-5=20$$

$$LT(6)=\min\{37-13,25-10\}=15$$

$$LT(5)=\min\{20-7,15-0\}=13$$

$$LT(4)=\min\{20-0,17-0\}=17$$

$$LT(3)=\min\{15-8,13-5\}=7$$

$$LT(2)=\min\{20-9,17-11,17-8\}=6$$

依此类推，参见图 4-20。

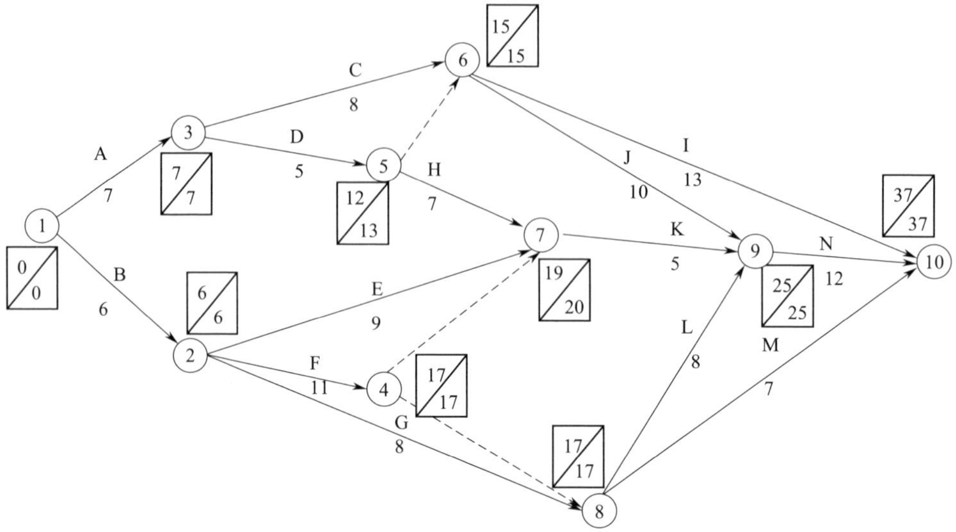

图 4-20　含最早时间和最晚时间的网络图

2. 工序的最早开始/结束时间和最晚开始/结束时间

工序的四个时间参数:工序的最早开始时间 $ES(i, j)$,工序的最早结束时间 $EF(i, j)$,工序的最晚开始时间 $LS(i, j)$,工序的最晚结束时间 $LF(i, j)$ 。

工序的最早开始时间 $ES(i, j)$(Early Start) 是指工序 (i, j) 最早可以开工的时间,它等于 $ET(i)$,即节点 i 的最早时间。工序的最早结束时间 $EF(i, j)$(Early Finish) 是指该工序最早可以结束的时间,它等于 $ES(i, j)+t(i, j)$ 。工序的最晚结束时间 $LF(i, j)$(Late Finish) 是指该工序最迟必须结束的时间,它等于 $LT(j)$,即节点 j 的最晚时间。工序的最晚开始时间 $LS(i, j)$(Late Start) 是指该工序最晚的开始时间,它等于 $LF(i, j)-t(i, j)$ 。因此, $ES(1,3)=ET(1)=0; EF(1,3)=ES(1,3)+t(1,3)=7$, 从左向右依此类推,最早开始时间和最早结束时间位于箭线的上方; $LF(6,10)=LT(10)=37; LS(6,10)=LF(6,10)-t(6,10)=24$,从右向左依此类推,最晚开始时间和最晚结束时间位于箭线下方,如图 4-21 所示。注意:虚工序上没有任何的时间表示。

(六)时差与关键路线

时差分为工序总时差和工序单时差。工序总时差是指在不影响整个项目最早结束时间的条件下,工序最早开始(或结束)时间可以推迟的时间,也就是在不影响紧后工序最晚开始时间 $LS(i, j)$ 的前提下,工序可以推迟开始或推迟结束的一段时间。工序 (i, j) 的总时差常用 $TF(i, j)$ 表示。其计算公式为

$$
\begin{aligned}
TF(i, j) &= LS(i, j)-ES(i, j) \\
&= LF(i, j)-EF(i, j) \\
&= LT(j)-ET(i)-t(i, j)
\end{aligned}
$$

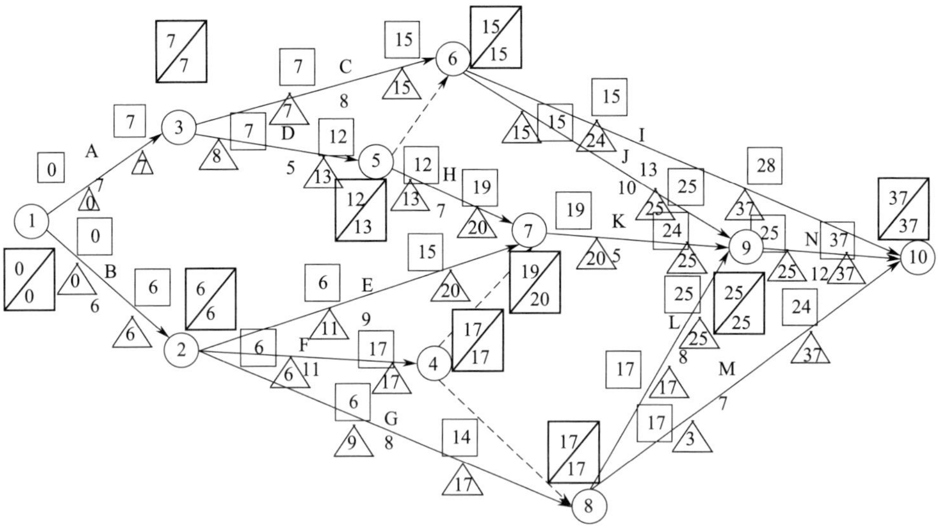

图 4-21 含时间参数的网络图

工序 (i,j) 的总时差反映它在整个项目工程中的地位和潜力。如果一道工序的总时差为 0,说明这道工序是影响工程周期的关键工序,其时间的任意延长,必然导致工程周期有同样幅度的延长。若一道工序的总时差大于 0,说明这道工序可以滞后一定时间开始或完成而不影响工程周期,但滞后的时间不能大于其总时差,否则也会延长工程周期。此外,一道工序的总时差大于 0,说明该工序在资源上有富裕,可适当抽调一部分资源支援其他工序,特别是关键工序。所以,了解工序总时差非常重要。

工序单时差是指在不影响紧后工序最早开始时间 $ES(i,j)$ 的前提下,一道工序在工程进度中的富裕时间,或该工序可以推迟开始或结束的时间。只要工序滞后时间不超过单时差,就不影响其他工序的开始或结束时间。工序 (i,j) 的单时差用 $FF(i,j)$ 表示,其计算公式为

$$FF(i,j)=ET(j)-ET(i)-t(i,j)=ET(j)-EF(i,j)$$

比如,图 4-20 的 $FF(2,7)=19-6-9=19-15=4$ 。

所谓关键路线就是由总时差为 0 的工序组成的路线,也称关键路径。关键路线上各工序作业时间之和为总工期。如果将网络图看成一个有向图,关键路线即有向图的最长路线。把握和控制关键路线是应用网络计划技术的精髓,关键路线的长度决定了工期。另外,关键路线可能不止一条,关键路线越多,关键工序就越多,就越需要加强管理。在计算网络时间参数时,采用图上作业法,如图 4-21 所示,把所有时间参数都标在图上,会使网络图显得很混乱,所以一般网络图只标出节点的时间参数,

如图 4-20 所示,网络时间参数和时差可以通过表格的形式进行计算。例 4-7 的双代号网络图(图 4-18)对应的网络时间参数见表 4-13。

表 4-13　网络时间参数

工序	编号	作业时间	$ES(i,j)$	$EF(i,j)$	$LS(i,j)$	$LF(i,j)$	$TF(i,j)$	关键路线
A	(1,3)	7	0	7	0	7	0	√
B	(1,2)	6	0	6	0	6	0	√
C	(3,6)	8	7	15	7	15	0	√
D	(3,5)	5	7	12	8	13	1	
E	(2,7)	9	6	15	11	20	5	
F	(2,4)	11	6	17	6	17	0	√
G	(2,8)	8	6	14	9	17	3	
H	(5,7)	7	12	19	13	20	1	
I	(6,10)	13	15	28	24	37	9	
J	(6,9)	10	15	25	15	25	0	√
K	(7,9)	5	19	24	20	25	1	
L	(8,9)	8	17	25	17	25	0	√
M	(8,10)	7	17	24	30	37	13	
N	(9,10)	12	25	37	25	37	0	√

由表 4-13 可知,总时差为 0 的工序有 A、B、C、F、J、L、N,它们构成两条关键路线,如图 4-22 所示。

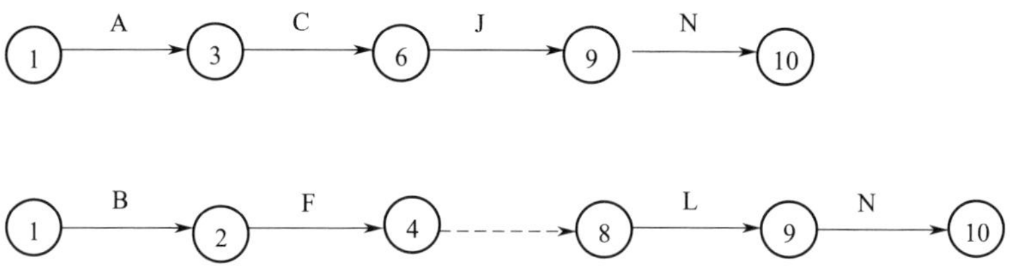

图 4-22　两条关键路线

三、预测

(一)预测的含义

预测(Forecast)是根据事物以往和现今的资料,通过一定的科学方法和逻辑推理，对事物未来发展的趋势做出预计和推测，寻求事物的未来发展规律。预测是对结果预先测定或推测，是组织计划工作的一个重要组成部分。预测不仅研究事物本身，而且研究它和环境之间的相互作用、相互影响。预测是自古以来就有的，作为一门技术是20世纪30至40年代迅速发展起来的。

预测就是在调查研究或科学实验基础上的分析过程，又称预测分析。预测技术是预测分析所利用的科学方法与手段。预测技术可以分为定性预测和定量预测。定性预测是指预测者依靠熟悉业务知识、具有丰富经验和综合分析能力的人员与专家，根据已掌握的历史资料和直观材料，运用个人的经验和分析判断能力，对事物的未来发展做出性质和程度上的判断，然后再通过一定形式综合各方面的意见，将其作为预测未来的主要依据。定性预测的方法包括德尔菲法、主观概率法和对比类推法等。定量预测是运用一组数学规则，根据过去的一系列数据资料来预测未来。定量预测的方法包括时间序列预测方法等。本节仅对定量预测方法进行介绍。

（二）时间序列预测方法

按一定时间顺序对现象进行观测并记录下来的数值，称为时间序列。时间序列预测方法就是通过编制和分析时间序列，根据时间序列所反映出来的发展过程、方向和趋势，进行类推或延伸，借以预测下一段时间或以后若干年内可能达到的水平。

1. 时间序列的成分

一个时间序列往往由几种成分组成，通常假定是四种独立的成分：长期趋势、循环波动、季节波动和随机波动。

（1）长期趋势成分

在一段较长的时间内，时间序列往往呈现逐渐增加或减少的总体趋势。时间序列逐渐转变的形态称为时间序列的趋势。趋势通常是各种长期固定因素影响的结果，如人口总量的变化、技术改进、经济发展以及习惯与观念的转变等。

（2）循环波动成分

时间序列常常呈现围绕趋势线上下波动。时间间隔在一年以上的任何周期性波动，围绕趋势线的上下波动，都可归结为时间序列的循环波动成分。导致循环波动的因素主要有存货的积累与消耗、年度收益的变化以及政府货币与财政政策的变化等。

（3）季节波动成分

许多时间序列往往显示出在一年内有规则地运动，这通常由季节因素引起，因此称为季节成分。例如，一个空调制造商在秋季和冬季各月有较低的销售量，而在春季和夏季各月有较高的销售量。铲雪设备和防寒衣物制造商的销售情况却正好相反。按年记录的时间序列不存在季节成分。季节波动成分也可用来描述任何持续时间小于一年的、有规则的、重复的运动。例如，每天的交通流量资料显示在一天内的“季节”情况，在上、下班拥挤时刻出现高峰，在一天的休息时刻和傍晚出现中等流量，在午夜到清晨出现小流量。

(4)随机波动成分

随机波动成分是时间序列中无规律的波动,它反映了时间序列中的随机变化,是时间序列的不规则成分,它用来说明在分离了长期趋势、循环波动和季节波动成分后,时间序列值的偏差,是剩余的因素。随机波动成分是由那些影响时间序列的短期、不可预期和不重复出现的因素引起的。它是无法预测的。

2. 时间序列的模型

(1)加法模型

加法模型假设各构成成分对时间序列的影响可加,并且是相互独立的。加法模型的表达式为

$$Y_t = T_t + S_t + C_t + I_t \tag{4-12}$$

式中:Y_t表示时间序列第 t(t=1, 2, ⋯, n)期的数值(观测);T_t表示时间序列第 t 期的长期趋势成分;S_t 表示时间序列第 t 期的季节波动成分;C_t 表示时间序列第 t 期的循环波动成分;I_t 表示时间序列第 t 期的随机波动成分。

(2)乘法模型

乘法模型假设各构成成分对时间序列的影响均按比例变化。T_t 的度量单位与 Y 相同,其他均以百分比表示。乘法模型的表达式为

$$Y_t = T_t \times S_t \times C_t \times I_t \tag{4-13}$$

需要注意的是:一个时间序列并非一定包含全部四种成分,有时可能只包含其中一种或几种。

3. 利用平滑法进行预测

平滑法对稳定的时间序列(即没有明显的长期趋势、循环波动和季节波动的时间序列)是合适的,这时平滑法很适应时间序列的水平变化,通过平滑消除随机波动成分的影响。但当有明显的长期趋势、循环波动和季节波动时,平滑法将不能很好地起作用。这里介绍三种平滑预测方法:移动平均法、加权移动平均法和指数平滑法。

(1)移动平均法

移动平均法使用时间序列中最近几个时期观测值的平均数作为下一个时期的预测值。因此,移动平均数的计算公式为

$$F_t = \frac{Y_{t-1} + Y_{t-2} + \cdots + Y_{t-k}}{k} \tag{4-14}$$

式中:F_t 为对第 t 期的预测值(移动平均数);k 为移动平均的时期个数(移动步长);Y_{t-1} 为第 t 期的前 1 期实际观测值;Y_{t-2}, Y_{t-3}, ⋯, Y_{t-k} 分别表示前 2 期、前 3 期直至前 k 期的实际观测值。

【**例 4-8**】表 4-14 为某产品 11 个月的销售额，分别计算移动步长为 3 个月和 5 个月的移动平均数。

表 4-14　各月销售额及移动平均值

（单位：万元）

月份	销售金额	3 个月移动平均（k=3）	5 个月的移动平均（k=5）
1	38	—	—
2	45	—	—
3	35	—	—
4	49	39.33	—
5	70	43.00	—
6	43	51.33	47.40
7	46	54.00	48.40
8	55	53.00	48.60
9	45	48.00	52.60
10	65	48.67	51.80
11	64	55.00	50.80
12	—	58.00	55.00

解：在计算移动步长为 3 个月的移动平均数时，在式（4-14）中使 k=3，这样移动步长为 3 个月的第 1 个移动平均数为前 3 个月的观测值的算术平均数，即前 3 个数值之和除以 3，求得 $\frac{38+45+35}{3}=39.33$；计算第 2 个移动平均数用第 2、3、4 月的 3 个数值之和除以 3 求得，依此类推，可以求得所有的 3 项移动平均数（表 4-14 第 3 列）。同理，可以求得各个 5 项移动平均数（表 4-14 第 4 列）。

（2）加权移动平均法

加权移动平均法需要对每个观测值选择不同的权数，然后计算最近 k 个时期数值的加权平均数，将其作为预测值。在大多数情况下，一般离预测值越近时期的观测值被赋予的权数越大，而比较远的时期权数应依次递减，这是因为离预测值越近的时期，对其影响越大。

（3）指数平滑法

指数平滑法是用过去时间序列值的加权平均数作为预测值，它是加权移动平均法的一种特殊情形。这里只选择一个权数，即离预测时期最近观测值的权数，其他时期数据值的权数可以自动推算出来，而且观测值离预测时期越远，权数变得越小。指数平滑法模型为

$$F_{t+1}=\alpha Y_t+(1-\alpha)F_t \tag{4-15}$$

式中：F_{t+1} 为 t+1 期的时间序列预测值；Y_t 为第 t 期的时间序列观测值；F_t 为第 t 期的时间序列预测值；α 为平滑指数（$0\leqslant \alpha \leqslant 1$）。

开始计算时，令 $F_1 = Y_1$，即第 1 期的时间序列预测值等于第 1 期的时间序列观测值。第 2 期的预测值为 $F_2=\alpha Y_1+(1-\alpha)F_1 = \alpha Y_1+(1-\alpha)Y_1 = Y_1$，因此，第 2 期的时间序列预测值也等于第 1 期的时间序列观测值。第 3 期的预测值为 $F_3=\alpha Y_2+(1-\alpha)F_2 = \alpha Y_2+(1-\alpha)Y_1$，最后，将 F_3 的表达式代入 F_4 的表达式中，有 $F_4=\alpha Y_3+(1-\alpha)F_3 = \alpha Y_3+(1-\alpha)[\alpha Y_2+(1-\alpha)Y_1] = \alpha Y_3+\alpha(1-\alpha)Y_2+(1-\alpha)^2 Y_1$，因此，$F_4$ 是前 3 个时间序列观测值的加权平均数。Y_1、Y_2 和 Y_3 的权数之和等于 1。任何预测值 F_{t+1} 是以前所有时间序列观测值的加权平均数。

【例 4-9】仍以例 4-8 为例，假设平滑指数 α 为 0.2，试用指数平滑法预测 12 月的销售额。

解： $F_1=Y_1=38$（万元）

$F_2=\alpha Y_1+(1-\alpha)F_1=38$（万元）

$F_3=\alpha Y_2+(1-\alpha)F_2=0.2\times 45+0.8\times 38=39.4$（万元）

$F_4=\alpha Y_3+(1-\alpha)F_3=0.2\times 35+0.8\times 39.4=38.52$（万元）

依次计算，最后可以得到 12 月的预测值

$F_{12}=\alpha Y_{11}+(1-\alpha)F_{11}=0.2\times 64+0.8\times 49.28=52.22$（万元）

因此，12 月的销售额的指数平滑预测值为 52.22 万元。根据这个预测值，商家可相应地制订计划和决策。

（4）利用趋势推测法进行预测

这部分将说明如何对有长期线性趋势的时间序列进行预测。这类时间序列随时间呈现持续增加或减少的趋势，因此趋势推测法是可行的。这类时间序列主要包含长期趋势成分和随机波动成分。

【例 4-10】表 4-15 为某超市过去 10 年的自行车销售量时间序列。图 4-23 是过去 10 年自行车销售量的折线图，尽管有上下波动，但时间序列总的趋势是增长或向上的。图 4-24 是在折线图基础上绘制的线性趋势直线，该趋势线能够对时间序列的长期运动提供合理的描述。

下面用自行车的销售量资料，说明应用线性回归分析确定线性趋势的计算问题。简单线性回归分析中，可以用最小二乘法建立两个变量的线性关系。

表 4-15 自行车销售量时间序列

t(年)	销售量(万辆)	t(年)	销售量(万辆)
1	2.15	6	2.81
2	2.31	7	3.22
3	2.65	8	3.10
4	2.20	9	3.35
5	2.43	10	3.50

最小二乘法可以建立自行车销售量时间序列的线性趋势,即用回归分析来估计销售量和时间之间的关系,得到下面的线性趋势方程:

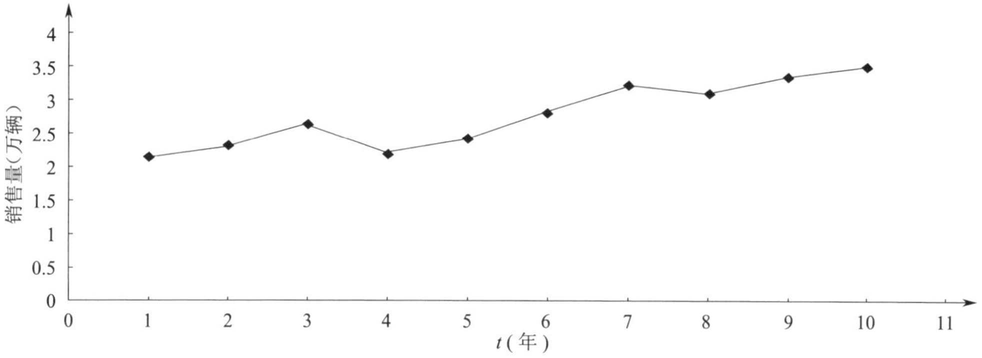

图 4-23 自行车销售量时间序列折线图

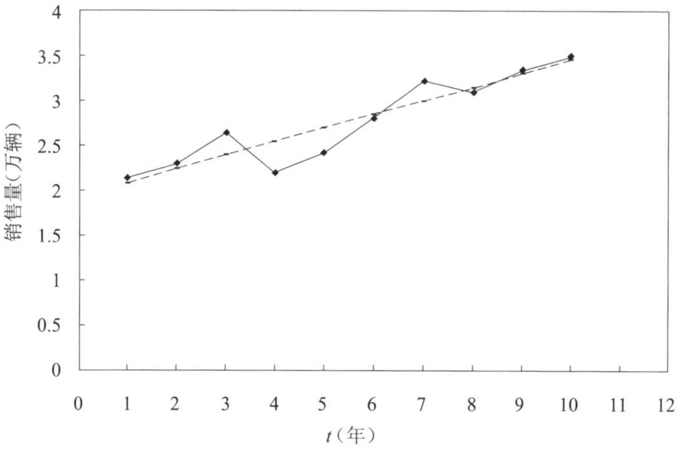

图 4-24 线性函数对自行车销售量的趋势描述

$$T_t = b_0 + b_1 t \tag{4-16}$$

式中：T_t 为第 t 期时间序列的趋势值；b_0 为线性趋势的截距；b_1 为线性趋势的斜率；t 为时间。b_0 和 b_1 的计算公式分别为

$$b_0 = \overline{Y} - b_1 \overline{t} \tag{4-17}$$

$$b_1 = \frac{\sum_{t=1}^{n} tY_t - \frac{\sum_{t=1}^{n} t \sum_{t=1}^{n} Y_t}{n}}{\sum_{t=1}^{n} t^2 - \frac{(\sum_{t=1}^{n} t)^2}{n}} \tag{4-18}$$

式中：t 为时期；Y_t 为第 t 期时间序列的观测值；n 为时期的个数；$\overline{Y} = \frac{\sum_{t=1}^{n} Y_t}{n}$，为时间序列观测值的平均值；$\overline{t} = \frac{\sum_{t=1}^{n} t}{n}$，为 t 的平均值。

根据式(4-17)、式(4-18)以及表 4-15 的自行车销售量资料，有

$$\overline{t} = \frac{\sum_{t=1}^{n} t}{n} = \frac{55}{10} = 5.5$$

$$\overline{Y} = \frac{\sum_{t=1}^{n} Y_t}{n} = \frac{27.72}{10} = 2.772$$

$$b_1 = \frac{\sum_{t=1}^{n} tY_t - \frac{\sum_{t=1}^{n} t \sum_{t=1}^{n} Y_t}{n}}{\sum_{t=1}^{n} t^2 - \frac{(\sum_{t=1}^{n} t)^2}{n}} = 0.15$$

$$b_0 = \overline{Y} - b_1 \overline{t} = 2.772 - 0.15 \times 5.5 = 1.95$$

所以，自行车销售量时间序列的线性趋势表达式(或方程)为

$$T_t = 1.95 + 0.15t \tag{4-19}$$

如根据前 10 年的资料预测第 11 年的趋势值，则令 t=11，代入式(4-19)，得到 $T_{11} = 1.95 + 0.15 \times 11 = 3.6$ 万辆。

需要注意的是，这里拟合的线性趋势表达式仅仅是一个直线拟合公式，并非回归

方程，因为 t 和 T_t 之间并不存在因果关系，也没有考虑误差的任何性质。

（5）利用长期趋势和季节波动成分进行预测

这个部分将讨论对同时拥有长期趋势成分和季节波动成分的时间序列进行预测的方法。这种时间序列除了趋势成分（T）和季节波动成分（S）外，还有随机波动成分（I），乘法模型可以表达为

$$Y_t = T_t \times S_t \times I_t \tag{4-20}$$

此时分析时间序列的步骤如下。

首先，计算季节指数。采用移动平均法计算季节指数，其步骤如下。

第一步，计算中心化移动平均数，即计算移动平均值，并对其结果进行中心化处理。这样得到不含 S_t 和 I_t 的时间序列值 T_t。

需要注意的是，如果移动步长为偶数（例如时间序列数据资料为季度资料，则求移动平均数的移动步长为 4；如果时间序列为月度资料，则移动步长为 12），此时对移动平均结果需要再进行一次移动步长为 2 的移动平均（中心化处理），此时得到的移动平均结果才能和原来的时间序列一一对应。如果移动步长为奇数（例如时间序列为某商场每周的销售额，则此时的移动步长应为 7），则只需进行一次移动平均数的计算，其结果和原来的时间序列一一对应，无须进行二次移动平均。

第二步，用时间序列的观测值除以相应的中心化移动平均数，确定时间序列的季节不规则值（季节性分量）。

$$\frac{Y_t}{T_t} = \frac{T_t \times S_t \times I_t}{T_t} = S_t \times I_t \tag{4-21}$$

第三步，计算相同季节的季节不规则值的平均数，以消除不规则影响，得到季节指数。计算季节指数是为了从时间序列中消除季节影响。

其次，消除时间序列的季节影响。根据乘法模型有

$$\frac{Y_t}{S_t} = \frac{T_t \times S_t \times I_t}{S_t} = T_t \times I_t \tag{4-22}$$

通过将时间序列的每个观测值除以相应的季节指数，可以消除时间序列的季节影响，得到只包含长期趋势和随机波动成分的新的时间序列。

再次，利用消除季节影响的时间序列确定趋势。利用趋势预测基本模型及其相关参数计算公式（式（4-16）、式（4-17）和式（4-18）），可以求得时间序列趋势方程。利用趋势方程可以对未来时期的趋势值进行计算。

最后，季节调解。时间序列的每个趋势值乘以相应的季节指数，可以回到包含季节影响的时间序列预测值。下面通过实例对上述分析过程进行进一步说明。

【例 4-11】表 4-16 和图 4-25 是某公司家用空调的季度销售量（单位：千台）资料。利用乘法模型对未来一年（4 个季度）的销售量进行预测。

表 4-16　家用空调的季度销售量资料

年	季度	销售量(千台)
1	1	11.2
	2	14.3
	3	9.6
	4	8.1
2	1	13.2
	2	15.1
	3	11.5
	4	10.2
3	1	15.9
	2	14.6
	3	11.9
	4	11.1
4	1	17.2
	2	16.1
	3	12.8
	4	11.8

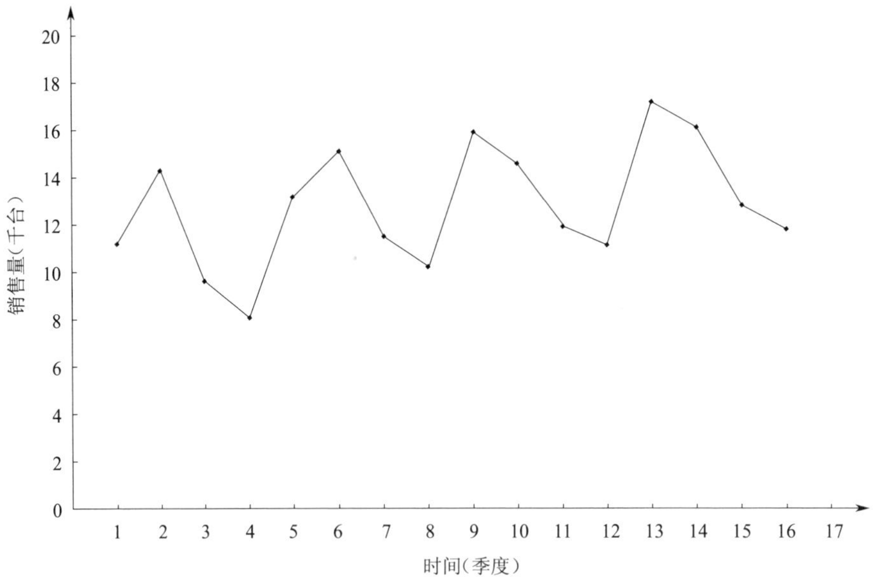

图 4-25　家用空调的季度销售量时间序列折线图

解:(1)计算季节指数

①计算中心化移动平均数。首先进行 4 季度移动平均,由于利用的是季节资料,所以在计算每一个移动平均数时使用 4 项数据,即一年的资料。第一个移动平均数是求前 4 个观测值的算术平均数,即

$$第一个移动平均数=\frac{11.2+14.3+9.6+8.1}{4}=10.8$$

第二个移动平均数用的 4 个数据为第 2~5 个观测值,求这 4 个数的算术平均数,即

$$第二个移动平均数=\frac{14.3+9.6+8.1+13.2}{4}=11.3$$

第三个移动平均数用的 4 个数据为第 3~6 个观测值,求这 4 个数的算术平均数,即

$$第三个移动平均数=\frac{9.6+8.1+13.2+15.1}{4}=11.5$$

其结果见表 4-17 第 4 列数据。

然后,再将结果进行 2 项移动平均。由于计算出的 4 项移动平均数不能直接对应在时间序列的季度上,因此,用这一连串计算出来的移动平均的中间值来解决这个问题。中心化移动平均数就是计算相邻两个 4 项移动平均数的算术平均数,中心化移动平均数与时间序列观测值在同一个水平(同一行)上。结果见表 4-17 第 5 列数据。

② 计算季节不规则值。用时间序列的每一个观测值除以相应的中心化移动平均数,可以确定时间序列的季节不规则值,见式(4-21)。例如第一年第 3 季度的季节不规则值为 9.6/11.05=0.869。每个季度有 3 个季节不规则值,表 4-17 第 6 列数据为所有的季节不规则值。

③ 求季节指数。每个季度的季节不规则值的算术平均数就是该季度的季节指数。

$$第 1 季度的不规则值平均数=\frac{1.124+1.214+1.212}{3}=1.18$$

$$第 2 季度的不规则值平均数=\frac{1.234+1.101+1.119}{3}=1.15$$

$$第 3 季度的不规则值平均数=\frac{0.869+0.896+0.879}{3}=0.88$$

$$第 4 季度的不规则值平均数=\frac{0.711+0.778+0.799}{3}=0.76$$

表 4-17　家用空调的季度销售量时间序列的中心化移动平均数计算结果

年	季度	销售量 Y_t(千台)	4 个季度的移动平均数	中心化移动平均数 T_t	季节不规则值 Y_t / T_t
1	1	11.2			
	2	14.3			
			10.8		
	3	9.6		11.05	0.869
			11.3		
	4	8.1		11.4	0.711
			11.5		
2	1	13.2		11.74	1.124
			11.975		
	2	15.1		12.24	1.234
			12.5		
	3	11.5		12.84	0.896
			13.175		
	4	10.2		13.11	0.778
			13.05		
3	1	15.9		13.1	1.214
			13.15		
	2	14.6		13.26	1.101
			13.375		
	3	11.9		13.54	0.879
			13.7		
	4	11.1		13.89	0.799
			14.075		
4	1	17.2		14.19	1.212
			14.3		
	2	16.1		14.39	1.119
			14.475		
	3	12.8			
	4	11.8			

以上 4 个不规则值平均数就是相应季度的季节指数。在计算季节指数时，有时候需要对求得的季节指数进行调整，以满足乘法模型中平均季节指数必须等于 1 的要求，本例求得的平均季节指数不为 1（3.97/4=0.992 5），所以需要进行调整（如 1.18×4/3.97=1.19），表 4-18 为季节指数计算结果。

表 4-18　季节指数计算结果

季度	季节不规则值	季节指数	调整后的季节指数
1	1.124，1.214，1.212	1.18	1.19
2	1.234，1.101，1.119	1.15	1.16
3	0.869，0.896，0.879	0.88	0.89
4	0.711，0.778，0.799	0.76	0.76

（2）消除季节影响的时间序列、趋势方程和趋势值预测

用表 4-18 中的时间序列数值除以相应的季节指数，可以得到消除季节影响的时间序列，见式（4-22）。计算结果见表 4-19 和图 4-26。

表 4-19　家用空调的季度销售量时间序列消除季节影响的数据

年	季度	时间点	销售量（千台）	季节指数	消除季节影响的销售量
		t	Y_t	S_t	$Y_t/S_t=T_tI_t$
1	1	1	11.2	1.19	9.41
	2	2	14.3	1.16	12.33
	3	3	9.6	0.89	10.79
	4	4	8.1	0.76	10.66
2	1	5	13.2	1.19	11.09
	2	6	15.1	1.16	13.02
	3	7	11.5	0.89	12.92
	4	8	10.2	0.76	13.42
3	1	9	15.9	1.19	13.36
	2	10	14.6	1.16	12.59
	3	11	11.9	0.89	13.37
	4	12	11.1	0.76	14.61

续表

年	季度	时间点	销售量(千台)	季节指数	消除季节影响的销售量
		t	Y_t	S_t	$Y_t / S_t = T_t I_t$
4	1	13	17.2	1.19	14.45
	2	14	16.1	1.16	13.88
	3	15	12.8	0.89	14.38
	4	16	11.8	0.76	15.53

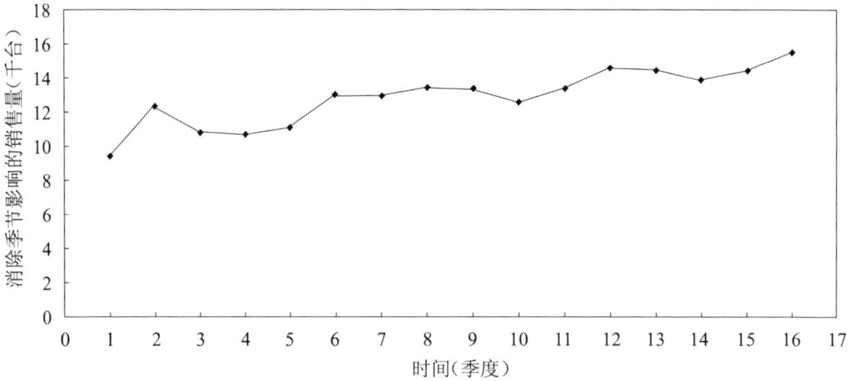

图 4-26　消除季节影响后的家用空调季度销售量时间序列

将表 4-19 中的时间点(t)和消除季节影响的销售量数据代入求取趋势方程的公式(4-16)、(4-17)和(4-18),求得 $b_0 = 10.215$, $b_1 = 0.312$,则趋势方程为 $T_t = 10.215 + 0.312t$,用这个方程可以推测(预测)未来季度时间序列的趋势成分。例如,将 t=17 代入方程,可以求得下一季度的趋势推测值。$T_{17} = 10.215 + 0.312 \times 17$ =15.519(千台)。同理,由趋势方程可分别计算出第 18、19、20 季度的家用空调销售量推测值分别为 15.831 千台、16.143 千台和 16.455 千台。

(3)季节调解后的预测值

将时间序列的每个趋势推测值乘以相应的季节指数,则可以回到包含季节影响的时间序列预测值。表 4-20 给出了第 17—20 季度(第 5 年)的季度预测值。

表 4-20　家用空调的销售量时间序列季度预测值

年	季度	时间点 t	趋势预测值 T_t（千台）	季节指数 S_t	季度预测值 T_tS_t
5	1	17	15.519	1.19	18.468
	2	18	15.831	1.16	18.364
	3	19	16.143	0.89	14.367
	4	20	16.455	0.76	12.506

思考题

1. 了解决策的内涵与分类。
2. 头脑风暴法的决策准则是什么？
3. 简述计划的定义与作用，计划工作的性质。
4. 何谓目标管理？
5. 德尔菲法有什么特点？
6. 按时间跨度计划可分为哪几种？结合实际谈谈你的看法。
7. 应用决策树法进行决策。
8. 简述不确定型决策的各种方法。
9. 根据工序关系绘制双代号网络图并求关键路线。
10. 能应用基本预测方法进行预测。

➢ 练习题及参考答案　　➢ 自测题及参考答案　　➢ 案例分析

第五章　战略管理

成功的管理者要善于发现市场机遇,不断提高企业适应外部环境变化的能力,构建创新的、富有希望的、更有效的战略,以成为更强大的竞争者。他们如何实施这些战略是决定组织成败与能否持续发展的重要保障。战略是企业整体在未来的行动计划,它用于规划企业未来的总体目标以及企业在环境中的地位。尽管战略也是一种计划,但战略更是企业发展的计策、模式、定位、观念,用于引导企业塑造自己、勇于创新地持续发展。

学习纲要

✧ **知识点**:战略管理的定义,战略管理过程,各层级战略管理的内涵。

✧ **重点**:SWOT 分析、BCG 矩阵分析、波特的五力分析模型和基本竞争战略等。

✧ **难点**:战略管理分析方法的应用。

名言名句

✧ 有什么样的战略,就应有什么样的组织结构;然而这一真理往往被人们忽视;有太多的企业试图以旧的组织结构实施新的战略。

——戴尔·麦康基

✧ 战略管理是实现企业使命与目标的一系列决策和行动计划,任何行动从语义学的角度分析都会包含这样几个问题:做什么,由谁做,为谁做,怎么做,在哪里做和何时做。

——德鲁克

✧ 战略是定位、取舍和建立活动之间的一致性,就是企业在竞争中做出取舍,其实质是确定什么可以不做。

——迈克尔·波特(Michael E. Porter)

引例

2019 年 11 月 3 日,海尔集团发言人在第三届中国企业改革发展论坛“品牌引领带动高质量发展”平行论坛上表示,海尔智家坚持全球化战略、高端品牌建设以及生态构建,取得了全球家电十连冠的荣耀。

近些年来,国内市场竞争加剧,很多企业对全球化跃跃欲试。不过,与大多数企业的选择不同，全球化过程中海尔智家一直坚持“自主品牌+本土化运营”这种最适合跨国企业的方式。

海尔智家是中国最早出海的家电企业，从1999年在美国南卡罗来纳州建厂以来，一直都在坚持“真枪实弹”的自主创牌理念。如今，海尔智家在全球已经拥有了122个工厂，其中有54个海外工厂，在各地设立了“10+*N*”个研发中心，并牢牢掌控着各产业在各主流国家入驻的主流渠道。

海尔智家的全球化更是带来了巨大的品牌影响力。据了解，从2012年开始，海尔智家并购日本三洋、美国GEA、新西兰斐雪派克等全球一流品牌，2018年又以4.75亿欧元并购意大利Candy。

不管外界如何评价，海尔智家多年来始终坚持在海外市场推广自主品牌。欧睿国际数据显示，中国家电制造量大概占全球总量的40%以上，但中国品牌在海外市场的占有率不到3%，而这3%中约84.5%是海尔的。在国际家电市场上，海尔品牌几乎代表着中国品牌，海尔为中国制造的高品质树立了标杆。

除了全球化，海尔智家在高端化和生态化建设方面也不断创新。早在2006年，国内品牌还在围绕质量、价格做文章，海尔智家已经盯上了高端领域，创立了卡萨帝。这种超前的产品创新思路，代价是前期巨大的研发、制造、营销以及加大市场用户交互的投入。不过，这种投入是值得的。财报显示，1—9月卡萨帝品牌收入增长25%，其中7—9月增长42%；卡萨帝冰箱、洗衣机在万元以上市场份额绝对领先，分别为40.6%、76.8%。空调方面，卡萨帝空调增长120%，通过上市指挥家系列拓展产品阵容，以高品质实现高端主流价位段的份额突破，在1.5万元以上份额达到41.26%。

海尔智家在产品创新的过程中最大的收获，除了在高端领域占据绝对优势外，更在于完成了生态创新。自2006年开始，海尔智家开始探索平台创新。经过十几年的探索，迎来了物联网的爆发期，海尔智家清晰地认识到，只有利用物联网时代的大规模定制模式，才能真正满足用户的个性化需求。从2015年开始，海尔智家积极探索物联网生态创新，于2018年提出“以三生体系引爆世界级物联网模式”的目标，为用户提供成套的解决方案，因此，海尔智家成为第一个能够为用户打造高品质智慧家庭的品牌。

2019年前三季度，海尔智家生态收入增长55%，达到33.7亿元；生态收益率15%，衣联网、食联网、空气网等生态圈覆盖服装、家纺、洗染、食品等行业，合作资源方达1 200多家。

2019年初，在海尔创新年会上，海尔集团董事局主席张瑞敏提出“为‘人单合一’成为世界级物联网模式而努力”。蛰伏内敛、投资未来、内外兼修的海尔智家无疑再度站在了起跑线的前端。

（资料来源：http://www.ce.cn/cysc/zgjd/kx/201911/11/t20191111_33572720.shtml）

思考

海尔智家通过怎样的发展战略取得如今的成就?

第一节 战略管理的定义及重要性

一、战略管理的内涵

(一)战略管理的概念

战略管理(Strategic Management)是指对一个企业或组织在一定时期的全局的、长远的发展方向、目标、任务和政策,以及资源调配做出的决策和管理艺术。

从企业未来发展的角度看,战略表现为一种计划(Plan),而从企业过去发展历程的角度看,战略则表现为一种模式(Pattern)。从产业层次看,战略表现为一种定位(Position),而从企业层次看,战略则表现为一种观念(Perspective)。此外,战略也表现为企业在竞争中采用的一种计谋(Ploy)。这是关于企业战略比较全面的看法,即著名的明茨伯格的"5P"模型。

战略管理是指企业确定其使命,根据组织外部环境和内部条件设定企业的战略目标,为保证目标的正确落实和实现进度谋划,依靠企业内部能力将这种谋划付诸实施,以及在实施过程中进行控制的一个动态管理过程。

战略管理大师波特认为,一项有效的战略管理必须具备五个关键点:独特的价值取向、为客户精心设计的价值链、清晰的取舍、互动性、持久性。

纵观不同学者和企业家的不同见解,战略管理可以归纳为两种类型,即广义的战略管理和狭义的战略管理。广义的战略管理是指运用战略对整个企业进行管理,其代表人物是战略管理鼻祖伊戈尔·安索夫。狭义的战略管理观认为,战略管理包括以下几个含义:战略管理是企业制定长期战略和贯彻这种战略的活动;战略管理是企业处理自身与环境关系过程中实现其愿景的管理过程。简而言之,战略管理是一系列决策和行动的组合,它是为了达到组织目标,使组织与其所在环境高度协调而确定和实施的方案。

(二)战略发展趋势

进入21世纪以来,随着环境不确定性的急剧增加,企业越来越难以保持持续的竞争优势,而传统的战略理论对此又无能为力,反对传统战略理论的呼声便日益高涨。正是在这样的背景下,以环境不确定性、未来不可预测性、系统复杂性和发展非均衡性为基础的"后现代"企业发展战略理论应运而生。

"后现代"企业发展战略理论其实并不是一个体系化的理论,尚处在形成和演化过程之中，很不完善。之所以称为“后现代”，是因为在哲学和社会学中，“后现代”意味着对理性、必然性、确定性的反叛和解构，“后现代”企业发展战略理论所强调的正是不确定性、随机性、直觉性、偶然性、试错性、应急性、学习性、自组织性和自适应性等特征。对战略的主要理解如下。

1. 战略的发展过程

现实的战略往往不是理性和计划的结果，而是不断试错的结果。环境的不确定性必然导致企业不断尝试并修改自己的对策，这些对策的逐步积累就形成了战略。尤其是当企业的知识与经验无法应对外部复杂环境时，不妨摸着石头过河，从试错中寻找解决方案。同时，既然外部世界如此复杂多变，高层管理者的主要职责不是程式化地制定战略，而是管理组织学习。通过学习尤其是组织学习（Organizational Learning），企业才能应对不确定性，才能在一种渐进式的学习过程中创建企业的战略。21世纪以来的学习型组织理论（见第六章第四节）认为，只为适应与生存而学习是不够的，必须创造性地学习，才能将企业打造成为一种有机的、高度柔性的、扁平化和人性化的可持续发展组织。

2. 战略是一种意图

哈默尔和普拉哈拉德曾提出的著名论断“战略是一种意图”，越来越契合当下的经营环境。所谓意图，是指一种最终追求的目标。意图虽然仅仅是一种直觉或愿望，并不具体明晰，当然更谈不上完善，但却扮演了“罗盘”的角色。在充满高度不确定性和存在大量偶然性的现实商业环境中，在变化越来越快的市场上，即使是最好的战略也不可能给企业一个完全确定的既定路线。因此，用于指引方向和导航的“罗盘”，远比具体而详尽的“地图”重要得多。

3. 战略是一个应急过程

明茨伯格和沃特斯（J. Waters）指出，合适的战略制定与决策过程依赖环境波动的程度，一个好的战略应该能够给企业多种选择，并配有相应的应急措施。企业可以对这些选择做出清晰的权衡，同时又能适应市场上迅速的变化。为了提高应急能力，企业应该把自己锤炼成为“自组织”“自适应”的组织。对“自组织”的强调和推崇，成为20世纪90年代后期许多企业管理论著的主要特征。这些理论彻底放弃了机械式的战略模式和组织模式，代之以更激动人心和革命性的有机模式——自组织模式。自组织和自适应理论认为，战略规划的程序和结果都应该和现实紧密相连；组织的自发学习和创新，可以使企业更好地适应复杂多变的环境。

当今，社会处于人们所公认的乌卡（VUCA，Volatile，Uncertain，Complex，Ambiguous）时代，我们正处于一个易变、不确定、复杂、模糊的世界里。乌卡时代中每个元素的深层含义是用来提高VUCA的预见性和洞察力，以及提高组织和个人在企业中的行动力。

二、战略在管理中的重要性

战略的选择可以让企业更加明确自己的客户是谁,哪些事情能做,哪些事情不可以做,因此战略管理的核心也可说是防止"南辕北辙"的事情在企业发生。企业在做选择题,评估什么样的选择对企业长期发展有益,什么选择对企业现实收益有益,然后企业决定怎样做,因为目标准确清晰才是企业快速获得增值和提升的根本原因之一。

所以,战略管理的重要性主要表现在三个方面:第一,战略管理在组织取得卓越的绩效表现方面发挥了重要作用,因为研究发现,战略管理和绩效之间大体上存在一种正相关关系;第二,任何类型和规模的组织的管理者都面临不断变化的局面,他们通过战略管理来考察相关的因素并决定所采取的措施,从而应对这种不确定性;第三,组织具有复杂性和多元性,组织的各个部分都应该齐心协力以实现组织目标,而战略管理为实现这一局面有效地提供了助力。

第二节　战略管理过程

战略管理过程(Strategic Management Process)包含六个步骤,涵盖了战略计划、实施和评估。各个步骤缺一不可,如图 5-1 所示。

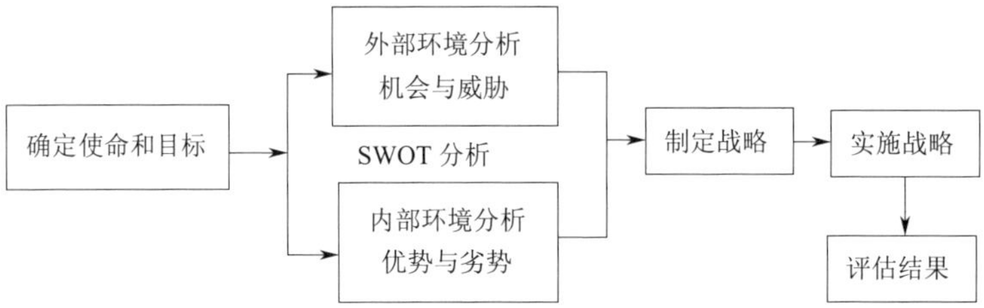

图 5-1　战略管理过程

一、确定使命和目标

组织的使命和目标是指组织中最基本的、使组织区别于其他组织的经营目标。确定组织的使命和目标是战略管理过程的第一步,使命和目标一经确定并在组织战略计划中正式表述出来,就可以通过适合的战略对后续步骤进行指导。

为了确定公司的使命,管理者必须首先确定公司的业务领域,这样才能够确定公司将为客户创造何种价值。当然,管理者也常面临以下问题:竞争环境出现了什么新的变化和趋势?谁是公司的客户?公司应该向客户提供什么样的产品和服务?公司怎样才能满足客户的需求？通过回答上述问题，管理者不仅能够了解现在客户的需求情况，还能够确定客户需求的未来发展趋势，以及谁是他们真正的竞争对手。这些信息能够帮助管理者确定公司适宜的业务领域。

一个公司正确定位自己的业务流域，不是一件容易的事情。对业务领域的定位决定了公司的战略计划。例如，某城市的公共电力公司长期以来一直把自己的业务领域定位为“发电和输电”，由于电力行业的自然垄断性，该公司一直认为自己没有竞争对手。随着电力行业的改革，该公司认识到自己的业务领域是“能源”，在能源领域存在诸如煤气公司、风力公司、太阳能公司等竞争对手，于是公司开始着手制订今后的战略计划。在业务领域确定后，管理者必须确定公司的主要经营目标，这些目标的确定能使公司具有方向感和使命感。例如，通用电气公司（GE）正是在杰克·韦尔奇的领导下，确立和实现了“不是第一就是第二”的主要目标。

二、外部环境分析

在明确了组织使命和目标的基础上，通过分析外部环境，挖掘市场机会，明确市场的威胁，领悟关键成功要素，评估内部资源，理性认识组织自身的优势和劣势，从而确定组织的核心竞争力。

组织的外部环境主要指存在于组织边界之外的对组织有潜在影响的因素，一般分为两类：一般环境（或称宏观环境）和任务环境（或称具体环境、微观环境），如图 5-2 所示。

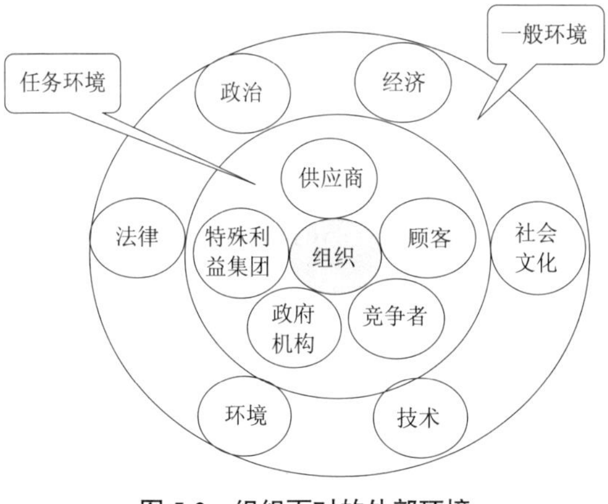

图 5-2　组织面对的外部环境

一般环境处于最外层，它对所有组织的影响都是间接的，也是均等的。一般环境处于最外层，指社会大环境对所有组织的影响都是间接的，也是均等的。一般环境是指政治因素、经济因素、社会文化因素、技术因素、法律因素和环境因素。例如，政策的变化,通货膨胀率的上升,利率的变化,技术的进步等,虽然不会立即影响组织的日常经营,但从长期来看,肯定会逐渐对组织的经营产生影响。对于一般环境分析,比较常见的分析方法是 PESTLE 分析法,采用该方法有助于把握外部宏观环境对组织的影响。PESTLE 分析法的含义如下。

①政治(Political)因素:是指对组织经营活动具有实际与潜在影响的政治力量和有关的政策、法律及法规等因素。

②经济(Economic)因素:是指组织外部的经济结构、产业布局、资源状况、经济发展水平以及未来的经济走势等。

③社会文化(Sociocultural)因素:是指组织所在社会中成员的历史发展、文化传统、价值观念、教育水平以及风俗习惯等因素。

④技术(Technological)因素:不仅包括那些引起革命性变化的发明,还包括与企业生产有关的新技术、新工艺、新材料的出现、发展趋势及应用前景。

⑤法律(Legal)因素:组织外部的法律、法规、司法状况和公民法律意识所组成的综合系统。

⑥环境(Environmental)因素:一个组织的活动、产品或服务中能与环境发生相互作用的要素。

任务环境与组织的相关程度较高,直接影响组织的日常经营和绩效。任务环境包括那些对管理者的日常工作产生影响的因素,一般包括供应商、客户或顾客、竞争者、政府机构及特殊利益集团。任务环境与组织实现其目标直接相关,即直接影响企业经营的那些因素,是由对组织绩效产生积极或消极影响的关键顾客群或要素组成的。例如,企业的竞争者增加或减少对企业的销售额和市场份额都会产生影响,供应商和供应市场格局的变化会对企业的成本和供应连续性产生影响,顾客数量的增多或减少会影响企业的销售业绩。

进行外部环境分析后,管理者应该准确地找出组织可能利用的机会以及组织必须抵制或阻止威胁所产生的风险。机会(Opportunities)是外部环境中的积极趋势;威胁(Threats)则是消极趋势。

三、内部环境分析

组织除了受外部环境影响,还受其内部环境(条件)影响。组织内部条件是由组织内部的要素构成的,如雇员、管理模式、组织文化以及组织内部的价值观、规章制度、规范条例、风格特征等因素。通过对组织内部文化、组织结构、财务状况等因素的分析,了解组织内部的优势和劣势。

(1)组织结构分析

组织结构是指企业内部人员、职位、职责、关系、信息等五大要素的相互联结方式。要制订符合实际的企业战略计划,就必须对现有的企业组织结构进行分析。分析的内容包括:企业内部的权力关系、内部信息沟通方式、产品和服务的配置联结方式、部门之间的协调制度和企业战略的类型等。

(2)组织文化分析

组织文化不仅决定了组织内部雇员的行为方式,而且决定了组织对外部环境的适应能力。组织文化分析的目的是了解和掌握组织文化的现状及组织文化的特色,以制订与组织文化相符的战略计划。

(3)资源条件分析

这里的资源是指企业从事生产活动或提供服务所需的人力、资金、物料、机械设备以及信息管理、组织管理、市场营销等方面的能力和条件。

在完成内部环境分析后,管理者应该能够确定组织的优势和劣势。优势(Strengths)是组织擅长的行动或者拥有的独特资源;劣势(Weaknesses)则是组织不擅长的行动或者需要但缺乏的资源。

外部和内部环境的综合分析称为 SWOT 分析(SWOT Analysis),如图 5-3 所示),这是对组织优势、劣势、机会和威胁进行逐条分析以及组合式逐项分析的过程。在完成 SWOT 分析之后,管理者应该准备制定合适的战略:①利用组织的优势和外部机会;②阻止或避免组织的外部威胁;③弥补关键劣势。

	优势(S) 1. 2. 3.	劣势(W) 1. 2. 3.
机会(O) 1. 2. 3.	优势-机会战略(SO) 利用优势抓住机会 1. 2.	机会-劣势战略(WO) 利用机会克服弱点 1. 2.
威胁(T) 1. 2. 3.	优势-威胁战略(ST) 利用优势避免威胁 1. 2.	威胁-劣势战略(WT) 尽量减少弱点避免威胁 1. 2.

图 5-3　SWOT 分析

在 SWOT 分析的基础上,组织各个层次的管理者进行不同层级的战略选择,以使组织处于能够实现其使命和目标的最佳位置。所制定的战略应该能使组织通过利用机会、抵御威胁、确立组织优势以及弥补劣势,实现组织目标。

四、制定战略

当管理者制定组织战略时,他们应该考虑外部环境的实际情况以及他们可获得的资源和获取资源的能力,以设计出有助于组织实现目标的战略。管理者制定的战略包括三种主要类型:公司层战略、业务层战略和职能层战略。相关类型将在后续进行简单描述。

五、实施战略

一旦制定了战略,就必须实施战略,即把战略付诸行动。因为无论战略制定得多么有创造性,如果不能正确实施,组织就不会从中受益。战略管理不是静态的分析过程,它需要远见卓识、直觉与员工参与。同时,在战略计划实施的过程中,应监视各项活动的进行,以保证它们按组织的战略计划进行并纠正各种重要偏差。新战略一旦选定,就要通过领导、组织结构设计、信息和控制系统以及人力资源管理等方式加以具体实施。战略实施工具如图 5-4 所示。

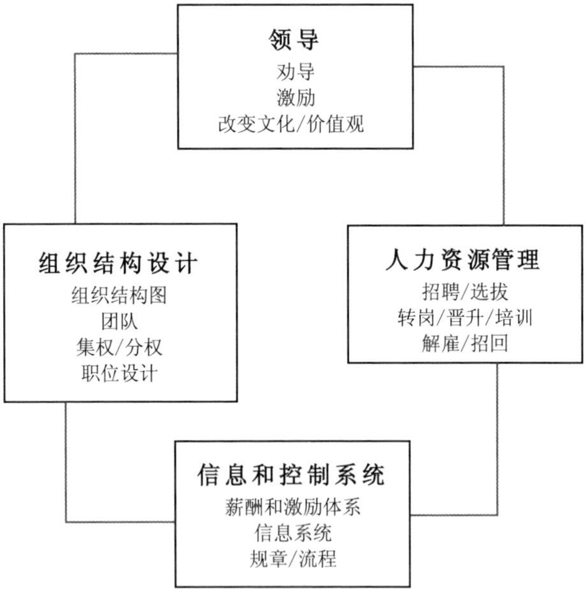

图 5-4　战略实施工具

领导是组织成员做出有利于战略实施的行动的一种影响力。领导包括劝导、激励和改变企业价值观与文化。管理者实施一项新战略时，常常向员工发表演讲、宣布新的规章制度、建立团队并说服中层管理者一起为组织共同的愿景而奋斗。

组织结构设计的起点是组织结构图，它涉及管理者的职责、授权程度及机构、部门之间的调整。组织结构还与分权程度、职位设计和生产技术有关。

信息和控制系统包括薪酬体系、激励体系、资源配置预算体系、信息系统和组织制度、政策等规章和工作流程。变革这些系统是完成战略实施的主要工具。

人力资源管理的主要对象是组织内部员工，为了实现战略管理目标，人力资源部门的职能是招聘、挑选、培训、提拔、调任及解雇员工，目的是使组织员工能为组织战略目标做出应有的贡献。

六、评估结果

评估结果为战略管理过程的最后一个步骤，是对战略的有效性进行评估，决定需要做出哪些必要的调整，从而帮助组织实现目标。所以在战略实施过程中要监控各项活动的进行，以保证它们按组织的战略计划进行并纠正各种重要偏差。战略实施既要与战略制定的内容保持一致，又要适应外部环境的变化而采取灵活的行动。

第三节　公司层战略

正如前文所提到的，组织使用三种战略：公司层战略、业务层战略（或竞争战略）和职能层战略，如图 5-5 所示。通常高层管理者负责公司层战略，中层管理者负责业务层战略，而基层管理者负责职能层战略。

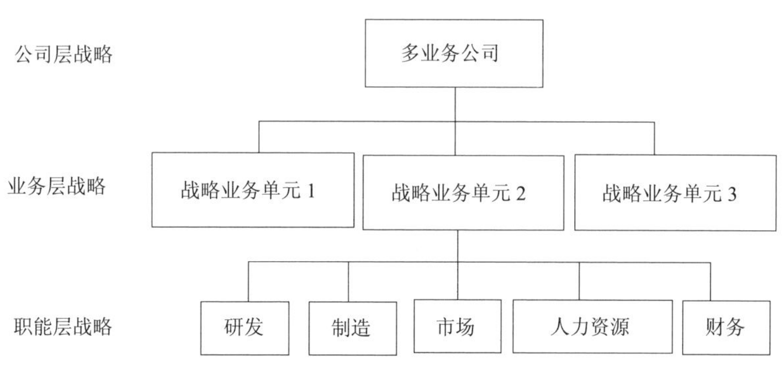

图 5-5　组织的战略类型

竞争战略（Competitive Strategy）是决定组织如何在每种业务上展开竞争的战略。对于一个仅有某种业务的小型组织或者一个没有多元化产品或市场的大型组织来说，它的竞争战略是如何在其主营业务或主要市场上展开竞争，而对于拥有多元化业务的组织来说,每种业务都有其自身的竞争战略,包括竞争优势、所提供的产品或服务、目标顾客等。当一个组织有几种不同的业务时,那些形成自身竞争战略的单一的、独立的业务就成为战略业务单元(Strategic Business Unit,SBU)。

一、公司层战略的含义

公司层战略(Corporate Strategy),也称企业层战略、组织层战略或组织总体发展战略等,为整个组织进行资源分配做决策。公司层战略是组织高层管理者为实现组织总体目标而为整个组织制订的方向和计划。它主要用于确定组织从事什么样的业务,组织中各种资源在各种业务中的分配,以及业务的开展地域等方面。正如美国哈佛大学商学院肯尼斯·安德鲁斯教授在其《企业战略概念》一书中所指出的那样,企业总体战略是一种决策模式,它决定和揭示企业的目的和目标,提出实现目标的重大方针与计划,确定企业应该从事的经营业务,明确企业的经济类型与人文组织类型,以及确定企业应对员工、顾客和社会做出的经济与非经济贡献。

二、公司层战略的类型

公司层战略的三种主要类型是成长战略、稳定战略和更新战略。

1. 成长战略(Growth Strategy)

成长战略是指组织通过现有业务或新业务来增加市场份额或提供的产品数量。随着成长战略的实施,组织可能会实现收入、员工数量或者市场份额的增长。组织通过纵向一体化、横向一体化(图5-6)或者多元化来实现成长。

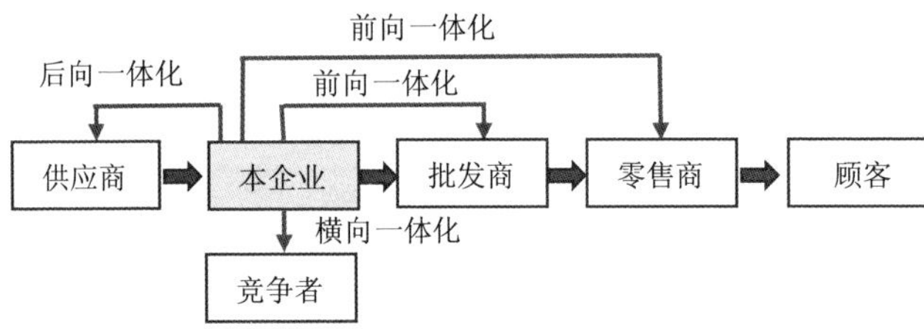

图5-6 纵向一体化和横向一体化示意图

(1)纵向一体化(Vertical Integration)

企业的纵向一体化增长方式包括后向一体化、前向一体化,或者二者兼具。

后向一体化(向后集成)指从目前的生产阶段向生产的前一阶段发展。如冰箱厂收购压缩机厂,食品超市建立食品加工厂。纵向集成战略使组织间的相互依赖性增强,需要组织间有更加复杂的协调手段,是通过合并供应商来实现,或企业向后控制供应商或自己开办原料工厂,来实现供产一体化的成长战略。下列情况下可以考虑后向一体化:当外购业务的数量大得足够达到与供应商一样的经济规模时;当供应商的利润空间相当大时;当所采购的物品已是主要构成成本的部件时;当供应商提高价格时。

前向一体化(向前集成)指企业从目前的生产阶段向接近最终消费市场的方向发展。如压缩机厂成为冰箱厂,食品厂开设食品商店。通用汽车公司不仅装配整车,同时还拥有制造空调装置、电器设备以及其他汽车配件的企业。企业通过向前控制分销商(包括代理商、批发商、零售商)或建立自己的分销网点,来实现产销一体化的成长战略。下列情况下可以考虑前向一体化:避免依赖分销商,它们对特定的品牌和产品没有特殊的忠诚度,而只是为了最高利润"推销"商品;为生产提供稳定的、持续的和可预测市场需求的保证;通过取消中介机构或分销商而节约成本,如美国戴尔计算机公司。

(2)横向一体化(Horizontal Integration)

横向一体化是企业通过与竞争者合作来实现成长,即通过兼并同一行业中的企业来扩大经营规模。比如2004年联想集团以12.5亿美元收购国际商业机器公司(IBM)个人电脑事业部。

(3)多元化(Diversification)

多元化是增加新业务单元的过程,有两种形式:相关多元化和非相关多元化。其中,相关多元化通常是指一家公司与处于不同但相关行业中的其他公司结合。如谷歌公司收购了很多业务,包括YouTube、DoubleClick、Nest和Motorola Mobility等,满足了公司信息搜索能力和效率之间的战略协调性。非相关多元化是指一家公司结合了处于不同且不相关行业中的其他公司。如印度塔塔集团(Tata Group)的业务遍布化工产品、通信和信息技术、消费品、能源、工程、材料以及服务等领域。

2. 稳定战略(Stability Strategy)

稳定战略指的是使组织继续从事当前各种业务的公司层战略,包括通过提供同样的产品或服务来满足同样的客户,维持市场份额,维持组织当前的业务运营。

3. 更新战略(Renewal Strategy)

更新战略是指当一个组织陷入困境时,为了解决绩效下降的问题所采取的战略行动。更新战略有两种主要类型:紧缩战略和转向战略。紧缩战略是一种用以解决轻微绩效问题的短期更新战略,这种战略有助于组织稳定经营业务,使组织资源和能力得以恢复,并为再次竞争做好准备。而当一个组织的问题变得更严重时,就需要采取更激进的行动来扭转局面,转向战略可以使组织摆脱危机,专注优势业务。所以管理者在更新战略中必须做两件事:削减成本和重构组织运营。

三、如何管理公司层战略

当一个组织的公司层战略涵盖许多业务时,管理者可以通过一种被称为公司业务组合矩阵的工具来管理这些业务集合或组合，这一矩阵提供了一种理解多元化业务以及帮助管理者确定资源配置优化等级的框架。这一矩阵分析工具称为波士顿矩阵(BCG Matrix)，是由美国波士顿咨询集团(Boston Consulting Group)首创的一种规划企业产品组合的方法。它通过预期市场增长率(高与低)和市场占有率(份额的高与低)两个维度划分出四种业务类型矩阵，进而分析确定企业的业务结构。其中，纵轴为销售增长率，是指企业业务单位所在市场的年增长率；横轴为相对市场占有率，是指企业业务单位的市场占有率相对于最大竞争者的市场占有率的比率。BCG 矩阵定义了四种类型的战略业务单位，如图 5-7 所示。

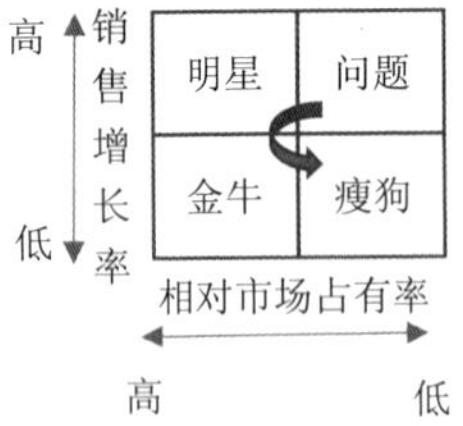

图 5-7　波士顿矩阵

1. 明星类(Stars)

明星类是指具有高销售增长率、高相对市场占有率的产品或业务。该产品或业务发展前景好，竞争力强，需加大投资以支持其发展。

2. 问题类(Question Marks)

问题类是指具有高销售增长率、低相对市场占有率的产品或业务。该产品或业务发展前景好但市场开拓不足，需谨慎投资。

3. 金牛类(Cash Cows)

金牛类是指具有低销售增长率、高相对市场占有率的产品或业务。该产品或业务是成熟市场的领导者，应降低投资，维持市场占有率并延缓衰退。

4. 瘦狗类(Dogs)

瘦狗类是指具有低销售增长率、低相对市场占有率的产品或业务。此类业务或产品不能为公司贡献大量现金，应采取紧缩战略。

BCG 矩阵分析方法侧重于对现有业务进行分类，其战略含义是：瘦狗业务应该被出售或清算；管理者应该尽其所能从金牛业务中获得正现金流，并限制在此业务中的新投资；将大量资金投资于明星业务和具有强劲潜力的问题业务以提高市场占有率，当然在市场成熟和市场占有率下降时，明星业务最终将发展为金牛业务。对于管理者而言，最困难的决策在于问题业务，能否将问题业务培养成明星业务需要谨慎斟酌与分析。应用法则：按照波士顿矩阵的原理，产品市场占有率越高，创造利润的能力越强；另外，销售增长率越高，为了维持其增长及扩大市场占有率所需的资金亦越多。这样可以使企业的产品结构实现产品互相支持，资金良性循环。按照产品或业务在象限内的位置及移动趋势的划分，形成了波士顿矩阵的基本应用法则。

第四节　业务层战略与职能层战略

公司层战略确定组织所应从事的业务领域,而业务层战略则是确定如何在特定的市场或产业中使企业获得竞争优势的行动计划。竞争优势(Competitive Advantage)是使本组织区别于其他组织的特征,即与众不同的优势。这种与众不同的优势来自组织的核心竞争力,即能做一些其他组织无法做的事情,或在某些事情上比其他组织做得更好。

一、波特的五力分析模型

任何一个行业都存在竞争,管理者创造持续的竞争优势是关键。波特认为,管理者需要完成一项重要工作——行业分析,即组织在进行外部环境分析时,管理者应该把外部环境中可能构成威胁的特定力量分离开来,它们是新进入者的威胁、替代者的威胁、购买者的议价能力、供应商的议价能力和现有的竞争者。波特确定了这五种对公司盈利能力构成威胁的主要因素,并称之为影响行业竞争的五力分析模型,如图5-8所示。

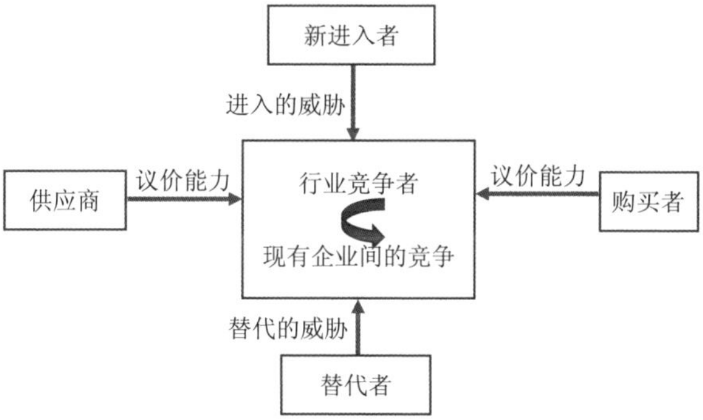

图 5-8　五力分析模型

这五种竞争力量决定了组织相对于其他竞争对手的行业竞争地位,同时也影响着竞争规则,这五种力量共同决定着一个行业的吸引力和盈利能力。所以,管理者可以通过这五种力量对本组织进行评估。

1. 新进入者(潜在进入者)的威胁

新进入者进入该行业的可能性有多大?潜在进入者可能是一家新办企业,或者是从事其他行业的企业希望进入本行业。新进入企业可能会导致行业中现有企业盈利水平降低,严重的话还有可能危及这些企业的生存。竞争性进入威胁的严重程度取决于两方面的因素,即行业进入壁垒与预期现有企业对新进入者的反应情况。

进入壁垒(障碍)主要包括规模经济、产品差异、资本需要、转换成本、销售渠道开拓、政府行为与政策、不受规模支配的成本劣势、自然资源、地理环境等方面,其中有些壁垒是很难借助复制或模仿的方式来突破的。预期现有企业对新进入者的反应情况主要指现有企业采取报复行动的可能性,这取决于现有企业的财力情况、报复记录、固定资产规模、行业增长速度等。总之,新企业进入一个行业的可能性取决于进入者主观估计进入所能带来的潜在利益、所需付出的代价与所要承担的风险这三者的相对大小情况。

2. 替代者的威胁

其他行业的产品替代该行业产品的可能性有多大?两个处于不同行业中的企业,可能会由于所生产的产品是相互替代品,从而在它们之间产生相互竞争行为。来自替代品的威胁可能受这些因素的影响:现有企业产品售价以及获利潜力,利润越高,顾客越有可能寻找替代品;替代品生产者的竞争强度,受产品买主转换成本的影响。总之,替代品价格越低、质量越好、买主转换成本越低,其所能产生的竞争压力就越大。

3. 购买者的议价能力

购买者(顾客)拥有多大的议价能力?购买者(顾客)主要通过其压价与要求提供较高的产品或服务质量的能力,来影响行业中现有企业的盈利能力。购买者议价能力主要受以下因素影响:买方市场集中度,集中度越高,购买者数量越少,越有能力压低价格;产品标准化程度,产品越标准,买方选择余地越大;购买者有能力实现后向一体化,而卖主不可能前向一体化。

4. 供应商的议价能力

供应商拥有多大的议价能力?供应商是向下游企业提供产品或服务的组织。供应商的力量主要取决于它们提供给买主的投入要素,当供应商所提供投入要素的价值占了买主产品总成本的较大比例、对买主产品生产过程非常重要,或者严重影响买主产品的质量时,供应商对买主的潜在议价能力就大大增强。一般来说,影响供应商议价能力的因素主要有:供应市场的集中度,供应商数量越少,供应市场集中度越高,供应商就越有议价能力;产品定制化程度,产品定制化程度越高,买方转换成本就越高,则供应商议价能力越强;供应商能够方便地实行前向一体化,而买主难以进行后向联合或一体化。

5. 现有的竞争者

同行业的竞争者是谁?同一行业中的大部分企业,相互之间的利益冲突和对抗构成了现有企业之间的竞争。现有企业之间的竞争常常表现在价格、广告、产品介绍、售后服务等方面,其竞争强度与许多因素有关。行业中现有企业之间的竞争程度与下列因素有关:行业进入壁垒,如投资要求、技术要求等;企业之间产品的差异化程度,差异化程度越小,竞争越激烈;市场发展程度,市场趋于成熟,产品需求增长就会缓慢;行业退出壁垒,包括资产的专用性、退出的固定费用、战略上的相互牵制、情绪上的难以接受、政府和社会的各种限制等。

此外,波特五力分析模型的局限性表现在三个方面:第一,过分强调企业之间的竞争,模型中的五种力量都从自己的利益出发展开竞争,而没有显示出这些力量之间可能存在的合作情况;第二,在分析特定行业企业的关键成功要素时,过于强调企业所在行业的吸引力和相对竞争地位,弱化了企业自身持续努力等方面的作用;第三,随着环境的变化,行业结构也应随之变化,因此这个模型对行业结构的静态分析是不够的,企业必须承认行业结构所应有的动态性,并努力使自身的资源和能力不断与动态变化相匹配,以适应行业结构的调整。

二、波特的竞争战略

管理者通过对五种力量的评估,并结合 SWOT 分析,就可以选择出一种恰当的竞争战略。所以,波特提出三种常用的基本竞争战略,它们是总成本领先战略、差异化战略和目标聚焦战略。管理者应该选择一种能够给组织带来某种竞争优势的战略,从而使组织得到持续的竞争优势。

1. 总成本领先(Overall Cost Leadership)战略

总成本领先战略也称作低成本战略,是指企业通过在产业内以更低的成本生产产品或提供服务,从而能够相对于竞争对手以更低的价格为顾客提供产品或服务。实施总成本领先战略,要求企业必须建立规模化、高效率的生产设施,全力以赴地降低研发、生产、供应、营销、销售及服务等各方面的成本。为实现这些目标,企业管理者要对成本控制给予高度重视,保证自己的总成本低于竞争对手。

2. 差异化(Differentiation)战略

差异化战略主要是保证企业提供的产品或服务具有某些独有的特征,在顾客心目中建立起与竞争对手不同的认知。实施差异化战略有许多方式,如建立高端品牌形象,或保持技术、性能、渠道布局、客户服务及其他方面的差异化。最理想的是企业能在几个主要方面实现差异化。如果能成功实施差异化战略,企业将有可能成为行业中获利较高的厂商。因为凭借差异化,企业能够建立起防御阵地来应对五种主要竞争力量的挑战。

3. 目标聚焦(Focus)战略

目标聚焦战略是指企业聚焦某个特殊的客户群体、某个细分产品线或某一细分区域,为其提供产品与服务。目标聚焦战略能够以更高的效率、更好的效果为某一狭窄的顾客群或市场服务,从而超过在较广阔范围内竞争的对手们。波特认为这样做的结果,使公司能够通过满足特殊对象的需要而实现差别化,或者在为这一对象服务时实现了低成本,或者二者兼得。图 5-9 展示了三种竞争战略在战略目标和战略优势方面的适用条件。

图 5-9　三种竞争战略

三、职能层战略

职能层战略是指改善组织中的各个主要职能部门创造价值的能力的行动计划。这些部门通常包括市场营销、财务、生产、研发、人力资源管理以及组织设计等职能部门,它们可以通过两种途径增加公司产品的价值:一是降低创造价值过程中的成本,这样企业就能够通过比竞争对手低的价格而吸引消费者;二是寻找将本企业产品差异化的方法增加产品价值。企业的每一个部门都能在降低成本和增加产品价值方面发挥作用。

生产部门要找出降低生产成本、赋予产品卓越质量以提高产品价值的方法。人力资源部门通过招聘、培训一支高效的员工队伍来降低创造价值的成本。为增加产品价值或降低增加价值的成本,所有职能部门都应实现四个目标:高效率、高质量、创新和顾客响应度。可以通过采用全面质量管理、柔性生产系统、准时制库存管理、自我管理团队、跨职能团队、企业流程再造、员工授权等管理技术实现这四个目标。所有这些技术都能够使企业通过降低创造价值的成本或增加价值而超过竞争对手。开发包含这些技术在内的职能层战略计划是各个职能部门管理者的职责。

职能层战略是为业务层战略服务的,所以它的内容比业务层战略更具体、更细致。例如,一个公司采用差别化战略,引入一种新产品,希望通过这个产品实现经济快速增长。这时,财务部门应制订筹资计划,安排投资进行新生产设备的建设。人力资源部门就需要制定一个适合组织增长的战略,这就意味着要招纳新人,要对中层管理者进行培训,以便把他们调换到新岗位。营销部门要展开市场调研、广告宣传,或进行产品消费实验等。拥有成熟产品或已经采用低成本战略的公司会制定不同职能层战略,这时,人力资源部门就应制定一套保持与发展稳定的员工队伍的战略,包括轮岗、提升、提高工作效率和安全激励机制。营销部门应加强品牌忠诚度，建立稳定有效的分销渠道。生产部门则应确保生产的长期正常运转，使日常生产规范化，并努力在保证质量的同时降低生产成本。财务部门应关注现金流量等。

第五节　供应链战略管理

进入 21 世纪以来，全球市场竞争表现为产品生命周期越来越短，对订单的响应速度要求越来越高，消费者通过互联网拉动整个企业运营成为主导，对产品和服务的期望越来越高，以及应符合环境保护与可持续发展要求等，这些成为企业面临的新挑战和竞争环境。正如英国著名教授马丁·克里斯托夫曾说的，21 世纪的竞争不是单个企业和企业之间的竞争，而是供应链与供应链之间的竞争。《国务院办公厅关于积极推进供应链创新与应用的指导意见》（国办发〔2017〕84 号）对供应链（Supply Chain）的定义是：供应链是以客户需求为导向，以提高质量和效率为目标，以整合资源为手段，实现产品设计、采购、生产、销售、服务等全过程高效协同的组织形态。供应链结构示意图如图 5-10 所示。供应链是一个有组织的体系，但是供应链体系本身并不能天然地带来人们所期望的结果，必须对供应链进行管理，才能让供应链真正发挥其应有的作用。所以，供应链管理（Supply Chain Management）是使供应链运作达到最优化，以最少的成本，令供应链从采购开始到满足最终客户的所有过程，包括工作流、实物流、资金流和信息流等均能高效率地运转，把合适的产品以合理的价格及时准确地送到消费者手上。

一、供应链战略的基本特征

供应链战略包括采购、生产、销售、仓储和运输等一系列活动。供应链战略属于业务层战略，整合了传统的采购、生产、销售、运输与仓储战略，同时需要技术、信息、组织、财务与人员战略支持，包含传统管理中的供应战略、经营战略和物流战略，强调供应链中各个职能战略的联系并强调竞争战略。其基本特征如下。

1. 供应链战略是一种互补性企业联盟战略

供应链战略是基于业务外包的一种互补性的、高度紧密的企业联盟战略，这个联盟以核心产品、核心资产或核心企业（通常是最终产品的生产者和服务的提供者）为龙头，还包括原材料与配件供应商、生产商、配送中心、批发商、零售商和顾客等，这个联盟的目标是通过联盟内各个成员统一协调的无缝隙的工作，以价低质优的产品、及时供货和优质的售后服务来提高市场供应的有效性和顾客的满意度，以较高的市场占有率取得竞争优势。

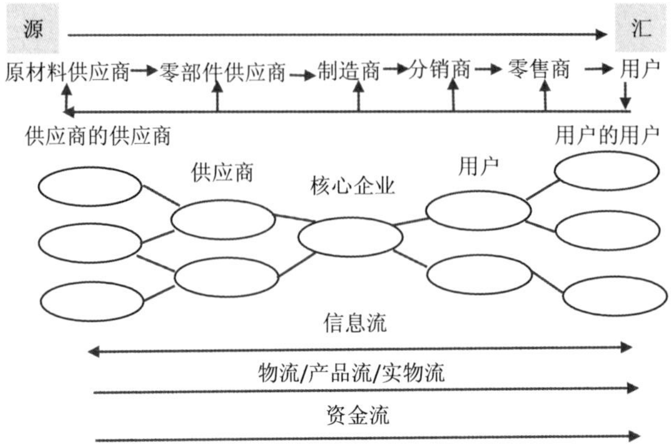

图 5-10　供应链结构示意图

2. 供应链战略是一种企业核心能力强化战略

维持和发展竞争优势是企业核心能力的集中体现,它能使企业在下一步的竞争中具有引导和争夺市场的能力,超越临时竞争优势而获得持续性发展。如果企业在考察市场的时候发现业务的发展正朝向一个新的领域,而本企业所拥有的竞争优势随着时间的推移已发生变化;它所要达到的战略绩效目标与它依靠自有资源和能力所能达到的目标之间存在一个"缺口",那么,它必须借助业务外包或寻找优秀的供应者来帮助它在供应链中改进技术、提高效率、降低成本,以改善其价值链上的薄弱环节,填补企业发展战略的"缺口",强化企业的核心能力。因此,一个企业的供应链战略的核心问题是设计公司业务的内包、外包,以及与承包合同商之间的关系。具体而言,要考虑哪一个合作伙伴更有竞争优势,哪一个供应链的设计更为优秀,供应链上的哪一个部分更有效率。所有这些成分都要协调起来,才能强化企业竞争力,这就是供应链管理的优势所在。

3. 良好的供应链网络有利于提升企业的竞争承受力

在经济的周期性变化中,任何一个企业都要经历它的高潮和低谷时期,可以说每个企业都需要随时应对不期而至的经营危机。根据亿博物流咨询机构多年的项目经验:一些企业得以平稳地渡过危机,持续、协调地向前发展,并非完全因为拥有最大的客户,而在于它们重视业务发展的规律,重视其商业经营中的客户关系。它们不仅选择了一条重要的供应链,而且成为这条供应链上的一个重要组成部分,是这条供应链网络的整体竞争优势强化了这些企业的生存和发展能力。举例来说,正是因为有了像 AT&T 这样的合作伙伴,朗讯公司才可以从困难中慢慢走出,良好的供应链关系使企业获得了抵抗风险、承受打击的能力,能够安然地渡过危机,然后寻找新的发展机遇和下一个经济增长周期的起点。统计资料表明，当今全球工业行业的竞争周期已经缩短到5~7年，也就是说每过5~7年，企业就要面临一次“重新洗牌”的剧烈震荡。我们应当看到供应链的抗风险、抗打击作用，更加珍视供应链网络的创作伙伴关系，共同应对世界性的经营危机。

4. 供应链战略是实施关系营销的一个重要方面

关系营销指企业与关键的客户（顾客、供应商、分销商）建立长期满意的关系，它是营销者通过不断承诺和给予对方高质量的产品、优良的服务和公平的价格来实现的合作模式，关系营销使有关各方建立起经济、技术和社会方面的纽带关系。关系营销的最终结果是建立起企业的独特资产——营销网络。正因为如此，我们说今后的商业竞争不是在企业之间进行的，而是在整个网络之间进行的，一个建立了更好关系网的企业将获胜。供应链战略无疑是实施关系营销的一个重要方面。在日益复杂的市场竞争中，逐步形成相对稳定的供应链体系，在分配信息和相互信任的前提下，确定一个长久的利益共同体，兼顾各个成员企业的经营战略，实行“双赢”乃至“多赢”，是构成企业之间紧密合作的战略联盟和供应链竞争成功的关键。企业在选择供应商和进行供应链体系的设计时，应始终着眼于公司的长远发展，首先要考虑的是战略上的发展优势，而不是简单地从节约采购与制造成本或者提高信息传递效率的角度考虑问题。

二、供应链战略实施

从企业角度看，可以将战略理解为依据现有条件对未来做出的一种提前规划。在互联网时代，企业赖以生存的外部环境瞬息万变，迫使企业常常需要根据外部环境的变化及时进行战略调整。供应链核心企业通过战略规划以期实现供应链上各职能、各环节更高效地运转，同时提升供应链总体协调性。供应链管理的本质是通过对供应链上各环节的规划设计与决策，使得企业战略与供应链总体竞争战略更加匹配协调。

1. 供应链战略选择

供应链战略选择即企业明确自身竞争战略后，从战略的高度对供应链进行全局总体性规划，如当当网在全国各地修建仓库存放书籍，自营快递业务的同时也会把快递业务外包给圆通、申通等公司。根据产品的需要模式，费尔希将产品分为两类：功能型产品和创新型产品。功能型产品包括大量从零售店可方便购买的产品，这类产品主要满足人的基本生活需要，产品需求稳定、可预测，如食盐、酱油、矿泉水等，它们的需求长期稳定。创新型产品是满足特定需求的产品，企业在产品样式或者技术上进行创新以满足客户的特殊需求。企业从创新产品中获得的利润更高，但产品需求波动大，不易预测，且此类产品的寿命周期一般较短，如手机、电脑等，这类产品需要不断推陈出新才能保持利润。对于不同类型产品,供应链战略可以对应划分为两类:效率型供应链战略和响应型供应链战略。

效率型供应链战略指能够以最低成本进行产品创新与设计,并将原材料转化成零部件、半成品、产成品,将它们分销给客户并进行服务的供应链战略。响应型供应链战略是强调对需求做出快速响应的供应链战略,是能够以最快的需求反应进行产品创新与设计,并将原材料转化成零部件、半成品、产成品,将它们分销给客户并进行服务的供应链战略。两种供应链战略比较见表 5-1。

表 5-1　两种供应链战略各项策略的异同

项目	效率型供应链战略	响应型供应链战略
首要目标	低成本满足要求	快速响应客户要求
产品设计策略	以最低生产成本取得最高销售业绩	创建调节系统,允许产品有差异
定价策略	低廉的价格才能吸引客户,边际收益较低	不依靠低价吸引客户,边际收益较高
制造策略	提高设备利用率形成规模效益,降低成本	维持边际生产能力弹性,满足非预期要求
库存策略	最小化库存以降低成本	维持缓冲库存以应对需求的不确定性
供货期策略	在不增加成本的前提下缩短供货期	大幅度缩短供货期,即使成本很高
客户服务策略	在成本与质量上进行权衡	在速度、弹性和质量的基础上进行选择
供应商选择标准	以成本和质量为核心	以速度、柔性、质量为核心

多数情况下,客户需求不能简单地划分为功能型或创新型,如年轻人希望轿车功能齐全、价格低,同时兼顾设计个性化特征。因此,许多企业在制定供应链战略时,更倾向于实施纵向一体化或横向一体化战略(详见本章第三节)。

2. 供应链战略匹配

供应链战略制定与实施最关键的环节是企业与所在供应链的战略匹配(Strategic Fit),即供应链企业与所处供应链应具有一致性目标。实现战略匹配必须满足以下条件。

①竞争战略必须与所有的职能战略相匹配以形成协调统一的总体战略,每个职能战略都必须对其他的职能战略形成支持,帮助企业实现竞争战略的目标。

②企业内部的各个职能部门必须合理地配置本部门的流程和资源以确保成功地执行这些战略。

③供应链的整体设计与各环节的作用必须协调一致,以支持供应链战略。

为了实现供应链战略与竞争战略之间的匹配,企业需要做些什么?企业竞争战略意味着企业希望满足的一个或多个目标客户群。要实现战略匹配,企业必须保证自己的供应链具有支持企业满足目标客户群的能力，具体实施包括三个基本步骤。

①理解客户和供应链的不确定性。企业必须先理解每个目标客户群的需求，以及为了满足这些需求，供应链可能面临哪些不确定性。识别目标客户群的需求有助于企业确定预期的成本和服务要求，识别供应链不确定性有助于企业了解供应链必须面对的需求、中断和延迟的不可预知性。

②理解供应链能力。供应链有很多类型，供应链应匹配工作特征与流程进行设计，企业应清楚供应链在哪些方面具有优势。

③实现战略匹配。如果供应链与所期望的客户需求之间存在不匹配的地方，那么企业需要重新制定供应链战略以支持竞争战略，或者对竞争战略进行调整。

宜家（IKEA）是瑞典的家具零售企业，在20多个国家拥有大型商场，宜家商场库存管理模式吸收了供应链上大部分不确定性且响应迅速，供应商则专注于提高效率，几乎不承担不确定性所带来的风险。宜家的目标客户是希望以合理价格买到时尚家具的消费者。宜家通过采用模块化设计、多样化组合的模式向客户提供丰富的产品，同时由于每家商场规模庞大，供应链面临的隐含不确定性较小。对于所有款式的家具，宜家秉承现货销售的理念，因此，商场存货承担了大部分供应链不确定性。大商场的库存规模保障宜家发给供应商（制造商）的补货订单稳定、可预期，正是因为宜家向制造商传递的不确定性非常有限，宜家制造商大多位于成本低的地区且专注于提升效率。

三、供应链管理的发展趋势

供应链是一个运营管理问题，更是战略管理问题，解决供应链管理的问题越来越迫切。未来供应链管理的发展趋势如下。

1. 全球化供应链管理

在商业中，全球化供应链管理被定义为通过跨国公司的全球网络分配商品和服务，以实现利润最大化和浪费最小化。从本质上讲，全球化供应链管理与供应链管理相同，但它侧重于跨国公司和组织。全球化供应链管理有六个重点领域：物流管理、竞争者导向、客户导向、供应链协调、供应管理和运营管理。这六个重点领域可分为四个主要类别：营销、物流、供应管理和运营管理。全球供应链的成功管理还需要遵守各种非政府组织（例如联合国）制定的各种国际法规。

2. 敏捷化供应链管理

敏捷化供应链管理是一种基于整合信息流、物流和资金流的供应链管理，旨在快速满足消费者需求，同时保障企业内部各项资源的优化配置。与传统的供应链管理相比，敏捷化供应链管理更加注重企业的灵活性和创新性，力求快速响应市场的变化和消费者的需求。实现敏捷化供应链管理需要建立一个快速响应、信息共享和协调配合的供应链网络,包括供应商、生产商、分销商和客户端,从而将整个供应链中的每个环节连接起来,形成一个紧密的协作体系,优化生产和物流流程,提高企业运作效率和盈利能力。敏捷化供应链管理主要包括三个方面:一是快速响应需求;二是协作配合;三是透明化信息共享。敏捷化供应链管理有助于企业规避市场风险,提高产品质量和快速实现市场战略布局,从而在激烈的市场竞争中占有更大的市场份额。随着信息技术和物流技术的不断发展,敏捷化供应链管理将成为企业提高竞争力和市场占有率的重要手段。

3. 绿色化供应链管理

绿色化供应链管理又称环境意识供应链管理(Environmentally Conscious Supply Chain Management),它考虑了供应链中各个环节的环境问题,注重对环境的保护,促进经济与环境的协调发展。关于绿色化供应链管理的确切定义,理论界还没有一个统一的表述,但总的观点是:在供应链管理的基础上,增加环境保护意识,把"无废无污"和"无任何不良成分"及"无任何副作用"贯穿于整个供应链中,这就是绿色化供应链管理。绿色化供应链管理包括从产品设计到最终回收的全过程,涉及绿色设计、绿色材料、绿色供应过程、绿色生产、绿色销售、绿色包装、绿色运输,废旧产品的再循环、再利用、再制造以及有效的报废处理。

4. 柔性化供应链管理

柔性化供应链管理(或称供应链管理柔性, Supply Chain Management Flexibility),是指供应链对于需求变化的敏捷性,或者说对需求变化的适应能力。需求的变化也可以称为不确定性或者风险,这是供应链上的各个环节都客观存在的一种现象。企业与企业之间或者企业与最终消费者之间需求的不确定性程度提高,会导致供应链管理难度和成本增加。所以,供应链管理的柔性是指快速而经济地处理企业生产经营活动中环境或由环境引起的不确定性的能力,它一般由缓冲、适应和创新三种能力构成。其中,缓冲能力是指供应链抵御环境变化的能力,即"以不变应万变"的能力;适应能力是指当环境发生变化时,供应链在不改变其基本特征的前提下,做出相应调整以适应环境变化的能力;创新能力是指供应链采用新行为、新举措,影响外部环境和改变内部条件的能力。

5. 集成化供应链管理

集成化供应链管理的核心:由顾客化需求—集成化计划—业务流程重组—面向对象过程控制组成第一个控制回路(作业回路);由顾客化策略—信息共享—调整适应性—创造性团队组成第二个回路(策略回路);在作业回路的每个作业形成各自相应的作业性能评价与提高回路(性能评价回路)。集成化供应链管理正是围绕这三个回路展开的,形成相互协调的一个整体。

6. 虚拟供应链管理

虚拟供应链可视为合作伙伴基于专门的信息服务中心提供的技术支持和服务而组建的动态供应链。虚拟供应链的结构一般是网状结构，以虚拟供应链的信息服务中心的服务系统作为支撑，包括客户、供应商、制造商、承运商、分销商、零售商和其他合作伙伴等参与者。虚拟供应链作为一种现代的企业合作模式，对于降低供应链成本、提高响应速度和效率、提高产品和服务质量，进而高质量、快速和廉价地满足客户需求有着重要的意义。随着"互联网+"的发展，诞生了很多虚拟企业，为了满足特定时间内的需求，将相关虚拟企业组织起来，在虚拟组织平台上，企业间的创新协作可以实现优势互补、风险共担。在网络环境下，用虚拟组织的形式构建虚拟供应链进行研发与生产工作，可以适应全球化竞争的态势，更好地满足消费者的多变需求，使供应链上的节点企业快速发展。

7. 网络化供应链管理

随着互联网技术的不断发展和普及，供应链互联网化越来越成为企业数字化转型和提升竞争力的必经之路。供应链互联网化是指通过互联网技术，对供应链中的各种信息和流程进行数字化和智能化处理，以提高供应链的效率、灵活性和品质。未来，供应链互联网化将呈现以下趋势。

（1）供应链数字化

供应链数字化是指将供应链中的各种信息和流程进行数字化和智能化处理，以提高供应链的效率、灵活性和品质。随着物联网、5G、云计算等技术的广泛应用，供应链将更加数字化和智能化，进而实现全链条的数据共享和流程优化。数字化转型的目的是提高企业的核心竞争力，提高企业的效率和灵活性，同时降低成本和风险。

在实现供应链数字化的过程中，企业需要充分发挥信息技术的作用，建立统一的供应链管理平台，实现供应链中信息流、物流、资金流的数字化和自动化处理。同时，企业需要加强与供应商、客户、合作伙伴之间的信息共享和协同，实现供应链协同化。

（2）供应链可视化

供应链可视化是指通过现代信息技术，对供应链中的各种信息和流程进行可视化处理和优化，以提高供应链的透明度、可控性和协同性。随着大数据、人工智能等技术的不断发展和应用，供应链可视化将更加智能化和个性化，进而实现供应链管理的全面可视化和实时监控。可视化是数字化转型的重要手段，可以让企业更加清晰地了解供应链的运作和瓶颈，及时进行优化和调整。

通过供应链可视化，企业可以实现对供应链的全面监控和实时跟踪，及时发现问题和瓶颈，并进行预测和分析，为企业的决策提供有力支持。同时，供应链可视化也可以加强企业与供应商、客户、合作伙伴之间的沟通和协同，提高供应链的协同效率和协同性。

（3）供应链智能化

供应链智能化是指通过信息技术和数据分析技术，对供应链中的各种信息和流程进行智能化处理和优化，以提高供应链的预测准确性和响应速度，降低供应链的风险和成本，提升供应链的品质和效益。随着机器学习、自然语言处理等技术的不断应用，供应链将更加自动化和智能化，进而实现供应链管理的全面优化和升级。供应链智能化是数字化转型的关键要素，可以让企业更加高效地运作和响应市场需求。

在实现供应链智能化的过程中，企业需要充分利用大数据、人工智能等技术，对供应链中的数据进行分析，挖掘出有价值的信息，提高供应链的预测准确性和响应速度。同时，企业需要加强与供应商、客户、合作伙伴之间的数据共享和协同，实现供应链智能化。

（4）供应链协同化

供应链协同化是指通过信息技术，对供应链中的各种信息和流程进行协同化处理和优化，以提高供应链的协同效率和协同性。随着区块链、云计算等技术的广泛应用，供应链协同化将更加去中心化和安全化，进而实现供应链合作的全面协同和共赢。在实现供应链协同化的过程中，企业需要加强与供应商、客户、合作伙伴之间的信息共享和协同，建立统一的供应链管理平台，实现供应链的数字化和可视化，提高供应链的协同效率和协同性。

总之，供应链互联网化是企业数字化转型和提升竞争力的必经之路，企业需要充分利用现代信息技术和数据分析技术，实现供应链的数字化、可视化、智能化和协同化，提高供应链的效率、灵活性和品质，实现供应链的全面优化和升级。

党的二十大报告强调，构建以国内大循环为主体、国内国际双循环相互促进的新发展格局，提到着力提升产业链供应链韧性和安全水平，推动经济实现质的有效提升和量的合理增长，提到确保产业链供应链安全。因此，面对世界百年未有之大变局，中国在构建新发展格局，着力推动高质量发展进程中，保持供应链韧性和供应链安全是非常重要的。

思考题

1. 战略管理的内涵是什么？
2. 战略管理过程包括哪些内容？
3. 何谓 SWOT 分析法？
4. 谈谈你对波特的五力分析模型的理解。
5. 波特的竞争战略包括哪些战略？
6. 如何理解战略层面的供应链管理？

➢ 自测题及参考答案

➢ 案例分析

第六章　组织与组织文化

当管理者制订计划并做出相应战略决策后,需要通过组织来执行,因此相应的组织设计成为管理活动的一项重要内容。由于企业的经营环境在不断变化,人们对环境特点的认识不断提高,因此,组织结构以及组织之间的关系也随之调整,顺势变革,对于在组织变革中可能产生的冲突和面临的压力,管理者和执行者需要秉承自身组织强有力的文化,不断创新探索,推动组织在变革中寻求长期、有效、持续的发展,为社会福祉做贡献。

学习纲要

✧ **知识点:**组织与组织设计,组织变革,组织文化,管理伦理与社会责任。

✧ **重点:**组织设计的基本原则,机械式与有机式组织,组织结构类型,组织文化的基本内涵,社会责任与社会响应。

✧ **难点:**组织设计权变因素,组织变革,管理伦理。

名言名句

✧ 今天的组织需要的是由一群平凡的人,做出不平凡的事。

——德鲁克

✧ 只有在集体中,个人才能获得全面发展其才能的手段,也就是说,只有在集体中才可能有个人自由。

——马克思

引例

一个很好的计划经常因为没有良好的组织结构而不能有效执行。在某一时期合适的组织结构,过了一段时间就不合适了。戈里(Gerry)和利洛·利兹(Lilo Leeds)是一对经营CMP出版公司的夫妇。他们在1971年创建了该公司,公司大大小小的决策权都集中在他们手里,由此构建的组织结构使公司得以有效运营。1987年,公司出版的10种商业报纸和杂志都在各自的市场上占据了领先地位。他们所服务的计算机、通信技术、商务旅行和医疗保健市场也为公司成长提供了充分的发展机会。但在同年公司的运营出现了问题。他们对公司的管理越来越难,比如想约见戈里的人早上8:00就要在办公室外排队等候。员工越来越难以得到对日常问题的答复,要求快速反应的决策常常被耽误。当初设计的组织结构对这个成长中的公司已经不再适用。认识到这个问题,他们立即对公司的组织结构进行重组。首先,将公司分解为可管理的单位——分部。每个分部配备一名经理,授予其足够的权力。其次,设立出版委员会负责监管这些分部。他们夫妇和各个分部经理都是该委员会的成员,分部经理定期向委员会汇报工作,委员会负责确保各个分部按公司的总战略运作。组织结构的变革使该公司取得了明显的效果:出版了 14 种刊物,年销售额达到近 2 亿美元,公司收益持续以 30%的年增长率不断提升,公司不断发展壮大。

(资料来源:百度文库)

思考

CMP 出版公司的例子说明在组织演进过程中至关重要的抉择是什么?

第一节 组织概述

组织是人类社会最常见、最普通的现象。当今社会有各种各样的组织(包括营利性组织和非营利性组织)。人类要生存与发展,就离不开在组织中彼此间的相互协作。为了有效地协作,人们必须了解各自的任务、责任和权限,由此形成了一个个具有确定的关系、共同的目标与任务的组织结构。为了使组织具有效率,人们不断总结经验,希望能以最少的费用,充分发挥组织中每一位成员的智慧与工作积极性,以实现组织的目标。因此,组织又是管理的一项基本职能。

一、组织的含义

什么是组织?这个问题的答案似乎非常简单,医院是个组织,大学也是个组织。这样的例子人人都能说出许多,但这并没有说明组织的确切含义。

组织的一个较为直观的含义是:“组织是为了达到某些特定目标经由分工与合作及不同层次的权力和责任制度,而构成的人的集合。”这个含义具有三层意思。

①组织必须具有目标。因为任何组织都是为目标而存在的,不论这种目标是明确的还是隐含的,目标是组织存在的前提。例如,通过从事生产、流通和服务等活动而获得利润是大多数企业的目标之一;医院的目标是为患者提供诊治服务;大学的目标是培养高级科学与技术人才;国家各级政府的目标是搞好国家相关领域的决策与管理。

②没有分工与合作也不能称其为组织。分工与合作关系是由组织目标限定的。企业为了达到经营目标要有采购、生产、销售、财务和人事等许多部门。这是一种分工,每个部门都承担企业的部分特定工作。各个部门又要相互配合。只有把分工与

合作结合起来才能产生较高的企业运作效率。

③组织要有不同层次的权力与责任制度。这是由于分工之后,就要赋予每个部门乃至每个人相应的权力和责任,以便实现组织的目标。想完成任何一项工作,都需要具有完成该项工作所必需的权力,这是不言而喻的,同时又必须让其负有相应的责任,仅有权力而无责任,可能导致滥用权力,不利于组织目标的实现。权力和责任是实现组织目标的必要保证。这是古典管理学派的定义,更适用于组织初创期,叫作“结构论”。

第二种定义叫作“行为论”,是社会系统学派的巴纳德提出的:“组织是两人或两人以上有意识加以协调的活动或效力系统。”这里强调的是组织成员的协调和协作,更适用于组织的运行分析。

第三种定义叫作“系统论”,是由系统学派提出的:“组织是开放的社会系统,具有许多相互影响、共同工作的子系统,当一个子系统发生变化时,必然影响其他子系统和整个系统的工作。”这种定义把组织内的部门和成员看作有机联系、互相作用的子系统。“系统论”更适合组织变革时使用。

二、组织职能

组织职能的具体内容包括组织机构设计、适度分权和正确授权、组织文化的培育和建设。

1. 组织机构设计

组织机构设计包含以下三个方面的内容。

①单位、部门和岗位的设置。组织单位、部门和岗位的设置,不是把一个组织分成几个部分,而是作为一个服务于特定目标的组织,必须由几个相应的部分构成,就像人要走路需要脚一样。它不是由整体到部分进行分割,而是整体为了达到特定目标,必须有不同的部分。这种关系不能倒置。

②各个单位、部门和岗位的职责、权力的界定。这是对各个部分的目标、功能、作用的界定。一定的构成部分,如果没有不可或缺的目标、功能、作用,就会萎缩消失。这种界定就是一种分工,但却是一种有机体内部的分工,如同嘴巴可以用于吃饭,也可以用于呼吸。

③单位、部门和岗位角色相互之间关系的界定。这是指界定各个部分在发挥作用时,彼此协调、配合、补充、替代的关系。

这三个问题是紧密联系在一起的,在解决第一个问题的同时,实际上就已经解决了后面两个问题。但作为一大项工作,三者存在一种彼此承接的关系。我们要对组织架构进行规范分析,其重点是第一个问题,后面两个问题是对第一个问题的进一步展开。

2. 适度分权和正确授权

集权和分权是组织设计中两种相反的权力分配方式。绝对的集权意味着组织中的全部权力集中在一个主管手中，所有决策均由主管做出，中间没有任何管理人员，没有任何中层管理机构；而绝对的分权意味着将全部权力分散到各个管理部门中，这时，主管的职位就是多余的，一个统一的组织也不复存在。因此，适度的分权是组织存在的基本条件，也是组织既保持目标统一性又具有柔性、灵活性的基本要求。

在组织设计中，当今组织都注意到纵向权力高度集中带来的组织僵化和臃肿，单纯地依靠高层主管进行决策可能很难动态地适应环境的变化。因此，正确地向下授权可以更好地使组织成员自由、圆满、高效地完成组织的各项工作。

3. 组织文化的培育和建设

组织的有效性受组织文化的影响，而组织文化又影响着决策、计划、组织、领导和控制这些管理职能的实施方式。组织文化比组织外在的硬性管理方法本能地具有一种内在凝聚力和感召力，使每个职工产生浓厚的归属感、荣誉感和目标服从感，使成员按照组织整体价值取向行事。

这些职能为实施组织计划提供了必要的组织保证，是组织实施管理的基础。

三、组织环境

任何组织都是在一定的环境下生存和发展的。组织与它的环境是相互作用的，组织依靠环境来获得资源以及某些必要的机会；环境给予组织活动某些限制，而且决定是否接受组织的产出。如果组织能够不断地提供环境所能接受的产品或服务，环境就会不断地给组织提供资源和机会。例如，一个企业如果能够不断地生产出顾客愿意接受的产品，顾客就会付出代价，这种代价将作为资源重新投入企业，使企业生产进行下去。反之，如果这个企业不能提供令顾客满意的产品，就会造成销售量下降、企业亏损，严重时还会倒闭。

组织环境包括许多要素，主要有人力、物质、资金、气候、市场、文化、政府政策和法律。这些要素几乎包罗了各种组织的环境要素，不同组织对要素依赖的程度不同，例如，一所大学对气候的依赖程度不大，而一个农场成功与否在很大程度上取决于气候的好坏。

组织环境对组织具有两个方面的影响：一是提供资源和机会；二是给予限制。因此，组织要适应环境并利用环境提供的资源和机会求得生存和发展。组织要了解环境的各种要素，明确哪些要素对组织的成功起关键作用，它们是怎样影响组织活动的，是直接影响，还是间接影响，采用什么措施才能适应组织环境的变化，是改变环境还是变革组织，只有这样，才能立于不败之地。

四、组织的基本特性

组织具有复杂性、规范化和集权化三个基本特性。

1. 复杂性

复杂性指组织内部的结构分化程度。一个组织分工越细、组织层级越多、管理的幅度越大,组织的复杂性就越高;组织的部门越多,组织的地理分布就越分散,协调人员及其活动也就越困难。

2. 规范化

规范化指组织依靠制定的工作程序、规章制度和规则引导员工行为的程度。有些组织依靠很少的规范准则运作;而有些组织不论规模大小都有严格的规章制度,指导或约束员工可以做什么和不可以做什么。一个组织使用的规章制度条例越多,其组织就越规范。

3. 集权化

集权化指组织在决策时正式权力在组织层级集中的程度。决策权高度集中在组织的上层,问题由下而上传递给高层管理人员,由他们选择合适的行动方案,这时组织的集权化程度较高;反之,一些组织授予下层人员更多决策权力时,组织的集权化程度就较低,这就是分权化。

五、组织设计

管理人员一旦确定了组织的基本目标并制订明确的实施计划和步骤之后,就必须通过组织设计为计划和决策的有效实施创造条件。组织设计就是指对一个组织的结构进行规划、构造、创新或再构造,以便从组织结构上确保组织目标的有效实现。管理人员在设立或变革一个组织的结构时,他们就是在进行组织设计的工作。

组织设计的目的是通过构建柔性灵活的组织,动态地反映外在环境变化的要求,并且能够在组织演化成长的过程中,有效积聚新的组织资源要素,同时协调好组织中部门与部门之间、人员与任务之间的关系,使员工明确自己在组织中应有的权力和应担负的责任,有效地保证组织活动的开展,最终保证组织目标的实现。

(一)组织结构设计

组织结构设计是组织设计的基础性工作,既是对组织整体目标的分解,又是对组织框架的整体安排。一个完整的组织结构设计至少包括职能设计、部门设计和层级设计三个方面。

1. 职能设计

职能设计是对组织完成目标所需要的职能、职务的整体安排。组织为了完成目标,需要将总体目标进行层层分解,明确完成任务需要哪些活动,确定所需职位、职务的类别和数量，分析各类职务所需要的任职资格及职位管理人员需要具备的条件、应该拥有的权限、所承担的责任等。

2. 部门设计

在组织的职能设计中，会出现许多职能和职务，这些职能和职务中会有重叠、交叉和近似的情况。组织的部门设计是按照职能的相似性、活动的关联性、联系的紧密性将各个职位整合为部门的过程。部门设计虽然有一定的规律和通用原则，但部门划分并没有统一标准，组织可以根据组织活动的特点、组织规模、环境进行安排，并根据组织内外环境的变化进行动态调整。

3. 层级设计

层级设计是对部门之间关系的安排，这种关系既包括部门之间的纵向层级，又包括部门之间的横向联系。层级设计首先对组织内外资源和人员情况、各类职务、部门加以分析，必要时进行适当调整，据此确定适当的管理幅度并划分出纵向的管理层次，以保证整个组织结构安排得精干高效。通过层级设计，组织各部门之间纵向、横向的关系变得清晰，职能部门以及管理者的权责关系趋于明确。

（二）组织运行制度设计

组织结构设计是组织设计的基础，组织运行需要制度和人员的保障，而这些是通过运行制度设计来实现的。组织运行制度设计是指为了保证组织的高效运行而进行的制度和人员方面的安排，包括沟通系统设计、管理规范设计和激励设计。

1. 沟通系统设计

部门间层级关系确定后，组织需要建立沟通系统，以确保信息准确、有效地传递。

2. 管理规范设计

管理规范设计指建立组织的规章制度，保证组织的各个层级、部门和岗位按照统一的要求和标准进行配合和行动。规章制度包括各部门的活动目标、规则程序和工作标准等，以制度的形式明确决策、执行的主体和工作流程，使得组织活动有章可循，保证组织内部的公平性。

3. 激励设计

激励设计是组织为了调动组织成员尤其是管理人员的积极性而进行的制度性安排，包括激励制度和惩罚制度。

六、正式组织与非正式组织

1. 正式组织

正式组织是指在组织设计中，为了实现组织的总目标而设立的功能结构，这种功能结构是组织的组成部分并有明确的职能。例如，企业中的销售部门、生产部门、财务部门等都是正式组织。然而，把某一组织称为正式组织，绝不是说它是固定的、一成不变的或是无适当限定的。管理人员想要做好组织工作,组织的结构一定要提供这样一种环境,使个人不论是现在还是将来都十分有效地为组织群体目标做出贡献。

正式组织的特征如下。

①经过规划而不是自发形成的。其组织结构的特征反映出一定的管理思想和信念。

②有十分明确的组织目标。

③讲究效率,协调地处理人、财、物之间的关系,以最经济有效的方式达到目标。

④分配角色任务,影响人们之间关系的层次。

⑤建立权威,组织赋予领导以正式的权力,下级必须服从上级。

⑥制定各种规章制度约束个人行为,实现组织的一致性。

⑦组织内个人的职位可以相互替代。

2. 非正式组织

非正式组织是指在组织中由于地理位置、兴趣爱好、工作关系、亲朋好友关系而自然形成的群体,这种群体不是经过程序化而成立的。管理学经典著作《总经理的职能》的作者切斯特·巴纳德认为,任何没有自觉的共同宗旨的群体活动,即使是有助于共同的结果,也是非正式组织。亚利桑那州立大学的基斯·戴维斯把非正式组织描述为"不是正式组织建立或要求的,而是由于人们相互联系自发形成的人际关系和社会关系网络,是以感情、习惯、喜爱、相互依赖来满足个人不同的心理需要的群体"。非正式组织可能包括机工车间的班组、星期五晚上玩保龄球的伙伴以及上午来喝咖啡的"常客"。

非正式组织的特征如下。

①组织的建立以人们之间具有共同的思想、相互喜爱、相互依赖为基础,是自发形成的。

②组织最主要的作用是满足个人不同的需要。

③组织一经形成,会产生各种行为规范,约束个人的行为。这种规范可能与正式组织目标一致,也可能不一致,甚至相抵触。

非正式组织的作用具有两面性,是现实中不可忽视的群体。它的优点是参加非正式组织的个人有表达思想的机会,能提高士气,可以促进人员的稳定,有利于沟通,有利于提高人员的自信心,能减少紧张感,如果利用得好,它可以为组织目标的实现发挥重要作用。但是,当组织中非正式组织的目标与组织的总目标不一致或冲突时,非正式组织又会成为组织目标实现的障碍,可能会出现集体抵制上级的政策或目标的情况。

第二节 组织结构

组织结构是描述组织的框架体系，即基本构架，是实现组织目标的人员、工作、技能和信息等组织内部资源的制度性安排。不同规模、不同类型的组织有着不同的组织结构，而且需要根据组织发展进行动态调整。组织结构设计是组织设计的核心工作，是为组织战略服务的。

一、组织结构的概念

组织结构是组织中正式确定的，使工作任务得以分解、组合和协调的框架体系。一方面，组织结构是组织内部的职能分工，即按照组织目标对工作任务进行分解，确定相应的部门完成工作；另一方面，组织结构是一个纵向的层级体系，层级的多少取决于组织的规模和管理幅度。通常，组织结构中各个部门之间的相互关系可以用组织结构图表示，以直观的方式呈现组织中的职位及层级关系，明确组织的职权结构及各个部门的任务，反映组织内部在职务范围、职责、权力等方面形成的关系体系。

二、组织结构的基本形式

在进行组织结构决策时，有一些常用的设计可供管理者选择，如直线制组织、职能制组织、直线职能制组织、事业部（分公司）制组织、矩阵制组织、团队结构、无边界组织、网络型组织等。

（一）直线制组织

直线制组织（Line Organization）是最早出现的一种组织结构形式，其结构简单，最常出现在小型企业中。一个白手起家的民营企业家经营的计算机公司，一个小的零售商店，一家小型的律师事务所等，它们的共同特点是有一个简单的组织结构，是低复杂性、低规范化和集权化的组织，组织中所有职位都实行从上到下的垂直领导。它是一种扁平结构，通常只有两三个纵向层次，有一个松散的员工队伍，决策权集中于某一个人。在这种组织结构中，经营者与所有者为同一个人。图 6-1 是一家百货商店的组织结构图，张先生拥有并管理着这家商店，他雇佣了三个人，两个营业员、一个采购员，他是主持一切的老板，还是商店的收款员。

直线制组织结构的优点是设置简单，权责关系明确，反应快速、灵活、运营成本低，有利于组织的有序运行；缺点是专业化水平低，缺乏横向沟通，对管理人员要求高。这种组织形式只适用于规模较小、生产技术比较简单的组织。由于低的正规化和高度集权导致信息停滞于高层，决策缓慢。当组织规模扩大的时候，如果经营者还试图独揽大权，包揽所有决策，势必影响企业的发展。

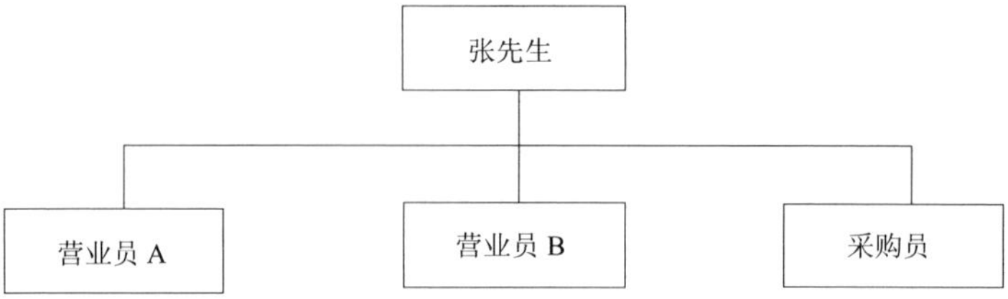

图 6-1　直线制组织结构

(二)职能制组织

职能制组织(Functional Organization)是指把有相似或相关职业专长的人员组合在一起的一种组织设计,如图 6-2 所示。

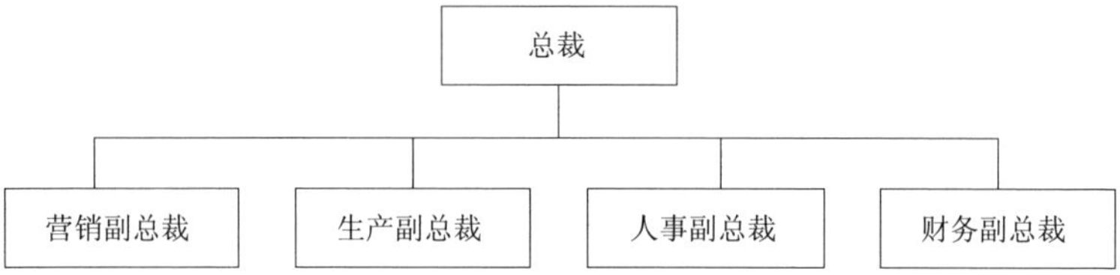

图 6-2　职能制组织结构

职能制组织结构的特点是将技能相似的专业人员集合在各自专门的职能机构内,并在各自的业务范围内分工合作,组织任务集中明确,上行下达。

这种组织结构的优点是适应大生产分工合作的要求,提高了专业化管理水平,降低了设备和职能人员的重复性,减轻了高层管理者的责任压力,使其能专注于最主要的决策工作,有利于降低管理成本。其缺点是组织中常常因为片面追求职能目标而看不到全局的最佳利益,没有一项职能对最终结果负全部责任。管理人员拥有职能专业知识,却对其他职能领域缺乏了解;他们成为专家,但不是通才。在不同职能之间,摩擦加剧,沟通和协调难以实现。因此,这种结构不能给管理者带来关于整个组织活动的广阔视野。

在相当简单、稳定的环境中,职能制组织结构可能是最理想的选择。如果组织进一步发展,开发新产品并快速地投放到市场,应对顾客的需求和对其他变化做出迅速反应就变得困难了。特别是在公司业务增长、经营环境瞬息万变的情况下,迫切需要更有效地将工作领域整合起来以使组织更灵活、更具反应能力,这就要求我们采取比职能制组织更能应对顾客需求、对外部环境的变化做出迅速响应的其他组织结构形式。职能制组织结构不会消失,因为永远需要职能专家,但在当今的企业环境中,职能制管理人员做决策的机会越来越少,而跨职能的团队将会变得越来越重要。

(三)直线职能制组织

由于直线制、职能制组织结构均存在先天的缺陷,所以取长补短综合两种形式的特点建立直线职能制组织（Line and Staff Organization）（又称直线参谋制组织）。具体做法：以直线制组织结构为基础，在各层级中设置相应的职能部门，即在直线制组织统一指挥的原则下，增加了参谋机构从事专业管理。职能部门不能直接对直线制的部门发号施令，只能进行业务指导。图 6-3 中的虚线部分表示参谋的专业管理。

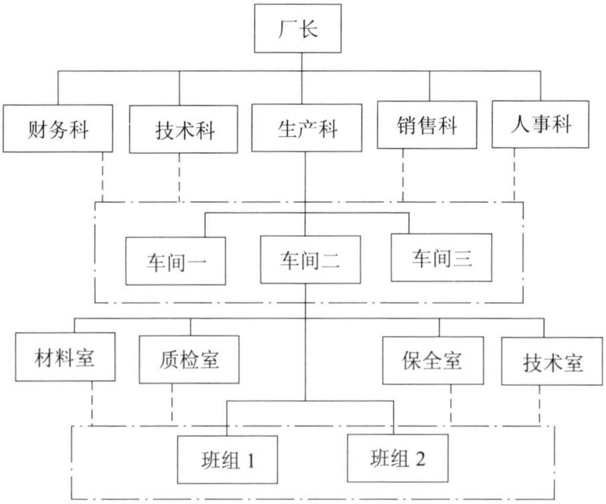

图 6-3　直线职能制组织

直线职能制组织的优点是统一指挥和专业化管理相结合，既有统一指挥的优势，又有专业化管理的长处；能够有效减少管理者的负担，同时规避职能制组织的多头指挥。其缺点是协调难度大，当直线部门和职能部门目标不一致时，容易引发职能部门的越权现象，导致组织内部的冲突增加，增加组织内部的协调难度；损害下属的自主权，当管理者偏多时，容易形成高度集权。这个结构缺乏弹性，降低了对外部环境的适应能力；部门增多，不仅增加了管理成本，而且增加了沟通路径，导致信息传递不通畅，从而降低决策效率。

直线职能制组织一般适用于规模不大、产品种类不多、内外环境比较稳定的中小型企业。

（四）事业部制组织

事业部制组织（Divisional Organization）又称为分公司结构，是由通用汽车公司在 20 世纪 20 年代首创的，是指组织面对不确定的环境，按照产品类型、顾客类型、地域等设计建立若干不同的业务单位或事业部，并由这些事业部进行独立业务经营和分权管理的一种分权式结构类型，如图 6-4 所示。

事业部制组织执行“集中决策，分散经营”的管理原则。它的优点是最高管理层可专注于公司的战略决策等事务；各事业部可以更好地以顾客为中心促进资源的有效整合;有利于调动经营者的积极性,培养“多面手”级的管理人才;有利于发挥经营者的灵活性和主动性,提高对市场竞争环境的敏捷适应性,使公司较早适应未来的竞争与挑战。缺点是:各事业部有完备的职能部门,机构重复,管理人员增多,管理成本增高;相互之间支持与协调困难,限制资源共享,出现各自为政的部门主义倾向,损失总体利益,影响组织长远目标的实现。事业部制组织结构适用于采用多样化战略、国际化战略的大型组织,该组织的产品或服务分散在各个市场,且规模较大。例如,沃尔玛公司旗下的事业部有沃尔玛不动产部、国际部、专卖店、山姆俱乐部以及购物广场。

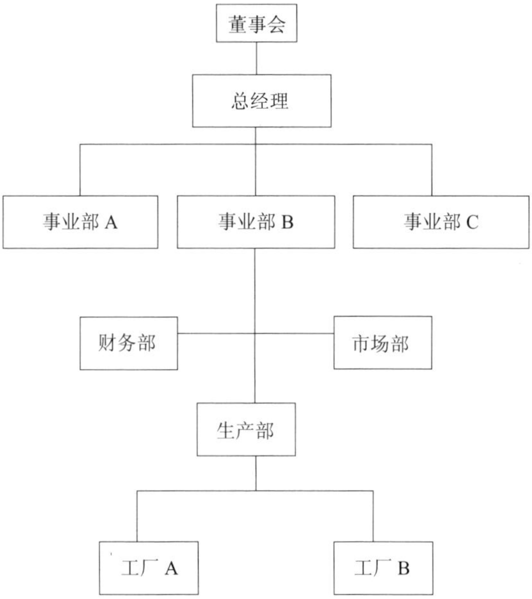

图 6-4　事业部制组织结构

(五)矩阵制组织

矩阵制组织(Matrix Organization)结构又称为项目结构,由纵横两套管理系统组成:一套是纵向的职能管理系统,另一套是为完成某一任务而组成的横向的项目系统,如图 6-5 所示。也就是说,矩阵制组织结构中既有按职能划分的垂直领导系统,又有按项目划分的横向领导系统。当企业同时有几个项目需要完成时,每个项目都要配备不同专长的技术人员或其他资源。因此,在职能结构的纵向领导系统的基础上,又出现了一种横向项目系统,形成纵横交错的矩阵结构。项目小组一般根据需要从不同职能部门调集具有不同背景、不同技能、不同知识的人员组成。由项目经理指挥完成某一特定的项目。它打破了统一指挥的传统原则,创造了双重指挥链。因为矩阵组织中的员工拥有两个经理：职能经理和产品或项目经理，而两个经理共享管理权，项目经理在项目目标的相关领域内管理项目团队的职能人员，而有关员工的晋升、薪酬管理、年度考核的决策通常是职能经理的责任。

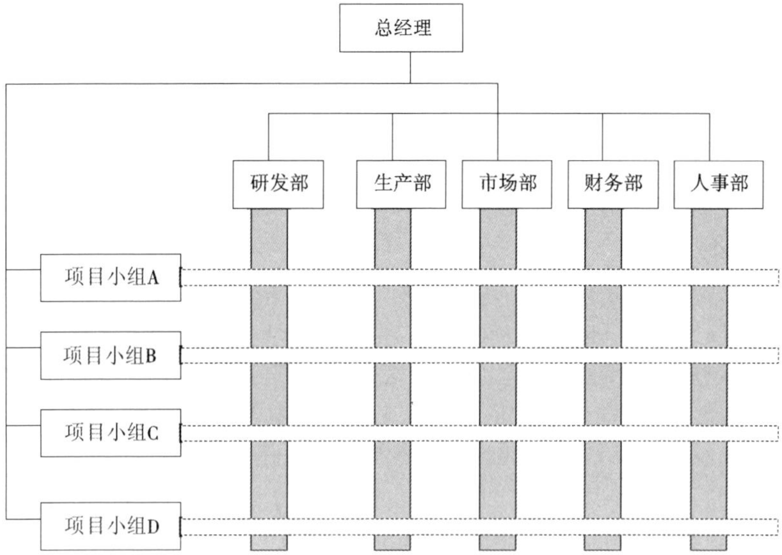

图 6-5 矩阵制组织结构

矩阵制组织的优点是：机动性强，目标明确，通过异质组织实现创新，沟通顺畅；促进专业资源在各项目中共享，便于一系列复杂而独立的项目相互协调，同时又保留将职能专家组合在一起所具有的经济性。它的最大缺点是放弃了统一指挥，向两位上级汇报会造成一定程度的"多头指挥、权责不等"等混乱现象。这种结构适用于一些临时性的、需要多个部门密切配合的项目。企业可以通过矩阵制组织来完成涉及面广、临时性强、复杂的重要大型工程项目、新产品研发或管理改革任务。

例：IBM 公司把多种划分部门的方式有机地结合起来，其组织结构形成了立体网络多维矩阵。IBM 既按地域分区，如亚太区、中国区、华南区等，又按产品体系划分事业部，如个人计算机（PC）、服务器、软件等事业部；既按照银行、电信、中小企业等行业划分，也按销售、渠道、支持等不同的职能划分，所有这些纵横交错的部门划分有机地结合成为一体。比如，这个矩阵中的某一位员工相对于 IBM 大中华区服务器系统事业部 AS/400 产品的总经理而言，他既是 IBM 大中华区的一员，又是 IBM 公司 AS/400 产品体系中的一员，当然还可以按照另外的标准把他划分在其他的部门里。

（六）团队结构

在团队结构（Team Structure）中，整个组织都是通过工作团队来执行工作任务的。在这种结构中,赋予员工权力是关键,因为管理职权并未从上向下传递。相反,员工团队以他们自以为最好的方式设计和从事工作,并对其各自领域的工作绩效负责。在大型组织中,团队结构与职能结构或分公司结构互为补充,这就使组织既有科层组织的效率又有团队的灵活性。例如,亚马逊、波音、惠普、路易威登、摩托罗拉和施乐等公司都广泛使用员工团队以提高效率。

团队结构的优点是员工更加投入、更有权力,各职能领域之间障碍减少;缺点是没有清晰的指挥链,团队承担工作压力。因此,虽然团队结构作用很大,但是,仅仅将员工变成团队远远不够,员工必须接受培训,以适应团队的工作与获得多种技能,同时员工必须得到相应的回报。

(七)无边界组织

无边界组织(Boundaryless Organization)的概念最早是由曾任通用电气董事长的杰克·韦尔奇提出的,其基本内涵是:在构建组织结构时,不是按照某种预先设定的结构来限定组织横向、纵向和外部边界,而是力求打破和取消边界,以保持组织的灵活性和有效运营。其中,横向边界是专业分工和部门划分形成的;纵向边界是将员工划归为不同的组织层级;外部边界则是指组织与顾客、供应商及其他利益相关者分离开来的隔墙。通过运用跨层级团队和参与决策等结构性手段,可以消除组织内部的纵向边界,使组织结构趋于扁平化;通过跨职能团队和工作流程而非职能部门组织相关的工作活动等方式,可以消除组织内部的横向边界;通过与供应商建立战略联盟以及体现价值链管理思想的顾客联系手段等方式,可以削弱或取消组织的外部边界。无边界的操作要点是淡化和模糊组织边界,而非绝对消除组织边界。

无边界组织的优点是极为灵活、反应迅速、可以利用各地人才;缺点是缺乏控制、沟通困难。无边界组织包括虚拟组织和网络化组织。虚拟组织(Virtual Organization)由少数全职核心员工和临时聘请的外部专业人员组成。网络化组织(Network Organization)是利用自己的员工完成部分工作活动,同时将其他工作外包出去,这样使组织专注于其最擅长的领域,而把其他业务外包给其他有能力的公司。例如,波音787飞机的开发经理管理着数千名员工和世界100多个国家与地区的约100家供应商。

(八)网络型组织

网络型组织(Network Structure)是一种目前流行的、新的组织形式。它是指这样一个小的核心组织,它通过合作关系(以合同形式)依靠其他组织执行制造、营销等经营功能。它的特色是以项目为中心,将企业内部各项工作,包括生产、销售、财务和其他关键业务等,以合同为基础依靠其他组织承担。网络型组织是一种有效发挥核心业务专长的协作型组织形式。它实现了组织内在核心优势与市场外部资源优势的有机结合,因而更具敏捷性和快速应变能力,可视为组织结构扁平化趋势的一个极端例子。

网络型组织在实践中已十分普遍，这主要归功于网络经济这一概念的提出。在工业经济时代，人们普遍意识到规模经济给企业带来了强大的竞争优势。1975 年美国经济学家约翰·潘泽（John Panzar）和罗伯特·维立格（Robert Willing）提出"范围经济"的概念，它是指企业多样化经营（扩大经营范围）带来的经济性。"规模经济"和"范围经济"造成巨型企业组织的出现，它们成为行业的巨头，垄断了市场。然而，进入 20 世纪 90 年代以后，市场环境的不确定性增强，竞争空前激烈，消费者需求的多样化和个性化，使得这些巨型组织无力控制环境，规模本身不再是竞争制胜的利器。反之，这些庞然大物适应能力差，反应迟钝，动作缓慢，效率低下的弊端在新环境下越发突出。随着信息技术的发展，工业社会开始向信息社会转变，必须有一个与信息社会相适应的经济模式，这就是网络经济。网络经济强调企业之间的联合，进行资源共享，一个企业不必拥有所有职能，它可以将一部分职能"外包"出去，只保留一些有竞争优势的职能。网络中的企业不会出现功能的重复，在很大程度上是将规模经济和范围经济结合在一起。一个典型的网络型组织结构如图 6-6 所示。

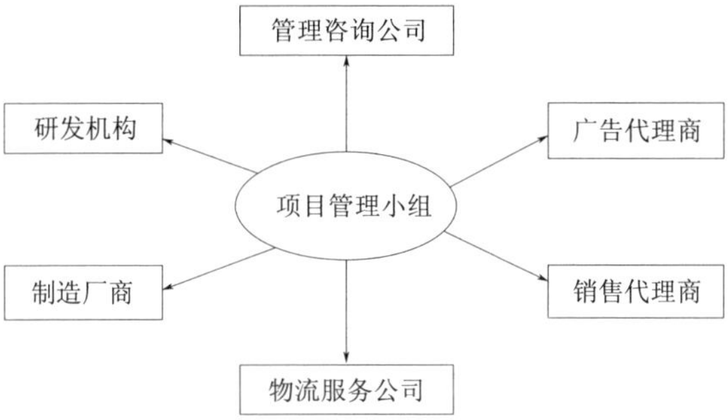

图 6-6　网络型组织结构

网络型组织结构的优点是：组织结构具有更大的灵活性和柔性，以项目为中心的合作可以更好地结合市场需求来整合各项资源，而且容易操作，网络中的各个价值链部分也随时可以根据市场需求的变动情况增加、调整或撤并；组织结构简单、精练，由于组织中的大多数活动都实现了外包，而这些活动更多的是靠电子商务来协调处理的。我们设想有一套设备，它们在北京开发，美国负责工艺设计，韩国负责制造，一家日本销售商在加拿大进行分销。这些部门之间通过合同进行电子化合作。

网络型组织的一个缺点是可控性太差。经理不控制全部操作，而必须依靠合同、合作、谈判和电子信息来运作一切。由于存在着道德风险和逆向选择性，一旦组织所依存的外部资源出现问题，如质量问题、提价问题、及时交货问题等，组织将陷于非常被动的境地。例如一个承包商出了问题，如退出、工厂被烧等，总部的组织就可能被搅乱，所以具有较高的不确定性。最后，网络型组织还要求建立较高的组织文化以保持一定的凝聚力,然而,由于项目是临时的,员工随时都有被解雇的可能,员工忠诚度可能较低。员工会觉得他们有可能被外包服务所取代,因而很难发展出有凝聚力的企业文化。人员流动会比较频繁,因为员工和公司之间的感情联系比较薄弱。

早先的网络型组织只适用于一些劳动密集型行业,如服装业、钢铁业、化工业等。随着电子商务的发展以及外部合作竞争的加强,更多的知识型企业依靠 Intranet 等信息技术手段,并以代为加工(OEM, Original Equipment Manufacturer)、代为设计(ODM, Original Design Manufacturer)等网络合作方式取得了快速响应市场变化的经营绩效。

第三节　组织设计的基本原则与权变因素

一、组织设计的基本原则

一般管理理论家所提出的组织设计的经典概念,为管理者从事组织设计提供了一套可遵循的原则。从这些原则提出至今,社会发生了巨大变化,但这些原则中的大部分对我们设计一个有效运作的组织仍然具有重要参考价值。本节探讨五条基本的组织设计原则,它们一直指导着组织设计工作;同时也说明为了反映组织活动的日益复杂多变,这些原则是如何得到修正的。

(一)劳动分工

劳动分工原则也称为工作专门化(Work Specialization),是指工作活动分成单个的任务,为了提高产出,个人从事工作的某一部分而不是整项工作。

传统的组织设计是建立在劳动分工基础之上的。亚当·斯密认为,分工程度越高,工作效率越高。劳动分工使不同员工的多种技能得到有效的利用。对于大多数组织来说,一些工作需要较高的技能,而另一些工作则不需要培训即可胜任。如果组织不进行劳动分工,所有员工都要从事制造过程的每一个步骤活动,他们就必须同时具备从事最容易的工作和最困难的工作所需要的技能。这样就造成了高技能员工在很多情况下从事低技能的工作,造成资源的浪费。劳动分工解决了这个问题。比如,一个外科医生在做完心脏手术之后,缝合工作通常由旨在提高技能的实习医生来完成。古典学者将劳动分工视为提高生产效率的一个不尽的源泉。

物极必反,随着劳动分工的不断发展,它在为组织带来经济效益的同时,由于工作单一、重复,员工感到厌倦、疲劳,从而导致生产率和产品质量下降,员工缺勤率上升,离职率提高等。罗宾斯教授将这种现象称为人员非经济性。劳动分工发展到一定程度之后,人员非经济性会超过专业化分工带来的经济优势。

20 世纪 60 年代,这种情况出现了。如何克服人员的这种非经济性呢?可以通过工作的扩大化和丰富化，让员工独立完成一项完整的任务，或组织团队进行工作协作，以提高员工的成就感，激发员工工作的积极性，而不是通过缩小工作范围来提高生产率。尽管如此，劳动分工的概念在现代企业组织中仍得到广泛应用。

（二）统一指挥

统一指挥原则是指每位下属应当而且只能由一个上级主管直接领导，在上下级之间形成一条清晰的指挥链，否则，下属可能要面对来自多个主管的冲突要求或优先处理要求而无所适从，所以必须防止多头领导。

统一指挥原则对于保证组织目标的实现和绩效的提高有很大的作用。在组织设计的过程中，实施这一原则才能最大限度地防止政出多门、遇事相互推诿，才能保证有效地统一和协调各方面的力量和各部门的活动。

组织结构相对简单时，统一指挥、统一管理符合逻辑。当今许多组织仍然严格遵循这一原则。但在一些情况下，当组织遵守这一原则行事时，会造成某种程度的不适应而妨碍组织绩效的提高。

（三）权责对等

权责是指职权和职责。职权（Authority）指的是管理职位所固有的发布命令和希望命令得到执行这样一种权力。每一个管理职位都具有某种特定的、内在的权力，任职者可以从该职位的等级或头衔中获得这种权力。职责（Responsibility）是指一个人得到某种权力，他就要承担一种相应的责任。要区别两种不同形式的职责：执行职责和最终职责。管理者可以向下授予执行职责，这一职责可能会进一步下授，但最终职责永远不能下授，管理者必须对授予了执行职责的下属的最终行为负责。这就是说，管理者应对其授权负最终责任而不管具体执行人是谁。

权责对等原则是指一定的职权应当与一定的职责相一致。一个人被授予一定的职权，他也就承担相应的职责。只授予职权而不授予职责，或职权大于职责会造成职权的滥用，而不考虑或很少考虑职权运作的绩效；职责重大而职权过小则会导致指挥失灵，无法开展工作。

按古典学者的分类，职权可分为两种形式：直线职权与参谋职权。

①直线职权（Line Authority）是指给予一位管理者指挥其直接下属工作的权力。这种上下级职权关系从组织的最高层贯穿到组织最底层，从而形成了一条指挥链（Chain of Command）。在指挥链的每个链环处，拥有直线职权的管理者均有权指导下属人员的工作，并无须征得他人同意而做出某些决策。同样，指挥链中的每一位管理者，也都要接受其上级的指挥。

②参谋职权（Staff Authority）是为直线职权服务的顾问性质的职权。随着组织规模的扩大，直线管理者发现他们没有足够的时间、技能有效地完成工作，因此，配置了参谋职权来支持、协助，为他们提供建议，减轻他们的信息负担。一般来说，在没有

得到授权的情况下,拥有参谋职权的人是不能直接发布命令的,但在实际中,参谋人员有时有意或无意地对下属或其他人员行使直接指挥权,从而导致组织管理的混乱和缺乏效率。

此外,职权和权力(Power)是不同的,职权是一种合法的权力,是处于组织中某一职位上的权力,是通过组织安排的权力,与职位有关。权力是指一个人影响决策的能力。职权是更广泛的权力概念的一部分,未必需要有职权才能产生权力。例如,为什么高层管理人员的秘书,尽管只有很小的职权,却拥有相当大的权力?秘书对于老板要见谁和不见谁具有很大的安排权,人们常常依赖他们向老板传递信息,因此,他们对老板的信息具有一定的控制权。在职权等级链上,他们的职位很低,但他们靠近权力的核心,因而拥有权力。

(四)层幅适当

组织设计必然关系到组织层次及管理幅度,组织层次与管理幅度密切相关。

管理幅度指一个单位的负责人能够直接而有效地管理的下属的可能人数。管理幅度究竟应该多宽才能实现有效的管理?至今仍未形成一致意见。管理幅度的宽窄取决于很多因素。组织层次是指组织内部纵向管理系统划分的等级数。一般而言,组织层次与管理幅度成反比关系,在组织人数不变的情况下,管理幅度宽,则组织层级少;反之,管理幅度窄对应于较多的组织层次。高层管理者因要处理大量复杂的问题,管理幅度应小一些,而低层管理者的管理幅度可以大一些。在计算机技术广泛应用之前,管理学学者发现,在组织的高层,管理幅度一般为4~8人,低层一般为8~15人。古典学者主张较小的管理幅度,以便对下属实施紧密控制。

管理幅度决定了组织层次和管理人员的数量。随着计算机技术的日益成熟和广泛应用,组织中层的职能正逐渐由计算机处理来完成,使得管理幅度变宽和组织层次减少,组织也日益由高耸型走向扁平型。越来越多的组织正努力扩大管理幅度。例如,1992年,沃尔玛超过西尔斯公司成为美国第一号零售商。管理大师汤姆•彼得斯(Tom Peters)早在几年前就预见了这一结果。他说,一个12层级的公司(西尔斯)无法与一个只有3个层级的公司(沃尔玛)抗争。这个例子清楚地说明用宽的管理幅度来设计扁平组织是未来的发展趋势。

影响管理幅度的因素很多,比如,管理者拥有经过良好训练、经验丰富的下属,则可以更宽的管理幅度开展工作;对管理幅度起决定作用的因素还有下属任务的相似性,任务的复杂性,工作地点的相近性,使用标准程序的程度,组织管理信息系统的先进程度,组织文化的凝聚力以及管理者的管理风格等。

(五)部门划分

组织设计的实质是按劳动分工的原则将组织中的活动专业化,劳动分工创造了专家,也对协调提出了要求。将专家归并到一个部门中去,在一个管理者指导下工作，可以促进协调。部门的建立通常是根据开展工作的职能、所提供的产品或服务、目标顾客、所覆盖的地理区域、生产工艺流程等进行的，即职能部门化（如采购、生产、销售、人力资源等不同职能部门）、产品部门化（如电风扇、分体式空调、中央空调等不同产品部门）、顾客部门化（如批发、零售、政府等不同客服部门）、地区部门化（如华北、西北、东北等不同区域部门）、工艺流程部门化（粗加工、精加工、总装配等不同工艺部门）。

在当今的竞争环境中，顾客部门化越来越受到重视。它的好处是可以更好地做到以顾客为中心，更快地掌握顾客需求的变化，提供优质服务；也可以使顾客更好地了解企业的产品，更方便地进行产品的选择。我们也注意到，团队现在广泛地被用作实现组织目标的一种手段。跨越传统部门界限的团队的采用，使得原来僵化的部门划分得到补充。

二、机械式与有机式组织

英国学者伯恩斯和斯托克认为，机械式组织和有机式组织是一系列组织类型中的两个极端，而大多数组织介于二者之间。

（一）机械式组织

1. 机械式组织的内涵

机械式组织（也称官僚行政组织）是综合使用传统设计原则的自然产物，一种稳定的、僵化的结构形式，其追求的主要目标是稳定运行中的效率。坚持统一指挥就会产生一条正式的职权等级链，每个人只受一个上级的控制和监督。而保持窄的管理幅度，并随着组织层次的提高缩小管理幅度，这样就形成了一个高耸的、非人格化的组织结构。随着组织规模的扩大，组织高层与低层的距离日益增大，这样高层无法对低层的活动直接监督和控制，所以，高层管理就增加了使用规则、条例，以保证标准作业行为的贯彻。古典学者相信劳动分工，使工作变得简单化、常规化和标准化。

古典学者提倡所有组织都必须是高度复杂化、高度正规化和高度集权化的。组织结构应该像高效率的机器，以规则、条例和规范化作为润滑剂。

这种结构使组织的稳定性、高效率达到了一定的水平，但是也导致了组织僵化，反应迟钝的弱点。职能制组织结构、事业部制组织结构均属于机械式组织结构。

2. 机械式组织的特点

①基于职能的高度专业化。管理问题和任务按照专业化原则进行分解，以客观的、不受个人情感影响的方式挑选任职人员，每个人承担一个特定的、严格界定的任务。

②僵化的职务与权限。组织对分工以后的专业化工作进行严格的层次控制，同时制定许多程序、规则和标准，管理人员的权力来自其职位。

③信息集中于高层。高层管理人员依据相关信息进行决策。

④垂直的命令与信息传递。组织中存在一个垂直的指挥链,上级以命令的形式向下级传递信息,缺少水平横向的沟通与交流。

⑤强调对组织的忠诚和对上级的服从,个性差异和情感的影响被减少到最低程度。

⑥强调固有的知识。往往墨守成规,强调自身的固有知识,对于外部知识和其他组织的经验采取排斥的态度。

3. 机械式组织的适用条件

①环境相对稳定。

②任务明确且持久,决策可以程序化。

③技术相对统一而稳定。

④按照常规活动,以效率为主要目标。

⑤企业规模较大。

(二)有机式组织

1. 有机式组织的内涵

有机式组织(也称适应型组织)是低复杂性、低正规化和分权化的组织结构,一种松散、灵活的具有高度适应性的结构形式。它追求的主要目标是动态适应中的创新。这样的组织不具有高度标准化的工作程序和严格的规则、条例,可根据需要迅速地做出调整。有机式组织也进行劳动分工,但人们所做的工作并不是标准化的。员工多是职业化的,具有熟练的技巧并经过训练,能处理多种多样的问题。他们的教育已将职业行为的标准灌输到体内,所以,不需要过多正式的规则和直接监督。例如,向一个计算机工程师分配一项任务,无须告诉他做事的程序。当他遇到问题时,能够自行解决,或通过向同事咨询得到解决。这时他依靠职业标准来指导他的行为。

有机式组织保持低程度的集权化,就是为了使职业人员能对问题做出迅速反应;另外,也不能要求高层管理者一定具有做出必要决策所需要的各种技能。

2. 有机式组织的特点

①基于知识与经验的专门化。管理任务按照专业化原则进行分解,每个人根据其知识和经验承担相应的任务。

②柔性的职务与权限。分工并不是高度标准化的,需要完成许多非程序化的工作。成员受过良好的训练,被授权开展多种工作。

③信息的分散与共享。信息不是集中在少数高层管理人员手中,而是分散在组织的各个层级,与成员共享,便于他们发挥主观能动性。

④水平的沟通与信息传递。组织结构趋向柔性,不设置永久的固定职位和职能界限严格的部门,成员之间可以全方位沟通,取代了机械式组织中的纵向沟通和层级

沟通。

⑤对工作和技术的忠诚度。不强调对组织的忠诚和对上级的服从，成员忠实于工作和技术，依靠职业标准和团队来指导自己的行为，并不需要过多的正式规则和直接监督。

⑥强调吸收外部智慧。不排斥外部的经验和智慧，而是采取一种兼收并蓄、博采众长的心态来吸纳，使其为组织目标服务。

3. 有机式组织的适用条件

①环境不确定性强。

②任务多样且多变，无法进行程序化决策。

③技术复杂多变。

④有许多非常规活动，需要较强的创造能力。

⑤组织规模较小。

需要说明的是，纯粹的机械式组织和纯粹的有机式组织并不存在。一般而言，历史悠久、规模较大的组织在一定程度上具有机械式组织的特点，管理规范有序；成立时间不长、规模较小的组织呈现有机式组织的特点，有利于发挥“船小好调头”的优势。随着环境不确定性的增加，组织结构呈由机械式向有机式转变的趋势，但这并不意味着有机式组织一定优于机械式组织，在选择组织结构类型时，应该按照组织的发展目标和内外条件，视具体情形而定。机械式组织与有机式组织的对比见表 6-1。

表 6-1　机械式组织与有机式组织的对比

组织结构分类	机械式组织	有机式组织
结构形式	职权层级链	松散
监督力度	强	弱
工作性质	简单、常规化、标准化	非标准化、职业化
管理方法	部门化	任务化
高层管理	加强监督，制定管理规则	低程度集权

三、组织设计的权变因素

按照传统的组织设计原则，早期大多数学者所相信的理想化组织结构设计是机械式组织或官僚行政组织。今天，我们认识到，并不存在适用于所有情况的唯一的“理想”组织设计。真正理想的组织设计取决于各种权变因素。而影响组织设计的因素主要包括环境、战略、技术、规模以及组织发展阶段。

(一)环境与组织结构

管理活动是在一定的环境下进行的。当今社会,组织的外部环境变得尤为不确定而呈现复杂态势,特别是21世纪20年代以后,我们已经悄无声息地从信息时代步入了变幻莫测的乌卡时代。组织设计必须面对环境的复杂性和不确定性。

一方面,环境的复杂性影响着组织部门和岗位设置。外部环境的复杂程度提高,会对企业原有的职能部门设置提出新的要求。环境复杂程度指组织环境中要素的数量和种类及组织所拥有的与这些要素相关的知识的广度。比如,跨国公司可能遭遇所在国家或地区政治动荡等风险,需要设置专门机构收集信息、处理危机。公司在运营中遇到投诉、索赔等突发事件时,需要设置专门的部门配合相关部门妥善处理。另一方面,环境的不确定性是指不可预测的变化,或可预测的变化超出管理者的控制范围,直接影响组织结构的设计。

英国学者伯恩斯和斯托克发现,外部环境与组织内部结构之间具有关联性。当组织环境要素大幅度改变时,这种外部环境称为“动态环境”;反之,称为“稳态环境”。当外部环境处于相对稳态时,组织为了提高运行效率,往往需要制定明确的规章制度、工作程序和权力层次,所以,采取机械式组织结构,层级分明,规范化、集权化程度比较高;当外部环境处于动态时,组织则需要更加关注适应性,尽可能做到信息共享、权力下放,以便能够对环境的变化做出快速反应,所以,采取有机式组织结构,如跨职能团队式或项目式的组织结构,规范化、集权化程度相应下降。

(二)战略与组织结构

组织结构是帮助管理者实现目标的手段。目标产生于组织的总体战略,所以,组织结构与组织的总体战略是紧密联系在一起的,组织结构应当服从组织的总体战略,如果组织战略做了重大调整,就必须修改组织结构以适应和支持战略的调整和变革。

美国企业史学家钱德勒通过研究杜邦、通用汽车、西尔斯、标准石油等美国企业的发展史,发现这些企业无一例外地在不同发展阶段采用不同的战略,并进行了相应的组织结构变革。由此他提出,结构服从战略,战略的发展阶段和类型对组织结构设计具有重要的影响。

组织建立初期,一般实行单一产品战略,简单的战略要求一种简单、松散的结构来执行这一战略,决策权集中在一个高层管理者手中,组织的复杂性和正规化程度都很低,企业可采用直线制组织结构。

随着组织的成长,它开始实行纵向集成战略,合并供应商或直接向顾客销售产品,活动范围不断扩大。企业生产某种产品或提供某种服务时,与产品或服务有关的全部原材料或物品不可能都在企业内部进行生产,企业究竟从哪个阶段或产品的哪些部件开始直接生产,这就是纵向集成问题。这时可以重新设计组织结构,按职能构建专业化的组织单位。

当组织进一步成长，进入产品多样化经营阶段后，组织结构需要再次调整，以有效地配置资源，控制工作绩效和保持各单位间的协调。一般是组织建立多个独立的事业部。

钱德勒得出结论，公司战略的变化先于并且导致了组织结构的变化。他建议，随着公司战略从单一产品向纵向集成，再向多样化经营转变，管理者会将组织从有机式向更加机械式转变。

（三）技术与组织结构

技术是把原材料等资源转化为产品或服务的机械力和智力。技术的变化不仅能够改变生产工艺和流程，而且会影响人与人之间的沟通和协作。因此，组织设计必须考虑技术因素。

伍德沃德根据生产技术的复杂程度将生产技术分为三类：单件小批量生产技术（如定制产品），大批量生产技术（如标准化产品的专业流水线），流程生产技术（如炼油厂、化工厂、发电厂等连续不断地生产）。组织结构特征与技术类型的关系见表 6-2。

表 6-2　组织结构特征与技术类型的关系

组织结构特征	技术类型		
	单件小批量生产技术	大批量生产技术	流程生产技术
纵向管理层级	3	4	6
高层管理人员的管理幅度	4	7	10
基层管理人员的管理幅度	23	48	15
管理人员与一般人员比例	1：23	1：16	1：8
技术人员比例	高	低	高
规范化程度	低	高	低
集成化程度	低	高	低
复杂化程度	低	高	低
总体结构	有机式	机械式	有机式

每一种技术都对组织有不同的影响。伍德沃德的研究结论是：随着技术复杂程度的提高，企业组织结构的复杂程度也相应提高。

小批量生产技术，被用于生产以小批量提供的定制化产品，并且生产以车间、小组的人员技能为基础。小批量生产技术生产的产品包括定制汽车，按磅而不是按吨生产的高度专门化的金属和化学制品。服务业的典型例子是医生提供多样化的小批量的顾客服务。由于小批量产品或服务是定制化的、独特的，人们必须对各种不同的需求情况做出反应。因此，在小批量生产的企业里，没有很多的规章制度和正式的程序，决策是分权化的，有机式组织结构是最合适的。

大批量生产技术基本上依靠自动化的机器，这些机器连续地从事相同的操作。当每个人从事一项重复性工作任务时，大批量生产运作效率最高。在大批量生产技术的组织中，由于管理者必须严格控制生产过程，组织适合严格的规范化管理，以有效地提高效率。因此，最合适的选择是一种正式的组织结构。大批量生产技术可用于生产大量的标准化产品，如罐头盒、洗衣机、灯泡，甚至包括提供标准化的服务，如汽车清洗或干洗。

流程生产技术几乎完全机械化。产品是由按特定顺序安排的机器或设备生产的，由中央监控站的计算机控制。流程生产技术的例子包括炼油厂、钢铁制造厂以及酿酒厂等。在这种技术下，工人的角色是监视突然发生的、危险的事件。例如，机器或电脑的故障可能是这种技术所具有的不确定性的主要来源。对于出现的不可预料的情况，工人必须做出迅速的反应，以阻止事故的发生。因此，在这种技术下，有机式组织结构成为首选。

总之，一个组织的技术性质是组织结构的重要决定性因素。成功的企业大多是那些根据技术的要求而采取合适组织结构的企业。单件小批量生产和流程型生产企业采用有机式组织最为有效，而大批量生产企业与机械式组织相匹配则是最为有效的。

查尔斯·佩罗打破了制造业内研究技术与组织之间的局限性，提出了从部门层次研究部门技术与部门结构之间关系的框架，这是对组织理论研究的一大贡献。佩罗提出，组织中每一个部门都是由专门技术组成的集合体。技术受两个方面的影响：技术的多变性和可分析性。所谓技术的多变性是指技术在工作过程中发生意外变化的概率，可分析性是指技术在工作过程中可被分析的难易程度，如图 6-7 所示。

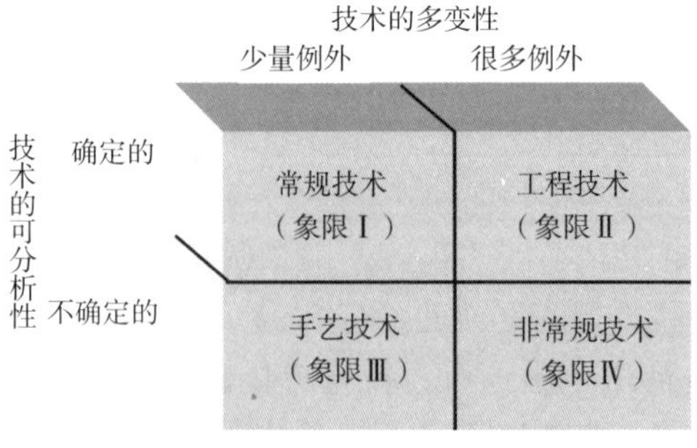

图 6-7　查尔斯·佩罗的技术分类

常规技术只有少量的例外，问题易于分析。用来生产钢铁和汽车或者提炼石油的大量生产过程，就属于这一类。工程技术有大量的例外，但可以以一种理性的、系统的分析方法进行处理。例如，桥梁建造属于这一类。手艺技术相对复杂，有少量例外的问题。例如，制鞋和家具修理属于这一类。最后，非常规技术以诸多例外和问题难以分析为特征。许多航天业务即属于这种技术。

佩罗认为，组织内部的部门技术越是常规化，组织正规化、集权化程度就越高，采用机械式组织结构的效率也就越高；组织内部的部门技术越是非常规化，组织规范化、集权化程度就越低，这时采用柔性有机式组织结构的效率就越高。

随着计算机控制在生产中的广泛应用，以及应用自我管理团队推动创新、提高质量和降低成本的趋势，许多组织正在尝试使自身更加精干、灵活，以利用复杂技术的价值创造竞争优势。

（四）规模与组织结构

组织规模对其结构具有明显的影响。大型组织会提高组织的复杂程度、专业化和规范化程度，规则条例也更多。但是，这种影响不是线性的，组织规模对结构的影响随着规模的增大逐渐减弱。也就是说，当组织发展到一定程度之后，随着组织的再扩大，规模的影响显得不重要了。例如，已经有 5 000 名员工的组织，再增加 500 名员工，对组织结构不会产生多大影响。而只有 500 名员工的组织，若再增加 500 名，就有可能会使它的组织结构向机械式方向发展。一般来说，小规模的组织结构简单，组织层级少，集权化程度高，复杂性低，协调比较容易，采用有机式组织结构效率比较高，随着规模增加，组织层级增加，高度正规化，指挥链明确，有明确的部门划分且高度专业化，这时采用机械式组织结构比较合适。设计有效的组织结构，除了考虑组织的规模外，还要考虑规范程度、集权程度、组织内部结构分化程度和人员结构等。

（五）发展阶段与组织结构

1950 年美国经济学家鲍尔丁首次提出了“组织生命周期”这一概念。一般来说，组织的发展经历生成、成长、成熟、衰退和再生五个阶段，组织结构需要根据组织不同阶段的特点进行设计，以克服组织发展中的阻碍。其中，生成阶段称为创业阶段，规模较小，活动复杂性较低，对分权的需求、对规范管理的要求不高；成长阶段的关键是决策的方向，组织层级中决策权的授予形式与沟通方式直接影响组织的快速发展；成熟阶段规范化程度很高，规章制度完善，创新是组织发展的关键；衰退阶段易产生形式主义、繁文缛节、机构臃肿、人浮于事等“大企业病”，它们是阻碍组织持续发展的桎梏；再生阶段是大刀阔斧、大胆变革使组织重获新生的阶段，可以依据流程再造进行有效的组织结构再设计。

总之，组织存在生命周期，每个发展阶段具有不同的特征，面临着不同的风险，需要调整战略以适应发展的需要，并适时调整组织结构。

第四节　组织变革

世界上没有一个组织能永远保持不变,其或由于组织自身的矛盾和缺陷而显得效能不高,或由于外界环境变化而自身难以适应。一个健康的、有活力的组织必须时刻评估自己的组织效能,掌握组织自身的发展规律,敏锐地洞察外界环境的变化,扬长避短,不断自我完善,有计划地、主动地寻求各种变革以求生存与发展。

一、组织变革的概念与动因

组织变革是指组织采纳新的思想或新的行为准则。企业的组织经过合理的设计并实施以后,并不是一成不变的,必须随着客观环境和内部条件的变化而不断进行调整和改革,从而提高组织的效能。

(一)组织变革的概念

组织变革就是组织根据内外环境的变化,及时对组织中的要素进行结构性的变革,以适应未来组织发展的要求。组织变革的目的是提高组织的效能,其变革的目标是使组织和组织中的管理者与员工更加具有环境适应性。

(二)组织变革的动因

促使组织变革的动因可以分为外部环境和内部环境两个方面。

1. 外部环境

组织是从属于社会大环境系统的一个子系统,它无力控制外部环境,而只能主动适应外部环境。外部环境发生变化,整个组织就应进行相应的变化。导致组织变革的外部环境变化的因素主要有以下几个。

(1)整个宏观社会环境

国家有关法律、法规的颁布与修订,国家宏观经济调控手段的改变,国家产业政策的调整与产业结构的优化,国际、国内经济形势的变化,国内政治形势及政治制度的变化等会导致组织变革的发生。

(2)科技进步

当代科技发展日新月异,新产品、新工艺、新技术对组织形成了强大的冲击。例如,昂贵的诊断仪器的技术改进,为医院和医疗中心创造了显著的规模经济。工业生产的装配线技术也经历了重大的变革,如许多企业中机器人已经取代了人类。互联网、大数据等颠覆性技术涌现,企业运营环境也随之发生变化,如 B2B、B2C 等平台式企业的崛起,促使企业改变以往的组织结构,构建如虚拟组织、平台型组织等新型组织结构,以适应技术进步带来的直接影响。

(3)资源变化

当赖以生存的企业资源逐步枯竭时,组织就要进行战略和业务的转型。如考虑新能源的使用,就要变革传统的能耗大的产品、工艺与技术,组织结构便要发生变化。

(4)竞争观念

以往企业间的生产与经营是你死我活的竞争,但当今追求的是“双赢”“互赢”“共生”的协作运作模式,组织变革必须重视协作共赢才能使组织不断发展进步,以适应经济、社会、环境的发展需求。

2. 内部环境

组织变革的内部动因主要是人的变化、组织运行和成长中的矛盾。组织目标、人员素质、技术水平、个人价值观、权力结构系统、管理水平、管理方法、人际关系、产品方向、企业的生产与销售现状、员工的精神面貌等因素的变化,都会促使组织进行变革。外部条件的变化一般会引起企业组织大的变动,内部因素的变化一般会引起企业内部组织结构的局部变动。当一个组织出现以下征兆之一时,就表明该组织需要变革。

①形成决策过于缓慢或时常做出错误的决策。

②组织信息沟通不良,造成不协调,人事纠纷严重,职工士气低落,不满情绪增加等。

③组织缺少创新,当现状发生变化时,没有新的办法来适应,致使组织停滞不前。

④组织的主要功能已无效率或得不到正常的发挥。如计划不能按时完成、成本过高、产品质量下降、销量下降、员工工作绩效下降等。

综上所述,一个组织之所以必须实施变革,一般是因为两方面原因:一是组织机构不健全;二是工作效能低。

二、组织变革的类型和内容

(一)组织变革的类型

组织变革可以从不同角度进行划分,如按照变革的程度与速度,可以分为渐进式变革和激进式变革;按照变革的对象,可以分为以组织为重点的变革、以人为重点的变革和以技术为重点的变革;按照变革的策略,可以分为改良式、爆破式和计划式的变革。本节按照组织变革的重点将组织变革分为以下四种类型:战略性变革、结构性变革、流程主导性变革和以人为中心的变革。

1. 战略性变革

战略性变革是指组织对其长期发展战略或使命所做的变革。如果组织决定进行业务收缩,就必须考虑如何剥离非关联业务;如果组织决定进行战略扩张,就必须考虑并购的对象和方式,以及组织文化重构等问题,如组织的战略创新或战略转型。

2. 结构性变革

结构性变革是指组织需要根据环境的变化适时对组织的结构进行变革，并重新在组织中进行权力和责任的分配，使组织变得更为柔性灵活、易于合作。

3. 流程主导性变革

流程主导性变革是指组织紧密围绕其关键目标和核心能力，充分应用现代信息技术对业务流程进行重新构造。这种变革会对组织结构、组织文化、用户服务、质量、成本等各个方面产生重大的影响。

4. 以人为中心的变革

组织中人的因素最为重要。以人为中心的变革是指组织必须通过对员工的培训、教育、引导，使他们能够在观念、态度和行为方面与组织保持一致。

(二)组织变革的内容

组织变革具有互动性和系统性，组织中任何一个因素的改变，都会带来其他因素的变化。组织变革过程的主要变量因素包括人员、结构、任务和技术，具体内容如下。

1. 人员的变革

人员的变革是指员工在态度、技能、期望、认知和行为上的改变。组织发展虽然包括各种变革，但是人是最主要的因素，人既可能是推动变革的力量，也可能是反对变革的力量。变革的主要任务是组织成员在权力和利益等资源方面的重新分配。要想顺利实现这种分配，组织必须注重员工的参与，注重改善人际关系并提高实际沟通的质量。

2. 结构的变革

结构的变革包括权力关系、协调机制、岗位部门等结构参数的变化。管理者的任务就是要对如何选择组织设计模式、如何制订工作计划、如何授予权力以及授权程度如何等一系列问题做出决策。现实中，固化式的结构设计往往不具有可操作性，需要随着环境条件的变化而改变，管理者应该根据实际情况灵活改变其中的某些要素组成。

3. 技术与任务的变革

技术与任务的变革包括对作业流程与方法的重新设计、修正和组合，如更换机器设备，采用新工艺、新材料、新技术和新方法等等。由于产业竞争的加剧和科技的不断创新，管理者应能与当今的信息革命相联系，注重在流程再造中利用最先进的计算机技术进行一系列的技术改造，同时，组织还需要对组织中各个部门或各个层级的工作任务进行重新组合，如工作任务的丰富化、工作范围的扩大化等。

三、组织变革的发展趋势

知识经济、全球化给现代组织管理提供了新的机遇，也带来了新的挑战。20 世纪80年代以后，组织结构正在悄然发生变化，现有的组织结构形式已经不能满足企业发展的需要。企业在不断对组织进行动态调整，扁平化、无边界、网络化、虚拟化、学习型组织成为组织结构演进的发展趋势。

（一）扁平化

在日趋激烈的市场竞争环境中，传统的面向职能分工的金字塔形组织结构，已经不能适应现代企业的要求。组织结构由高耸型组织转向扁平型组织，已经成为企业发展的必然要求。所谓扁平化，就是减少中间层次，增大管理幅度，促进信息的传递与沟通。与职能制组织结构相比，扁平型组织结构具有如下优点：由于管理层次减少，管理人员也就相应地减少，不仅可以大大降低人工费用，还有助于实现工作内容丰富化；管理幅度加大，迫使上司适度授权，上司放权下属就能自主，这对激发员工潜能和发挥员工的创造性极为有利，上司放权、放手、放心，才能换来下属尽职、尽责、尽力；要求领导必须十分审慎地选用下属，这对改善和提高员工队伍的整体素质非常有好处；削减中间层次，缩短了上下层的距离，既可以提高信息传递的速度和领导决策的效率，又可以促进上下级之间的沟通，一举多得；更重要的是层次减少，人员精干后，加大了员工的工作责任，增大了工作职位的挑战性，迫使员工自我加压，促使人才快速成长。因此扁平化组织结构正在成为组织变革的基本方向。

（二）无边界

新技术在组织变革中的影响形成了无边界的趋势。无边界原理的实质是企业各部门的职能和界限依然存在，但部门间的边界模糊化，组织作为一个整体，功能得以拓展，远远超过各个组成部门的功能。无边界的目的在于使各种边界更易于扩散和渗透，打破部门之间的沟通障碍，更有利于信息在各部门间的传递和对称分布，有利于各项工作在组织中顺利开展和完成。比如，美国戴尔计算机公司利用无边界思想创新自己的组织，将戴尔计算机作为核心，把注意力放在供货方式和市场开拓上，从外部选择可靠的供应商并与之建立伙伴关系，使之成为自己的一部分，与之共享数据库、技术、信息和资源，节约了信息成本，形成了快捷的供应和维修体系。

团队是一种创新的典型模式。团队指的是职工打破原有的部门边界，绕开中间各管理层，对顾客和公司总体目标肩负责任，以群体和协作优势赢得竞争优势的企业组织形式。这种组织形式从纵向看突破了垂直边界，从横向看突破了水平边界，因而成为一种组织结构创新的典型模式。

团队的具体模式可以有新事业开拓组、混合小组和生物组织等。新事业开拓组是由不同专业、部门的有志于革新的人员组合成的一个特定项目的设计开发组织，常用于拓展新地区、新领域的新业务；混合小组是由不同思想、不同专业的员工组合成的，以在沟通、协调、决策和落实成员责任等方面获得优势；生物组织是按产品、市场或区域划分的若干具有相对独立性的单位——事业部，各事业部以真正下放的处置权指挥所属单位的生产经营，近似于生物体一样独立存在、发展和生长。

（三）网络化

组织的网络化结构可以降低信息成本，使信息成本接近于零，同时可以实现信息交流的极大化。网络型组织突破了传统组织的纵向等级和横向分工，将组织的成员以网络的形式相互连接，这样就可以使大型组织保留小型组织的一些优势，比如对客户和环境变化的弹性和全面负责，信息、专门知识等资源以及合作性的工作、责任、奖励等在组织范围内的分配。网络型组织的最大特性就是松散和动态的连接、以任务为中心。

网络型组织使得公司可以将精力集中于最擅长的部分，其他的进行资源外包（Outsource）。如耐克和锐步之所以成功是因为它的核心力量集中于设计和市场方面，而将生产任务交给外部供应商。再如戴尔、盖特威（Gateway）等，它们或是购买成品，或是只负责最后组装。组织结构可以进一步扁平化，效率更高。

网络型组织结构不仅能为如思科这样的大公司所用，对于经营范围单一、分工协作密切的小型公司，也是一种可行选择。网络型组织所做的就是通过组织内联网和组织外互联网，创设一个物理和契约“关系”网络，与独立的制造商、销售代理商及其他机构达成长期协作协议，使它们按照契约要求执行相应的生产经营功能。由于网络型组织的大部分活动是通过外包与外协完成的，因此，组织的管理机构就只是一个精干的经理班子，负责监管组织内部开展的活动，同时协调和控制组织与外部协作机构之间的关系。

（四）虚拟化

随着计算机技术的发展、互联网的普及、移动终端的进化，人类已经步入数字化时代。这种技术的变化不仅影响着人们的沟通和工作方式，而且给企业的生产经营活动带来了深刻影响。虚拟化是组织结构的另一个演变趋势，而电子商务领域的企业组织是虚拟组织的最好范例，阿里巴巴就是一个不折不扣的虚拟组织。虚拟组织并不局限于电子商务、互联网领域，制造型企业同样存在虚拟化趋势，如小米手机通过资源整合实现手机生产，也是虚拟组织的代表，采用了动态网络型组织结构。市场链是青岛海尔集团首创的一种组织设计理念，其核心思想是将市场经济中的利益调节机制引入企业内部，在集权宏观调控下，把企业内部的上下流程、上下工序和岗位之间的业务关系由原来的单纯行政关系转变成平等的买卖关系、服务关系和契约关系，通过这些关系把订单变成一系列内部的市场订单，形成以订单为中心，上下工序和岗位相互咬合、自行调节的市场链，提高了企业对市场需求的快速反应能力。

总之，信息技术的快速发展促进了组织变革的发展，全新的组织形式为企业的发展带来了新的不确定性，也带来了新的机遇。只有那些能够根据环境变化不断调整自身经营模式与管理体制的企业，才能够在激烈的全球市场中保持持久的竞争优势。

（五）学习型组织

学习型组织是美国麻省理工学院斯隆管理学院著名教授彼得·圣吉（Peter Senge）在其著作《第五项修炼——学习型组织的艺术与实践》（1992）中提出的管理理念。该理念一经提出，就引起了全世界管理理论界的广泛关注与轰动。

学习型组织是指通过培养弥漫于整个组织的学习气氛，充分发挥员工的创造性思维能力而建立起来的一种有机的、高度柔性的、扁平的、符合人性的、能持续发展的组织，是一个能使组织内的全体成员全身心地投入并有持续增长的学习力的组织。这种组织具有持续学习的能力，具有高于个人绩效总和的综合绩效。学习力由学习的动力、学习的毅力和学习的能力三个要素组成，学习的动力体现了学习的目标，学习的毅力反映了学习者的意志，学习的能力则来源于学习者掌握的知识及其在实践中的应用。一个人、一个组织是否有很强的学习力，完全取决于这个人、这个组织是否有明确的奋斗目标、坚强的意志、丰富的理论知识以及大量的实践经验。

学习型组织具有下面的几个主要特征。

1. 组织成员拥有一个共同的愿景

组织的共同愿景（Shared Vision）来源于员工个人的愿景而又高于个人的愿景。它是组织中所有员工共同愿望的景象，是他们的共同理想。它能使具有不同个性的人凝聚在一起，朝着组织共同的目标前进。

2. 善于不断学习

这是学习型组织的本质特征。善于不断学习主要有四点含义。一是强调终身学习。组织中的成员均应养成终身学习的习惯，这样才能形成组织良好的学习气氛，促使其成员在工作中不断学习。二是强调全员学习。企业组织的决策层、管理层、操作层都要全心投入学习，尤其是经营管理决策层，他们是决定企业发展方向和命运的重要阶层，因而更需要学习。三是强调全过程学习。学习必须贯穿于组织系统运行的整个过程之中。约翰·瑞定（John Redding）认为，学习型企业不应该是先学习然后进行准备、计划、推行，不要把学习与工作分割开，应强调边学习边准备、边学习边计划、边学习边推行。四是强调团体学习。不但重视个人学习和个人智力的开发，更强调组织成员的合作学习和群体智力（组织智力）的开发。

3. 自主管理

学习型组织理论认为，自主管理是使组织成员能边工作边学习并使工作和学习紧密结合的方法。通过自主管理，组织成员自己发现工作中的问题，自己选择伙伴组成团队，自己选定进取的目标，自己进行现状调查，自己分析原因，自己制定对策，自己组织实施，自己检查效果，自己评定总结。团队成员在自主管理的过程中，能形成共同愿景，不断学习新知识，不断进行创新，从而增加组织快速应变、创造未来的能量。

第五节　组织文化

组织的成败经常归因于组织文化。组织文化是被组织成员共同接受的价值观念、思维方式、工作作风、行为准则等群体意识的总称。组织通过培养、塑造这种文化,来影响成员的工作态度,引导实现组织目标,因此,根据外在环境的变化适时变革组织文化常被视为组织成功的基础。

一、组织文化的含义

任何一个组织都有自己特殊的环境条件和历史传统,因而形成自己独特的哲学信仰、意识形态、价值取向和行为方式,于是每个组织都有自己特定的组织文化。组织文化设计是在一段时间内对知识、信仰、行为方式的了解和传播。也就是说,组织文化是相对稳定的,变化缓慢。组织文化往往为公司确定了氛围基调和人们的行为准则。从公司的口号人们可以大致了解公司的主张。如通用电气公司的口号是“进步是我们最重要的产品”;美国电话电报公司为它们“服务于全球”而感到骄傲;杜邦公司“通过化学的办法为改善生活而生产更好的产品”。

组织是按照一定的目的和形式建构起来的社会集合体,任何组织都是在其自身所处特殊环境条件下产生和发展起来的,其间各自形成了独特的历史传统、意识形态、价值取向和行为方式,这就是组织文化(Organizational Culture)。从这个意义上来说,组织文化是组织在长期的实践活动中形成的具有本组织特征的文化现象,是组织中的全体成员共同接受和共同遵循的价值观念、思维方式、心理预期、行为准则、团体归属感以及工作作风等群体意识的总称。不同的组织具有自己特定的组织文化。

二、组织文化的特征

一个组织的文化通常包括价值观、规章制度以及组织成员的态度。价值观表明什么是重要的;规章制度揭示了组织期望的行为;组织成员的态度反映的是个人思维。组织会选择一些符号、标语和仪式来传递它的价值观。这样,文化会告诉人们在组织中什么是重要的,如何做事以及如何看待问题。由此可见,组织文化通常有以下几方面的特征。

①成员的同一性:雇员与作为一个整体的组织保持一致的程度。

②团体的重要性:工作围绕团队组织而不是围绕个人组织的程度。

③对人的关注:管理决策要考虑结果对组织成员的影响程度。

④系统的开放性:组织掌握外部环境变化并对这些变化及时做出反应的程度。

⑤单位的一体化:鼓励组织中各单位以协作或相互依存的方式运作的程度。

⑥风险的承受度：鼓励雇员进取、革新及敢于承担风险的程度。

⑦控制：用于监督和控制雇员行为的规章、制度及直接监督的程度。

⑧报酬标准：与资历等非绩效因素相比，雇员的工资增长和晋升依据绩效的程度。

⑨冲突的宽容度：鼓励雇员自由争辩及公开批评的程度。

⑩手段——结果的倾向性：管理者注重结果，而不是取得结果的技术和过程的程度。

三、组织文化的构成

组织文化由精神层（核心文化）、制度层（中层文化）和物质层（表层文化）三个基本层次构成。

（一）精神层

精神层的组织文化是组织在其长期发展过程中形成的组织成员群体心理定式和价值取向，是组织的价值观、道德观，即组织哲学的综合体现，它涵盖了所有组织成员共同信守的基本信念、管理哲学、价值标准以及敬业精神和职业道德等。精神层的组织文化是组织价值观的核心，是组织文化的灵魂，是维系组织生存与发展的精神支柱。组织文化（企业文化）的精神层包括以下六个方面。

1. 企业精神

企业精神是现代意识与企业个性相结合形成的一种群体意识，是企业全体（或多数）员工共同信守或拥有的基本信念、意志品质和思想境界。企业精神随着企业的发展而逐步形成并固化下来，是对企业现有的观念意识、传统习惯、行为方式中的积极因素进行总结、提炼及倡导的结果。

2. 企业最高目标

企业最高目标是企业全体员工的共同追求，是全体员工共同价值观的集中表现，同时又是企业文化建设的出发点和归宿。一个企业的最高目标反映了企业领导者和职工的追求层次和理想抱负。有了明确而崇高的企业目标，就可以发动群众，激发广大职工的主动性、积极性、创造性，增强其成就感，还可以防止短期行为。

3. 企业经营哲学

企业经营哲学是企业领导者为实现企业目标而在整个生产经营管理活动中坚持的基本信念，是企业领导者对企业生产经营方针、发展战略和策略的哲学思考和抽象概括。企业经营哲学的形成首先是由企业所处的社会经济制度及周围环境等客观因素决定的，同时也受企业领导人价值观念、政策水平、知识水平、实践经验、思想方法、工作作风及性格等主观因素的影响。

4. 企业风气

企业风气是企业文化的外在表现,是企业及其职工在长期的生产经营活动以及共同的生活中逐步形成的一种精神状态及精神风貌。人们可以通过企业职工的言行举止感受到企业的风气,透过企业风气又可以体会到企业全体职工共同遵循的价值观念,从而深刻地感受到该企业的文化。企业风气一旦形成就会在企业内造成一定的氛围,并形成企业集体的心理定式,形成集体多数成员一致的态度和行为方式,因而成为影响企业全体成员的无形的巨大力量。

5. 企业道德

企业道德是企业内部调整人与人、单位与单位、个人与集体、个人与社会、企业与社会之间关系的准则和规范。其内容包括道德意识、道德关系和道德行为三部分。道德意识是道德体系的基础和前提,它包括道德观念、道德情感、道德意志和道德信念;道德关系是人们在道德意识支配下形成的一种特殊的社会关系;道德行为是人们在道德实践中处理矛盾冲突时所选择的某种行为。

6. 企业宗旨

企业宗旨是指企业存在的价值及其作为经济单位对社会的承诺。作为从事生产、流通和服务活动的经济单位,企业对内、对外都承担着义务。对内,企业要实现其发展,使职工获得基本的生活保证并不断改善其福利待遇;对外,企业要生产出合格的产品,提供令人满意的服务,满足消费者的需求,从而为社会物质文明和精神文明的进步做出贡献。

上述六个方面共同构成了企业文化的精神层,各方面都有所侧重、角度不同,但是,在本质上它们又是统一的、协调的。在内容上,六个方面互有交叉,对企业文化进行设计时,不一定要对六个方面进行严格的区分。只要在内容上涵盖了全部六个方面,企业文化的精神层就是完整的。

(二)制度层

制度层的组织文化是组织文化的中间层次,组织的物质层文化和精神层文化通过制度层的组织文化融合为一个有机整体。制度层的组织文化主要是指组织文化中对组织及其成员的行为产生规范性、约束性影响的成分,包括具有组织特色的各种规章制度、道德规范和行为准则,以及组织中分工协作的组织结构。制度层的组织文化集中体现了物质层的组织文化和精神层的组织文化对组织及其成员的要求,是潜在的精神层组织文化(核心文化)向表层的物质层组织文化转化的中介。制度层组织文化主要包括以下三个方面。

1. 一般制度

企业中一些带有普遍性的制度,均应包括在企业一般制度之内,如厂长负责制、岗位责任制、职代会制、按劳取酬的分配制度等。

2. 特殊制度

特殊制度主要是指该企业独有的、非一般性的制度，如职工民主评议干部制度、干部“五必访”（职工生日、结婚、死亡、生病、退休时干部要访问职工家庭）制度、职工与干部对话制度、庆功会制度等。与管理制度相比，特殊制度更能反映一个企业的管理特色、文化特色。有良好文化的企业，也必然有多种多样的特殊制度；企业文化贫乏的企业，则往往忽视特殊制度的建设。

3. 企业风俗

企业风俗是指企业长期沿用、约定俗成的典礼、仪式、行为习惯、节日、活动等。企业风俗与管理制度、特殊制度不同，它不表现为确定的文字条目，也不需强制执行，它完全靠习惯、偏好的势力维持。

（三）物质层

物质层的组织文化是组织文化的表层部分，它是一种以物质形态存在的可见的组织文化构成单位，既涵盖组织的整个物质和精神的活动过程，如组织行为、工作流程、工作语言、做事风格等外在表现形式，也包括组织实体性的文化设备和设施等，如带有本组织特色的生产环境、雕塑、图书馆、俱乐部、标志等。物质层的组织文化是精神层的组织文化和制度层的组织文化的载体。企业文化的物质层稳定性较强，例如风靡全球的可口可乐，它那独特的红白两色标志，历经百年，基本上没有变更过，现在，世界各国的人们只要看见这个标志，就会立刻辨认出来。

从上面的分析可知，企业文化的精神层、制度层和物质层是不可分割、浑然一体的。精神层是物质层和制度层的思想内涵，是企业文化的核心和灵魂；制度层制约和规范着物质层和精神层的建设，没有严格的规章制度，企业文化建设也就无从谈起；物质层是企业文化的外在表现，是精神层和制度层的物质载体。

四、组织文化的功能与塑造途径

（一）组织文化的功能

组织文化的功能指的是组织文化发挥作用的能力。组织文化作为一种自组织系统具有多种特定功能。

1. 整合功能

组织文化通过培育组织成员的认同感和归属感，建立成员与组织之间的相互信任和依存关系，使个人的行为、思想、感情、信念、习惯以及沟通方式与整个组织有机地整合在一起，形成相对稳固的文化氛围，凝聚成一种无形的合力，以此激发出组织成员的主观能动性，使其为组织的共同目标而努力。

2. 适应功能

组织文化能从根本上改变成员的旧有价值观念，建立起新的价值观念，使之适应组织外部环境。一旦组织文化所提倡的价值观念和行为规范得到成员接受和认同,成员就会自觉不自觉地做出符合组织要求的行为选择,倘若违反,则会感到内疚、不安或自责,从而自动修正自己的行为。因此,组织文化具有某种程度的强制性和改造性,其效用是帮助组织指导成员的日常活动,使其能快速地适应外部环境因素的变化。

3. 导向功能

组织文化作为团体共同的价值观,与组织成员必须遵守的、以文字形式表述的明文规定不同,它只是一种软性的理智约束,通过不断向个人渗透组织的共同价值观并使之内化,组织自动生成一套自我调控机制,以一种适应性文化引导着组织的行为和活动。

4. 发展功能

组织在不断的发展过程中所形成的文化沉淀,通过无数次的辐射、反馈和强化,会随着实践的发展而不断更新和优化,推动组织文化从一个高度向另一个高度迈进。

5. 持续功能

组织文化的形成是一个复杂的过程,往往会受到政治、社会、人文和自然环境等诸多因素的影响,因此,它的形成需要长期的倡导和培育。正如任何文化都有历史继承性一样,组织文化一经形成,便会有持续性,并不会因为组织战略或领导层的人事变动而立即消失。

(二)组织文化的塑造途径

组织文化塑造是指组织有意识地发扬其积极、优良的文化,摒弃其消极、劣性的文化的过程。这一过程也是组织文化不断优化和升华的过程。组织文化塑造的主要动机可以简单概括为:通过确立组织宗旨和组织精神,构建组织文化的灵魂;通过确定组织文化的导向,利用组织共同的价值取向引导组织成员的行为,使之更好地符合组织与社会的要求。有效的管理者可以从如下几个方面塑造组织文化。

1. 选择合适的组织价值观标准

组织价值观是整个组织文化的核心,选择正确的组织价值观是塑造良好组织文化的首要战略问题。选择组织价值观首先要立足于本组织的具体特点,根据自己的目的、环境要求和组成方式等选择自身发展的组织文化模式。其次要注重组织价值观与组织文化各要素之间的相互协调,因为各要素只有经过科学的组合与匹配才能实现系统整体优化。

在此基础上,选择正确的组织价值观标准要注意以下四点。

①组织价值观标准要正确、明晰、科学,具有鲜明的特点。

②组织价值观和组织文化要体现组织的宗旨、管理战略和发展方向。

③要切实调查本组织成员的认可程度和接纳程度,使之与本组织成员的基本素

质相适应，过高或过低的标准都很难奏效。

④选择组织价值观要发挥成员的创造精神，认真听取成员的各种意见，并经过自上而下和自下而上的多次反复，审慎地筛选出既符合本组织特点又反映员工心态的组织价值观和组织文化模式。

2. 强化组织的认同感

在选择并确立了组织价值观和组织文化模式之后，就应采取一定的强化灌输方式，使其深入人心。具体做法如下。

①利用一切宣传媒体，宣传组织文化的内容和精要，使之家喻户晓，以创造浓厚的环境氛围。

②培养和树立典型。榜样和英雄人物是组织精神和组织文化的人格化身与形象缩影，能够以其特有的感召力和影响力为组织成员提供可以效仿的具体榜样。

③加强相关培训教育。有目的的培训与教育，能够使组织成员系统地接受组织的价值观并强化组织的认同感。

3. 提炼定格

组织价值观的形成不是一蹴而就的，必须经过分析、归纳和提炼方能定格。

①精心分析。在经过群众性的初步认同实践之后，应当将反馈回来的意见加以剖析和评价，详细分析和比较实践结果与规划方案的差距，必要时可吸收有关专家和成员的合理意见。

②全面归纳。在系统分析的基础上，进行综合的整理、归纳、总结和反思，去除那些落后或不适宜的内容与形式，保留积极进步的内容与形式。

③精练定格。把经过科学论证和实践检验的组织精神、组织价值观、组织伦理与行为，予以条理化、完善化、格式化，再经过必要的理论加工和文字处理，用精练的语言表述出来。

4. 巩固落实

巩固落实已提炼定格的组织文化，首先要建立必要的制度保障。在组织文化演变为全体成员的习惯行为之前，要使每一位成员在一开始就能自觉主动地按照组织文化和组织精神的标准去行动比较困难，即使在组织文化业已成熟的组织中，个别成员背离组织宗旨的行为也是经常发生的。因此，建立某种奖优罚劣的规章制度十分必要。其次，领导者在塑造组织文化的过程中起着决定性作用，应起到率先垂范的作用。领导者必须更新观念并能带领组织成员为建设优秀组织文化而共同努力。

5. 在发展中不断丰富和完善

任何一种组织文化都是特定历史的产物，当组织的内外条件发生变化时，组织必须不失时机地丰富、完善和发展组织文化。这既是一个不断淘汰旧文化和不断生成新文化的过程，也是一个认识与实践不断深化的过程。组织文化经过不断的循环往复，达到更高的层次。

第六节　管理伦理与社会责任

任何社会、任何组织要想长期生存，不仅需要遵守法律，还必须遵守一定的道德规范。任何组织的管理行为都在文化深层上体现它所秉承的道德观，形成独特的管理伦理。管理伦理随着社会经济的发展而不断进步，现代管理伦理的发展，使社会责任成为当前企业面临的最紧迫、最重要的问题。

一、管理伦理

广义伦理（Ethics）是一套关于道德原则和价值观的准则，它们支配着个人和团队的行为，并帮助我们判断什么是对的以及什么是错的。所谓管理伦理（Management Ethics），是指企业在调节其与社会、与其他企业的关系以及调节生产与营销的关系等管理活动中所应遵循的职业原则和道德规范。管理伦理作为企业文化的一部分，它体现了组织所确立的价值观，反映了组织对某些事件、某些问题的观点和态度，并在很大程度上决定了组织在承担社会责任方面的意愿。

（一）四种伦理原则

管理者时常面临棘手的伦理问题，比如，一家企业的生产过程可能对周围环境造成污染，但这家企业为当地解决了很多就业问题，那么这家企业是否应该受到指责？解决伦理问题的方法是建立在价值基础之上的伦理准则。与管理相关的有四种伦理准则。

1. 功利主义原则

功利主义原则指的是完全按照结果或后果制定伦理准则，其目标是为绝大多数人提供最大利益，完全是凭成果的大小和结果的好坏制定决策的一种道德观。功利主义强调效率和生产率，符合利益最大化目标。但是，它会造成资源配置不合理，尤其是在受决策影响的人没有参与决策的情况下，更是如此。功利主义也会导致一些利益相关者的权益受到忽视。

2. 权利至上原则

权利至上原则是一种能够最好地保证和保护受影响的人们的基本权利。所谓基本权利，就是人权，人们应当平等地享有人的基本权利（如生存权、言论自由权、受教育权、医疗保障权、工作权等）。这些权利不是某个权威赐予的，而是人与生俱有的。政府法律和各级管理者应当尊重和保护人权，这是是否真正贯彻“执政为民”思想的试金石。在此模式下，管理决策和行为特别重视生命与安全、诚信、隐私权、信仰自由、言论自由、私有财产这六种道德权利。

3. 公平公正原则

公平公正原则指管理者不能因种族、性别、个性、个人爱好、国籍、户籍等因素歧视部分员工，那些按照同工同酬的原则和公平公正的标准向员工支付薪酬的行为是道德的。所谓公平公正，主要是指支付薪酬的依据应当只是员工的技能、经验、绩效或职责等因素，而不是其他似是而非的因素。这个原则在理论上是道德的，但在实践中执行起来十分复杂。比如，现阶段中国城市各类组织中的农民工、临时工、合同工与有编制的正式工在工资待遇上有很大差距。片面地强调简单平等的公平公正，会导致事实上的不公平，可能会重演历史上的“大锅饭”。

4. 社会契约原则

社会契约原则指只要是按照企业所在地区政府和员工都能接受的社会契约所进行的管理行为就是道德的。这个观点主张将实证（是什么）和规范（应该是什么）两种方法并入商业道德中，要求决策人决策时同时考虑两个方面的因素，遵守一般社会契约和特定契约，将一般道德标准和组织现有的道德标准结合起来，以决定什么是对的，什么是错的。

（二）影响管理伦理的因素

一个组织或个人的行为是否合乎伦理道德，通常受多种因素影响，最主要的因素包括个人伦理道德的发展阶段、个人特征、组织结构设计（结构变量）、组织文化和问题的强度等。这些因素的共同作用，将最终决定着组织或个人所采用的手段是道德的还是不道德的。

1. 管理道德的发展阶段

道德的发展经历三个层次。第一层次是前惯例层次，即个人非常关注外部的奖励和惩罚，为避免不利后果，他们服从于权威，只有个人利益受到影响时才会做出道德判断。第二层次是惯例层次，即管理判断的特征是做自己周围人期望自己做的事，遵从自己所认同的准则。第三层次是规范与原则层次，即人们依据由自己所认可的价值和行为准则而活动，当法律或规章与其价值和行为准则相背离时，他们服从后者而不是前者，是个人的道德判断越来越不受外部因素影响的层次。道德发展的三个层次与六个阶段如表 6-3 所示。

2. 个人特征

管理者的个人特征对组织的管理道德有着直接的影响。这里讲的个人特征主要指管理者的个人价值观（道德观）、自信心和自控力。

人们的价值观是受家庭、朋友、社区环境、教育环境、生活和工作经历等因素影响而逐渐形成的。由于每个人所遇到的这些因素千差万别，因而每个人判断是非善恶的标准不可能完全相同。所以，在相同的管理道德问题面前，每个管理者做出的决策不可能完全相同，甚至可能完全相反。

表 6-3 道德发展的阶段

层次	阶段
前惯例层次 只受个人利益的影响 决策依据是本人利益,这种利益是由不同行为方式带来的奖赏和惩罚决定的	1. 遵守规则以避免受到物质惩罚 2. 只有符合你的直接利益才遵守规则
惯例层次 受他人期望的影响 包括对法律的遵守、对重要人物期望的反应,以及对他人期望的一般感觉	3. 做你周围的人所期望的事 4. 通过履行你允诺的义务来维持平常秩序
规范与原则层次 受个人用来辨别是非的伦理准则的影响 这些规则可以与社会的规则或法律一致,也可以与社会的规则或法律不一致	5. 尊重他人的权利,置多数人的意见于不顾,支持不相干的价值观和权利 6. 遵守自己选择的伦理准则,即使这些准则违背了法律

管理者的自信心和自控力与管理伦理也有很大关系。自信心和自控力强的人,一般都会深信自己的判断是正确的,因而通常都能坚持去做自己认为正确的事情。他们也会听取不同的意见,但自己确定的方向和底线不会轻易改变。由于涉及伦理道德的管理问题一般都有很大争议,管理者会受到利益与道德风险两方面的巨大压力,自信心和自控力弱的人就会摇摆不定和困惑不解,很容易受外力摆布,而难以坚持自己的主张。

3. 组织结构

良好的组织结构有助于强化组织成员的道德行为。许多官员的腐败都与权力过大而又缺乏组织制约的长效机制有关。组织正式的规章制度、清晰的职务说明和明文规定的道德准则能够对管理道德行为产生重要影响。此外,上级的行为以及组织绩效评测系统也是影响管理道德行为的两大关键因素。上级管理者的行为标准对其下属往往会产生最为直接且有效的影响,而组织评价时对结果和手段的态度也会对员工的道德行为产生较大的影响。

4. 组织文化

组织文化的内容和力量也会影响伦理道德行为。有诚信且包容的组织文化,如果管理者和员工在积极创新进取时,一旦遭受挫折或失败,不会受到组织的歧视和惩罚;相反,如果采用某些不道德的行为取得成果,将会被人们揭露和鄙视。这样,诚信做事、包容失败的组织文化必将减少不道德的管理行为。没有诚信、包容的组织文化必然助长不道德管理行为的滋生与扩散。

5. 问题强度

道德的问题强度会直接影响管理者的决策。所谓问题强度，是指该问题如果采取不道德的处理行为可能产生后果的严重程度。例如，是否有很多人会受到伤害？是否有很多舆论会谴责这种行为？这种行为造成危害的概率是否很大？人们是否能直接感受到？潜在受害者与这种不道德行为的距离是否很近？这种行为的危害是否可能集中爆发？如果这些问题的答案是肯定的，管理者就很可能采取道德行为。但是当问题本身对组织具有特别重大的影响时，管理者为了保护本组织的利益也可能甘愿冒着被揭露的风险而采取不道德的管理行为。例如，美国安然公司造假账的事件就是一个典型的例子。

二、社会责任

社会责任是企业追求有利于社会的长远目标的一种义务，它超越法律与经济对企业所要求的义务。社会责任是企业管理道德的要求，完全是企业出于义务的自愿行为。

（一）社会责任的内涵

企业的社会责任首先是法律责任。任何企业都必须遵守地方和国家的有关法律法规甚至要受到有关国际性的法规和惯例的约束。现代社会为规范企业行为制定了一系列法律法规，企业必须遵守。企业应当在法律允许的范围内实现自己的经营目标。其次是道德责任，包括法律条文中没有规定的以及与企业经济利益并不直接相关的行为。这些要求不具有强制性，是社会对企业的期望，它主要体现在企业的行为及结果要符合社会正义的要求。法律和道德责任是影响和制约企业社会责任的两个直接因素。

企业是社会最基本的经济单位，其责任就是向社会提供所需要的产品和服务，同时最大限度地为所有者和股东赚取利润。所以，经济责任是营利性企业存在和发展的基础，其极端形式是佛雷德曼倡导的“利润最大化”，即企业的经营就应该以营利为目标，其唯一的目标就是增加利润。

如果企业在承担法律责任、道德责任和经济责任的前提下，还承担了追求对社会有利的长期目标的义务，那么，这样的企业就有社会责任。

（二）两种典型的社会责任观

关于企业的社会责任有两种截然不同的观点，古典（或纯经济）观认为企业唯一的社会责任就是追求企业利润的最大化，而社会经济观则认为企业的社会责任不仅是使利润最大化，还包括保护和增加社会财富。

1. 古典观

古典观（Classical View）的代表人物是诺贝尔经济学奖的获得者米尔顿·弗里德

曼。他认为,现在大多数经理是职业经理人,这就意味着他们不拥有所经营的企业,他们是员工,对股东负责。因此,他们的主要任务是为了股东的利益经营企业。而股东的利益是什么?弗里德曼认为,股东只关注一件事:财务回报。依照弗里德曼的说法,当管理者把组织的资源用于"社会公益"时,他们就破坏了市场机制,必须有人为这种资产再分配付出代价。如果社会责任行为减少了利润和红利,那么股东就受到损失;如果为了支付社会行为成本而不得不降低工资和福利,那么员工就会蒙受损失;如果为了社会行为而提高物价,那么消费者就会蒙受损失;如果更高的价格被市场拒绝,导致销售减少,企业就可能无法生存,在这种情况下,组织的所有支持者都将受到损失。此外,弗里德曼认为,当职业经理人追求利润以外的任何东西时,他们就间接把自己当成了一位非选举产生的政策制定者。他质疑商业公司的经理们是否具备决定社会应该如何发展的专业知识。他认为,这就是人们要选举政治代表来决策的原因。

2. 社会经济观

社会经济观(Socioeconomic View)认为,时代已经发生变化,并且对公司的社会预期也在变化。公司法律形式可以最好地说明这一点。公司的成立和经营要经过政府批准,同样,政府也有权解散它们,因此公司不再是只对股东负责的独立实体,它们也对创造和支持它们的社会负有责任。社会经济观的支持者提醒人们:"利润最大化是公司的第二位目标,而不是第一目标,公司的第一目标是保证自身的生存。"支持者认为,管理者应该关心长期财务收益的最大化。为了实现这个目标,他们必须承担一些社会责任和相应的代价。他们必须做到不污染环境、不歧视员工、不发布欺骗性的广告等以保护社会福祉,他们还必须在改善社会方面发挥积极的作用,同时参与社区活动并向慈善组织做出贡献。

(三)社会响应

社会响应(Social Responsiveness)指的是一个企业适应变化的社会状况的能力。社会响应强调管理者针对其所从事的社会行为做出实际的决策。社会响应是由社会规范引导的,它与社会责任是有区别的,如表 6-4 所示。比如一家生产汽车的企业,它宣传要生产安全性能高的产品,这表明它要对社会承担相应的责任。因此,每当该公司生产出不安全的汽车时,都会立刻从市场召回,这就是它的社会响应。问题是,当这个公司接二连三地召回不安全的汽车时,消费者还能认为它是一家具有社会责任感的公司吗?即使该公司宣称它对生产安全汽车负有责任,但此前连续生产不安全汽车会被认为是没有社会责任感。但是,该公司迅速从市场召回不安全的汽车,它具备了社会响应能力。

表 6-4　社会责任与社会响应

项目	社会责任	社会响应
主要考虑的问题	伦理道德问题	实用主义问题
关注点	结果	手段
重点	遵从社会规范	回应社会关切
决策框架	长期的	短期或中期的

（四）把社会主义核心价值观落实到经济发展实践和社会治理中

2012 年 11 月，党的十八大明确提出“三个倡导”：倡导富强、民主、文明、和谐；倡导自由、平等、公正、法治；倡导爱国、敬业、诚信、友善。这是对社会主义核心价值观的最新概括，我们应不断把培育和践行社会主义核心价值观落实到经济发展和社会治理中。

确立经济发展目标和发展规划，出台经济社会政策和重大改革措施，开展各项生产经营活动，要遵循社会主义核心价值观的要求，做到讲社会责任、讲社会效益、讲守法经营、讲公平竞争、讲诚信守约，形成有利于弘扬社会主义核心价值观的良好政策导向、利益机制和社会环境。与人们生产生活和现实利益密切相关的具体政策措施，要注重经济行为和价值导向有机统一，经济效益和社会效益有机统一，实现市场经济和道德建设良性互动。要建立和完善相应的政策评估和纠偏机制，防止出现具体政策措施与社会主义核心价值观相背离的现象。

要把践行社会主义核心价值观作为社会治理的重要内容，融入制度建设和治理工作中，形成科学有效的诉求表达机制、利益协调机制、矛盾调处机制、权益保障机制，最大限度增进社会和谐。要创新社会治理，完善激励机制，褒奖善行义举，实现治理效能与道德提升相互促进，形成好人好报、恩将德报的正向效应。要完善市民公约、村规民约、学生守则、行业规范，强化规章制度实施力度，在日常治理中鲜明彰显社会主流价值，使正确行为得到鼓励、错误行为受到谴责。

思考题

1. 简述组织的含义与组织的基本特性。
2. 理解组织设计的内容。
3. 领会正式组织与非正式组织的差异性。
4. 简述组织结构的概念，掌握组织结构基本形式的优缺点和适用范围。
5. 组织设计的基本原则有哪些？
6. 机械式与有机式组织分别具有哪些特点？影响组织设计的因素有哪些？

7. 理解组织变革的概念、动机、类型和内容。
8. 什么是组织文化？组织文化具有哪些特征？
9. 组织文化是由哪些层次构成的？
10. 何为管理伦理？四种伦理原则分别是什么？
11. 如何理解社会责任和社会响应？

➢ 自测题及参考答案

➢ 案例分析

第七章　领导与激励

领导是管理工作的重要内容。孔子认为领导应该以道德规范为基础,用教育的方式让人更好地认识世界、开展工作;老子认为最好的领导是“无为而治”;马克思主义理论强调对社会的领导绝不是对人的统治与剥削,而是为人民服务。那么,在组织中如何领导,如何服务于人,如何调动人的主观能动性以实现组织目标,如何在目标实现过程中直面问题、解决冲突,如何构建高效的团队、进行有效的沟通、完成组织计划任务,这些都需要对领导职能有充分的认识,对领导实施的激励措施有深刻的理解。同时,建立强大的人才资源保障体系,离不开高效的领导与有效的激励。

学习纲要

✧ **知识点:**领导理论的基本内涵与演变,领导艺术,激励理论,管理群体与团队,管理沟通与冲突管理。

✧ **重点:**领导的方格理论、权变理论、情境理论,激励理论,高效群体与团队,有效沟通。

✧ **难点:**领导与情景的关系,人性假设理论的演变过程,激励理论的应用。

名言名句

✧ 将者,智、信、仁、勇、严也。

——《孙子兵法·计篇》

✧ 管理是把事情做好,领导是做正确的事。

——德鲁克

✧ 在每一个管理决策和每一项管理措施背后,都必有某些关于人性本质及人性行为的假设。

——道格拉斯·麦格雷戈

✧ 领导者的业绩不在于个人干了多少,而在于能否把全体成员的积极性调动起来。

——巴纳德

✧ 企业管理过去是沟通,现在是沟通,未来还是沟通。

——松下幸之助

引例

成都郊区某企业经理为该企业的发展殚精竭虑、勤勤恳恳、日夜操劳,但企业的效益一直不理想。为调查原因,该企业主管部门聘请行业专家进入企业调查。企业给专家的第一印象还不错,厂区干干净净,机器设备也不显落后。到了经理办公室,经理不在,秘书说他去了生产现场。过了一会儿,秘书将经理找回办公室。专家见经理满身油污、气喘吁吁地跑进办公室,立刻萌生敬意,原来经理是帮一线工人修理机器去了。专家向经理咨询了一些问题,然后走访了企业职工,企业职工对经理的表现非常赞赏,认为经理工作认真,对职工关心备至,整日忙在企业,是绝对的好人。但经过深入的调查研究与分析,专家还是向主管部门提出更换经理的建议。理由是,该领导是一个勤劳、能干的好人,但他对市场信息缺乏了解,对技术开发也不重视,导致企业产品技术落后、竞争力下降。

(资料来源:百度题库)

思考

谈谈你对这个经理的看法,你认为公司领导应具有哪些基本素质?

第一节　领导与领导者

一、领导的基本内涵

领导(Leadership)是通过一定的组织形式和必要的手段、方法,率领和引导被领导者实现某种特定目标的行为过程。

领导的含义包括以下几个方面。

①领导是一个过程(Process),而且是一个动态的过程。这意味着领导并不是领导者自身具备的一种特质,而是领导者、被领导者以及环境之间的一种交互活动。

②领导要有影响力(Influence)。适当的职权是必要的,但更主要的是要在下级和职工中树立威信,有影响力,让大家心甘情愿地服从和追随。影响力是领导的必要条件,没有影响力,领导也就不存在了。

③领导在团队(Team)中发生。任何领导活动都处于一定的团队中,是一项集体活动。这个团队可以是项目团队、社区团队、一个企业,也可以是具有完备组织结构的大型团队。

④领导需要有共同的目标(Common Goals)。有了共同的目标,组织或团队就更有凝聚力,也会给领导增添一层道德色彩,因为可以减少领导者用强制或不道德的方

式对待反对者的可能性，与此同时，也增强了领导者和追随者共同完成任务的可能性。

⑤领导就是服务（Service）。树立为组织成员服务的观念，在工作中身先力行，是领导者在活动中树立威信和得到支持的主要方法。

⑥领导活动的手段（Means）。领导活动的手段可以归纳为：示范、说服、命令、引导、激励、联合、变革等。

二、领导者与管理者

（一）领导与管理

领导和管理在很多方面相似。领导需要影响力，管理也需要影响力。领导需要人的参与，管理也需要人的参与。领导与有效完成任务有关，管理也是如此。

但领导和管理是不一样的。一个组织的管理能力很强，但没有领导，产出的结果可能会不合时宜。反过来，如果一个组织的领导能力很强，但管理不善，则产出的结果可能没有效果。表 7-1 给出了管理与领导的主要区别。

表 7-1　管理和领导的区别

管理	领导
维持秩序和稳定	推动变化和运行
具有战术性、局部性、具体性	具有全局性、战略性、宏观性
具有当前性，侧重于当前活动的落实	具有超前性，致力于整个组织发展方向的确定
是一种执行过程	是一种决策过程
组织和配备人员	联络人员
控制和解决问题	动员和鼓舞下属
倚重的是一种职权赋予的力量	倚重的是一种影响力
以事为导向，对事情加以控制	以人为导向，对人的行为施加影响
通常是整合各种资源、借助各种手段完成目标，注重做事，把事做得既有效果又有效率	通常关注意义和价值，关注所要达到的目标是否正确和值得，关注人的价值、激励和发展
回避风险	敢于冒险
更像科学	更像艺术
强调方法	强调原则

（二）领导者与管理者

领导者是不是管理者，管理者是不是领导者？是管理包含领导，还是领导包含管理？理论上有不同的说法，我们可通过下面几点来理解。

1. 从管理职能看

管理有多少个基本职能?最有代表性的是法国“一般管理过程之父”法约尔提出的管理职能论。该理论认为管理具有计划、组织、指挥、协调、控制五大基本职能。较早时期的管理教材都是围绕这五大职能解读的。20 世纪 90 年代末期多数教材开始将五大职能改为四大职能,即计划、组织、领导、控制,将指挥、协调职能合并为领导职能。从这个角度来看,领导只是管理的一个基本职能。这也是“狭义”领导的含义。

2. 从组织层次看

按照组织理论,企业的组织结构是分层的,因此管理也是分层的。高层的管理者相对于低层的管理者来说是领导者(广义的领导),而低层的管理者多为执行者。比如,在大学的组织结构中,校长是领导者,各个学院的院长是执行者,但对于各个系所的管理者而言,院长是领导者,而所长或系主任则是执行者。所以,处于组织结构中的中层管理者既是执行者又是领导者。从这个角度看,领导者应是管理者,他首先懂得并会运用管理职能管理好下属。但管理者不一定是领导者。

3. 一般意义上的领导

一般意义上的领导是广义上的领导,比管理职能中的“领导”有更大的内涵。领导是率领并引导的意思,对于一个企业来说,领导的任务主要体现在企业的定位、发展方向、风险的规避、管理的理念等方面。领导的垂范作用和导向作用是很重要的内容。管理是执行,使某项工作顺利进行。管理的任务主要体现如何充分利用企业的各种资源,使工作正常、有效地运转。领导的客体主要是人,管理的客体主要是事。从这个角度看,领导者与管理者不应等同看待。

4. 领导与管理的实施方式

管理的实施是建立在合法的、强制性的权力基础上的,管理是管理者凭借管理岗位所赋予的管理的权力,通过管理制度来实施的,强调以下属的服从和组织的控制来实现组织目标,即管理 = 权力 + 制度;领导的实施更多的是依靠领导者个人的人格魅力及领导艺术,通过对下属的影响和引导来实施的,强调与下属的沟通和激励,即领导 = 权力 + 制度 + 地位 + 威信。

5. 管理者与领导者的特征差异

如表 7-2 所示,管理者更加理性和善于结构化地解决问题,领导者以愿景和个人魅力激励组织成员,带动变革。将管理者和领导者的特征加以区分,并不是要指出谁更好,实际上只有愿景却不能踏实做事将会带来混乱;而只会按部就班地完成任务,没有创新和变革则会播种自满,在快速变化的环境中被淘汰。因此,需要将合适的人安排到合适的位置上,以发挥其最大的作用。当然,兼备这两种特征的人将是不可多得的管理人才或领导人才。

表 7-2　领导者与管理者的特征

领导者(灵魂)		管理者(思想)	
有远见	创新	理性	善于分析
热情	勇敢	顾问	结构化
有创造性	有想象力	坚持不懈	从容不迫
灵活	有经验	解决问题	权威性
鼓舞人心	有独立性	意志坚定	稳定性

第二节　领导理论

一、领导特质理论

领导特质理论也称为伟人理论,是研究领导者的心理特质与其影响力及领导效能关系的理论。该理论阐述的重点是领导者与非领导者的个人品质差异。从 1904 年到 1948 年,研究人员做了 100 多项关于领导特质的研究,企图从成功的领导者身上分离出一个或多个非领导者所不具备的特性,这种分离特质的研究和努力均以失败告终。人们没有找到总能对领导者与下属、有效的领导者与无效的管理者进行区分的特质因素。但是,考察与领导者高度相关的特质的研究却获得了成功,领导者有六种不同于非领导者的特质,即强烈的进取心、强烈的领导愿望、正直与诚实、高度自信、智慧和拥有与工作相关的广博的知识。

①强烈的进取心。领导者拥有较高的成就需要,他们进取心强,精力充沛,对自己所从事的活动坚持不懈,并有高度的主动精神。

②强烈的领导愿望。领导者有强烈的愿望去影响和领导别人,表现为乐于承担责任。

③正直与诚实。领导者通过真诚与言行高度一致而在他们与下属之间建立起相互信赖的关系。

④高度自信。领导者为了使下属相信他们的目标和决策的正确性,必须表现出高度的自信。

⑤智慧。领导者需要具备足够的智慧来收集、整理和解释大量信息,并能确立目标、解决问题和做出正确的决策。

⑥ 拥有与工作相关的广博的知识。有效的领导者对于公司、行业和技术拥有较高的知识水平,广博的知识能够使他们做出富有远见的决策,并能理解这种决策的

意义。

结合上述六种领导者的特质,我们认为领导者应具备如下八种基本素质。

(一)道德高尚,有独特的领导魅力

俗话说:“上梁不正下梁歪。”当领导的行为不正,下面的职工也会跟着做坏事。自身的行为不端正,不能严格律己,更无法严格要求别人,即使三令五申也没有人听从。领导是一面旗帜,就如同船长把握方向,方向偏了,没有不沉船的。只有优秀的领导者才能起到很好的垂范作用,才能使企业成功。领导者要严于律己,以身作则,处处做模范,吃苦在前享受在后,有成绩不自满,不贪腐,不阴谋行事,不投机取巧,不说下属的坏话,虚心接受员工的批评建议,以理服人。领导魅力指的是领导者对下属的一种天然的吸引力、感染力和影响力,是存在于个体身上且与众不同的力量或品质,这种品质超出了普通人的品质标准,难以用理性、美学或者别的观点加以解释,常常被认为是超自然所赐,是超凡的力量。如海尔集团的张瑞敏、格力集团的董明珠等优秀企业家,都有着各自独特的领导魅力。

(二)有较好的智力因素

领导者应有较渊博的知识,如管理、财务、专业、计算机、伦理、社会、法律知识等。

较高的智商是一个成功的领导者必不可少的。只有聪明的领导者才能审时度势,在复杂的环境下制定出科学合理的决策,使企业在激烈竞争中立于不败之地。领导者仅掌握一方面的知识是远远不够的,只有具有广博的知识,才能在处理各种管理问题时游刃有余。如在企业中,厂长、经理要处理好生产、销售、计划、组织等问题,就要熟悉工艺方法、预测方法、计划方法等。这些方法涉及工艺学、统计学、数学、政治学、经济学等内容。另外,经理要处理好企业中与人有关的各种问题,如劳动力的配置、工资、奖励,调动人员的积极性和协调各部门人员之间的关系。这些问题的解决有赖于行为科学、心理学、人类学、社会学、生理学、伦理学等学科的一些理论和方法。

需特别指出的是,领导者必须知道法律知识,如劳动法、公司法、税法、安全法、环保法等。掌握法律知识有利于企业合法经营与管理,也有利于领导本身及员工的自我保护。

(三)善于发现人才、团结人才、使用人才

善于发现人才,团结人才,使用人才,是领导者成熟的主要标志之一。

——邓小平

人才是决定企业生产力发展的一个重要因素。企业的成功很大程度上取决于人才的选择和使用。领导者必须善于发现人才、团结人才、使用人才。

1. 发现人才

企业的领导者应该努力去做一个识“千里马”的伯乐,留意下属在不同场合的讲话、发言,尤其是私下场合的肺腑之言;善于观察下属的行为。讲究吃喝打扮的人、爱占便宜的人、善于请客送礼的人都不应作为人才培养对象;留意别人对培养对象的评价。

在选人原则上注意以下六点:①用公平而客观的态度去评估人;②选择能力强、知识水平高的人,但不以文凭去判断人;③善于发掘意志坚强、具有抗拒逆境能力的人;④善于发掘遇到危机不迷失方向、勇往直前的人;⑤发掘能领略要点、推销构思的人;⑥善于从下属或企业内部挖掘人才。

2. 团结人才

企业内部的团结一致是整个企业生存和发展的基础。确保职工队伍团结、稳定是每个领导者被赋予的使命。领导者应及时了解下属的需求,关心下属的疾苦,尽量为下属解决困难,善于沟通并鼓励职工积极参与,能容忍不同类型的人(如能力不同的人;性格特点、知识结构不同的人),并努力把他们组合在一起,组成一个生机勃勃的、有活力的集体。

3. 使用人才

科学合理地使用人才是领导者必备的基本能力。就像打牌一样,有人拿了一手好牌却最终输掉了牌局;有人拿了一手差牌,却运用得当,最后以获胜告终。作为一个领导者,应苦练内功,科学地使用人才,努力靠凡人之能做非凡之事。实际中注意运用每个人的长处,合理安排岗位,将员工放在最适合的发展位置上,并且职位设计要具有挑战性。对于职工的成绩适时给予赞赏和鼓励,给他们机会学习。另外,不嫉贤妒能、任人唯亲,能容人之短。

(四)有市场观念

有市场观念需要从两个方面理解:一是外部市场;二是内部管理。

领导者必须掌握外部市场信息,如产品价格,原材料供应及价格,消费者需求偏好以及知识、技术、人才信息等。只有充分地把握市场,根据市场需求变化及时调整产品计划,才能使企业在激烈的竞争中立于不败之地。

一个领导者应该懂得如何把产品卖出去。只知道薄利多销的人不配当领导。领导者应在价格、质量、服务、特色等多方面下功夫。

在内部管理上要有市场观念,指的是上下属之间是一种忠于契约(合同、承诺、定额、标准等)的关系。在科学合理的管理制度安排下,大家信守诺言、履行契约、相互协作、共创辉煌。忠于契约还表现在遇事不主观、武断行事,大家共同协商办事。

有些领导者强调下属对领导者的忠诚,管理上走的是一条忠于个人的道路,要求职工对企业忠诚,而本意是对领导者个人的忠诚。各级管理者及下属要向上一级表忠心,如“冲你而来”,“因你而干”,“就服你”。不是说职工不应忠于企业、忠于领导,但领导和职工更重要的是忠于契约。

（五）有雄心、有创新能力，勇于承担风险

领导者一定要有雄心、有胆识，并敢于承担风险。一个没有雄心的人，一个不求上进的人，一个把一切都看成没有希望的、灰色的人，不配当领导。当然这种雄心和胆识应是建立在知识、经验、理性基础之上的。

创新意识和创新能力对企业发展是非常重要的。成功企业的成长之路通常也是创新之路。这就要求领导者多了解市场、环境，掌握各类信息，认真学习，勤于思考，勇于探索，勇于创新。

（六）有较好的组织、指挥和激励能力

1. 组织、指挥能力

组织、指挥能力是对领导的基本要求。一个合格的领导者应知道如何建立一个从职能上来说既无重叠又无空白的组织结构体系，科学地设计和分配各部门职能，如财务部门负责资金、物资，人事部门负责招聘、培训、激励，办公部门负责建立各种规章制度、发布各种政令等；知道安排谁来进行研发，谁来进行设计，谁来进行生产，谁来把东西卖出去；明确并规范各级人员的岗位责任，知道如何组织述职并通过述职评价员工的工作成效。

2. 激励能力

组织是否有凝聚力、有干劲，有赖于领导者的激励能力。一个领导者应想方设法，利用多种方法手段激励下属做一个有理想、有志向、有抱负的人，而不是一个做一天和尚撞一天钟的庸庸碌碌的人。领导者应努力学习行为科学知识，掌握激励理论，努力在企业内部建立行之有效的激励机制和人力资源管理系统。领导者应给下属创造更多奋斗的机会、施展本领的机会和提升的机会，知道如何保护和保持职工的自尊心，不强行让职工认错，尽量不使职工丢面子。

（七）有培训能力

领导者要建立企业自身的培训体系，制订各部门的培训计划。领导者应经常请各领域的专家来企业讲学，以便了解新理论、新知识、新动态，时刻保持领先的市场观念。企业领导者自己首先是培训师，能够通过培训把自己的思想、意图，企业的目标和政策，员工的任务讲清楚；让下属视领导者为老师，而不是冷冰冰的上级；把下属看成教练，让企业每个人都有机会当老师，如请电工讲授安全用电，请质检员讲授质保知识，给职工一个展现自身价值的机会。

（八）会讲故事

有人不恰当地将“领导者要学会讲故事”解释为“领导者要学会作秀”。讲故事也好，作秀也好，实际上是说领导者要尽可能地宣传自己的企业、推销自己的企业。实际中有的企业做得很好，产品质量也很好，但却坚持“酒香不怕巷子深”的保守思想，导致产品卖不出去，利润下降。中国的海尔是一个很会讲故事的企业。张瑞敏和

海尔人1985年砸冰箱的故事在国内外广泛流传，可以说对海尔的产品质量口碑起到了巨大的推动作用。

关于领导特质的研究，因忽略了情境的因素，使得具备这些特质的领导者并不一定成为有效的领导者。所以，从20世纪40年代到60年代，研究工作转向对领导者偏好的行为风格的研究。

二、领导行为理论

由于通过领导特质理论不能成功地找出有效领导者的特征，管理学家转而研究领导者的各种行为，希望找出成功领导者的行为特征。比如，领导者倾向于更为民主还是更为专制？许多管理学家进行了领导方式的研究，并形成了若干有价值的理论。

（一）领导方式的基本类型

德国心理学家莱温（P. Lewin）通过实验研究不同的工作方式对下属群体行为的影响，并把领导者的领导方式分为三种基本的领导作风类型，即专权型领导、民主型领导和放任型领导。

1. 专权型领导

专权型领导指领导者个人决定一切，布置任务让下属执行。这种领导者要求下属绝对服从，并认为决策是自己一个人的事情。

2. 民主型领导

民主型领导是指领导者发动下属讨论，共同商量，集思广益，然后决策，要求上下融洽，相互合作地工作。

3. 放任型领导

放任型领导指领导者放任自流，下属愿意怎样做就怎样做，完全自由。他的职责仅仅是为下属提供信息并与企业外部进行联系，以便于下属工作。

领导方式的这三种基本类型各具特色，适用于不同的环境。领导者要根据所处的管理层次、所担负的工作性质以及下属的特点，在不同时空处理不同问题时，针对不同下属选择合适的领导方法。此外，莱温研究发现：民主型领导效率最高，在民主型领导中莱温提出参与的概念，并注意到参与的作用，为以后的“参与管理”理论奠定了基础。

（二）领导方式的连续统一体理论

美国学者坦南鲍姆（R. Tannenbaum）与施密特（W. H. Schmidt）在1958年《哈佛商业评论》上发表了《怎样选择领导模式》一文。他们认为，领导方式多种多样，按领导者授予下属自主权的程度划分，存在多种过渡形式。基于这种认识他们提出了领导行为的连续统一体模型，参见图7-1。

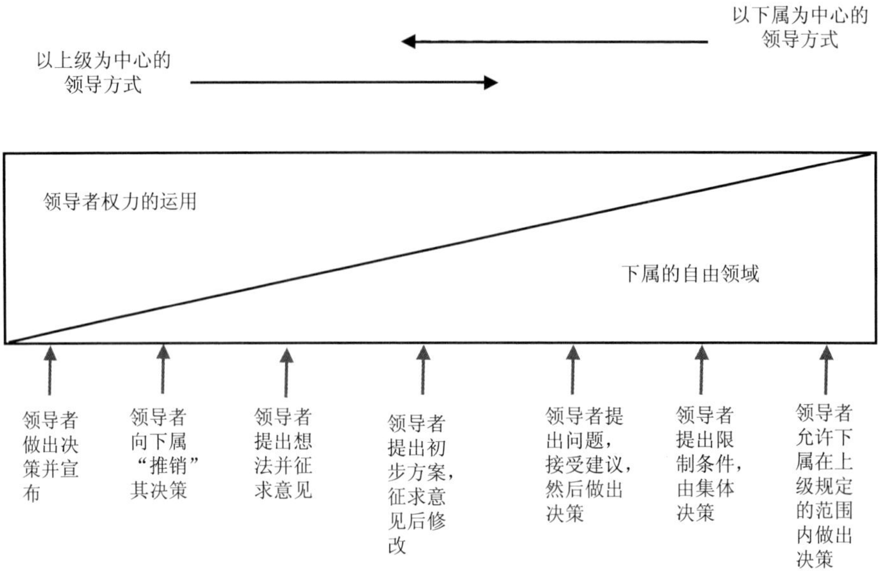

图 7-1 领导行为的连续统一体模型

领导行为连续统一体从左到右,领导者权力的运用逐渐减少,下属的自由度逐渐增大,从以工作为重逐渐变为以关系为重。从图 7-1 可看出,依据领导者授予下属的权力程度、决策方式,形成了一系列的领导方式。坦南鲍姆和施密特认为,上述方式孰优孰劣没有绝对的标准,成功的经理不一定是专权的人,也不一定是放任的人,而是在具体情况下采取恰当行为的人。当需要果断指挥时,他善于指挥;当需要职工参与决策时,他能提供这种可能。因此,这种理论不是要在专制和民主两种领导方式中做出选择,而是提出了一系列的领导方式,何种方式合适,取决于领导者、被领导者和企业所处的环境。

(三)管理系统理论

密歇根大学的行为科学家伦西斯·利克特(Rensis Likert)教授和他的同事做了长达 30 年的研究,将领导行为连续统一体理论进一步推演,他们以数百个机构为研究对象,进行领导方式的研究,于 1967 年提出了领导的管理系统理论,即四个系统模型。

系统Ⅰ称为集权剥削型。决策权仅限于高层。领导层自行决策,并采用威胁和惩罚性措施强制执行,偶尔兼用奖赏激励员工。上下属之间关系紧张,彼此互不信任。这是一种僵化的管理模式,效率最低下。短期内可能会提升生产效率,长期会导致不良的生产效果。

系统Ⅱ称为集权仁慈型。重要决策由高层做出,次要决策由低层做出。采取奖赏和惩罚并用的激励方法，领导态度较谦和，向下属征求一些想法和意见，对下属较关心。上下属之间关系比较和谐，但不自然，类似于主仆关系。领导方式对生产效果有积极的影响作用，但不能长久。

系统Ⅲ称为民主协商型。高层做决策时，积极咨询下属意见，并设法采纳下属的想法和意见。领导和下属的关系和谐，彼此有较高的信任度。领导方式对生产效果有长期的积极影响。

系统Ⅳ称为民主参与型。员工积极参与，各级组织都采取集体决策方式。信息沟通顺畅，上下级间关系融洽，彼此信任，组织凝聚力强。这是领导群体最有效的方式。

（四）领导行为四分图理论

1945 年，美国俄亥俄州立大学商业研究所开始对大型组织的领导行为进行一系列的深入研究，对 1 000 多种描述领导行为的因素进行高度概括，最后归纳为两类主要的领导行为：第一类是关心下属的行为；第二类是建立制度的行为。按照这两方面的内容，拟定了 150 个描述领导行为的项目，设计成“领导行为调查问卷”，由下属对上司的行为进行评价。调查结果表明，两种领导行为在一个领导者身上可以是两个方面的任意组合，它们把二维坐标平面分成四个象限，每个象限代表一种组合，如图 7-2 所示。

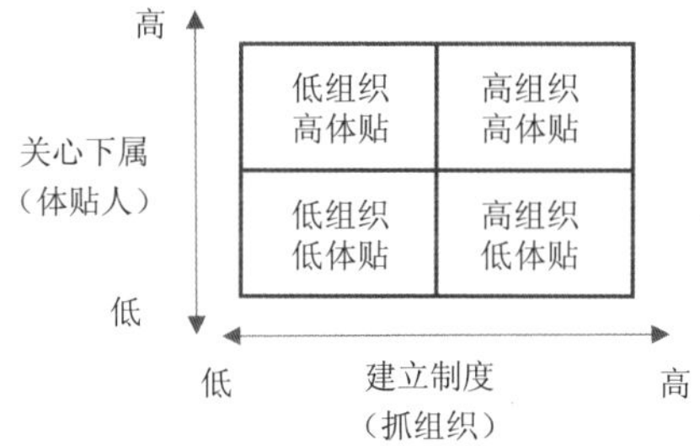

图 7-2　领导行为四分图

建立制度指的是为了达到组织目标，领导者界定和构造自己与下属的角色的倾向程度。这种领导风格的典型特点是下达命令，领导者向小组成员分配具体工作，为员工制定详尽的工作日程安排，要求员工保持一定的绩效标准，并强调工作的最后期限。

关心下属指的是领导信任和尊重下属，期望与下属建立温暖、和谐的人际关系。高关怀的领导者会非常友善，与员工公开交流，培养团队精神，帮助下属解决个人问题，他平易近人、公平对待每一个下属，并对下属的生活、健康、地位和工作的满意度等问题十分关心，欢迎下属对工作进行广泛的参与。

几乎在俄亥俄州立大学的研究进行的同时,密歇根州立大学调查研究中心也进行着相似的研究,即确定领导者行为的特点及其与工作绩效的关系。研究也将领导行为划分为两个维度:员工导向和生产导向。员工导向的领导者重视人际关系,总会考虑下属的需要,并承认人与人之间的差异;生产导向的领导者只关心工作的技术、日程的安排和任务的完成,主要关心的是群体任务的完成情况,将群体成员视为达到目标的工具或手段。他们得到的结论是,员工导向的领导与高群体生产率和高工作满意度正相关;生产导向的领导与低群体生产率和低工作满意度联系在一起。

(五)管理方格理论

管理方格理论(Management Grid Theory)是由美国得克萨斯州立大学的行为科学家罗伯特·布莱克(Robert R. Blake)和简·莫顿(Jane S. Mouton)在1964年出版的《管理方格》一书中提出的。他们在领导行为四分图的基础上,用纵轴表示企业领导者对人的关心程度,横轴表示企业领导者对生产或工作的关心程度,并且将纵轴和横轴各九等分构成管理方格图,如图7-3所示。

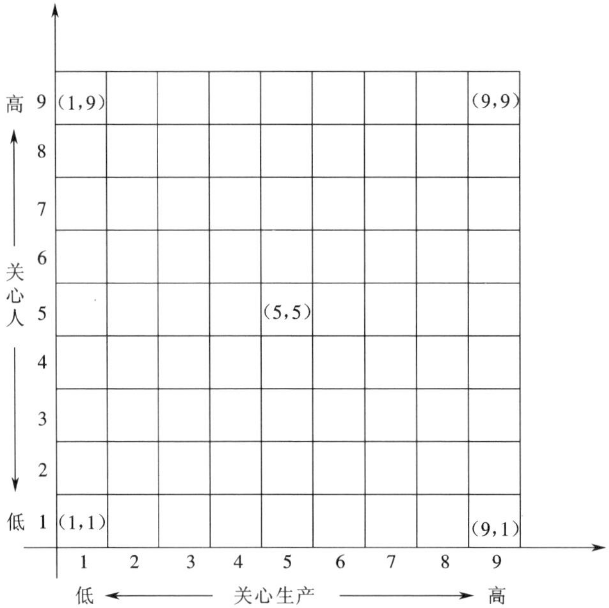

图7-3 管理方格

(1,1)方格——贫乏型管理:对人和工作都很少关心,用最小的努力来完成工作任务和维持人际关系。这种方式无疑会使企业失效,在实践中很少见到。

(1,9)方格——俱乐部型管理:不关心生产任务,十分关心人际关系。虽然组织关系融洽,但对提高生产效率和企业未来发展没有积极影响。这种管理的结果可能很脆弱，一旦和谐的人际关系受到影响，生产效率随之下降。

（9，1）方格——任务型管理：只关心生产任务，不关心人际关系。领导人员的权力很大，指挥和控制下属的活动，而下属只能奉命行事，不能发挥积极性和创造性。这种领导将导致企业管理缺少活力，发展动力不足。

（5，5）方格——中庸型管理：对生产和职工都有适度的关心。既能保持一定的生产效率，又能基本维持良好的人际关系及员工士气。但由于固守传统习惯，从长远看，会使企业落伍。

（9，9）方格——高效型管理：对人和工作都十分关心。工作上努力寻求和制定科学合理的生产、作业方法，人际关系上努力营造相互支持、相互信任的气氛。鼓励员工积极参与，努力使员工具有成就感。这是最好的领导方式。

布莱克和莫顿认为（9，9）方格的管理者工作效率最高，是领导者努力的方向，因为这会使组织中的人精诚团结、共同完成组织目标。但是，这种领导行为是很难做到的。为此，他们提出要对管理者进行培训，并提出了相应的培训计划，以推动他们向（9，9）型管理发展。他们的著作《管理方格》出版后长期畅销，为管理者正确评价自己的领导行为，掌握合适的领导方式提供有益的指南。然而，管理方格理论仍然没有考虑环境对领导行为的影响。后来研究的焦点集中在领导者与下属的关系、与组织环境的关系上，希望揭开影响领导行为之谜。

三、领导权变理论

（一）基本含义

权变理论（Contingency Theory），又称情境理论。20 世纪 60 年代以后关于领导有效性的研究转向权变理论。权变理论告诉管理者应不断调整自己，使自己不失时机地适应外界变化。

随着管理对象和管理环境的变化，人们越来越认识到，找到一种普遍适用的"最好的"领导理论和方法是不现实的。领导的有效性不是取决于领导者不变的品质和行为，而是取决于领导者、被领导者和情境条件三者的配合关系，即领导=*f*（领导者，被领导者，环境）。因此，没有一种"最好的"领导行为。一切要以时间、地点、条件为转移，这便是领导权变理论的实质。

（二）菲德勒权变模型（Fiedler Contingency Model）

弗雷德·菲德勒（Fred E. Fiedler）是领导权变理论的创始人，他认为，领导的有效性与领导者的领导风格和所处的环境有关。

1. 领导风格

菲德勒假设个人的领导风格会影响领导的有效性。他区分了两种领导风格：关系取向型和任务取向型。关系取向型领导者注重与下属搞好关系，被下属喜爱。任务取向型领导者注重使下属高水平地工作。为了判定领导者的领导风格,菲德勒以调查问卷的方式询问领导者对其“最难共事的同事”的评价。一个领导者如对其最难共事的同事仍能给予好的评价,能从积极的方面看待人,则是关系导向型领导风格。对其最难共事的同事给予较低的评价,则被认为是惯于命令和控制,是任务取向型领导风格。

2. 环境特征

菲德勒认为,领导者的领导风格是一种永久性的特征,不能改变。基于这种认识,菲德勒提出了三种影响领导有效性的环境因素:领导者和成员关系、任务结构和职位权力。

①领导者与成员关系,是指追随者对领导者喜爱、尊敬、信任和忠诚的程度。当领导者与下属关系好时,环境就会对领导有利。反之,当领导者与下属关系差时,环境就会对领导不利。这时,当领导遇到问题时,如被降职、解雇等,下属可能会欢天喜地。

②任务结构,是指将要完成的任务的明确程度。如果任务是例行的、明确的、有章可循的,则工作质量比较容易控制,这种情况属于任务结构明确;相反,任务复杂又没有先例,工作规定不清楚,没有标准和程序,这种情况属于任务结构不明确。当任务结构明确时,环境对领导有利,反之不利。

③职位权力,是指赋予领导者正式职位时所拥有的权力,权力是否正确,是否充分,在上级和整个组织中所得到的支持是否有力,直接影响到领导的有效性。领导者对下属的雇佣、工作分配、报酬、晋升等的直接决定权越大,其职位权力就越大,这种环境对领导者是有利的。

3. 领导风格和环境特征的组合

菲德勒对三种环境因素做进一步设定:领导者与成员关系的好或差;任务结构的高或低;职位权力的强或弱。他指出,领导者与下属的关系越好,任务结构化程度越高,职位权力越强,则领导者拥有的控制力和影响力就越高,反之,控制力和影响力就越低。

菲德勒将这三种环境因素的不同情境组合成八种领导工作情境或类型,每个领导者都可从中找到自己的位置。他认为,任务取向型领导者在非常有利(Ⅰ、Ⅱ、Ⅲ)和非常不利(Ⅶ、Ⅷ)的情境下是最成功的,而在中等有利(Ⅳ、Ⅴ、Ⅵ)的情况下,关系取向型领导则会干得最好,参见表 7-3。

按照菲德勒权变模型,领导者的行为是由其个性所决定的,因此领导者的风格或领导方式基本是稳定不变的,所以要提高领导者的有效性,就要替换领导者以适应情境,或改变情境以适应领导者。另外,情境是可以改变的,比如,给管理者更多的职位权力,或者通过采取措施明确目标来提高任务结构化程度。

表 7-3 菲德勒模型

<table>
<tr><td rowspan="5">环境特征</td><td>领导者与成员关系</td><td colspan="4">好</td><td colspan="4">差</td></tr>
<tr><td>任务结构</td><td colspan="2">高</td><td colspan="2">低</td><td colspan="2">高</td><td colspan="2">低</td></tr>
<tr><td>职位权力</td><td>强</td><td>弱</td><td>强</td><td>弱</td><td>强</td><td>弱</td><td>强</td><td>弱</td></tr>
<tr><td rowspan="2">工作情境或类型</td><td>Ⅰ</td><td>Ⅱ</td><td>Ⅲ</td><td>Ⅳ</td><td>Ⅴ</td><td>Ⅵ</td><td>Ⅶ</td><td>Ⅷ</td></tr>
<tr><td colspan="3">非常有利的环境</td><td colspan="3">中等有利的环境</td><td colspan="2">非常不利的环境</td></tr>
<tr><td colspan="2">领导类型</td><td colspan="3">任务取向型</td><td colspan="3">关系取向型</td><td colspan="2">任务取向型</td></tr>
</table>

(三)情境领导理论

情境领导理论也称为领导生命周期理论,由卡曼(A. K. Korman)于 1966 年提出,后由保罗·赫塞(Paul Hersey)和肯尼斯·布兰查德(Kenneth Blanchard)进一步发展完善。这是一个重视下属的权变理论。该理论认为,应该根据下属的成熟度选择相应的领导风格。这个理论在分析领导行为时应用了任务行为和关系行为两个维度,把下属成熟度作为第三个维度。

赫塞和布兰查德将成熟度定义为个体对自己的直接行为负责任的能力和意愿,它包括工作成熟度和心理成熟度。工作成熟度指下属完成任务时具有的相关知识和技能水平。工作成熟度高的个体拥有足够的知识、能力和经验完成他们的工作任务而不需要他人的指导。心理成熟度是指下属做事的意愿和动机。心理成熟度高的个体不需要太多的外部鼓励,他们依靠内部动机激励。

每个人都经历从不成熟到成熟的发展过程,工作群体中工作人员的平均成熟度也有一个发展过程,即由不成熟、初步成熟、比较成熟到成熟,分别用 M1、M2、M3、M4 表示。这就是被领导者成熟度发展的生命周期。

M1(不成熟)阶段:下属缺乏接受和承担任务的能力和愿望,他们既不能胜任又缺乏自信。当下属成熟度为 M1 时,领导者要给予明确的指导和严格的控制。

M2(初步成熟)阶段:下属愿意承担任务,但缺乏足够的能力,他们有积极性但没有完成任务所需的技能。当下属成熟度为 M2 时,领导者既要保护下属的积极性,交给其一定的任务,又要及时加以具体的指导以帮助其较好地完成任务。

M3(比较成熟)阶段:下属具有完成领导者所交给的任务的能力,但没有足够的动机。当下属成熟度为 M3 时,领导者主要解决其动机问题,可通过及时的肯定和表扬以及一定的帮助以鼓励下属树立信心。

M4(成熟)阶段:下属能够而且愿意去做领导者要他们做的事。当下属成熟度为 M4 时,由于下属既有能力又有积极性,因此领导者可以采用授权方法,只给下属明确目标和工作要求,具体事情由下属自我控制。

情境领导理论认为,单凭重视工作和人际关系,还不足以决定领导的有效性,关键要看下属的成熟度如何,基于此,组合成指示型(高任务—低关系)、推销型(高任务—高关系)、参与型(低任务—高关系)、授权型(低任务—低关系)四种领导风格,以此来建立不同员工的成熟度与不同领导行为的关系模型,参见图7-4。

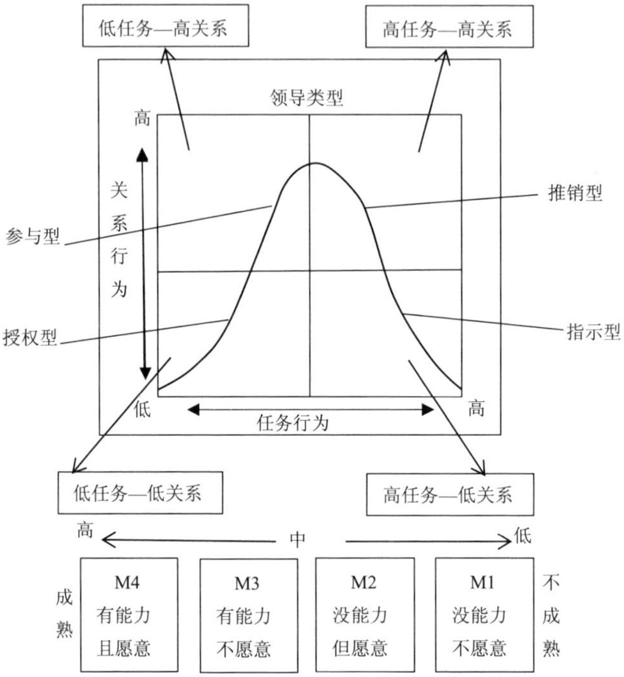

图7-4 情境领导理论模型

①指示型(高任务—低关系)。这是一种高度指令性的领导风格,它包括该如何完成工作的明确指示。这种领导风格对于不成熟员工的领导较为有效。

②推销型(高任务—高关系)。领导解释决策,给员工提问和阐述的机会,以便他们清楚地理解工作任务。这种领导风格对于初步成熟员工的领导较为有效。

③参与型(低任务—高关系)。领导者与员工一起分享想法,为员工提供参与机会,并帮助员工制定决策。这种领导风格对于比较成熟员工的领导较为有效。

④授权型(低任务—低关系)。该领导风格几乎不对成熟员工给予指示或提供支持,领导者将决策权和执行权都授予成熟员工。

情境领导理论为领导权变理论提供了一个直观的、易于理解的模型。这一理论也告诉我们,没有一种万能的领导方式适合各种不同的情境,必须根据不同的情况灵活运用领导风格。

（四）路径—目标理论

路径—目标理论是由罗伯特·豪斯（Robert House）等人提出的。该理论认为领导者的效率以能激励下属实现组织目标并在工作中使下属得到满足的能力来衡量。当组织根据成员的需要，设置某些报酬以激励组织成员时，组织成员就对获得这些报酬寄予期望，并做出努力。但这种期望的实现必须有赖于做出工作成绩，因此只有员工确切地知道如何达到组织目标时，才能起激励作用。豪斯认为，领导者的工作就是为下属设置目标，帮助下属实现他们的目标，并提供必要的指导和支持以保证各自的目标和群体或组织的目标相一致。有效的领导者通过明确实现工作目标的途径来帮助下属，并为下属扫清实现目标的障碍。

与菲德勒理论不同的是，此理论认为领导者的风格和行为是可以改变的，同一领导者可以根据不同情境表现出任何一种领导风格。豪斯提出了两种情境因素作为领导行为与结果关系的中间变量，即下属的个性特点（下属的权变因素）和环境因素（可控的权变因素）。这些情境因素决定了哪种领导方式是最适合的。豪斯提出了如下四种领导者能够激励下属的领导行为。

①指导型：领导者让下属知道对他们的期望是什么以及完成工作的时间安排，并对如何完成任务给予具体指导。

②支持型：领导十分友善，并表现出对下属需求的关怀。

③参与型：领导与下属共同磋商，并在决策之前充分考虑他们的建议。

④成就导向型：领导设定富有挑战性的目标，并期望下属发挥他们的最佳水平。

情境因素和领导行为的关系如图 7-5 所示。由下属特点和环境因素确定的领导方式产生了高的工作绩效和高的满意度。

下属的权变因素有三种。

①拜权主义：倾向于个人对权威的敬重、钦佩和尊重程度。指示型领导方式对拜权主义者最为合适。

②控制点：也属于个性特征，内因控制点类型的个体，相信结果都是通过自身的努力和行为所产生的；外因控制点类型的个体，则往往把发生的结果归因于运气、命运或制度。前者喜欢参与型领导方式，后者喜欢指导型领导方式。

③能力：如下属以为自己的能力不强，则他们更喜欢指导型的领导方式；反之，有的人自命清高，则对指导型的领导行为表示不满。

环境的权变因素包括任务结构、正式职权制度和工作群体的情况。当任务结构明确时，采用指导型领导行为的效果就差些；如果正式职权都规定得很明确，则下属更欢迎非指导型的领导行为；当工作群体为个人提供了社会上的支持并且使其需求得到满足时，则支持型的领导行为就显得多余了，反之，个人则会从领导者那里寻求这类支持。

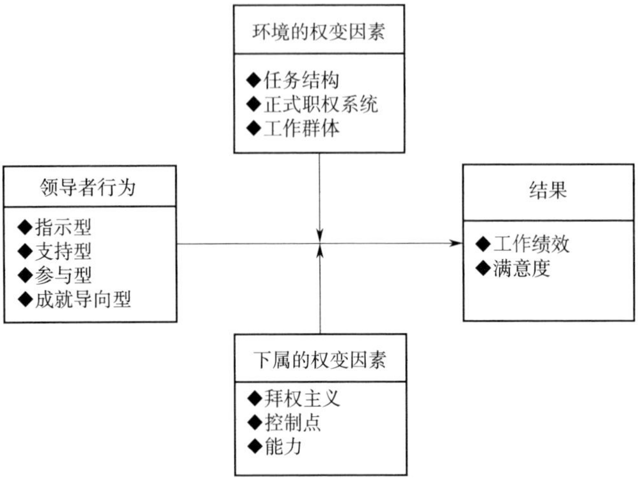

图 7-5　路径—目标理论

因此,由路径—目标理论引申出一些假设范例。

①当任务不明或压力过大时,指导型领导产生了更高的员工满意度。

②当下属执行结构化任务时,支持型领导产生了员工高绩效和高满意度。

③对知觉能力强或经验丰富的下属,指导型的领导可能被视为累赘、多余。

④组织中的正式权力关系越明确,领导者越应表现出支持型的领导行为。

⑤内因控制点类型的下属,对参与型领导风格更为满意。

⑥当任务结构不清时,成就导向型领导将会提高下属的努力水平。

对这些假设的验证性研究结果是令人振奋的。也就是说,当领导者弥补了员工或工作环境方面的不足时,对员工的绩效和满意度起到积极的作用。但是,当任务本身十分明确或员工有能力和经验处理它们而无须干预时,如果领导者还花费时间解释这些任务,则下属会把这种指导性行为视为累赘、多余甚至是无用的。

第三节　领导艺术

领导者的工作效率和效果在很大程度上取决于他们的领导艺术。领导艺术是一门博大精深的学问,其内涵极为丰富。

(一)做领导的本职工作

领导者有条不紊地办事是一种艺术。领导者必须明白,凡是下属可以做的事,都应授权让他们去做,领导者只应做领导该做的事情。领导该做的事包括决策、用人、指挥、协调和激励。这些都是大事,应该分清主次、轻重缓急,分别授权让每一级去管本级应管的事情,而绝非都由最高领导者来做。企业最高领导者应该只抓重中之重、急中之急，并且严格按照“例外原则”办事。也就是说，凡授权下属去做的事情，领导者都不要插手，领导者只需管那些没有授权下属的例外事情。若领导者太看重自己的地位和作用，事无巨细、无所不包，其结果是不仅浪费了自己的时间和精力，还挫伤了下属的积极性和责任感，反过来又会加重自己的负担。

（二）善于同下属交谈、倾听下属的意见

没有人与人之间的信息交流，就不可能有领导。领导者在行使指挥和协调职能时，必须把自己的想法、感受和决策等信息传递给被领导者，才能影响被领导者的行为。同时，为了有效地领导，领导者也需了解被领导者的反应、感受和困难。这种双向的信息传递十分重要。信息的传递可以通过正式的文件、报告、书信、会议、电话、手机短信、互联网和非正式的面对面交谈等方式。其中，面对面的个别交谈是深入了解下属的较好方式，因为通过交谈不仅可以了解到更多、更详细的情况，并且可以通过察言观色来了解对方心灵深处的想法。善于同下级交谈是一种领导艺术。

（三）争取众人的信任和合作

企业领导者不能只依靠自己手中的权力，还必须取得同事和下属的信任和合作。领导者和被领导者之间的关系不应当是一种刻板和冷漠的上下级关系，而应当是一种真诚合作的朋友关系。

1. 平易近人

领导者与同事和下属相处时，要注意谦虚待人，主动向对方表示尊重和友好；在办事时多用商量的口吻，多听取对方意见并采纳对方意见中合理的部分；要勇于承认和改正自己的缺点和错误。以诚相待很重要。

2. 信任对方

在分工授权后，领导者要用实际行动使下属感觉到领导者对他是信任的，感到自己对企业集体是重要的。这样下属就会主动加强同领导者的合作。如果领导者能在授权的同时，主动征求并采纳下属对工作的意见，使下属感到领导对他的器重，这将有利于增进相互的友谊和合作。

3. 关心他人

领导者不仅不能以权谋私，而且要在政治、思想、业务、生活等多方面关心他人，要为下属提高思想、业务水平创造条件，不怕他们超越自己；要为职工解决生活上的困难，不怕麻烦；要吃苦在前，享受在后，在经济利益和荣誉面前一定要先想到他人。

4. 一视同仁

为了加强企业的内聚力，克服离心倾向，领导者既要团结与自己亲密无间、命运与共的骨干，又要注意团结所有职工，特别是与自己意见不一致的或感情疏远或反对自己的人，更应关心和尊重他们，努力争取他们的友谊和合作。这样，企业的全体职工都会感到，在领导者的心中，没有亲疏，只要好好干，谁都可以得到应有的尊重和信任,就会产生一种安全感、归属感。

(四)做时间的主人

领导者要做时间的主人,首先要科学地组织管理工作,合理地分层授权,把大量的工作分给副手、助手、下属去做,以摆脱烦琐事务的纠缠,腾出时间来做真正应该由自己做的事。可以通过记录自己的时间消耗,学会合理地使用时间;提高开会效率和做事效率,做正确的事情。

第四节 激励理论

一、激励的基本内涵

所谓激励(Motivation),就是组织通过设计适当的外部奖酬形式和工作环境,以一定的行为规范和惩罚性措施,借助信息沟通,来激发、引导、保持和规范组织成员的行为,以有效地实现组织及其成员个人目标的过程。

激励的出发点是满足组织成员的各种需要,即通过系统地设计适当的外部奖酬形式和工作环境,来满足企业员工的外在性需要和内在性需要。科学的激励工作需要奖励和惩罚并举。激励贯穿企业员工工作的全过程,包括对员工个人需要的了解、个性的把握、行为过程的控制和行为结果的评价等。信息沟通贯穿激励工作的始末。企业组织中信息沟通是否通畅,是否及时、准确、全面,直接影响着激励制度的运用效果和激励工作的成本。激励的最终目的是在实现组织预期目标的同时,也能让组织成员实现其个人目标,即达到组织目标和员工个人目标在客观上的统一。

二、个体行为理论

个体行为理论对人的行为进行微观的考察和研究。个体行为的研究就是要揭示个体心理活动过程和个性心理特征,研究其心理、生理对行为的影响规律,以达到控制和调整人的行为的目的。

(一)个体行为的影响因素

人的行为千差万别,影响人的行为的因素也多种多样,概括地说,影响个人行为的因素主要有内部因素和外部因素,其中内部因素包括生理、心理和文化因素,外部因素包括自然环境和社会环境,如图 7-6 所示。

①生理因素,主要指性别、智力、视力、身高、体重等。

②心理因素,主要指理想、信仰、人生观、价值观、抱负等。

③文化因素,主要指所受教育程度、职业素质、个人修养。

④自然环境,主要指工作环境、工作条件、生活条件等。

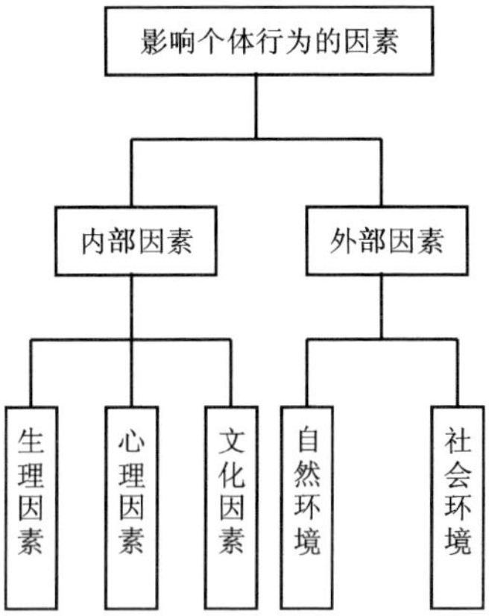

图 7-6　影响个体行为的因素

⑤社会环境,主要指有关的群体、领导和组织。

群体是指个体所在的集体,包括班组、社团、交往的朋友甚至家庭。领导者的素质、管理水平、管理手段与方法都会对个体行为产生影响。组织设计是否合理,个体所在的组织状况如何、分工是否合理,效率与气氛如何,都会影响个体行为。

(二)个体行为基本模式

人的行为是有规律可循的,是"需要→动机→行为→达到目标"的过程,如图 7-7 所示。

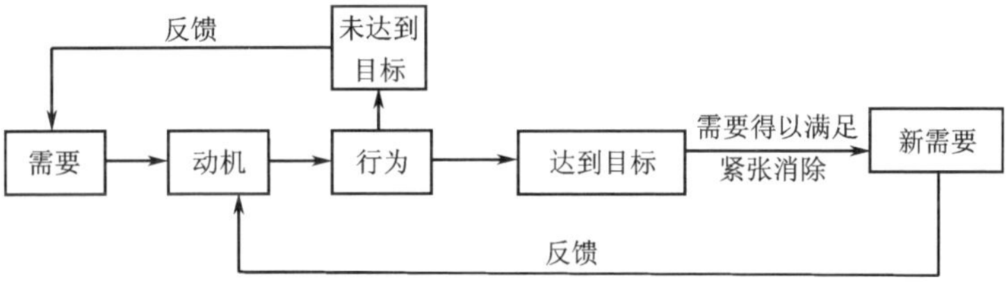

图 7-7　个体行为基本模式

人的行为是从需要开始的。当人产生需要时,会产生一种紧张的心理状态,我们称其为动机。所谓动机(Motive)是促使个体从事某种活动的念头,是主体趋向目标的内在动力,如一个人渴了就会产生喝水的动机。在遇到能满足需要的特定目标时,这种紧张的心理状态(动机)会引发主体产生达到目标的行为。目标达到,紧张消除,一个需要满足了。这样周而复始,推动人们去从事各种各样的活动,达到一个又一个目标。

三、马斯洛的需要层次理论

(一)理论内容

马斯洛的需要层次理论(Maslow's Hierarchy of Needs)是马斯洛于1943年提出的。亚伯拉罕·哈罗德·马斯洛(Abraham Harold Maslow, 1908—1970)是美国社会心理学家、人格理论家和比较心理学家,是人本主义心理学的主要发起者和理论家,1933年在威斯康星大学获博士学位,第二次世界大战后转到布兰戴斯大学任心理学系教授兼主任,1967年任美国心理学会主席。马斯洛的需要层次理论最早发表于1943年的《心理学评论》上,题为《人类动机论》。马斯洛将人的需要划分为如图7-8所示的层次。

图7-8 马斯洛的需要层次

①生理需要:是人们维持其生命最基本的需要,也是层次需要的基础。生理需要是人们对衣、食、住、行、空气、水等的需要。

②安全需要:生理需要得到满足后,就会想到安全问题,期望已获得的生理需要不要再失去和被剥夺;偏爱牢固职位,工作有保护,生活有积蓄,拥有各种保险(医疗、失业、养老保险等);希望社会和平、安全、和谐,没有野兽、极冷极热的温度、犯罪、袭击、专制等;喜欢选择熟悉、已知的而不是陌生、未知的事情。

③爱和归属的需要:生理、安全需要得到满足后,就会产生爱、情爱、社会集团归属的需要,希望与别人交往,避免孤独,希望与伙伴和同事和睦相处,关系融洽,希望归属于一个团体以得到关心、爱护、支持、友谊和忠诚。

④自尊的需要:希望有地位、有威信,受到别人的尊重和信赖;希望别人承认自己的工作、人品、能力和才干,并给予较高的评价。

⑤自我实现的需要:是最高层次的需要,希望自己担任的工作与自己的知识能力相适应;愿意承担富有挑战性的工作;给自己设立较困难的目标,把取得成就后的满足感看得比成功以后所得到的报酬更重要。人们对自我理想的追求,对雷锋精神、方志敏精神等崇高精神的追求,对共产主义理想的追求,这些都是自我实现需要的体现。

（二）马斯洛需要层次理论的贡献与缺陷

1. 马斯洛需要层次理论的贡献

①马斯洛从人的需要出发探索人的激励和研究人的行为，抓住了问题的关键，马斯洛需要层次理论是研究需要结构和人员激励的重要理论，也是解释人格、动机的重要理论。

②马斯洛提出人的需要有一个从低级向高级发展的过程，这在某种程度上是符合人类需要发展的一般规律的。他指出，人在每一个时期都有一种需要占主导地位，而其他需要处于从属地位。这一点对于管理工作具有启发意义。

③马斯洛需要层次理论的基础是他的人本主义心理学，人的内在力量不同于动物的本能，人要求内在价值和内在潜能的实现是人的本性，人的行为是受意识支配的，人的行为是有目的性和创造性的。

马斯洛需要层次理论对企业管理者如何有效地调动人的积极性有着重要的启发和指导作用。

2. 马斯洛需要层次理论的缺陷

①对需要分层次的分析简单、机械。马斯洛需要层次理论带有一定的机械主义色彩。他把这种需要层次看作固定的程序，看作一种机械的上升运动，如只有低层次需求满足后才会产生高层次的需求，忽视了人的主观能动性。

②以人本主义为其理论基础。该理论认为人的需要都是与生俱来的，更多体现的是利己的本能，具有以自我为中心的倾向。

③马斯洛调查的对象主要是中产以上阶层人们的需要，因此将其理论推广缺乏普遍性。

④没有反映社会的意识和环境对人的需要模式产生的影响。

四、双因素理论

双因素理论（Dual-factor Theory）是由美国心理学家弗雷德里克·赫茨伯格（Frederick Herzberg，1923—2000）等人提出的。20 世纪 50 年代末期，赫茨伯格和他的助手们在美国匹兹堡地区对 200 名工程师、会计师进行了调查、访问、研究后提出了双因素理论。

（一）保健因素

保健因素是与职工工作的客观情况有关的一些因素，如工作环境、工作条件、人际关系、安全和生活条件、工资福利等。这些因素缺乏或处理不当，会引起职工的不满情绪。但即使这些因素都具备，也只能防止职工对工作产生不满，而不能激发他们内在的积极性和更高的满意感。这就如同卫生条件好的环境能保障人不生病，但并不能使人更强壮，仅仅起到保健作用，因此称这些因素为保健因素。

(二)激励因素

激励因素是与人的工作有内在联系的一些因素,如工作是否具有成就感和挑战性、工作成绩能否得到认可、职业上成长和发展的可能性、未来能否受重用和提拔、专业是否对口等。赫茨伯格认为,激励因素是影响和促使人们在工作中不断进取的内在因素。激励因素的改善可激发职工完成工作的积极性,使人感到满意;处理不当可导致职工的不满意,但其影响程度不如保健因素。

将双因素理论与马斯洛需要层次理论进行比较,保健因素主要与人的较低层次的需要(生理需要、安全需要、爱和归属的需要)相关联,而激励因素主要与人的较高层次的需要(自尊的需要、自我实现的需要)相关联。保健因素和激励因素的划分没有严格的界限,对于不同时代、不同的人而言,保健因素和激励因素的标准不尽相同,比如“大锅饭”时代,按劳分配可以作为激励因素;但当今按劳分配成为企业基本执行规则时,它便成为必不可少的保健因素。再比如,员工不断革新或发明专利,有人视奖金酬劳为付出的价值体现,那么奖金就是激励因素;有人将革新或发明专利用自己的名字冠名视为最高荣誉,那么奖金则为保健因素,而冠名的荣誉就是激励因素。因此,企业管理者应根据本企业不同职工的特点和需要层次区分保健因素和激励因素,要尽力做到因人而异。

赫茨伯格双因素理论的重要意义在于它把传统的满意—不满意(认为满意的对立面是不满意)的观点进行了拆解,认为传统的观点中存在双重的连续体:满意的对立面是没有满意,而不是不满意;同样,不满意的对立面是没有不满意,而不是满意。这种理论对企业管理的基本启示是:要调动和维持员工的积极性,首先要注意保健因素,以防不满情绪产生,但更重要的是,要利用激励因素去激发员工的工作热情,使其努力工作,创造奋发向上的局面,因为只有激励因素才能提高员工的工作满意感。

五、期望理论

期望理论是由美国心理学家和行为科学家维克托·弗鲁姆(Victor H. Vroom)于1964年在他的《工作与激励》一书中提出的。该理论认为:当人们预期某一个行为能给个人带来既定的结果,且这种结果对个人具有吸引力时,才会采取这一特定行为。根据期望理论,员工对待工作的态度,依赖下列三种联系的判断。

1. 努力与绩效的联系

人总是希望通过一定努力能够达到预期的目标,如果个人感到通过一定程度的努力而达到工作目标的可能性较大,就会有很强的工作动力 。如果个人认为目标太高,通过努力也不会有很好的绩效,就会失去内在的动力,导致工作消极。也就是说,人们总是在判断必须付出多大努力才能达到某一绩效水平。

2. 绩效与奖励的联系

人们总希望达到预期目标后能够得到恰当的肯定和奖赏，如提高工资、发放奖金等物质奖励，或者给予表扬，使个人的自我成就感、个人威望提高等。人们也一直在对完成一定工作绩效后可获得的奖赏结果进行判断。

3. 奖励与满足个人目标的联系

人们会对工作完成所得到的潜在结果或奖赏对他们的重要程度做出判断。如这一奖赏能否满足个人目标，吸引力有多大。

以上三种联系便形成期望理论的简化模型，如图 7-9 所示。

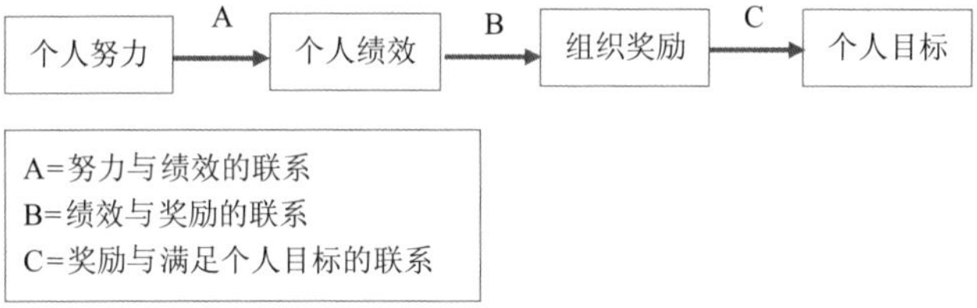

图 7-9　简化的期望理论模型

弗鲁姆在分析了期望理论的简化模型后，进一步建立了期望模型，并在模型中引入三个参数：激励力、效价和期望值。弗鲁姆认为，人对目标的追求程度或行为的激励力，即人们在工作中的积极性或努力的程度（激励力）取决于他们对目标价值的估计和实现此目标的概率，用公式表示为 $M=V\times E$。其中，M 表示激励水平或激励力，指一个人受到激励的程度；V 表示目标效价，即一个人对工作目标重要性的评价；E 表示期望值，即一个人对实现该目标可能性的主观估计，即实现目标的期望概率。这个理论告诉我们，目标的价值越大，能实现的概率越高，这个目标激发动机的力量就越强。不论是管理者还是个人，在设定目标时既要考虑目标的价值（是否具有吸引力），也要考虑目标的合理性及可行性。

效价和期望的不同组合，会产生不同的激励力，一般有以下几种情况：

$V_{\text{高}}\times E_{\text{高}}=M_{\text{高}}$，比如 100%×100%=100%；

$V_{\text{中}}\times E_{\text{中}}<M_{\text{中}}$，比如 50%×50%=25%；

$V_{\text{低}}\times E_{\text{低}}<M_{\text{低}}$，比如 10%×10%=1%；

$V_{\text{高}}\times E_{\text{低}}=M_{\text{低}}$，比如 100%×10%=10%；

$V_{\text{低}}\times E_{\text{高}}=M_{\text{低}}$，比如 10%×100%=10%。

这表明，要收到预期的激励效果，应以激励手段的效价（能给激励对象带来的满足）和激励对象获得这种满足的期望值为前提。只要效价和期望值中有一个较低，就难以使激励对象在工作岗位上表现出足够的积极性。

六、公平理论

公平理论是由美国心理学家、行为科学家、人力资源管理专家约翰·斯塔希·亚当斯（John Stacey Adams）于1965年在其《社会交换中的不公平》一书中提出的。

公平理论的基本观点：当一个人做出了努力并取得报酬后，通常要考虑是否值得。他要将自己的“所得”（包括金钱、工作安排以及获得的赏识）与自己的“付出”（包括所做努力，用于工作的时间、精力，教育程度等）与他人进行比较，来确定自己所获报酬是否合理，分配是否公平。比较中他不仅关心自己取得报酬的绝对量，而且关心与他人取得报酬进行比较的相对量。比较结果将直接影响其今后工作的积极性。当员工感到自己的所得与付出的比率（收支比）与他人相同时，便会感到受到公平待遇，这种公平感使得员工对自己的获得感到满意，心情舒畅且工作积极努力；当员工认为收支比不相等，特别是认为自己的收支比较低时，便会产生强烈的不公平感和不满情绪，导致情绪低落，影响工作的热情与积极性。此外，员工也会对自己目前的收支比与自己在过去某一时期的收支比进行比较，同样也会产生相同的公平与否的感知判断。公平理论的基本观点如图7-10所示。

察觉到的比率比较	员工评价
$\frac{所得_A}{付出_A} < \frac{所得_B}{付出_B}$	不公平（报酬过低）
$\frac{所得_A}{付出_A} = \frac{所得_B}{付出_B}$	公平
$\frac{所得_A}{付出_A} > \frac{所得_B}{付出_B}$	不公平（报酬过高）

A是一个员工；B是参照对象

图7-10　公平理论的基本观点

需要指出的是，图7-10中，无论是自己的或他人的收支比都是个人感觉，与个人的主观判断有关。而一般人总是对自己的投入估计过高，对别人的投入估计过低或看到的只是不完全信息。因此，管理者在激励过程中应注意对被激励者公平心理的引导，使其树立正确的公平观：一是要认识到绝对的公平是不存在的；二是不要盲目攀比。

七、人性假设理论

针对不同的下属应采取不同的管理方法，也就是说，作为一个管理者或领导者，必须首先区分其管理对象是哪一类型的，他们需要什么，他们为了什么而工作；其次是采取正确的管理对策，否则是盲目的管理，无效的管理。

人性假设理论就是对下属的本性及需求做出界定。科学合理的人性假设有利于管理者制定合理的管理措施和方法。

（一）中国传统思想对人性的认识

我国古代对人的系统认识是从人性开始的，人性问题在中国古代思想史上是一个重要问题。

1. 孔子的观点

孔子在《论语》中写道："性相近也，习相远也。"

孔子认为：性是人先天就有的，习是后天培养的。性强调人的内在特性，习则有赖于外部环境；性强调客观的基础，习则是主观的努力。人生来都是差不多的。人天生的各种客观条件大致类似，具有普遍性，只是由于后天的"习"不同，人与人之间才有所谓的贤愚智不肖的种种区别。由此看出，孔子的人性学说注重后天的人为培养、个人的主观努力，这也成为儒家人性论思想的一个特色。

2. 孟子的观点

孟子指出："人之学者，其性善。"性善为何物？那就是"仁、义、礼、智"。

孟子认为人性是善的，如果按照人性去做，就可以称为善人，做坏事的人并不是因为本性不善，而是没有按照本性去行事。

孟子指出，各国诸侯要想治理好国家有三件大事——土地、人民、政事，要做好这三方面的治理首先要行仁政，而仁政之根本在于养心。

3. 荀子的观点

荀子指出："人之性恶，其善者伪也。"荀子认为人都有"饥而欲食，寒而欲暖，劳而欲息，好利而恶害"的本性，"人性"就是"目好色，耳好声，口好味，心好利，骨体肤理好愉佚"。他将战争、竞争、矛盾、冲突、混乱等直接的根源归于"人性恶"，并指出，管人或治理国家的两大措施：一是礼；二是刑。

4. 老子的观点

老子认为，人性自然。人性无善恶之规定，人性没有天生的道德属性。人性在人的社会化过程中的或善或恶都是背叛了人的自然本性，是人的自然本性的异化。他强调为人处事应采取"无弃"的态度，主张"报怨以德""荣辱不惊"。

5. 墨子的观点

墨子曾说："染于苍则苍，染于黄则黄。"墨子认为，人生下来就像白色的丝线，放进青色的染缸就染成了青色,放进黄色的就染成了黄色,故墨子重视后天环境和教育对人的影响。墨子的人性论是"素丝说",即"人性如素丝"。他认为人性本无善恶,因社会变动,才有正邪之分。墨子主张用天志明鬼教育人民,实行"兼爱""非攻",反对不义之战,而人性本无善恶,所以无论贫富贵贱,只要统治者给予合适的政治制度和教育,就可实现"兼爱""非攻"的理想社会。

6. 庄子的观点

庄子推崇人类的自然本性,对儒家、墨家提倡的仁义道德持否定观点。他认为,仁义破坏了朴素的人性,倡导人性回归自然纯朴,反对压制人性的等级专制社会,其中就蕴含着人道主义思想。

(二)西方的人性假设理论

1. X 理论(经济人假设理论)

X 理论是由美国麻省理工学院心理学教授麦格雷戈提出的。道格拉斯·麦格雷戈(Douglas M. McGregor, 1906—1964),美国著名的行为科学家,人性假设理论创始人,管理理论的奠基人之一, X-Y 理论管理大师, 1960 年 11 月在美国《管理评论》上发表了《企业的人性方面》(*The Human Side of Enterprise*)一文,文中提出了 X-Y 理论。

X 理论的基本思想:人性丑恶,人喜欢享乐,凡事得过且过,尽量逃避责任,但求生活安全。人们基本上厌恶工作,只要有机会就会尽量偷懒。人们工作的基本目的就是获得经济收入。人生来以自我为中心,安于现状。大多数人没有雄心壮志,也不喜欢负什么责任,宁可让别人领导,只有物质刺激才能工作。

管理对策:采取胡萝卜加大棒的方式,需强制和监督管理,靠金钱奖勤罚懒刺激工作。管理者的角色是家长,其作用是指挥、督导,应用组织赋予的权力发号施令,使对方服从,用惩罚对待违反规定的人,用金钱报酬来收买员工的劳动或使其服从。

2. 社会人假设

社会人假设是梅奥在霍桑实验的经验总结基础上得出的。

社会人假设的基本思想:人除了物质利益等生理需要外,还有社会与精神方面的需要。他们还有进行社会交往、获得社会承认、归属于某一社会群体的需要。人是"社会人",金钱或者物质奖励可以提高生产率,但社会心理因素对提高生产率的影响更重要。

管理对策:在物质刺激的同时,实施情感管理、差异化管理等举措;关心职工的心理健康,增强职工的归属感和地位感,注重群体作用和人际关系,鼓励职工参与管理;尊重职工不同的习惯、风俗等;注重对工作环境及社会环境的改善。

3. Y 理论(自我实现人假设)

自我实现人假设也是由美国麻省理工学院心理学教授麦格雷戈提出的。

Y 理论的基本思想：人本善论。人天生勤奋，并非懒惰，为达到目标能自我调节，自我控制。人具有丰富的想象力、智慧和创造力，只不过人的才能和潜力通常得不到发挥。自我满足、自我实现是人们最重要、最有意义的需要。

管理对策：管理重点放在关心和满足人的高层次需要方面，创造条件，使下属的工作更具挑战性、责任感和成就感；采取合理的激励措施，使职工自发地努力工作、积极参与管理，为企业做贡献。

4. 复杂人假设

复杂人假设是美国麻省理工学院教授、科学家埃德加·沙因（Edgar H. Schein）于20 世纪 70 年代提出的。

复杂人假设的基本思想：人性本是复杂的，由所处的环境、人生的不同阶段与生活层次决定。人的需要是多种多样的，且不断变化，在不同的组织或组织的不同部门表现不同。人不是单纯的"经济人"，也不是完全的"社会人"，而应该是因时、因地、因各种情况有适当反应的"复杂人"。

管理对策：了解员工在不同时期、不同环境下的需求差异，因人而异，因事而易，采取不同的管理措施。

八、行为强化理论

美国心理学家伯尔赫斯·弗雷德里克·斯金纳（Burrhus Frederic Skinner，1904—1990）在其《有机体的行为》《科学和人的行为》等书中提出了操作性条件反射学说。行为强化理论是操作性条件反射学说的核心。该理论认为，人们有某种动机，会采取一定的行为作用于环境；当这种行为的结果对人们有利时，这种行为就会在以后重复出现；反之，当这种行为的结果对人们不利时，这种行为就会减少或消失。因此，行为的结果会对人的动机产生很大影响。

（一）强化的含义

强化，在本质上讲是对某一行为的肯定或否定的结果，其在一定程度上会决定该行为在今后是否重复发生。

（二）强化的分类

1. 依据强化的目的分类

依据强化的目的，强化可分为四种类型：正强化、负强化、惩罚和自然消退。

①正强化是指通过出现积极的、令人愉快的结果而使某种行为得到加强。正强化给予的刺激与激励包括奖金、晋级、认可、表扬、休假等。

②负强化是指预先告知某种不符合要求的行为或不良绩效可能引起的后果，要求职工按照要求行事，以此来回避令人不愉快的处境或避免不希望行为的产生。负强化预先告知的惩罚或刺激包括行政处分、扣发或停发工资或奖金、口头警告或批

评等。

③惩罚是指对令人不快的或不希望的行为给予处罚,以减少或削弱行为。

④自然消除是指通过不提供个人所期望的结果来减少某行为的发生。

2. 依据强化的方式

依据强化的方式,强化分为连续强化和间断强化。

①连续强化是指每个行为都给予强化,是持续的、经常性的强化。对于负强化采取连续强化方式较好,以此消除人们的侥幸心理,减少直至消除不好行为的产生。

②间断强化是指并非对所有行为都进行强化,是间断的或阶段性的或有选择性的强化。对于正强化采取间断强化方式,会产生较好的效果。

(三)应用强化的原则

①按照强化对象的不同需要采取不同的强化措施。

②对所期望取得的工作业绩应予以明确的规定和表述。只有当行为产生的业绩明确并有具体表述时,组织才能衡量和给付报酬。

③对工作业绩给予及时的反馈,即通过某种形式和途径,及时将工作的结果告知行动者。

强化理论解释了行为塑造与修正的客观规律,当前被广泛应用于组织对员工工作行为的修正与改造。但该理论过于强调对人的行为的限制和控制,而忽略了人的内在心理过程与状态,并且该理论只讨论外部因素或环境刺激对行为的影响,忽视了人的因素和主观能动性对环境的反作用。

上述关于激励的各种理论突出了激励各环节的侧重点,在管理实践中,孤立地看待和应用它们都是错误的做法。因此,组织管理者在依据激励理论处理激励事务时,应该结合组织的特点和员工的需求,灵活地运用上述各种激励理论。

第五节　群体行为理论

一、群体的概念

群体(Group)是两个或两个以上相互作用、相互依赖的个体,为了实现特定目标、满足特定需求而组成的集合体。团队(Team)也是群体,其成员间紧密合作以实现一个特定的、共同的目标。所有团队都是群体,但群体不一定是团队。团队区别于群体的特征是:成员间的紧密合作和特定的、一致性的团队目标。比如一群人排队等候 615 路公共汽车,他们都要乘坐 615 路去新校区,这群人称为群体,若这群人是有组织地到新校区开会,那么这群人称为团队。有组织的群体因成员间有一定紧密关系被称为团队。本节将群体视为有紧密关系的团队,即群体(团队)由两个或两个以上的个体组成，是具有共同目标，心理上相互依附，行为上互相作用、互相影响，情感上有群体意识和归属感的一群人。

二、正式群体与非正式群体

正式群体指的是由组织正式规定而构成的群体，有着明确的工作任务和工作分工，个体行为是由组织目标规定好的，并直接指向组织目标。非正式群体具有社会属性，它是为了满足人们社会交往的需要，在工作环境中出现的一种自发形式，往往在友谊和共同爱好的基础上产生。例如，几个在医院工作的医生，每隔两周共进一次午餐，便构成一个非正式群体。当组织目标与非正式群体没有冲突或基本一致时，非正式群体通常起到积极的作用，如辅助领导、协助工作、增加稳定等；反之会起到相反的作用。

三、群体的作用

群体不论是对组织还是对个人都有着重要的作用，这使得群体对组织取得竞争优势和达到合作共赢的目标是非常有利的，他们有助于组织取得优良的业绩、加快对客户的响应、促进创新、增加成员的激励和满意度。其主要的作用见表 7-4。

表 7-4　群体对组织和个人的作用

	群体对组织的作用	群体对个体的作用
1	群体是保证组织目标得以实现的中坚力量	群体是个体归属感的需要
2	群体是推动组织发展的动力源泉	群体可以减轻人们的不安、焦虑和软弱感
3	群体是组织职能部门相互联系的纽带	群体对个体来说是更好地解决问题、完成任务的保障
4	群体是促使成员社会化或对其进行培训的媒介	群体的凝聚力可以提升内部成员的信心
5	群体能够推动复杂决策的完成	群体是个体实现兴趣、表述心情、宣泄不满的俱乐部
6	群体是组织社会形象的传播	群体是个体获得利益或增进个人利益的保障
7		群体会导致个体的从众行为

四、群体压力与群体规范

1. 群体压力

当一个人与群体中多数人的意见发生分歧时，就会感到一种压力，我们将这种压力称为群体压力。群体压力是指群体共同的思想、行为规范对个体行为产生的影响。群体压力往往会导致个体放弃自己的主张，产生从众行为。

2. 群体规范

群体规范是指群体成员共同遵守的行为方针和规则。群体规范包括成员必须遵守的工作实践,共享信息,某些群体任务的执行程序,甚至群体成员的着装要求等。群体规范规定了该群体的产出水平、缺勤率、工作节奏、工作中相互帮助的程度。个体希望被其所属群体接纳,他们对遵从规范的压力非常敏感。群体规范迫使人们遵从于它。群体规范能够有效地调节和控制群体成员的行为。群体成员在相互交往和活动过程中,都是依据群体规范所制定的标准来实现彼此间的信息交流和情感传递的,通过相互间的影响和作用,使成员们的行为趋向一致,实现群体的目标。

五、群体士气与群体的凝聚力

1. 群体士气

群体中个人对群体的满足感、自豪感、归属感和较强的集体意识称为群体士气。士气高的群体,其成员对能成为其中的一员感到满足、自豪、不愿离开,并能自觉地实现群体目标。士气高也意味着群体凝聚力强,团结互助,为集体做贡献的积极性高。

2. 群体的凝聚力(Group Cohesiveness)

群体对其成员的吸引力和群体成员之间的相互吸引力称为群体凝聚力。凝聚力高的群体,其成员对群体的向心力大,集体意识强,相互关系好,能相互密切合作。这样的群体往往战斗力较强,集体效率较高。影响群体凝聚力的因素较多,参见图7-11。

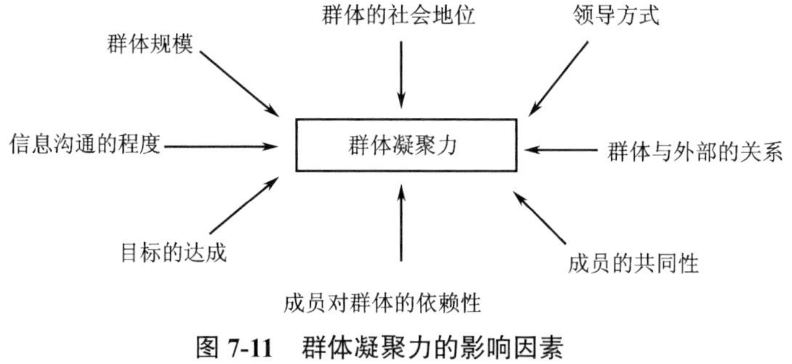

图 7-11　群体凝聚力的影响因素

六、高效群体的特征

1. 清晰的目标

高效的群体对所要达到的目标有清楚的了解,并坚信这一目标具有重大的意义和价值。

2. 相关的技能

高效的群体是由一群有能力的成员组成的。他们具有实现目标所必需的专业技术和知识,具有相互间良好合作的品格,从而可以出色地完成任务。

3. 相互的信任

成员间相互信任是高效群体的显著特征。每个成员对他人的品行和能力确信无疑。

4. 一致的承诺

高效群体的成员对团队表现出高度的忠诚和奉献精神,为了使群体实现组织目标,他们愿意做出很大的努力。这种忠诚和奉献精神被称为一致的承诺。

5. 良好的沟通

这是一个有效团队必不可少的特征。群体成员之间通过畅通的渠道交流信息,包括语言的和非语言的。管理层与团队成员之间通畅的信息反馈也是良好沟通的重要特征,它有助于管理者指导团队成员的行为,迅速而准确地了解彼此的想法,消除误会。

6. 谈判技能

高效群体的工作具有灵活多变性,总在不断进行调整,这就需要成员具有较好的谈判技能,以面对和应对各种情况。

7. 恰当的领导

在高效群体中,领导者担任的是教练和后盾的角色,他们对团队提供指导和支持,而不是试图去控制它,这是一种领导角色的转化。

8. 内部和外部的支持

成为高效群体的一个必要条件是它的支持环境。从内部条件看,群体应有适当的培训、合适的评估员工绩效的系统以及起支持作用的人力资源系统;从外部条件看,管理层应给群体提供完成工作所必需的各种资源。

第六节 管理沟通与冲突管理

一、管理沟通

管理工作的各个方面都要沟通,在行使领导职能时,沟通尤为重要。领导者与下属之间的感情联络、领导意图的实现、激励作用的达成等,都要借助信息进行沟通。因此,领导者应该高度重视开发与周围人有效沟通的技能。

(一)沟通与管理沟通

沟通是指人们在互动过程中通过某种途径和方式将一定的信息从发送者传递给

接收者,并获取理解的过程。这个过程通常伴有激励和影响行为的意图。简单地说,沟通是指人与人之间交换信息和传达思想的过程。

管理沟通是指社会组织及其管理者为了实现组织目标,在履行管理职责,实现管理职能过程中的有计划的、规范的职务沟通活动和过程。换言之,管理沟通是管理者履行管理职责,实现管理职能的基本活动方式,它以组织目标为主导,以管理职责、管理职能为基础,以计划性、规范性、职务活动性为基本特征。

沟通在管理中的重要意义:首先,沟通是协调各个体,使企业成为一个整体的凝聚剂;其次,沟通是领导者激励下属、实现领导职能的基本途径;最后,沟通是企业与外部环境之间建立联系的桥梁。

(二)沟通的形式与方法

按照沟通媒介,管理沟通可分为口头沟通、书面沟通、非语言沟通和电子媒介沟通。各种沟通方式的比较见表 7-5。

表 7-5 各种沟通方式比较

沟通方式	举例	优点	缺点
口头	交谈、讲座、讨论会、电话	快速传递,快速反馈,信息量很大	传递中经过层次越多,信息失真越严重,核实越困难
书面	报告、备忘录、信件、文件、内部期刊、布告	持久,有形,可以核实	效率低,缺乏反馈
非语言	声、光信号,体态,语调	信息意义十分明确,内涵丰富,含义灵活	传递距离有限,界限模糊,只能意会,不能言传
电子媒介	传真、闭路电视、计算机网络、电子邮件	快速传递,信息量大,一份信息可同时传递给多人,廉价	单向传递,电子邮件可以交流,但看不见表情

按照组织系统,管理沟通可分为正式沟通和非正式沟通。

1. 正式沟通

正式沟通是指通过组织明文规定的渠道进行的信息传递与交流。其优点是:沟通效果较好、约束力较强、易于保密。一般重要的信息会采用这种沟通方式。其缺点是:由于正式沟通依靠组织系统层层传递,沟通速度比较慢,而且显得较为刻板。

(1)正式沟通渠道

正式沟通是通过组织正式结构或层级系统运行,由组织内部明确的规章制度所规定的渠道进行的信息传递与交流,如组织内部的文件传达、上下级之间的定期信息交换、召开会议等。正式沟通渠道包括下行沟通、上行沟通和平行沟通。

下行沟通是指信息由组织中的较高层级向较低层级流动的过程,这是传统组织内最主要的沟通渠道,一般体现为上级给下级发布的指示、命令、规章制度、工作任务、绩效目标等。

上行沟通与下行沟通相反，是指信息由组织中较低层级向较高层级流动的过程，一般表现为下级对上级的请示汇报、提供建议等。上行沟通使管理者能够了解员工的想法与需要，了解员工的工作状况。如果缺乏上行沟通，管理者将无法获得足够的信息，从而难以做出正确的决策。

平行沟通是指信息在组织同层级之间的流动，这个同层级既包括同层级的人员，也包括同层级的部门。平行沟通可以通过横向的联系来减少层级之间的辗转，节约时间，提高工作效率，而且有利于相互间的协调与配合。

（2）正式沟通网络

沟通网络是指由若干环节的沟通路径所组成的总体结构，信息往往都是经过多个环节的传递，才最终到达信息接收者的。正式沟通网络的基本形式有五种：链式、轮式、Y 式、环式、全通道式，如图 7-12 所示。

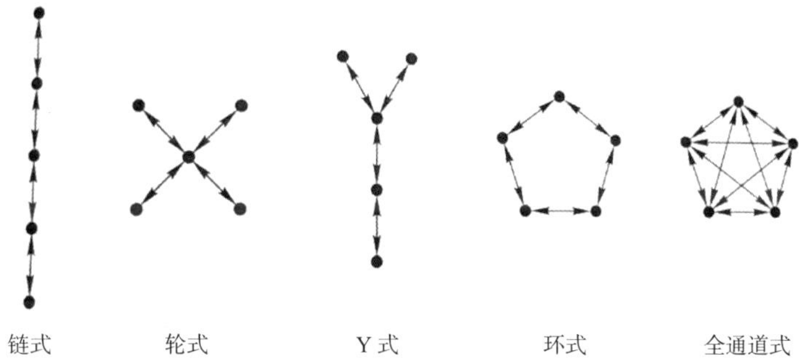

图 7-12　正式沟通网络

①链式。链式是信息在沟通成员间进行单向、顺次传递，形如链条状的沟通网络形态。在这种单线串联的沟通网络中，信息经层层传递、筛选，容易失真；成员之间的联系面很窄，平均满意度较低。在现实组织中，严格按直接职权关系和指挥链系统而在各级主管人员间逐渐进行的信息传递就是链式沟通网络应用的实例。另外，链式沟通网络也常见于任务有先后顺序并且相互依赖的群体中，比如流水线。

②轮式。在轮式沟通网络中，群体中的一个中心成员是信息流入的终点和流出的起点，其余的群体成员没有相互沟通的必要，所有成员都是通过与中心成员沟通来完成群体目标的。因此，信息沟通的速度和准确度都很高，中心成员控制力强，但其他成员满意度低。这种模式不适于完成复杂的任务，但如果任务简单，而且成员都愿意接受领导者的权威，那么它的效果将是积极的。

③ Y 式。Y 式的中心性仅次于轮式，Y 式沟通网络中也有一个成员位于沟通网络的中心，其成为网络中因拥有信息而具有权威感和满足感的人。与轮式相比，Y 式

沟通网络因为增加了中间的过滤和中转环节,容易导致信息曲解或失真,因此沟通的准确性受到影响,组织成员的士气比较低。

④环式。在环式沟通网络中,成员们只可以与相邻的成员相互沟通,而与较远的成员缺乏沟通渠道。因此,中心性已经不存在,成员之间地位平等,具有较高的满意度。但由于沟通的渠道窄、环节多,信息沟通的速度和准确性都难以保证。

⑤全通道式。这是一个全方位开放的沟通网络系统,每个成员都可以同其他所有成员进行交流。在全通道式沟通网络中,中心化程度低,成员之间地位平等,有利于提高成员的士气和培养合作精神。但这种网络沟通的渠道太多,易造成混乱,沟通过程费时,会影响工作效率。委员会方式就是全通道式沟通网络的应用实例。

2. 非正式沟通

非正式沟通是指正式沟通渠道以外进行的信息传递和交流。在组织中,许多信息是通过非正式沟通渠道获得的。最典型的就是小道消息,它们是员工关心的与他们有关的信息。

与正式沟通相比,非正式沟通的优点是:沟通方便,内容广泛,方式灵活,沟通速度快,可传播一些不便正式沟通的信息。而且由于在这种沟通中比较容易把真实的思想、情绪、动机表露出来,因而能提供一些正式沟通中难以获得的信息,管理者要善于利用这种沟通方式。其缺点是:这种沟通比较难控制,传递的信息往往不确定性高,容易传播流言蜚语而混淆视听。所以管理者应当对这种沟通方式予以重视,注意防止其消极的一面。

非正式沟通网络主要有四种类型(图 7-13):集束式是最普通的形式,信息拥有者将信息传递给经过选择的有限人员,其中的部分人员又将信息有选择地传递给其他人;偶然式是按照偶然的方式传递信息,信息拥有者在传递信息时并无选择性;流言式是信息拥有者一个人把信息告知所有其他成员;单线式是信息按照一人传一人的方式依次传递,这种情况最为少见。

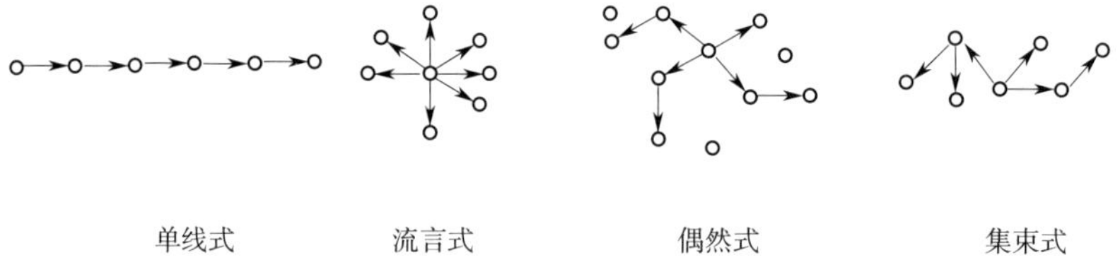

图 7-13　四种小道消息传播方式

(三)网络时代的沟通

网络技术的发展让公司的每个成员都有平等的机会获得他们所需要的信息。信息传递从以纵向传递为主,变为纵向和横向相结合的网络型传递。信息传递方式的改变，一方面促进了企业中管理权力和领导的变更；另一方面强调以市场为导向，进而形成灵活性和适应性强的新组织结构。企业的沟通方式在网络时代也有了新的特点，具体如下。

1. 更方便快捷

在网络时代，互联网技术的发展使组织沟通能够超越时间、空间的限制，为组织交流提供了迅捷、可靠的交流平台。新媒体的出现使得组织交流特别是跨国组织沟通不再局限于地域性的实时接触，而是演变升级为在虚拟时空中进行的、数字化的跨文化交流。这为实现高效顺畅的跨文化沟通提供了可能，同时跨国企业的运营方式随着沟通技术的发展不断发生变化。

2. 更有效顺畅

由于沟通过程的复杂性，在组织交流过程中，特别是跨文化组织沟通过程中会发生言语或非言语障碍。言语沟通障碍可能源于知识或词汇不足、理解差异、语言差异、不当措辞等等；非言语沟通障碍可能由不当或矛盾的信号、理解差异、不良情绪、注意力分散等原因引起。信息技术通过信息强大的包容性和穿透性建构了传播的立体化空间，使人们对于不同文化的信息接触量迅猛增加，拓宽了交往的广度，提高了交往的深度，最终起到克服文化差异带来的沟通障碍，进行有效顺畅沟通的作用。

3. 更开放包容

随着新媒体、新技术的出现，媒介形态进入融合和完全替代时代，巨型的信息平台将成为主流。在这个数字化的虚拟世界里，社会因素的制约被降到了最低，最大限度地包容了网民的差异。在这个世界里，人们表现出对多元异质文化最大限度的包容。特别是跨国企业，其出于全球性竞争和把握全球性机会的要求，越来越重视用项目管理、工作团队等方式来鼓励员工通过商务协作、沟通解决复杂的问题。在沟通中，开放包容的新媒体技术使海量信息能够共享，协调合作的沟通顺利进行，促成了企业之间合作共享、双赢多赢等积极的企业行为。

二、冲突管理

在实际工作中往往有不同的意见存在，这是正常的，但应尽量避免冲突的发生。冲突可以产生于组织中的成员之间，也可能出现在组织团队之间。尤其是对紧缺资源的争夺，不可避免地引发冲突。

1. 冲突的含义

冲突（Conflict）是指某一方试图阻碍另一方的意图或目标的实现而产生的敌对性的相互作用。冲突的本质就是竞争，是个体或团队间对某一事物争夺的敌对行为，而这种竞争的结果却可能产生一种健康而积极的影响，因为它会激励人们创造更优秀的业绩。作为管理者如何管理冲突，使之产生积极影响，这是非常重要的。

2. 冲突基本解决方式

团队和个人都有许多解决冲突的特殊方式,具体方式取决于当事人的愿望,即是让自己满意,还是让对方满意。美国行为科学家托马斯提出的冲突处理的二维模式可以作为我们思考冲突抑制方法的参考,如图 7-14 所示。该模式以“合作性”(一方试图满足对方关心点的程度)为横坐标,“坚持己见”(一方试图满足自己关心点的程度)为纵坐标。

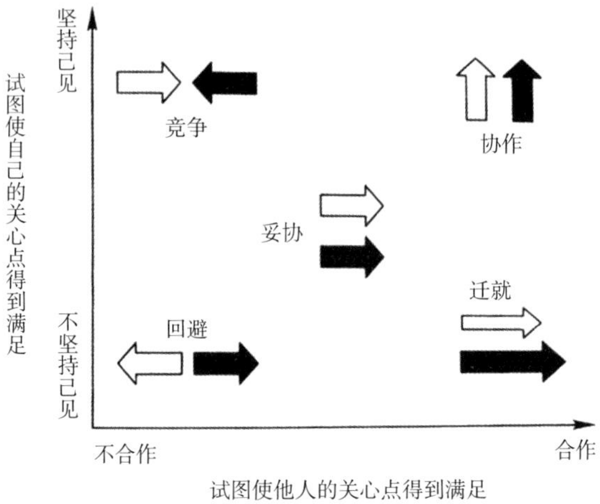

图 7-14　托马斯二维模式

①强制(竞争)风格:坚持己见不合作。这种方式在面临重大问题或者不常见的问题需要快速、果断地做出决策的场合中很适用,比如说突发事件或紧急削减成本。

②回避风格:既不合作又不坚持己见。这种风格适用于下列几种情形:要解决的事情很琐碎;根本没有取胜的把握;需要推迟以收集更多的信息;中断工作的代价非常昂贵。

③妥协风格:适度的自信与合作。这种风格适用于下列几种情形:双方的目标同等重要;对手具有同样的权力并且双方都希望求同存异;人们迫于时间压力需要达成暂时的解决方案或权宜之计。

④迁就风格:不坚持己见地合作。这种风格在下列几种情形中最适用:当争论的问题对你不是很重要或者你希望为以后的工作建立信任时,即当事人为了满足他人需求而抑制自己的需求;通常,为了从长远角度换取对方的合作,或者是屈服于对方的势力和意愿。

⑤协作风格:既坚持己见又合作。协作风格可以使双方达到双赢,尽管它需要进

行实质性的讨价还价和谈判。当双方都认为自己的利益太重要了以至于无法妥协的时候，协作风格很重要。同时，当需要把不同人员的不同观点融合在一起从而形成一个容易的解决方案，或者双方的承诺和责任感对于最终达成一致必不可少的时候，也适合采用协作风格。

思考题

1. 领导与管理有何区别？管理者是不是领导者？
2. 简述管理方格理论。
3. 管理者应具备哪些素质？
4. 简述管理系统理论。
5. 如何理解菲德勒权变模型？
6. 简述马斯洛的需要层次理论。
7. 结合实际谈谈你对领导艺术的理解。
8. 如何理解双因素理论？
9. 分别阐述管理者如何应用公平理论、期望理论、行为强化理论激励员工。
10. 简述西方有关人性假设的理论。
11. 如何理解正式群体和非正式群体？
12. 阐述高效群体的特征。
13. 如何理解管理沟通？
14. 解决冲突的基本方式是什么？

➢ 自测题及参考答案

➢ 案例分析

第八章　控制与风险管理

在管理实践中,人们深切地体会到,没有控制就很难保证每个计划的顺利执行,而如果各个计划都不能顺利执行,组织的目标就无法实现,因此控制工作在管理活动中起着非常重要的作用。控制是管理的最重要职能之一,它是保证企业计划与实际作业动态相适应的管理职能。一个有效的控制系统可以保证各项活动朝着组织目标的方向推进,而且控制系统越是完善,组织目标就越易达成。

学习纲要

✧ **知识点:**控制的基本内涵,控制过程,有效控制原则,控制类型,风险管理过程。

✧ **重点:**控制过程,控制类型,控制原则,控制标准。

✧ **难点:**控制与其他职能的关系,关键点原则和例外原则。

名言名句

✧ 在一个企业中,控制就是核实所发生的每一件事是否符合所规定的计划、所发布的指示以及所确定的原则,其目的就是要指出计划实施过程中的缺点和错误,以便加以纠正和防止重犯。控制对每件事、每个人、每个行动、每个组织的成效都起作用。

——法约尔

引例

经过长达 15 年的精心准备,耗资超过 25 亿美元的哈勃太空望远镜(Hubble Space Telescope, HST)终于在 1990 年 4 月发射升空。但是,美国航空航天局(NASA)发现望远镜的主镜片存在缺陷。由于直径达 94.5 英寸(2.4 米)的主镜片的中心过于平坦,导致成像模糊,因此望远镜对遥远的星体无法像预期的那样清晰地聚焦,结果造成一半以上的实验和许多观察项目无法进行。

更让人觉得可悲的是,如果有更好一点的控制,这些问题是完全可以避免的。镜片的生产商是珀金埃尔默(Perkin-Elmer)公司,它使用了一个有缺陷的光学模板来生产如此精密的镜片。在镜片生产过程中,进行检验的一种无反射校正装置没有设置好。校正装置上的1.3毫米的误差导致镜片研磨、抛光成了错误的形状。但是没有人发现这个错误。具有讽刺意义的是，与许多NASA项目不同，这次并没有时间上的压力，而是有充足的时间来发现望远镜上的错误。实际上，镜片的粗磨在1978年就开始了，直到1981年才抛光完毕，此后，由于“挑战者号”航天飞机的失事，完工后的望远镜又在地上待了2年。

NASA负责哈勃项目的官员，对望远镜制造过程中的细节根本就不关心。事后NASA中一个由6人组成的调查委员会的负责人说：“至少有3次有明显的证据说明问题的存在，但这3次机会都失去了。”

（资料来源：百度百科）

思考

哈勃望远镜的例子说明了什么？

第一节　控制的基本内涵

控制就是检查工作是否按既定的计划、标准和方法进行，发现偏差，分析原因，进行纠正，以确保组织目标的实现。管理者应当承担控制的职责，即便他的部门是完全按照计划行动的。因为如果管理者对已经完成的工作与计划所应达到的标准不进行比较，他就不知道他的部门的工作是否正常进行。一个有效的控制系统可以保证各项行动朝着组织目标的方向进行。确定控制系统的有效性的准则就是看它在促进组织目标实现时做得如何。

一、控制的作用与重要性

控制在管理中的作用有两方面：一方面起检验作用，检验各项工作是否按预定计划进行，同时也检验计划的正确性和合理性；另一方面起调节作用，在计划的执行过程中，对原计划进行修改，并调整整个管理过程。因此，控制的重要性主要表现在以下几个方面：首先，控制是组织适应环境的重要保障；其次，控制是提高管理水平的有效手段；再次，控制是强化员工责任性的重要手段。尽管计划可以制订出来，组织结构可以调整得非常有效，员工的积极性也可以有效调动起来，但是这仍然不能保证所有的行动都按照计划执行，不能保证管理者追求的目标一定能达到。因此，作为管理职能最后一环的控制就起着极其重要的作用，控制是管理者知晓组织目标是否实现以及没有实现的原因的唯一办法。

二、控制的目的

在现代管理活动中,控制要达到两个方面的目的:一是对于经常发生变化而又直接影响组织活动的“急症问题”,应随时将计划的执行结果与标准进行比较,若发现有超过计划允许范围的偏差,则及时采取必要的纠正措施,使组织内部系统活动趋于相对稳定,实现组织既定的目标;二是对于长期存在的影响组织素质的“慢性病症”,要根据内外环境变化对组织提出新的要求或根据组织不断发展的需求,打破执行现状,重新修订计划,确定新的控制标准,使之更先进、更合理。

三、控制的特点

控制的特点表现为目的性、系统性、动态性、人性和指导性几个方面。

1. 目的性

目的性服务于达到组织特定目标的需要。控制是为了保证计划得到有效实施,是为了保证组织目标的实现。

2. 系统性

控制的系统性表现为,控制主体、控制客体、控制目标以及控制手段与工具体系四个部分相辅相成,构成控制系统的整体。其中,控制主体是组织的各个层面,包括组织所有的成员。一般来说,企业由四种经济主体组成,即股东、经营者、管理者和普通员工。控制客体就是评价的对象范围。企业进行控制的目的是控制风险,而控制风险的基础是评价风险,评价风险时要考虑两部分的控制客体。一是具体控制对象,包括财产、交易和信息三大类,它们决定风险的高低;二是影响控制的因素,包括控制系统和人,其决定控制风险的高低。有效控制的目标是确保组织目标的有效实现,经济且有效地利用组织资源,以及确保信息质量。控制的手段与工具体系主要包括控制机构(专业控制部门)、控制工具(计算机和网络系统)和控制运作制度(任务与职责、程序与规则)。

3. 动态性

由于组织面临的环境和主客观条件是不断变化的,组织活动不可能是静态的,而且计划的制订和执行是有一个过程的,所以当未来环境发生变化时,需要控制系统适应这些变化,保证组织目标的实现。

4. 人性

管理控制是对人的控制并由人来执行控制。

5. 指导性

管理控制是提高员工能力的重要手段。控制不仅包括对员工活动进行监督,还包括为员工活动提供指导与帮助,所以需要管理者来帮助员工分析工作中偏差产生的原因,端正员工的工作态度,指导员工制定纠正偏差采用的方法和措施。

四、控制与计划

控制和计划的关系相当密切,具体表现为如下四个方面。

①计划起着指导性作用,管理者在计划的指导下领导各方面工作以便达到组织目标,而控制则是为了保证组织的产出与计划一致而产生的一种管理职能。

②计划预先指出了所期望的行为和结果,而控制则是按计划指导实施的行为和结果。

③只有管理者获取了关于每个部门、每条生产线以及整个组织过去和现在状况的信息才能制订出有效的计划,而这些信息中的绝大多数都是通过控制过程得到的。

④如果没有计划来表明控制的目标,管理者就不可能进行有效的控制。计划和控制都是为了实现组织的目标,二者是互相依存的。

计划是控制的前提,控制则是完成计划的保证。控制和计划是一个问题的两个方面,如果没有控制系统,没有实际与计划的比较,就不知道计划是否完成,计划也就毫无意义。

五、控制与组织

当管理人员做出影响下属行为和业绩的决定时,就构成了组织结构的第二层基础:组织控制。控制的一个主要来源是文化。管理者在设计组织结构时面临的首要问题是建立任务结构和报告关系,以使组织成员最有效地运用资源。但是,单单依靠组织结构并不能激励员工按照有助于实现组织目标的方式行事。组织控制的目的是给管理者提供一个能够激励下属朝着实现组织目标方向努力的手段,并给管理者提供有关组织及其成员如何适当完成任务的具体反馈。组织结构提供组织骨骼;组织控制和文化为管理者提供用来控制和管理组织行为的肌肉、肌腱、神经和知觉。组织和控制管理职能是不可分割的,有效的管理者必须学会使它们良好协作。

管理者制定组织战略和结构,希望组织有效地利用资源,为顾客创造价值。通过控制,管理者监督和评估组织战略和结构是否在按自己的意图发挥作用,如何改进它们,以及如果它们不能发挥作用,应该如何改变它们。

所以从组织控制的角度来说,控制是管理者监督和规范组织及其成员各项活动以保证它们按计划进行,并纠正各种重要偏差,使他们有效地从事实现组织目标所需的行动的过程。

然而,控制并不意味着只在事情发生后做出反应。它还意味着将组织保持在正常的运行轨道,并预测可能发生的事情。

由此可见,管理的控制职能,是对组织的计划、组织、领导等管理活动及其效果进行衡量和校正,以确保组织的目标以及为此而拟定的计划得以实现。

六、控制的基础与前提

控制工作的开展必须建立在一定的基础上和前提下,忽视了这些基础和前提,控制工作将无法进行,更不用说控制的效果了。控制的基础与前提主要有以下几点。

1. 控制要有明确、完整的计划

前文已经提出,控制与计划是同一个问题的两个方面。计划是控制的依据,没有计划,就没有控制的标准,也就无法进行控制。计划制订得越详细、越全面、越完整,控制工作就越有效。所以,要做好控制工作,前提之一就是做好计划工作。

2. 控制要有明确的组织结构

控制工作的目的是发现偏差、纠正偏差,进而保证组织目标的实现,所以我们必须知道一个组织中应由谁来负责计划执行中的偏差,应由谁来采取措施纠正这一偏差。通过建立具有控制职能的组织结构,配备专门的人员并规定其权力和责任,可解决由谁来控制的问题。因此,明确的组织结构的存在是控制工作的又一个前提。同样,组织结构越明确、越完整,控制工作就越有效。

3. 控制要依据有效的信息

控制工作实质上是一个施控者向受控者传递指挥和决策信息,受控者向施控者反馈执行信息的过程。没有信息的传递,控制就不能进行。控制必须依据有效的信息,没有准确、全面和及时的信息,就难以保证控制的有效性。为了保证获得有效的信息,在组织中必须建立完善的信息传递网络和机制,从而保证信息的畅通。

第二节　控制类型

按照不同的分类标准,管理控制可分为多种类型。

一、按控制进程分类

按照控制进程,控制可分为前馈控制、现场控制和反馈控制三种类型,如图 8-1 所示。

(一)前馈控制

前馈控制(Feedforward Control)又称事前控制或预先控制,是指组织在工作活动正式开始前对工作中可能产生的偏差进行预测和估计并采取防范措施,将可能的偏差消除于产生之前。前馈控制是一种面向未来的控制,强调防患于未然。例如,组织通常制定一系列规章制度让员工遵守,通过这种事前对基本行为的规范来保证相应工作的顺利进行;为了生产出高质量的产品而对入厂设备、原材料进行检查、验收;

为保证人力资源的质量而进行的招工考核和体检;等等。

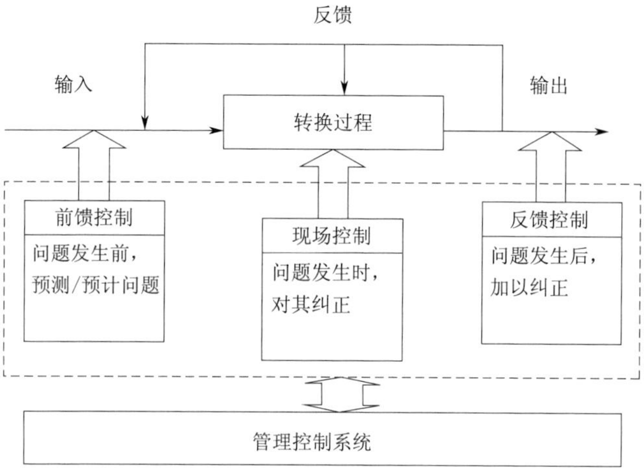

图 8-1　控制的基本类型

前馈控制有许多优点。首先,前馈控制是在工作开始之前进行的控制,因而可防患于未然,避免事后控制对于已铸成的差错无能为力。其次,预先控制是针对某项计划行动所依赖的条件进行的控制,不针对具体人员,不会造成心理冲突,易于被员工接受并付诸实施。但是,实施预先控制的前提条件也较多,它要求管理者拥有大量准确可靠的信息,对计划行动过程有清楚的了解,懂得计划行动本身的客观规律性,并要随着行动的进展及时了解新情况和新问题,否则无法实施前馈控制。由于前馈控制所需要的信息常常难以获得,所以在实践中还必须依靠其他两类控制方式。

(二)现场控制

现场控制(Concurrent Control)又称过程控制、事中控制、同步或同期控制,是指在某项工作或活动正在进行过程中所实施的控制。现场控制是一种面对面的领导,目的是及时处理例外情况,矫正工作中发生的偏差。现场控制主要有监督和指导两项职能。监督是按照预定的标准检查正在进行的工作,以保证目标的实现。指导是管理者亲临现场,针对工作中出现的问题,或根据自己的经验提出解决方案,或与员工共同商讨纠正偏差的措施,保证工作的顺利完成。例如,制造活动的生产进度控制、每日情况统计报表、学生的期中考试都属于此种控制。

在计划的实施过程中,大量的管理控制工作,尤其是基层的管理控制工作都属于这种类型。因此,现场控制是控制工作的基础。一个主管人员的管理水平和领导能力常常会通过现场控制工作表现出来。在现场控制中,组织机构授予主管人员的权力使他们能够使用经济和非经济的手段来影响下属。控制的有效性取决于主管人员的个人素质、个人作风、指导的表达方式以及下属对这些指导的理解程度。其中,主管人员的“言传身教”具有很大的作用。例如,工人的操作发生错误时,工段长有责任向其指出并做出正确的示范动作帮助其改正。

过程控制中的监督和控制应该遵循计划中所确定的组织方针、政策与标准,控制的内容应该和被控制对象的工作特点相适应。例如:对于简单重复的体力劳动通过严厉的监督可以得到好的工作效果;而对于创造性劳动,控制则应转向创造良好的工作环境,这样效果会更好些。此外,过程控制的效果还与控制者的素质密切相关。例如工厂的质量检验人员由技能和知识水平高的老员工担任,效果会更好些。

过程控制具有指导职能,有助于提高工作人员的工作能力和自我控制能力。但是,过程控制也有很多弊端。首先,运用这种控制方法容易受管理者的时间、精力、业务水平制约。管理者不能时刻对事事都进行过程控制,只能偶尔使用或在关键项目上使用。其次,过程控制的应用范围较窄。对生产工作容易进行过程控制,而对那些问题难以辨别、成果难以衡量的工作,如科研、管理工作等,几乎无法进行过程控制。最后,过程控制容易在控制者与被控制者之间形成心理上的对立,容易挫伤被控制者的工作积极性和主动性。

(三)反馈控制

反馈控制(Feedback Control)又称为事后控制,是指在工作结束或行为发生之后进行的控制。反馈控制把注意力主要集中于工作或行为的结果上,通过对已形成的结果进行测量、比较和分析,发现偏差情况,及时采取相应措施,防止类似的问题再度发生。例如:学校对违纪的学生进行处罚;新产品试销没有得到预期效果就要进行减产或转产;企业发现不合格产品后追究相关人员的责任并制定防范再次出现质量问题的新规章等。

事后控制类似于“亡羊补牢”。它的最大弊端是在采取纠正措施之前,活动中出现的偏差已在系统内造成无法弥补的损失,例如已出的废品所费的原材料、工时等已无法弥补。

但是在实践中的许多情况下,反馈控制又是唯一可选择的控制类型。反馈控制能为管理者评价计划的制订与执行提供有用的信息,人们可以借助反馈控制认识组织活动的特点及其规律,为进一步实施预先控制和过程控制创造条件,实现控制工作的良性循环,并在不断循环过程中提高控制效果。控制循环过程如图 8-2 所示。

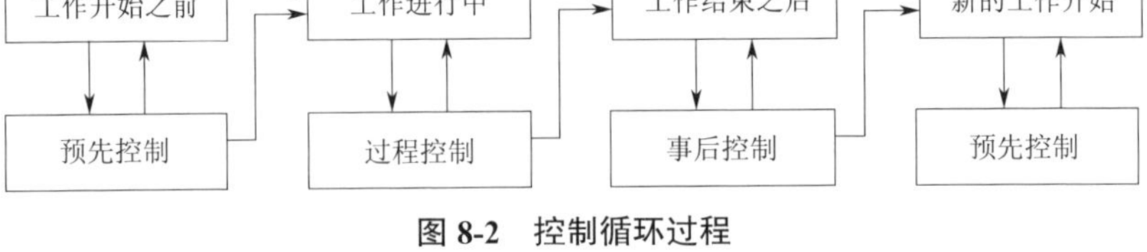

图 8-2 控制循环过程

前馈控制、现场控制和反馈控制三种控制类型的特征及优缺点见表 8-1。

表 8-1 前馈控制、现场控制和反馈控制的特征及优缺点

项目	前馈控制	现场控制	反馈控制
特征	在工作开始之前对工作中可能产生的偏差进行预测和估计,并采取防范措施,将工作中的偏差消除于产生之前	在工作正在进行的过程中进行控制,主要有监督和指导两项职能	在工作结束之后进行控制,注意力集中于工作结果上,对今后的活动进行纠正,应用广泛
优点	防患于未然;不针对具体个人,易于被员工接受并付诸实施	指导职能有助于提高工作人员的工作和自我控制能力	避免下周期发生类似的问题;消除偏差对后续活动的影响
缺点	要求及时和准确的信息;管理人员充分了解前馈控制因素与计划工作的影响关系;但由于一些难以预估的问题或意外因素,这类控制往往难以做到	受管理者时间、精力、业务水平限制;应用范围较窄,对一些难以计量的工作,实施现场控制很困难;管理者与被管理者容易形成对立情绪,容易挫伤员工的积极性	偏差、损失已经产生;有时滞问题

二、按控制职能分类

对于企业而言,根据管理的控制职能,控制主要分为战略控制、财务控制和营销控制。

(一)战略控制

战略控制(Strategy Control)是指企业战略管理者和一些参与战略实施的管理者,依据战略既定目标和行动方案,对战略的实施状况进行全面评价、发现偏差并进行纠正的活动。战略控制为企业提供了一种管理机制,通过监控整个实施过程,把不确定因素的影响限定在一个可以接受的范围内,使企业朝着预定的战略目标前进。

(二)财务控制

财务控制也可称为绩效控制,即利用财务数据来观测企业的经营活动状况,以此考评各责任中心的工作绩效,控制其经营行为。其中,责任中心有投资中心(如公司总部)、成本中心(如生产部门)以及收入中心或利润中心(如销售部)。传统的财务控制衡量标准有比率分析(主要包括流动性比率、杠杆比率和收益率等)和预算分析(主要包括投资预算、先进预算、收益预算和资产负债预算等)。每个企业最初的基本目标就是获取利润,为了追求这个目标,管理者需要进行财务控制。

(三)营销控制

营销控制是企业用于跟踪营销活动过程的每一个环节,确保能够按照计划目标运行而实施的一套完整的工作程序,主要包括年度计划控制、盈利控制(指根据产品实际获得利润的能力而实施扩大、缩小或取消的营销活动)、效率控制(指广告、促销、推销或分销的工作效率)和战略控制(指高层次的市场营销控制)。

三、按控制内容分类

根据组织的具体控制内容,控制可分为预算控制、质量控制、生产控制、库存控制、管理信息控制、审计控制、绩效考评控制、风险防范控制和人力资源管理控制等。

(一)预算控制

企业未来几乎所有活动都可以利用预算进行控制。所谓预算,就是用数字特别是用财务数字的形式来描述企业未来的活动计划,预估企业在未来时期的经营收入和现金流量,同时也为各部门或各项活动规定了在资金、劳动、材料、能源等方面的支出额度。预算控制就是根据预算规定的收入与支出标准来检查和监督各个部门的生产经营活动,以保证各种活动或各个部门在完成既定目标、实现利润的过程中对经营资源的有效利用,从而使费用支出受到严格有效的约束。

预算控制的突出特点是通过量化标准使管理者及员工明确自身目标,实现企业总体目标与个人目标紧密衔接。预算控制突出过程控制,可在预算执行过程中及时发现问题、纠正偏差,保证目标任务的完成。

(二)质量控制

质量有广义和狭义之分。狭义的质量指产品的质量;而广义的质量除了涵盖产品质量外,还包括工作质量。产品质量主要指产品的使用价值,即满足消费者需要的功能和性质。这些功能和性质可以具体化为下列五个方面:性能、寿命、安全性、可靠性和经济性。工作质量主要指企业为了保证和提高产品质量,在经营管理和生产技术方面所要达到的水平。工作质量是产品质量的保证。因此,从一定意义上讲,提高工作质量比提高产品质量更为重要。

质量控制是对达到质量要求所必需的全部职能活动的控制,包括质量标准和质量计划的制订以及对所有产品、过程和服务方面的质量形成过程的监督和控制,还包括为保证和控制质量而进行的组织设计。质量控制是企业生产经营过程控制的一个重要环节,其根本目的在于保证本企业所生产的产品或所提供的服务达到一定质量水平,以满足顾客需要,维持或提高自己的市场占有率,从而保证企业的生存与发展。

全面质量管理(Total Quality Management, TQM)是把企业作为产品生产的一个完整的有机体,以提高和确保质量为核心,动员和组织企业各个部门及全体人员,建立一套科学、严密、高效的质量保证体系,运用各种专业技术、管理技术和行政管理手段,分析并控制影响质量的因素,以优良的质量、经济的方法和最佳的服务为用户提供物美价廉的产品而进行的一系列管理活动。简单地说,全面质量管理是由企业全体人员参加、用全优的工作质量去保证生产全过程质量的管理控制活动。

全面质量管理活动最基本、最重要的工作程序是 PDCA 循环,它是提高产品质量和管理工作质量的有效手段。PDCA 包括计划（Plan）、实施（Do）、检查（Check）、处理（Act）四个阶段。

①计划阶段，拟定质量标准和质量目标，制订活动计划、管理项目和措施方法，包括四个具体步骤：第一是分析现状，找出存在的质量问题；第二，分析产生问题的原因；第三，找出主要原因；第四，拟定改进措施，制订计划。

②实施阶段，将制订的计划和措施组织实施与执行。

③检查阶段，把实际执行的结果与预定的计划目标进行比较，找出偏差，分析问题。

④处理阶段，对有问题的工作质量环节进行有效的改进或完善，必要时修订标准，进而转入下一个 PDCA 循环。

（三）生产控制

我们可以把企业看成这样一个动态过程：企业获得原材料、零部件、劳动力等投入，经过企业系统的转换和运营，生产出有形的产品或无形的服务。在这个过程中，为了达到企业预定的目标，就必须对企业的经营管理活动进行控制。事实上，生产控制是生产管理的重要职能，是实现生产计划和生产作业计划的重要手段，考虑到随着时间的推移，市场环境不断变化，生产计划与实际生产现状会产生差距，生产控制就根据生产过程中的实时信息或反馈信息及时调度各项与产品生产相关联的作业活动，对生产系统状态进行及时监督、检查，发现问题及时处理，确保计划目标的实现。

此外，对供应商的管理控制也是保证生产顺利进行的重要控制环节。供应商既为本企业提供所需的原材料或零部件，根据波特的五力分析模型，它们又是本企业的竞争力量之一。供应商供货及时与否、质量的好坏、价格的高低，都对本企业最终的产品产生重大影响。因此，对供应商的控制可以说是从企业运营的源头抓起，能够起到防微杜渐的作用。目前比较流行的做法是在全球范围内选择供应商，其原因是为了能够有保障地获得高质量、低价格的原材料，同时也可避免只选择一定区域内的少数几个供应商可能构成的威胁。大型公司多采用这种方法。此外，许多企业正在改变与供应商之间的竞争关系，试图建立一种长期的、稳定的、合作的双赢局势。企业一旦选了 2~3 家供应商，就和它们建立长远的、稳定的联系，并且帮助供应商提高原材料的质量，降低成本。这时企业和供应商就形成相互依赖、相互促进的新型关系，双方都降低了风险，提高了效益，真正做到双赢。

（四）库存控制

库存控制主要是为了减少库存，在保证供应的前提下降低成本，提高经济效益，对库存中的物品数量、品种、订货量、订货周期等实施有效的控制，如管理人员使用经济订货批量（Economic Order Quantity，EOQ）模型计算最优订货批量，使所有费用达到最少。日本企业发明了一种准时制库存系统（Just-in-time Inventory Systems，JIT-

IS),其目标是实现零库存。它的基本思路是企业不储备原材料,一旦需要,立即向供应商提出,由供应商保质保量按时送到,保证生产持续进行下去。JIT-IS 的具体做法是,企业收到供应商送来的装有原材料的集装箱,卸下其中的原材料准备用于生产装配,同时把箱中的"看板"(Kanban)交回供应商;当供应商收到"看板"后立即进行生产,并将新生产出来的原材料再送来。如果双方衔接得好,这时,上次的原材料刚好用完。

(五)管理信息控制

信息在管理控制中发挥着重要作用。能否建立有效的管理信息系统,及时有效地收集、处理、传递和使用信息,是衡量管理控制系统的标准之一。

现代管理信息系统是依据系统观点建立,利用现代技术方法和计算机网络,提供各项作业、管理和决策信息的集成化的人—机系统,它能准确、迅速地提供各级管理部门所需的信息。

管理信息系统存在于任何一个组织中,这是因为每个组织自身都有一套传输、处理信息的渠道,只不过传统的管理信息系统多是通过手工操作运行的,有一系列的弊端:处理速度缓慢,常常要等到结果出来后经过很长时间才能得到,如用手工编制的年度会计报表有时在次年的 3 月都做不出来,严重影响了其他工作,不能根据变化迅速调整计划或做出预测,不能得到实时信息,查询工作操作不便等。如库存情况查询,常常通过盘点才能查清楚。又如工作程序的不合理和出错率居高不下等,都是手工操作所不能避免的。

现代管理信息系统是计算机技术和管理技术的集成,是根据组织的业务流程和信息需要综合构成的,它以解决组织中面临的问题为目标,使基层办公人员提高工作效率,并能向各级管理部门提供所需的信息,便于其做出决策,提高管理人员的决策水平和快速反应能力。高效率的管理信息系统能大量收集、存储相关信息,并根据要求长时间保存;能迅速对信息进行加工,使信息更加精练、准确、集中;能快速传递信息,同时由于计算机网络技术的发展,使得在线服务、远程控制成为可能。图 8-3 是管理信息系统内部的运行结构图。

现代管理信息系统使管理者的工作发生了一些变化。首先是信息的获得渠道有了变化,管理者可以在信息系统上直接获得大量的第一手信息,根据这些信息能够快速做出决策或改变计划,使应变能力增强,控制反馈速度提高;组织的结构可以向扁平化发展,使管理层减少,管理幅度加大,同时控制力度不会削弱。另外,管理者和下属的信息交流也增加了通道,他们不必事事面对面地交流,汇报和指令都可以通过该系统双向传递,尤其在双方相距遥远时,可以节省大量的时间和金钱。当然,建立管理信息系统要有一笔不小的投资,对管理者及员工的计算机操作水平也有一定的要求,这些在初期应加以考虑。

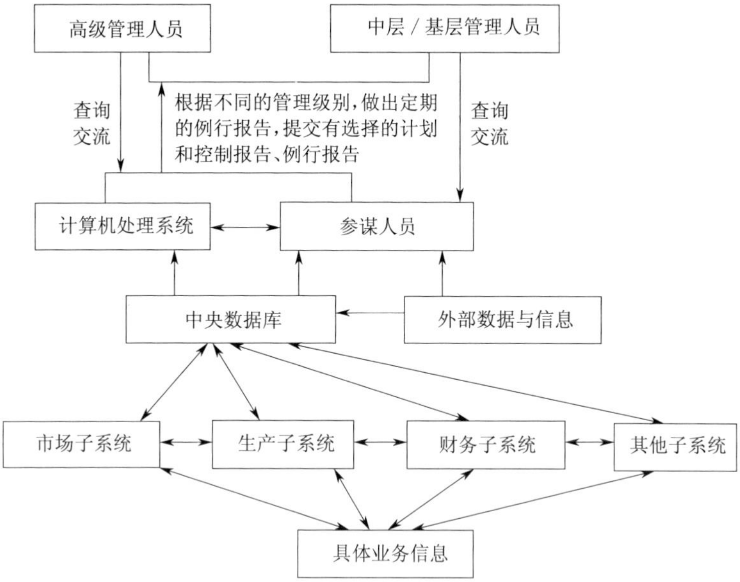

图 8-3　管理信息系统内部运行结构图

（六）审计控制

审计是对反映组织的资金运动过程及其结果的会计记录及财务报表进行审核、鉴定，以判断其真实性和可靠性，从而为控制和决策提供依据。审计是一种常用的控制方法，主要包括财务审计、业务审计和管理审计三种形式。

1. 财务审计

财务审计是以财务活动为中心内容，以检查并核实账目、凭证、财物、债务以及结算关系等客观事物为手段，以判断财务报表中所列出的综合的会计事项是否正确无误，报表本身是否可以信赖为目的的控制方法。通过这种审计还可以判明财务活动是否符合财经政策和法令。财务审计一般分为外部财务审计和内部财务审计。

（1）外部财务审计

外部财务审计是由外部专门审计机构和非本组织成员的审计人员（如国家审计部门、公共审计师事务所的人员）对本组织的财务程序和财务经济往来进行有目的的综合检查审核。现在许多国家规定，企业的年度财务报告必须经过持有有关合格证书的会计师的审查并签署意见，说明企业所提交的财务报告是否遵守国家颁发的有关会计制度。严格地说，这种审计已不是管理控制职能所指的控制了，因为它不是企业内部的一种管理活动。

（2）内部财务审计

这是由本组织系统内部的财务人员所负责开展的财务审计活动。其目的和外部财务审计的目的相同，即保证组织系统的财务报表能准确、真实地反映组织的财务状况。

2. 业务审计

业务审计是内部财务审计的扩展，其审计的范围包括财务、生产、市场、人事等方面。这种审计可以由本组织聘请外部独立的咨询机构和专家来进行。

3. 管理审计

管理审计是业务审计的进一步发展，是对组织的各项职能以及战略目标所进行的全面审计，审计范围包括：审计结构、计划方法、预算和资源分配、管理决策、科研与开发、市场、内部控制、管理信息系统等。管理审计的目的是明确组织的优势和劣势，全面改善组织的管理工作。

审计是一项原则性很强的工作，为保证审计的客观、公正和有效，必须坚持如下原则。

①政策原则。审计工作必须符合国家的方针政策。

②独立原则。审计监督部门应能独立行使职权，不受任何干涉。

③客观原则。审计一定要实事求是地进行，客观地做出评价和得出结论。

④公正原则。审计工作必须站在客观的角度上，不偏不倚，公正地进行判断。

⑤经常性原则。审计工作应经常化、制度化。

⑥群众性原则。审计工作应依靠群众来开展。

（七）绩效考评控制

绩效考评控制是指企业通过考核评价的形式规范企业各级管理者及员工的经济目标和经济行为。它强调的是控制目标而不是控制过程，只要各级管理目标实现，则企业战略目标就可以实现。绩效考评控制包括考评指标和考评程序的制定，考评方法的选择，考评结果的分析，纠正偏差与采取奖励措施等关键环节。

（八）风险防范控制

企业在现代市场经济环境下，会不可避免地遇到各种风险，风险防范控制是企业内部管理控制的重要组成部分。企业的风险防范控制一般包括风险的预警和辨识、风险的评估以及风险的预防等。

（九）人力资源管理控制

人力资源管理控制是指对人力资源的获得、开发、保持和利用等方面所进行的计划和控制活动。人力资源管理控制的基本任务是根据企业发展战略的要求，通过有计划地对人力资源进行合理配置，搞好企业员工的培训和人力资源的开发，采取各种措施，激发企业员工的积极性，充分发挥他们的潜能，做到人尽其才，才尽其用，更好地促进生产效率、工作效率和社会经济效益的提高，进而推动整个企业各项工作的开展，以确保企业战略目标的实现。

第三节　控制过程

在管理控制中，虽然控制的对象各不相同，控制工作的要求也不一样，控制的类型和方法多种多样，但控制工作的过程却是基本一致的。一般而言，控制工作的基本过程可分为确定标准、衡量绩效、分析与纠偏三个阶段，如图 8-4 所示。

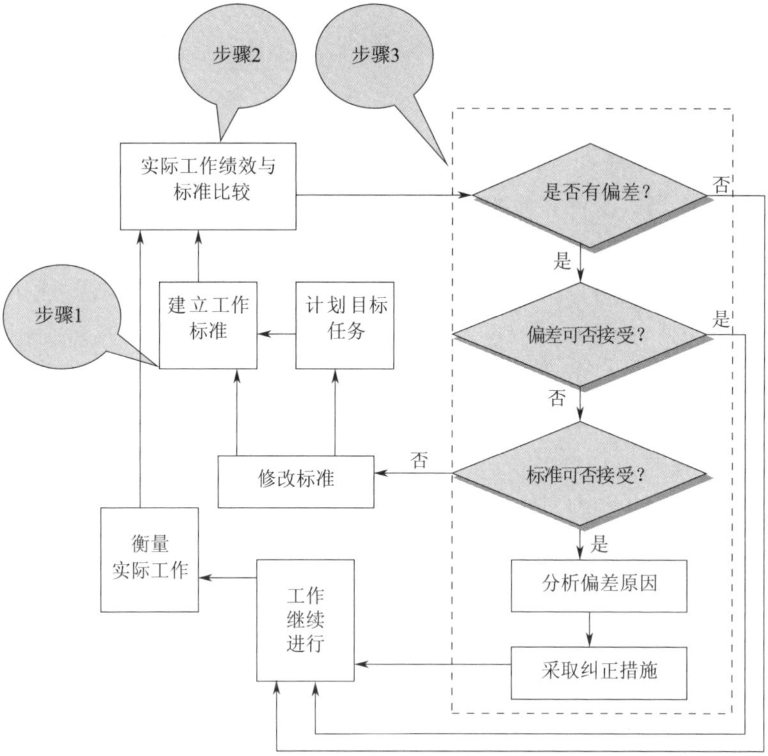

图 8-4　控制工作过程

一、确定标准

要对组织的各项活动或工作进行有效的控制，首先必须明确相应的控制标准。没有标准，就无法对工作活动及其效果进行检查和评价，无法了解工作的进展状况或存在的问题，当然就无法采取相应的纠偏措施。而标准不明晰或不客观，则会导致组织内部的纷争、员工满意度下降或挫败感增强等问题。因此，确定控制标准是进行控制工作的起点。

标准(Standard),就是评定成效的尺度,是用来衡量组织中的各项工作或行为符合组织要求程度的标尺。通过比较实际工作情况与标准,管理者无须亲历工作就可以了解工作的进展情况。控制的标准来源于计划目标,由于计划的详细程度和复杂程度不一样,计划目标不一定符合控制工作的要求,需要将其中的关键点细化或具体化,制定相应的控制标准。所以管理者应该以计划为基础,通过研究、归纳和整理,确定控制工作所需要的标准。

因此,确定控制标准需要三个步骤:选择控制对象;选择关键控制点;确定控制标准。

(一)选择控制对象

进行管理控制首先遇到的问题是"控制什么",这是确定控制标准之前需要妥善解决的问题。对组织活动进行控制的目的是实现组织的目标,取得相应的成果。因此,组织活动的成果应该优先作为管理控制工作的重要对象。基于此,管理者需要明确分析组织活动想要实现的目标,并提出详细规定组织中各层次、各部门人员应该取得何种工作成果的完整目标体系。按照目标体系管理者就可以对有关成果的完成情况进行考核和控制。但由于受到经济性的影响,管理者不可能对实现目标成果的全部要素进行控制,而是选择那些对实现组织目标成果有重大影响的因素进行重点控制。比如,将对经营环境的认识与掌握的各种因素作为控制对象,列出"正常"与"非正常"环境的具体测量指标或标准。资源投入直接影响企业经营活动的任务指标和经济效果指标,所以必须对资源投入进行控制,使之在各方面都符合预期经营成果的要求。

(二)选择关键控制点

主要的控制对象确定后,还必须选定具体控制的关键点,制定控制标准。因组织不可能也没有必要对所有工作活动进行控制,只能在影响组织成果的众多因素中选择若干关键环节作为重点控制对象。如啤酒酿制企业对水质量、酿酒温度和酿造时间进行控制,就能保证啤酒的质量。因此,对关键控制点的选择,一般应该统筹考虑以下几个方面的因素。

①影响整个工作运行过程的重要操作与事项。

②能在重大损失出现之前显示出差异的事项。

③若干能反映组织主要绩效水平的时间与空间分布均衡的控制点。

良好的控制来源于关键控制点的正确选择,因而这种选择或决策的能力就成为判断管理者控制工作水平的一个重要标准。

(三)确定控制标准

组织在选择了关键点后,就可以依据关键控制点确定明确的控制标准。控制标准确定中最简单的情况是把计划过程中形成的可考核目标直接作为控制标准。而现实中更多的情况往往是需要通过一些科学的方法将某一计划目标分解为一系列具体可操作的控制标准。

1. 控制标准的确定方法

实际工作中,常用的制定标准的方法有以下三种。

(1)统计计算法

统计计算法即根据企业的历史资源或者对比同类企业的水平,运用统计学方法来确定企业经营各方面工作的标准。这种用统计计算法制定的标准便称为统计标准。制定该类标准所使用的数据可以是本单位的,也可以是外单位的。这种方法成本低廉,简便易行。但由于历史与现实之间存在着差距,在历史资料基础上制定的标准往往不够准确。用统计方法制定的常见标准有市场占有率、投资回报率、产品产量等。

(2)工程方法

工程方法指通过对控制对象进行全面、科学的分析,以分析所得到的数据和参数为基础制定控制的标准。用这种方法制定的控制标准准确性高,但成本高、耗时长。用工程方法制定的常见标准有劳动定额、生产线节拍、维修间隔等。

(3)经验估算法

经验估算法是指由经验丰富的管理者来制定标准。这种方法是以上两种方法的补充。其优点是应用面广,简单易行,不足之处在于以经验为依据,科学性不强。

2. 控制标准的类型

控制标准的类型很多,通常可分为定量标准和定性标准两大类。其中,定量标准便于度量和比较,是控制标准的主要表现形式,如时间标准、生产率标准、消耗标准、质量标准、品质标准;定性标准主要是指服务质量、组织形象等方面的标准,一般难以定量化。例如,以“质量优良、服务周到、清洁卫生、价格合理”为宗旨的世界著名的麦当劳快餐公司,为确保其经营宗旨得到贯彻,制定了可度量的如下工作标准:95%以上的顾客进餐馆后3分钟内,服务员必须迎上去接待;事先准备好的汉堡包必须在5分钟内热好并提供给顾客;服务员必须在就餐人员离开后5分钟内把餐桌打扫干净;等等。

3. 控制标准的基本要求

控制标准必须满足一定的要求,才能保证控制工作的有效性。这些要求主要有以下几点。

①简明性,对标准的说明和表述要明确,通俗易懂,易于理解和接受。

②适用性,标准要以计划为基础,要有利于组织目标的实现。

③可行性,标准不能过高,也不能过低,应该是绝大多数员工经过努力都可以达到的。

④可操作性,标准要便于比较、衡量、考核过程中使用。

⑤一致性,建立的标准尽可能协调一致、公平合理,不能相互冲突,并在规定范围内保持公平性。

⑥相对稳定性,所建立的标准既要在一个时期内保持不变,又要具有一定的弹性,能对环境的变化有一定的适应性,特殊情况能够例外处理。

⑦前瞻性,建立的标准既要符合现实的需要,又要与未来的发展相结合。

二、衡量绩效

控制过程的第二阶段是将实际工作绩效与控制标准进行比较,并做出客观的评价,从中发现二者的偏差,为进一步采取有效的控制措施提供全面准确的信息。为了确定实际工作的绩效,管理者首先要收集必要的信息,然后开始比较衡量。这时应该考虑由谁来衡量、衡量什么、如何衡量以及间隔多久进行衡量等,并做出合理安排。

(一)衡量的主体

衡量实际工作绩效的人是工作者本人,还是同一层级的其他人员,抑或是上级主管人员或职能部门人员。衡量实际工作绩效的主体不一样,控制工作类型也就不同,会对控制效果和控制方式产生影响。例如,目标管理之所以被称为一种自我控制方法,就是因为工作的执行者同时成为工作绩效的衡量者和控制者。相比之下,由上级主管或职能人员进行的衡量和控制则是一种强加的、非自主的控制。

(二)衡量的项目

衡量什么,这是有效控制的关键。在计划实施过程中并不是对所有的步骤都要进行控制,而是选择一些关键点作为控制点,以控制关键点来控制全局。一般来说,控制关键点是计划实施过程中起决定性作用的点,容易出现偏差的点,起转折作用的点,变化大而又不容易掌握的点,有示范作用的点。所以选择控制关键点的过程是快捷、准确实施控制的有效过程。那么关键控制点的选择(即衡量什么)可与相应的控制标准进行比较,这是首先要解决的问题。

管理者确定衡量什么的时候,很大程度上是依据人们的追求,这是一个导向。比如衡量管理者的领导能力,可以从员工的满意度、营业额、出勤率等定量与定性多方面进行衡量;衡量政府机关公务员的工作效能,可以从是否患有“机关病”入手,针对机关的不良作风“懒(懒于学习维持现状)、满(自我满足)、慢(办事拖沓)、难(遇到困难畏缩不前,无所作为)、软(对问题视而不见,官官相护)、老(因循守旧)、空(脱离实际,弄虚作假)”设置控制关键点,整顿机关工作人员的工作作风,并实施控制监督。

(三)衡量的方法

如何衡量,这是对具体实施方法(即通过什么渠道收集必要的信息)进行衡量。

管理者在衡量实际工作绩效时,常采用四种收集信息的方式:个人观察、统计报告、口头汇报和书面报告。这四种方式各有千秋,若综合起来使用,能大大增加信息来源并提高信息的可靠性。

在实际工作中,常常会出现先进行口头汇报,然后进行整理,制成书面报告提交的情况;或是为了使口头报告更简明、全面和正确,重点突出,先做书面整理再进行口头汇报的情况。总之,管理者在控制活动中必须综合使用这四种信息通道,才能确保衡量绩效的信息属实、准确而可靠,这为管理者有效地进行衡量评定,对照标准检查核实实际的工作绩效提供可靠的又能提高效率和准确性与务实性的信息保障;同时也为绩效与标准比较后的纠偏过程提供操作的依据。

(四)衡量的频度

衡量的频度是指衡量实际绩效的次数或频率,通俗地说就是,间隔多长时间衡量一次实际绩效,是每时、每日、每周,还是每月、每个季度或者每年;是定期衡量还是不定期衡量。对不同的衡量项目,衡量的频度可能不一样。有效控制要求确定适宜的衡量频度。对控制对象或要素的衡量频度过高,不仅会增加控制的费用,而且会引起有关人员的不满,影响他们的工作态度,从而对组织的目标实现产生负面影响;衡量和检查的次数过少,则有可能使许多重大的偏差不能被及时发现,不能及时采取纠正措施,从而影响组织目标的实现和计划的完成。

三、分析与纠偏

在衡量实际工作绩效后,若没有偏差,或偏差在规定的范围之内,则这样的控制过程只需前两个阶段即可完成。但是如果有偏差,且偏差超出范围,如图 8-5 所示,就要采取措施加以纠正。

(一)分析偏差

在控制过程的前两个步骤完成后,便可以将实际工作绩效与所建立的标准进行比较,鉴定偏差的大小和方向。

比较的结果是实际工作绩效高于、低于或正好符合标准。如果实际工作绩效与标准相符,便没有任何偏差产生。然而,在某些管理活动中,偏差是在所难免的,而且也不需要做到完全没有偏差。因此基于工作标准确定一个可接受的偏差范围是非常重要的。以一家电话机生产厂为例,该厂设定每位工人每小时应该生产 50 部电话机的生产率标准,可接受的偏差是 ±5 部。可接受的偏差为控制过程确定了界限。如果实际产量在 45~55 部,那么就认为生产处于正常控制之下,超出这一范围则表示情况失控。

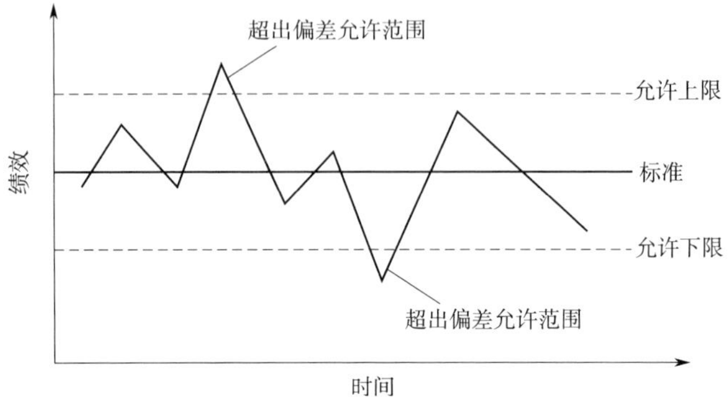

图 8-5 偏差的范围

除了偏差的大小,管理者还应对偏差的方向给予重视并进行分析。仍以电话机生产厂为例,如果实际产量是每人每小时 42 部,就意味着负向的偏差超出了可接受的范围,应该采取纠正措施。再假设现在的产量是每人每小时 58 部,偏差超出了可接受的范围,但偏差是正向的。有人可能会认为这种正向的偏差是求之不得的,不应该采取纠正措施。但是,如果该厂对超出的产量没有市场需求或没有库存空间,那么这一偏差就会带来问题;而且超出的产量可能占用了应用于其他方面的资源。因此,偏差的允许范围要视具体工作的实际情况确定。

(二)实施纠偏

在得出实际工作绩效与标准进行比较的结果之后,管理者便可以对实际工作绩效进行评价,并依据偏差的程度和性质分析产生的原因,采取相应的措施,或维持现状结果,或纠正偏差,或修改标准。

导致偏差的原因往往是多种多样的,但一般认为,造成实际工作出现偏差的原因可以归纳为以下几类,并应针对相应的偏差采取有效的纠偏措施。

1. 计划操作原因

计划操作原因是指由计划执行者自身的原因造成偏差,如工作不认真,没有责任心,玩忽职守,或能力不够,不能胜任等,这时可采取一些措施加以纠正:重申规章制度,明确责任,明确激励措施,奖惩分明;调整工作人员,加强员工培训,改组领导班子等。

2. 外部环境发生重大变化

外部环境发生重大变化,如国家政策法规发生变化,国际政治风云突变,自然灾害,某个关键合作伙伴突然破产,突发事件(如暴发疫情、海啸、地震等),这些因素往往处于失控状态,只能在进行审时度势的分析后,制定相应的应对策略,才能尽量减少损失。

3. 计划不合理

计划不合理是指计划制订时不切合实际，基于错误的假设和预测制订的标准难以达到。所以在设定目标时，管理者应注意既不能把目标定得太高，也不能将目标设置在很低的水平上，这样会产生不良的影响，更谈不上有效的控制了。因为太高的目标，如过高的利润目标，过高的市场占有率，根据具体情况根本实现不了，这样轻者挫伤员工的积极性，重者面临整个计划失控，甚至葬送整个企业；太低的目标，低估自己的实力，起不到激励员工的作用，这时就应根据企业或组织的具体情况进行调整，制订出切实可行的计划。

与造成偏差的三个原因相对应，控制标准有如下三种情况。

①控制标准不存在问题，环境也没有发生大的变化，偏差是组织和领导工作不力等原因造成的。对于这类偏差，应采取的措施是纠正工作行为。在这种情况下，管理者有较大的能动性。比如，可以通过改进领导作风、人员调整、奖惩等方法减小或消除偏差。

②控制标准本身没有问题，但环境发生了较大的变化，使原本适用的标准不再适用。如银行大幅度提高贷款利率，可能会使组织计划期内的资金筹措目标不能实现。这些由组织外部环境因素造成的偏差，对于一个特定组织来说，是管理者无法控制的。因此，管理者可能采取修改控制标准甚至调整组织计划目标的措施，使之与组织的外部环境相适应。

③控制标准本身不合理，过高或者过低。这时必须对控制标准进行修改。如果是由于计划本身不合理或不完善造成的，就有必要对计划本身甚至目标进行修改，然后根据修正的计划制定合理的控制标准。

第四节　有效控制的原则

一、控制要反映计划要求

在管理工作中，控制和计划的联系最为紧密。孔茨曾说过：“可以把计划工作和控制工作看成一把剪刀的两个刃，没有任何一个刃，剪刀也就没有用了。没有了目标与计划，也就不可能控制，这是因为必须把业绩同某些已规定的标准相比较。”控制是为了实现计划，计划是控制所采用的绩效衡量标准的原始依据。因此，管理者在制订计划时要考虑到相关的控制因素。计划越明确、越全面完整，所设计的控制系统越能反映这样的计划，从而控制工作也就越有成效。

每一项计划和每一项工作都各有特点。为实现计划和完成工作所设计的控制系统和所进行的控制工作，尽管基本过程相同，但在确定什么标准、控制哪些关键点和重要参数、收集什么信息、如何收集信息、采取何种方法评定成效以及由谁来控制和采取纠正措施等方面,都必须按不同计划的特殊要求和具体情况来设计。例如,对成本计划的控制主要在于控制各部门、各单位甚至各种产品在生产经营过程中所发生的费用;而对产品销售计划的控制,主要包括控制销售产品的品种、规模、数量和交货期等。控制工作越是考虑各种计划的特点,就越能更好地发挥作用。

二、控制要与组织结构相适应

控制必须反映组织结构的类型和状况。组织结构既然是明确组织内每个人应当担任什么职务的主要依据,因而也就是明确职权和责任的依据。为此,控制必须反映组织的结构状况并由健全的组织结构来保证,否则,控制只是空谈。

健全的组织结构有两个方面的含义:一方面,要能在组织中将反映实际工作状态的信息迅速地上传下达,保证联络渠道的畅通;另一方面,要做到责权分明,使组织结构中的各部门和个人都能切实担负起自己的责任。否则,出现了偏差就难以纠正,控制也就不可能实现。

例如,如果产品成本不考虑制造部门而分别进行核算和累计,每个车间主任都不知道该部门产出的产品或半成品的目标成本,那么他们既不可能知道实际成本是否合理,也不可能对成本负起责任,这种情况是谈不上成本控制的。一个组织的设计越完善,所设计的控制系统越符合组织结构中的职责和职务要求,就越有助于纠正脱离计划的偏差。

此外,控制系统必须符合每个主管人员的特点。也就是说,在设计控制系统时,不仅要考虑具体的职务要求,还应考虑到担当该职务的主管人员的特点。控制系统和控制信息的作用是协助每个主管人员履行其控制职能。如果所设计的控制系统不为主管人员所理解、信任和使用,那么它就没有多大用处。因此,建立控制系统必须符合每个主管人员的特点,使之能够很好地理解、信任并运用这个系统实施有效的控制。

三、控制应突出重点,强调例外

在控制工作中,应遵循关键点原则和例外原则。

1. 关键点原则

所谓关键点原则,是指控制工作要突出重点,不能只从局部利益出发,要针对重要的、关键的因素实施重点控制。事实上,组织中的活动往往错综复杂,管理者根本无法对每一个方面实施完全的控制,他们应该且只能将注意力集中于计划执行中的一些关键影响因素上。因此,找出或确定这些关键因素,并进行重点控制,是一种有效的控制方法。控制住了关键点,也就控制住了全局。

选择关键控制点的能力是管理工作的一种艺术，有效控制在很大程度上取决于这种能力。目前，已经存在一些有效的方法，能帮助主管人员在某些控制工作中选择关键点。例如，计划评审技术就是一种在有多种平行作业的复杂管理活动网络中寻找关键活动和关键路线的方法。这是一种强有力的系统工程方法。它的成功运用确保了如美国北极星导弹研制工程和阿波罗登月工程等大型工程项目提前或如期完成。

2. 例外原则

所谓例外原则，是指控制工作应着重关注计划实施中的例外偏差（超出一般情况的特别好或特别坏的情况）。这可使管理者把精力集中在他们应该注意的问题上。但是，只注意例外情况是不够的，对例外情况的重视程度不应仅仅依据偏差的大小而定，同时需要考虑客观实际情况。在偏离标准的各种情况中，有一些是无关紧要的，而另一些则不然，某些微小的偏差可能比某些较大的偏差影响更大。因为在一个特定的组织中，不同工作的重要程度各不相同。例如，在某一企业中，对"合理化建议"的奖励超出 20%可能无关紧要，而产品的合格率下降 1%却可能使所有产品滞销。

因此，在实际工作中，控制的例外原则必须与关键点原则相结合，把注意力集中在对关键点的例外情况的控制上。关键点原则强调选择控制点，而例外原则强调观察在这些控制点上所发生的异常偏差。

四、控制应具有及时性

控制的及时性是指在控制工作中及时发现偏差，并能及时采取措施纠正。一个有效的控制系统必须能够提供及时的信息。信息是控制的基础。为提高控制的及时性，信息的收集和传递必须及时。如果信息的收集和传递不及时，信息处理的时间又过长，则偏差就不能及时纠正。当采取纠正措施时，如果实际情况已经发生了变化，这时，采取的措施如果不变，不仅不能产生积极作用，反而会带来消极影响。

控制信息滞后往往会造成不可弥补的损失。时滞现象是反馈控制系统一个难以克服的困难。较好的解决办法是采用前馈控制，使管理者尽早发现乃至预测到偏差，采取预防性措施，使工作的开展在最初阶段就能够沿着目标方向进行，即使有了偏差，也能及时纠正，把损失降到最低。控制要做到及时，必须依靠现代化的信息管理系统，随时传递信息，随时掌握工作进度，如此才能尽早发现偏差，进而及时采取措施进行控制。

五、控制应具有客观性

控制的客观性是指在控制工作中，管理者不能凭个人的主观经验或直觉判断，而应采用科学的方法,尊重客观事实。

控制的客观性要求控制系统应尽可能提供和使用无偏见的、详细的、可以被证实和理解的信息;同时,还要求必须具有客观的、准确的和适当的控制标准。管理难免有许多主观的因素在内,但是对下属工作的评价,不应仅凭主观印象。在整个控制过程中,主观判断不仅可能使绩效的衡量得不出明确的结论,而且还会使纠正偏差的力度难以把握,从而使现实工作更加混乱。

为了保证控制的客观性,要求尽可能将衡量标准加以量化。量化程度越高,控制越规范。但是,在诸多衡量标准中总有一些是定性的和难以量化的。总之,客观标准可以是定量的,也可以是定性的,但要做到客观,关键问题是使标准在任何情况下都是可测定、可考核和可操作的。

六、控制应具有准确性

一个控制系统要想行之有效,必须具备准确性。一个提供不准确信息的控制系统将会导致管理者在应该行动的时候没有行动,在没有出现问题时反而采取了行动。基于不准确信息的种种决策,往往是错误的决策,会使整个组织蒙受损失。

现实中由于各种因素的影响,常常将不准确因素带入控制系统之中。有时可能是因为衡量绩效的工具精确度不够,使衡量结果的误差过大;有时则可能是工作人员出于个人利益,人为地虚报数据。因此,管理者需要选择适用的、精确的绩效衡量方法和工具来避免产生误差,同时还要采取预防措施,运用先进的管理技能避免出现弄虚作假行为。

七、控制应具有灵活性

有效的控制系统应具有足够的灵活性,以适应各种不利的环境变化或利用各种新的机会。如今,技术进步日新月异,顾客需求也在不断变化,组织所处内外部环境的干扰性、复杂性越来越大。如果没有一个灵活的系统对这些变化做出准确的预测或反应,并据此调整组织活动,那么一个组织的生存将难以维系下去。

一个灵活的控制系统能在计划变化以及发生未曾预见事项的情况下继续发挥作用。一项管理计划方案在某种情况下可能会出现问题,控制系统应能报告这种失常的情况,同时应有足够的灵活性来保持对运行过程的管理控制。例如,假设预算是根据预测的销售量制定的,如果实际销售量远远高于或低于预测的销售量,原来的预算就变得毫无意义,这时就要求修改甚至重新制定预算,并根据新的预算制定合适的控制标准。

通常,对各种可能出现的情况都应尽量准备好各种可选择的方案,以使控制更具有灵活性。事实上,灵活的控制最好通过灵活的计划来实现。

八、控制应具有经济性

控制活动需要经费。是否进行控制,控制到什么程度,都要考虑费用问题。将控制所需的费用与控制产生的结果进行比较,当通过控制获得的价值大于它所需的费用时,才有必要实施控制。所以,从经济性的角度考虑,控制系统并不是越复杂越好,控制力度也不是越大越好。控制系统越复杂,控制力度越大,意味着控制的投入也越大。而且在许多情况下,这种投入的增加并不一定会导致计划能更顺利地实现。管理者应尝试使用能产生期望结果的最少量的控制。如果控制能够以最少的费用或最小的代价来实现预期的控制目的,那么这种控制系统就是最有成效的。

第五节　风险管理与风险控制

在高度市场化和国际化的社会中,组织的生存和发展很大程度上依赖它所面临的环境。由于内外环境的变化,组织在运营过程中会面临各种风险,如果处理不当,就可能使组织陷入困境,甚至会引起重大突发事件。因此,树立风险意识,完善风险管理机制,正确识别风险,有效地应对各种风险,以确保组织目标的实现,成为组织管理工作的一项重要内容。

一、风险与风险管理

1. 风险的内涵

国际标准化组织在 2009 年发布的 ISO 31000：2009 风险管理系列标准中,将风险界定为“不确定性对目标的影响”,并指出这种影响是对预期正向或负向的偏离。该定义体现风险的两面性:正向的影响意味着机会和收益,负向的影响则意味着威胁和损失。

美国反虚假财务报告委员会下属的发起人委员会(COSO)在 2004 年发布的《企业风险管理——整合框架》中,对风险和机会进行区分,认为“风险是一个事项将会发生并给目标带来负面影响的可能性”。该定义强调风险的负面影响及不确定性。

由此,风险(Risk)是指对组织不利事件的不确定性,包括事件发生的可能性及后果。

2. 风险的类别

风险的分类和产生原因一般因管理的性质不同而不同,具体描述见表 8-2。

表 8-2　风险分类

风险	风险因素
管理风险	管理体制不健全 管理人员质量意识差 管理人员管理协调能力不足 管理领导分工不明
经济风险	设计存在偏差,与实际不符 核心技术开发能力差 技术部门不按计划行事 工序计划方案不合格
技术风险	市场经济变化导致单方或双方违约 转包和分包风险 资金落实不到位,影响项目建设 原材料、劳动力等价格变动 合同双方经济状况发生巨大变动
时间风险	进度控制不合理 工序安排不合理 工时计算错误 随意压缩工期
环境风险	自然环境剧烈变化 政治环境变化 不可抗力 季节性变化

3. 风险管理

风险管理(Risk Management)是指组织通过对风险的识别、衡量和处理,力求以最小的经济代价为组织目标的实现提供安全保障的管理活动。因此,风险管理是一个过程,是降低和控制风险的一系列活动,它涉及风险管理计划、风险识别、风险分析和评价、风险应对和风险监控等。风险管理就是一种在降低风险与成本付出中进行权衡取舍的过程,也是一种主动与预先性的管理模式。合理的风险管理不仅要做到减少风险发生的可能性,更要减少风险发生以后的影响和给企业带来的损失。

二、风险规划

风险规划是风险识别、风险分析、风险应对和制定风险控制策略的基础,能确定风险管理的职责,为风险管理提供完整的行动纲领,也能确定如何在管理中进行风险管理活动,以及确定风险管理计划的制定过程。风险规划是风险管理的重要内容,也是整个过程的重要基础,良好的风险规划不仅有利于后期风险策略的实施和整个运营管理活动的开展,而且有利于不同相关者之间的沟通和员工风险意识的培训,是重要的指示性和纲领性文件。

一般风险管理规划主要包括风险管理方法、各个时期的风险管理、风险管理相关者责任和义务、风险管理预算、风险管理规划说明、风险报告格式和内容、风险跟踪评价的基准文件等内容,见表 8-3。

表 8-3 风险管理规划

规划内容名称	具体内容
风险管理方法	确定开展风险管理的方法、工具和数据来源
风险管理时间规划	确定在生命周期内进行风险识别、度量和采取应对措施的周期,在不同的时间段内区分不同的风险,合理平衡风险和成本之间的关系
风险管理相关者责任和义务	确定风险管理各项活动的领导者、支持者和风险管理小组的责任和义务,对风险管理人员的培训规划
风险管理预算	规划安排好风险管理所需要的资金,一般包括数据收集、人力资源、购置风险分析软件和工具、风险应对等各个方面所需要的资金
风险管理规划说明	确定风险度量所需的定性和定量风险分析类型、风险度量和应对的方法
风险报告格式	确定风险识别报告、风险度量报告、风险应对规划报告和风险监控报告的内容和格式
风险跟踪评价的基准文件	包括风险管理活动的文档化管理规定、风险管理工作与过程的审计规定和风险的跟踪识别与度量的规定

三、风险识别

风险识别(Risk Identification)就是经理或其他相关领域的技术专家,通过对项目本身、使用者和客户的全面调研,识别可能对运营管理产生影响的风险因素,以及这些因素的特征和可能带来的影响。

风险识别主要是识别存在什么样的潜在风险,形成这些风险的原因是什么,这些风险因素最后会造成什么样的影响等。这决定了后期风险处理人员是制定策略来降低这种风险,还是通过这个机遇来提高相关的效率和收益。风险的识别是一个动态持续的过程,随着企业内外部环境的变化,企业的风险因素也会改变。另外,随着运营管理的进行,对风险因素的认识程度也在不断加深,因此风险管理团队要用动态的眼光随时跟进运营管理的风险识别,及时发现新的风险因素,进而完善风险管理效果。

风险识别的方法有很多种,从主观信息角度出发,一般包括现场调查法、头脑风暴法、德尔菲法和 SWOT 分析法等;从客观信息角度出发,包括系统分解法、核对表法和流程图法等。

1. 现场调查法

该方法是了解组织运营实际状况，获取第一手资料的有效方法。一般是风险经理到现场实地观察各个部门的运作，检查组织的各种设施及进行的各项操作，深入了解组织活动和行为方式，以便从中发现潜在的风险。其优点是风险经理可以借此获得第一手资料，也有利于风险经理与各个部门管理人员及基层人员建立和维持良好的关系，缺点是现场调查法需要花费大量的时间，成本较高，定期的现场调查可能使其他人忽视风险识别或疲于应付调查工作。

2. 头脑风暴法（见第四章）

这是一种在风险识别领域比较常见的方法，也是一种没有标准规范，只依靠专家的经验、发散性思维和创造性思维识别潜在风险的方式。这种风险识别方法一般通过会议的方式进行，并且要求与会人员都能自由发挥自己的想象力，提出各式各样的论点和意见，畅所欲言，进而达成一致意见，分析和找出所存在的各种风险。同时，相关的管理者也要充分发挥自身的管理才能，对与会人员进行有针对性的提问和引导，并及时根据讨论状态和管理实施状态总结风险识别的结果，帮助与会人员及时发现运营管理中存在的风险问题和产生这些问题的原因。一般在采用这种方式的时候，与会人员的积极程度和会议的议论氛围对风险识别的效果有比较大的影响，会议要鼓励与会人员对别人的意见提出改进和建议，并且要保持一种公平的态度，不能恶意地提出批评和指责。

3. 德尔菲法（见第四章）

这是一种能够减少主观情绪的风险识别方法，这种方法的程序如下。首先选拔组织内外部的风险专家，这些专家并不见面，相互并不知晓、了解。其次，风险管理的负责人通过对组织整体状况进行分析，要求专家就组织风险问题进行匿名的分析。再次，收集汇总风险专家做出的分析报告，并对其加以整理，将整理后的结果反馈给这些专家再做分析。最后，重复以上步骤，不断综合风险分析意见，直到风险专家基本达成一致意见。这种方法的好处是能够在分析结束后达成一致的意见，能够为后期的风险应对制定一个明确的目标，也能有效减少个人因素对风险识别的影响。

4. SWOT 分析（第五章）

这是一种通过系统地分析组织自身状况进而识别组织存在何种风险的方式。SWOT 其实就是优势、劣势、机会和威胁的英文单词的缩写，将 SWOT 分析应用于组织风险识别领域，就是要先对组织的内部环境和外部环境进行宏观的分析，进而对组织整体进行系统的评价，最终从内部、外部两个角度得出组织存在的风险。

5. 系统分解法

这种方法是基于工作分解结构（Work Breakdown Structure，WBS）系统，对复杂的组织进行合理的层次划分，继而在每个子层次或子系统上识别潜在的风险，再加以综合得出组织整体存在的风险。这种方法的优点是能够将组织每个层面的风险进行细分，但是工作量较大，不适合大型复杂的组织。

6. 核对表法

这种方法一般是利用以往的历史经验和其他信息来源，制作一份组织的风险识别清单，从而使未来的管理可以按照这份风险识别清单进行风险识别。这种方法最主要的优点是简单方便，不用进行烦琐的信息再收集，直接根据已有的模板进行针对性风险识别。但是这种方法的缺点恰恰是由历史经验得到的风险不能完全和现有环境的风险相同，可能在某些方面不能完全覆盖。因此在运用这种方法识别风险时，要注意可能存在的但在清单中却没有指出的风险，这样才能保证整个风险的识别过程既简便又全面。

7. 流程图法

这种方法是将组织活动按照内在的逻辑联系绘制成流程图，进而对流程图中各个环节进行风险识别的一种方法。这是一种结构化的风险识别方式，一般流程图法要画出组织的系统流程图（反映组织系统中各个要素之间的关系）、过程流程图（反映管理的具体实施过程以及各过程之间的因果关系）和作业流程图（反映各环节之间的顺序关系和项目输入、输出、过程变量之间的关系）。

三、风险分析

风险分析是对组织风险进行综合分析，并依据风险对组织目标的影响程度进行风险分级排序的过程。通过系统分析和综合权衡风险的各种因素，综合评估组织风险的整体水平。风险分析是在风险规划和识别的基础上对风险因素进行逐一量化的过程。而量化过程主要包括分析风险发生的可能性以及风险会给组织带来的影响和后果。通过量化找到组织的关键风险因素，确定整体的风险水平，为制定风险应对措施提供依据，以保障组织的正常进行。

风险分析的方法包括定性分析和定量分析两种，一般对组织风险进行分析时首先是定性分析，然后在定性分析结果的基础上选择一些重要的风险项目进行定量分析。针对不同的组织，也可以根据自身特点选择其中一种进行分析。这两种分析方法的比较见表 8-4。

表 8-4　风险分析方法比较

	风险定性分析	风险定量分析
定义	结合风险概率和影响进行风险排序,以便下一步深入分析和采取应对策略的风险评估过程	把风险对总体目标的影响进行量化分析的风险识别过程
作用	在确定的风险基础上进一步分析风险，为制订风险应对计划提供依据； 结合风险概率和影响对风险进行排序，为确定风险的级别提供依据	确定某个项目风险发生的概率； 量化组织的风险暴露,确定组织可能需要的成本和时间的应急储备； 确定最需要关注的风险项目； 识别组织潜在的成本、进度和技术
资料来源	风险管理计划以及相关文件； 相似类型的经验； 已经识别的组织风险因素； 从组织目前状态得到的资料； 数据的精确度； 假设前提	风险管理计划以及相关文件； 相似类型的经验； 已经识别的组织风险因素； 风险重要顺序清单； 专家判断； 模拟分析； 其他资料
分析方法	风险等级评分法； 因果分析法； 专家分析法	决策树法； 蒙特卡罗法； 损失期望值法； 敏感性分析法
分析结果	组织总体风险等级； 风险管理优先顺序； 进一步分析和管理的风险清单	量化的风险管理优先顺序； 风险发生的概率； 完成成本和时间目标的概率分析

四、风险应对

风险应对是对风险提出处置意见和办法的过程,通过对风险的识别和分析,针对风险因素制定规避或降低风险损失的措施。一般从降低风险发生概率、改变风险性质和减小风险带来的影响三个方面着手制定风险应对策略。对于不同的组织和管理者,有不同的风险管理应对措施,管理者可以依据实际情况综合运用。风险应对的方式包括以下几种。

1. 规避风险(Risk Avoidance)

所谓规避风险,就是某个环节的风险概率很高或者对组织的影响非常严重,组织管理者选择放弃这个环节或者通过改变组织的目标或技术方案、进度方案和设计方案等方式从根本上降低风险的一种风险应对措施。规避风险是一种将高风险降低到一个可接受风险程度的风险应对方式,一般在以下三种情况下使用:一是组织客观上对于这个环节的要求不高,必要性和风险性不成比例;二是存在高风险的环节存在于另外的替代环节中;三是风险对于组织来讲难以承受。

规避风险是一种有效降低组织风险的方式,一般可以采用多种手段措施实施。其一,组织可以多收集关于风险的信息资料,制定相关措施和政策来进行有效的控制以规避风险;其二,组织可以通过对风险规划进行合理调整,制订一系列的应急计划来规避风险;其三,通过放弃整个环节来规避风险,这是风险应对措施中较为极端的一种做法,一般只有在风险十分严峻难以掌控或环节的实施会有不可想象的后果时才使用,因为这样做不仅会使组织丧失项目的良好发展机会,还会使组织损失大量的资源和时间,影响组织未来的发展。

组织选取规避风险方式应对风险要结合组织特点和风险性质,因为这种方式在某种程度上还存在局限性。在实际管理中,很多风险是组织必须面对不能规避的,并且这种风险的规避也可能引起其他风险的产生,有可能产生得不偿失的效果,因此只有在组织受这种风险影响难以继续进行的情况下才能考虑用这种方式应对风险的发生。

2. 风险分担(Risk Sharing)

风险分担,就是组织通过合同或者协议等形式对风险进行再分配,在风险发生的时候,将部分风险转移给第三方,从而降低风险的一种风险应对方式。风险分担不是从根本上消除风险,而是将风险与风险承担者之间的关系进行再划分,一般用在风险发生概率小但风险后果严重的项目上。

在风险分担的领域,一般要确定是否要转移风险、将风险转移给谁和转移多少风险这三个问题。一般来讲,风险分担主要有以下两种方式。

第一,保险和担保。保险是风险分担中最常用的方式,就是风险管理者向保险公司缴纳一定金额的保费后,当组织发生风险时,由保险公司负责赔偿,即将风险转嫁给保险公司。担保是指项目管理者找银行或者其他金融机构为项目进行担保,但是业主要缴纳部分担保金,在担保后,一旦项目由于承包商的行为发生了风险,业主就将风险转嫁给银行或者其他金融机构从而避免了自身损失。

第二,合同条款。双方可以在签订的合同中明确规定双方的风险承担义务,一般业主方会选择签订固定价格合同将风险转移给承包方,而承包方为了得到风险补偿一般会要求比较高的承包价格,这样业主也在成本上承担了部分风险。

3. 风险自留(Risk Retention)

所谓风险自留,就是管理者承认风险的存在并且主动承担这些风险。风险自留是与风险转移相对的一种风险应对方式。组织内部将风险留下,并采取内部控制措施来化解风险。这种方式一般不改变风险的性质、发生概率和风险的潜在损失,一般应用在那些发生概率比较低而且对组织的影响比较轻微的风险上,由于这种风险不会造成巨大的损失,所以管理者选择将这种风险自留,但是自留并不代表完全忽视,组织一般还会给这种风险预留部分资源和时间,以预防突发事件的发生。

一般风险自留分为有计划的风险自留和无计划的风险自留。有计划的风险自留是指组织已经识别和分析相应的风险,但组织选择运用组织内部的资源对风险加以控制,这是一种重要的风险管理措施。无计划的风险自留是指组织没有识别出风险的存在或者由于风险难以投保等现象造成组织内部要承担风险,这不是一种风险管理措施,有时可能会对组织造成部分影响。

五、风险监控

风险监控是一个系统的风险追踪过程,是指组织在整个过程中根据风险管理计划、组织实际发生的风险和组织的发展变化所开展的各种监督和控制活动。这是一个贯穿组织全生命周期的持续进行的过程,它一般可以用来跟踪已经识别出来的风险、尽早识别和度量组织的剩余风险、不断发现新风险、修订风险管理计划、评估风险应对措施的应对效果和吸取已经完成部分的风险管理经验。风险监控过程是一个动态发展的过程,它的存在能够帮助组织管理者主动及时地获取关于风险方面的信息,及时做出风险管理的部署和计划,防患于未然。风险监控技术见表 8-5。

表 8-5 风险监控技术

技术名称	内容	用途
挣值(EV)	采用标准成本/进度对实际执行的成本/进度进行比较评估	检查风险应对效果如何
行为标准	对运营过程进行周期性的评估	监控关键过程评估中显现的矫正行为
进度绩效监控	将进度表中数据与实际状况进行对比	评估风险应对行为是否良好
技术绩效测度(TPM)	利用工程分析和检测,评估关键参数	产品设计评估技术

风险监控就是对风险应对措施效果的一种更合理的评估,这个过程是在不断进行的。随着组织的进度不断推进,组织的风险因素也不断变化。风险监控的目的是及时发现新的风险,及时纠正错误的风险应对措施和方法。风险监控过程可以分为风险监控体制的建立、识别和确定要进行监控的主要风险因素、确定风险监控的时间和各方的责任、制定详细的风险监控方案、实施监控方案、跟踪调查和判断方案实施效果等。

思考题

1. 用实例说明在管理中控制的作用与重要性。
2. 为什么在控制过程中"衡量什么"比"如何衡量"更关键?
3. 计划与控制是如何产生联系的?
4. 举例说明前馈控制、现场控制与反馈控制的特点与优缺点。

5. 对控制标准的制定有什么基本要求？
6. 简述有效控制原则。
7. 风险管理包括哪些基本活动？

➢ 自测题及参考答案

➢ 案例分析

第九章　工程经济

作为国家未来发展的建设者,理工科大学生应该成为既掌握工程技术又懂经济的复合型人才。因此,学习工程经济的基本理论与基本方法,可以对工程投资项目进行经济性分析论证,为工程投资项目科学决策奠定基础。

学习纲要

✧ **知识点**:工程经济的基本内涵,资金的时间价值概念与等值换算公式,名义利率与实际利率的含义,工程经济评价指标的含义与计算。

✧ **重点**:资金的时间价值概念与等值换算公式,名义利率与实际利率的含义与应用,工程经济评价指标的计算。

✧ **难点**:工程经济评价指标的应用分析。

名言名句

✧ 管理就是决策。

——西蒙

✧ 凡事都要有统一和决断,因此成功不站在自信的一方,而站在有计划的一方。

——拿破仑

✧ 知彼知己,百战不殆。

——《孙子兵法·谋攻篇》

引例

高峡出平湖,当惊世界殊。我国的三峡工程是迄今为止世界上规模最大的水利枢纽工程和综合效益最高的水电工程。习近平总书记 2018 年考察三峡工程,指出我们要靠自己的努力,大国重器必须掌握在自己手里,要通过自力更生,倒逼自主创新能力的提升。2020 年 11 月 1 日,水利部、国家发展和改革委员会公布,三峡工程完成整体竣工验收全部程序。根据验收结论,三峡工程建设任务全面完成,工程质量满足规程规范和设计要求,总体优良,运行持续保持良好状态,防洪、发电、航运、水资源利用、生态环境保护等综合效益全面发挥。

回首历史,从 1894 年孙中山先生提出“水力以生电”等挽救民族危亡、定国安邦之道,到 1994 年三峡工程正式开工,几代人历经整整一个世纪的艰辛探索和艰苦实践。三峡工程在投资前期经过多次反复论证评价，特别是对这个工程项目进行经济性分析，以确保三峡工程项目在技术先进性的基础上经济性也是合理的、可接受的、可行的。在保护环境和生态的前提下，探索经济效益和环境效益相互提升，经济与生态的平衡，三峡工程才得以从理想变为现实。

（资料来源：中国青年网）

具体的工程项目，不论项目大小，都要通过工程项目技术经济分析，寻求技术与经济的最佳结合点，正确评估工程项目的有效性。比如，某公司的经济效益一直以来有很好的表现。为了使“钱生钱”，决策者一直在努力寻求新的投资项目。近日，公司得知某高校科研人员取得了一项新的科研成果并申请了专利权。而利用这项专利开发的新产品若可以量产，预计将有很好的市场发展前景。因此，公司相关人员在进行了详尽的市场调查研究后，提出开发新产品的生产方案，这个项目需要 2 000 万元，寿命期为 16 年。根据以往的生产销售经验预测的其他数据见表 9-1。

表 9-1　现金流量表

t（年）	0	1	2	3	4~15	16
投资（万元）	1 500	500				
销售收入（万元）			300	500	700	700
经营成本（万元）			100	200	200	200
残　值（万元）						300

问题

1. 在年利率为 8%的前提下，这个项目是否可以投资？
2. 案例中的投资是什么含义？

第一节　工程经济的基本内涵

一、工程经济的概念

1930 年，格兰特（E. L. Grant）出版了《工程经济原理》一书，这标志着工程经济学的诞生。20 世纪 60 年代初期，我国留苏、留美工程经济学家创立了技术经济学科。留苏工程经济学家侧重研究投资项目的技术经济评价和设备管理;留美工程经济学家侧重研究投资项目的财务预测与财务分析。工程经济学在国内也被称为技术经济学,主要研究技术领域经济问题和经济规律,研究技术进步与经济增长之间的相互关系,研究技术领域内资源的最佳配置,寻找技术与经济的最佳结合以实现可持续发展。

工程经济(Engineering Economics)是工程与经济的交叉学科,是研究工程技术实践活动经济效果的学科。工程经济为人们提供了一整套科学评价投资项目的理论和方法。工程经济的实质是寻求工程技术与经济效果的内在联系,提示二者协调发展的内在规律,工程经济学的核心是工程项目的经济性分析,即工程经济分析。

二、工程经济分析的基本原则

工程经济分析,需要对拟建投资项目进行全面的技术经济分析论证,从而为投资决策提供可靠依据,因此需要遵循以下各项原则。

(一)战略性原则

坚持战略性原则,就是对工程投资项目的战略目标首先要有清楚的认识,明确投资项目的使命和目标,进而分析投资项目的内外部环境,使投资项目建设实施过程顺利完成。

(二)客观公正原则

在项目评估过程中要坚持客观公正的原则。客观是指项目评估要尊重客观实际,不能具有主观随意性和自以为是。公正是指项目评估者的立场必须公正,在分析和评价中不能够受权威或利益的干扰,既不屈从权威的任何压力而违心地进行项目评估,也不能出于私心和小团体的利益而放弃项目评估的公正立场。只有坚持客观公正的原则,人们在项目评估中才能为项目决策者提供客观、科学而公正的支持信息和依据。

客观公正原则也意味着在项目评价过程中必须实事求是。在项目评估中要坚持科学态度、采用科学方法和遵循科学规范的程序。现实中,不少人为了争取项目能够获得批准而人为地缩小项目所需投资和风险,同时又夸大项目所能带来的社会和经济效益,等到项目批准后再进一步追加投资。还有些人为了应对国家有关规定程序或迫于某种压力,在项目评估中故意不真实反映情况,做虚假的项目评估,使项目可行性研究成为“可批性研究”等等。这些都违背了客观公正原则。

(三)预测分析与统计分析相结合

工程投资项目要坚持在投资前期进行预测分析,对项目未来前景进行科学的估测和推断,这样才能在投资时期和生产时期达到目标。所以,预测方法在工程经济分析中是很重要的,评价结论的准确性很大程度上依赖预测。分析人员要学习和掌握不同的预测方法以便在实际中应用。同时,工程经济分析离不开统计分析。许多模型的建立和经验数据(系数)的取得都离不开统计、回归分析。掌握适当的统计方法也是十分必要的。

(四)经济性原则

经济性原则要兼顾宏观经济效益和微观经济效益的协调,直接经济效益和间接经济效益的协调,还有短期经济效益和长期经济效益的协调,以及经济效益和环境效益的协调。

工程实践活动的经济效益是指该实践活动的产出与投入的比较,一般有两种表达形式,即

$$经济效益=\frac{产出(有用成果)}{投入(劳动消耗)}$$

或

$$经济效益=产出(有用成果)-投入(劳动消耗)$$

第一个式子表示相对效果,第二个式子表示绝对效果。在上述式子中,比值(差值)越大,则表示经济效益越好。对工程项目进行分析,要以经济效益为核心考察项目是否具有较高的经济效益,并选择效益好的项目先上马。

1. 宏观经济效益与微观经济效益

微观经济效益是指从个体(企业)角度考察的效益。生产项目的直接投入、直接产出是微观经济效益的主要构成。微观效益也是评价和选择项目的重要依据。对项目的微观分析也称为财务分析(财务评价)。宏观经济效益是从整个国民经济角度考察的经济效益。考察工程项目对国民经济的贡献是不能忽视的环节。项目引起社会最终产品的增减,对生态、环境的影响以及对产业、国家安定等方面的贡献都属于宏观经济效益的范畴。宏观经济效益也称为社会经济效益或国民经济效益。微观经济效益是宏观经济效益的基础。没有微观经济效益的提高,宏观经济效益的提高是难以实现的。企业(项目)在追求微观效益的同时绝不能忽视宏观经济效益。人们绝不能以牺牲宏观经济效益为代价而达到发展微观经济效益的目的。现在,生态平衡逐渐被破坏,环境污染越来越严重,人类已经清醒地认识到保护环境的重要性。总之,要正确处理微观经济效益与宏观经济效益的关系,要在合理利用资源、保护环境与生态的前提下,以尽量少的劳动消耗,生产和提供更多、更好、更符合社会需要的产品和服务。

2. 直接经济效益与间接经济效益

直接经济效益是指项目自身直接产生并得到的经济效益,即生产项目系统直接创造的经济效益,如产品销售收入等。间接经济效益是指项目导致的自身之外的经济效益,即生产项目引起的其系统之外的效益。如某企业生产项目的上马引起其他

企业效益的增加,某大型钢铁基地的建成使重型机械厂的闲置生产能力得以启用等。这些效益都是原项目的间接效益。间接效益的分析只在对项目进行国民经济评价时才考虑。又如,某项目对资源的占用与耗费或多或少影响其他项目对资源的利用,进而减少其他项目对国民经济的贡献。这应计入对原项目进行国民经济评价的间接费用中。在对项目进行评价时要兼顾间接经济效益对评价结果的影响。

3. 短期经济效益与长期经济效益

短期经济效益是指短期内可以实现的经济效益;长期经济效益是指较长时间后能够实现的经济效益。任何项目上马不能只顾眼前利益,要以发展的眼光从长远看问题,使项目具有长期的生命力。只图眼前利益,无计划地盲目生产,不注重设备的维护与保养以及设备的更新,不及时进行技术改造,结果必然损害长期经济效益。

(五)系统分析原则

系统分析原则是指在项目评估中要在项目成本效益的基础上进一步全面系统地评估项目的各个方面并综合项目各方面的情况,最终给出一个项目整体评价。将工程经济分析对象视为一个系统,明确系统的功能、目的,剖析系统的要素构成、各自的特征及其相互联系,实现要素的有机结合,达到系统的整体最优化。例如,把企业看成一个系统,把提高经济效益和促进国民经济发展作为系统的整体目标。这个系统中还有许多子系统,如生产系统、财务系统、供销系统等等。企业要想提高经济效益必须首先具备优良的生产、财务、供销子系统,使之有机结合,以达到整体目标。坚持系统分析原则还意味着评估工作者在考虑评估项目时要系统地分析问题,系统地收集信息,系统地确定评估指标体系。

(六)静态评价与动态评价相结合

投资项目评价有静态评价和动态评价两种。静态评价是不考虑资金的时间价值,项目各年的净现金流量可以直接相加减。动态评价考虑资金的时间价值,即今年的钱和明年的钱即使数量相等但是价值也不相等,所以项目各年的净现金流量不能直接相加减,需要考虑时间补偿、通货膨胀补偿和风险补偿,适用于对项目进行详细评价。故动态评价更符合社会再生产的实际情况。为了更科学、更准确地反映项目的经济情况,对工程项目进行评价时应将静态评价和动态评价相结合,并以动态评价为主。

(七)定性分析与定量分析相结合原则

对工程项目的经济性分析,要坚持定量分析的原则,尽可能在科学预测的前提下积累数据,对投资项目进行科学的推测和判断,同时坚持定量分析和定性分析相结合,尽量量化效益与费用,因为只有这样才更有说服力,才能对项目做出准确的评价。另外,所考察的项目与科学技术、经济、社会、生态、文化(价值)相联系,有些内容很难(不能)量化,需要进行定性分析,定量分析作为补充。

（八）资源最优配置原则

资源最优配置原则是经济学中最重要的原则。经济学理论本身就是为了实现人类资源的最优配置。人类的资源是有限的，资源最优配置原则就是要求从事工程经济分析的人员在实际工作中尽可能多地提供备选方案，并对备选方案进行科学合理的评价，在多方案中选择技术上可行、经济上合理的项目上马，将有限的资源配置到最好的项目上。

第二节　工程经济分析基本要素

一、投资

投资（Investment）指国家或企业以及个人，为了特定目的，与对方签订协议，促进社会发展，实现互惠互利，输送资金的过程；又是特定经济主体为了在未来可预见的时期内获得收益或是资金增值，在一定时期内向一定领域投放足够数额的资金或实物的货币等价物的经济行为。一个项目的总投资是指为使项目达到预定设计生产能力而需预先垫付的资金总额，如图 9-1 所示。

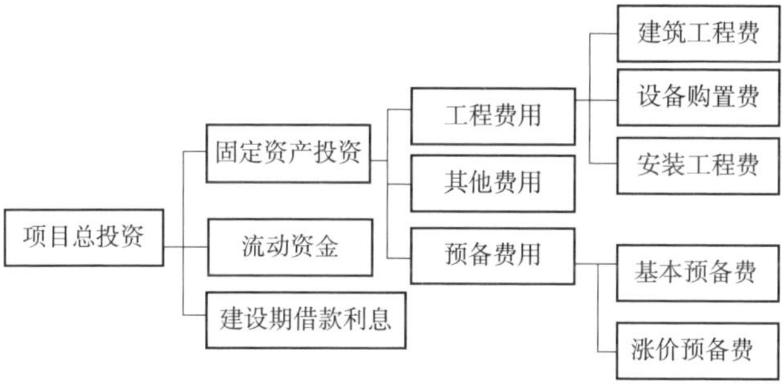

图 9-1　项目投资构成

1. 固定资产投资

固定资产投资包括工程费用（建筑工程费、设备购置费、安装工程费）、其他费用和预备费用（基本预备费、涨价预备费）。

一般地，固定资产投资发生在项目建设期。

2. 流动资金

流动资金是指用于项目生产经营周转的营运费用的投入，它形成了项目的流动资产。流动资产通常是指在一年的营运周期内可变现或耗用的资产，主要包括现金、各种存款，短期投资、应收及应付款项，存货（原材料、备品备件、低值易耗品、在制品、半成品、产成品），燃料、动力、工资支付等。流动资金经过供、产、销三个环节依次转化为储备资金、生产资金、成品资金,周而复始,不断循环。

3. 建设期借款利息(建设期资本化利息)

建设期资本化利息是指在建设期发生的与构建项目所需的固定资产、无形资产等长期资产有关的借款利息。

二、成本

(一)成本的概念

成本是指用货币表示的,为实现某一既定目标必须付出或已经付出的代价。

项目评价中经常使用总成本的概念。总成本是指项目在一定时期内(通常指一年)发生的全部总成本费用。总成本费用由以下六项构成。

①直接材料费:包括原材料、辅助材料、备品备件、外购半成品、燃料、动力、包装物等的费用。

②直接工资:直接从事产品生产人员的工资、奖金、津贴和各类补贴、福利费等。

③制造费用:发生在生产车间的间接费用,如生产车间管理人员的工资、奖金、津贴、福利费;设备折旧费、维修费;低值易耗品的费用;取暖费、保险费、劳动保护费等。

④管理费用:企业行政管理部门管理和组织经营活动而发生的各项费用,包括企业管理人员的工资、福利及补贴,折旧费,摊销费,办公费,差旅费,技术转让费,土地使用税,车船使用税,房产税,印花税等。

⑤财务费用:企业为筹集资金而发生的各项费用,包括利息支出、手续费等。

⑥销售费用:企业为销售产品而发生的各项费用,包括运输费、折旧费、销售人员的工资及福利和广告费。

制造成本=直接材料费+直接工资+制造费用

总成本费用=制造成本+销售费用+管理费用+财务费用

(二)经营成本

经营成本是指项目经营期发生的,为满足项目正常生产经营而支付的成本。它是项目生产经营阶段最主要的现金流出项目。

经营成本=总成本费用-折旧费-维简费-摊销费-利息支出

(三)固定成本

固定成本是指在一定生产规模限度内不随产品产量增减而变化的费用,如固定资产折旧费、修理费、管理人员工资及福利费、办公费、差旅费等。

(四)变动成本

变动成本是指随产量增减而变化的费用,如直接材料费等。

(五)机会成本

机会成本是将一种具有多种用途的有限资源置于特定用途时所放弃的最大收

益。当一种有限资源具有多种用途时，可能有许多获取相应收益的机会。如果将其置于某种特定用途，必然放弃其他投入机会，从而放弃了相应的收益。所放弃的最大收益称为这种资源利用的机会成本。

（六）沉没成本

沉没成本指在制定决策前已发生的费用或成本。换句话说，这些费用或成本皆与决策方案无关，不予考虑。因为管理决策的制定是针对未来的，而非针对过去。例如，考虑某台旧设备是否需要更新这一问题时，该设备几年前的购置费用为一项沉没成本。

三、利税

（一）销售收入

销售收入是工程经济分析中现金流入的重要成分。销售收入是企业向社会出售商品或提供劳务的货币收入。企业的销售收入包括产品销售收入和其他销售收入。产品销售收入包括销售产成品、自制半成品、工业性劳务取得的收入；其他销售收入包括材料销售、技术转让、包装物出租、外购商品销售、承担运输等非工业性劳务取得的收入。

销售收入=商品销售量 × 单价

（二）利润

利润分为税前利润和税后利润。税前利润是销售收入与成本费用相抵后的余额，因而包括在销售收入中，从税前利润中减去企业所得税即为税后利润。从现金流量的角度对利润进行考察，一是可以计算所得税，二是可以提供投资回收的来源。项目税后利润有如下两种计算方法：

税后利润=销售收入-总成本-销售税金及附加-企业所得税

税后利润=销售收入-经营成本-折旧费-摊销-利息-销售税金及附加-企业所得税

（三）税金

税金是国家依据法律对有纳税义务的单位和个人征收的财政资金，是纳税人为国家提供积累的重要方式。销售收入中包含税金。有的税金计入投资（如投资方向调节税），有的税金计入成本，有的税金从收入中扣除，而有的税金从利润中扣除。在项目的财务评价中，税金是影响现金流量的重要因素。

1. 增值税

增值税（Value-added Tax）是以商品或劳务增值额为征收对象而征收的一种流转税。增值税的计算公式：

增值税 = 增值额 × 比例税率 = 销项税额 - 进项税额

2. 销售税金及附加

(1)城市维护建设税

城市维护建设税(简称“城建税”)主要用于城市的公用事业和公共设施的维护建设,具有地方税的特点。城建税的纳税义务人是指负有缴纳增值税、消费税义务的单位和个人,只要缴纳了增值税、消费税,就必须依法缴纳城建税。但是,对外商投资企业和国外企业不征收城建税。

城建税 =(纳税人实际缴纳的增值税、消费税)× 适用税率

(2)教育费附加

教育费附加是国家为了发展我国的教育事业,提高人民的文化素质而征收的一项费用。教育费附加的缴纳人与城建税的纳税人要求相同,即指负有缴纳增值税、消费税义务的单位和个人。同样,对外商投资企业和外国企业不征收教育费附加。目前教育费附加率为 3%。教育费附加的计征依据与城建税相同。

教育费附加 =(纳税人实际缴纳的增值税、消费税)× 附加率

(3)消费税(Consumption Tax)

消费税是指以消费品的流转额为课税对象的一种流转税。消费税是我国 1994 年新税制改革中新设置的一个税种。在对货物普遍征收增值税的基础上,选择少数消费品再征收消费税,其目的主要是调节产品结构,引导消费方向,保证国家财政收入。消费税的纳税人是指在我国境内从事生产、委托加工和进口应税消费品的单位和个人。

(4)资源税(Natural Resource Tax)

资源税是为了体现国家的权益,促进合理开发利用资源,调节资源级差收入,对开采资源产品征收的一种税。资源税的开征,有利于促进国有自然资源的合理开采,有利于调节级差收入,促进企业的公平竞争。

资源税的纳税人是指在我国境内开采应纳税资源的矿产品或者生产盐的单位和个人。单位包括内资企业和外商投资企业。资源税以自然资源为课税对象,但并非所有的自然资源都是资源税的征收对象。现行资源税仅对矿产品和盐进行征税。其中,矿产品包括原油、天然气、煤炭、其他非金属矿产品和金属矿产品等。

资源税 = 课税数量 × 单位税额

3. 所得税

所得税是国家以法人、自然人和其他经济组织在一定时期内的纯所得(净收入)为课税对象征收的一种税。所得税分企业所得税和个人所得税两种。企业所得税一般按 25%的税率征收,个人所得税分七级税率征收。

第三节　现金流量和现金流量图表

一、项目计算期与现金流量

一般，工程项目从投资期开始到回收处理结束的整个过程称为项目寿命期或计算期。工程项目发展周期一般经历投资前期、投资期、投产期、达产期、稳产期、减产期、回收处理期等阶段(图 9-2)。

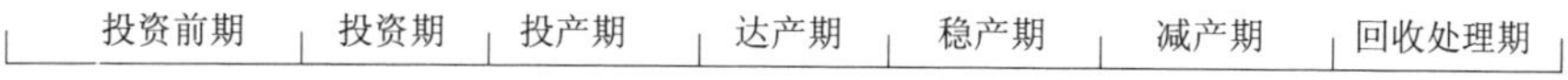

图 9-2　工程项目发展周期

项目寿命期内各个时间点处流入或流出项目的货币称为现金流量(CF，Cash Flow)。用于表示现金流量的图形称为现金流量图(CFD，Cash Flow Diagram)。

二、现金流量图绘制规则

1. 现金流量

现金流量包括现金流入、现金流出和净现金流量。具体规则：绘制一个水平轴，轴上的时间点为 t($t=0,1,2,\cdots,n$)。时间单位 $[t-1,t]$ $(t=1,2,\cdots,n)$ 表示一期(可以是年、半年、季度等)。将一期表示的时间注在图右端的括号内，且该时间一般要与计息期相对应。时点 t 为第 t 期的期末，同时也是下一期的期初(图 9-3)。

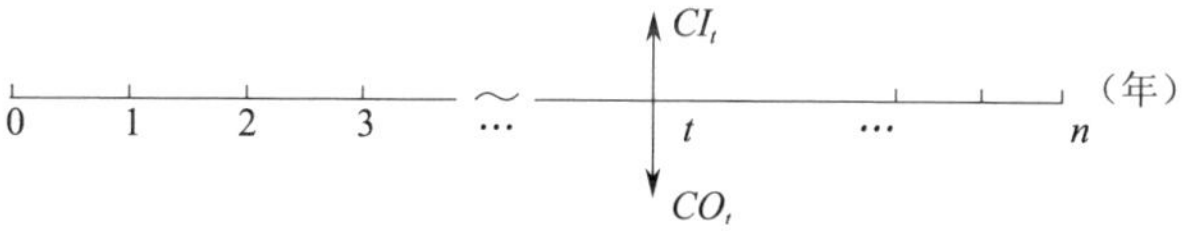

图 9-3　现金流量图

时间点 t 处的现金流入记为 CI_t，用"↑"表示；时间点 t 处的现金流出记为 CO_t，用"↓"表示；$CI_t-CO_t=NCF_t$，称为 t 点处的净现金流量。

说明：当实际问题中现金流量发生的时间点没交代清楚(没有指明期末、期初)时，按照下面的规则处理：投资画在期初，经营费用和销售收入画在期末。

2. 绘制现金流量图

绘制现金流量图，要注意分析主体的视角，即绘制谁的现金流量图。

例如，张先生向银行借款 5 万元(可视为投资)，年利率为 4%，按复利计息，5 年后归还本利和 6.083 3 万元，从借款人角度画出的现金流量图如图 9-4 所示，即先有流入后有流出;从贷款人(银行)角度画出的现金流量图如图 9-5 所示,即先有流出后有流入。

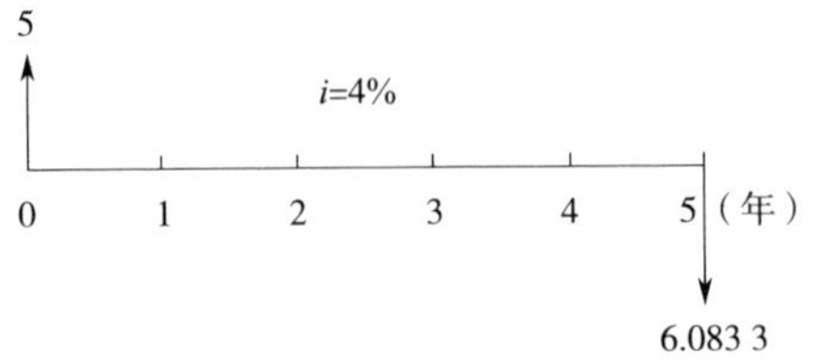

图 9-4　借款人角度的现金流量图

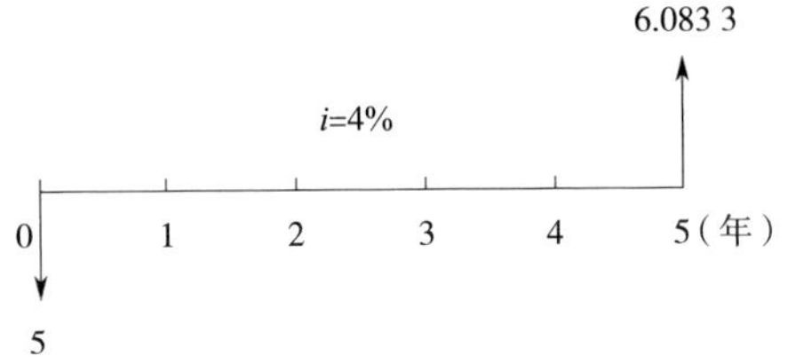

图 9-5　贷款人角度的现金流量图

例如,某项目第一、二年分别投资 1 000 万元、500 万元,从第三年开始各年的收益均为 350 万元,经营费用均为 100 万元,寿命期 10 年,期末残值 100 万元。试画现金流量图。画出的现金流量图如图 9-6 所示。

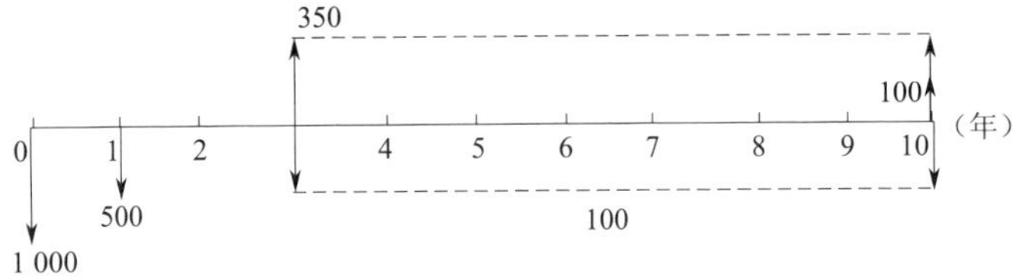

图 9-6　项目现金流量图

三、现金流量表

现金流量表与现金流量图一样,是记录项目财务状况的一种工具。在书本或课堂上经常使用现金流量图,这样便于理解资金的时间价值。在对项目的实际评价中,由于现金流入与流出较多,通常采用现金流量表的形式。现金流量表的形式见表 9-2。

表 9-2　现金流量表

时点 t(年末)	0	1	2	3	…	$n-1$	n
现金流入 CI_t							
现金流出 CO_t							
净现金流量 NCF_t							

例如,某项目的现金流量表如表 9-3 所示。计算该项目的净现金流量和投资回收期。

表 9-3　现金流量表　　(单位:万元)

t(年末)	0	1	2	3	4	5	6
投资	1 000	500					
销售收入			300	600	800	800	800
经营成本			100	100	100	100	100
净现金流量 NCF_t	-1 000	-500	200	500	700	700	700

第四节　资金的时间价值理论

一、资金的时间价值

资金的时间价值亦称货币的时间价值,指资金随时间的延续而发生的价值变化。

大多数人对资金时间价值的含义并不陌生,如今年的 10 000 元钱与明年、后年的 10 000 元并不是等同的,钱会贬值。这只是资金时间价值的一个侧面,是资金时间价值消极的一面,即资金承受着通货膨胀的压力。

另外,资金拥有者更关心资金运动过程中的增值能力。如果把钱存入银行,将产生利息;如果把钱投入生产,会产生利润。这是资金增值的两种基本途径,也是资金时间价值积极的一面,简单地说就是钱能生钱。

二、计息方法

资金的时间价值在工程经济分析中有着重要地位。前面已经谈到,不同时间点上的资金具有不同的时间价值,那么,现金流量图上 s 点处的资金相当于 t 点处的多少呢(图 9-7)?

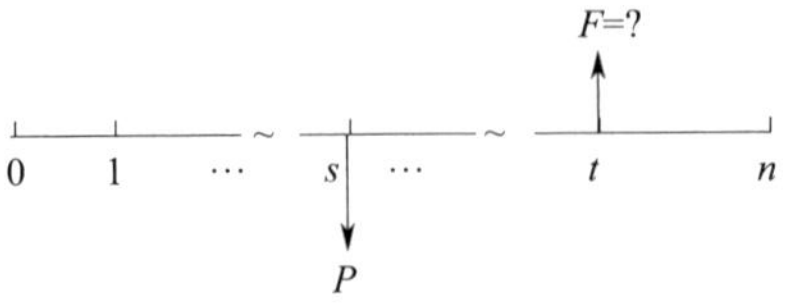

图 9-7　等值资金示意图

回答此问题并不是一件容易的事情。因为影响资金时间价值的因素很多,比如时间因素,即 s 与 t 间隔的期数,P 值的大小也影响 F 值的大小。更重要的因素是计算资金时间价值时所采用的比率 i(利率)。这里我们将此比率称为资金的时间价值尺度。现实生活中,此比率可近似看成通货膨胀率,但通货膨胀率往往各年都不同。在下面的等值换算中,我们站在银行存取款的角度采用复利利率进行公式的推导。

(一)利息与利率

利息是占用资金所付出的代价或放弃使用资金所得到的补偿,可表示如下:

利息=本金 × 利率 × 存期

利率是一个计息期中单位资金所产生的利息,用式(9-1)表示为

$$利率=\frac{单位时间的利息}{本金}\times 100\% \tag{9-1}$$

式(9-1)中分子的单位时间称为计息期,计息期可以是年、季度、月等,依具体问题而定。

(二)单利计息法和复利计息法

计算利息的方法有单利计息法和复利计息法两种。

1. 单利计息法

只有本金在各个计息期中产生利息,而上一期利息在下一计息期中并不产生利息的计息法称为单利计息法。各种债券基本上采用单利计息法计息,如图 9-8 所示。

单利计算公式:

$$F=P+nPi=P(1+ni)$$

式中:P——木金;

i——计息期利率;

n——计息期数;

F——本金与利息之和,简称“本利和”。

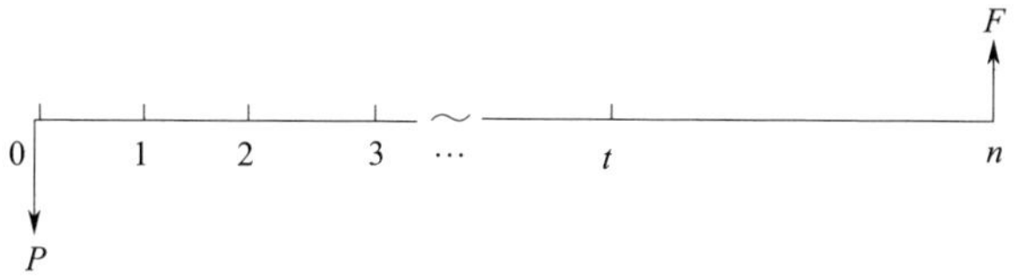

图 9-8 单利计息示意图

2. 复利计息法

不仅本金在各个计息期中产生利息，而且上一期利息在下一计息期中仍产生利息的计息法称为复利计息法(图 9-9)。

复利计算公式：

$$F = P(1+i)^n$$

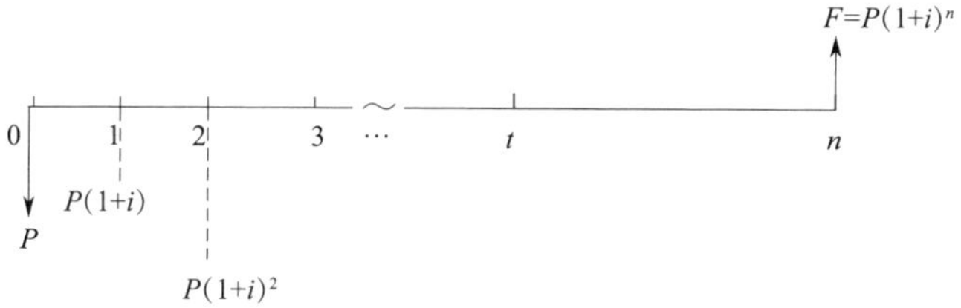

图 9-9 复利计息示意图

从图 9-9 可以粗略地看出资金的增值过程。复利本利和公式推导见表 9-4。

表 9-4 复利本利和公式推导

计息期数	利息	本利和
1	Pi	$P + Pi = P(1+i)$
2	$P(1+i)i$	$P(1+i) + P(1+i)i = P(1+i)^2$
⋮	⋮	⋮
n	$P(1+i)^{n-1}i$	$P(1+i)^{n-1} + P(1+i)^{n-1}i = P(1+i)^n$

3. 复利的意义

在人生有限的时间，把有限的精力和财富反复地投入某一领域，长期坚持，最终财富的雪球越滚越大，实现财务自由，这是经济学中典型的复利思维。除了财富复利思维，还有知识复利、健康复利等，持续的利滚利会带来辉煌的成就。

社会再生产分为简单再生产和扩大再生产，简单再生产是在原有的基础之上进行生产，符合单利情形；扩大再生产是将前期创造的财富的一部分投入再生产过程，是复利情形。简单再生产是恢复生产力的过程,扩大再生产是扩大生产力的过程。扩大再生产符合社会再生产的实际情况,所以工程项目经济性分析,需要采用复利思维。没有特别说明的话,工程投资项目评价都需要采用复利计息法,并且所采用的利率 i 都是复利率。

三、资金的等值换算

(一)资金等值

在特定利率 i 下,不同时点上绝对数额不等的资金,按照资金的时间价值尺度计算出的价值保持相等,也就是说,不同时点上的资金之间存在着一定的等价关系,这种等价关系称为资金等值,这些经济价值相等的若干资金称为等值资金。通过资金等值计算,可以将不同时点上发生的资金量换算成某一相同时点发生的资金量,然后进行加减运算。影响资金等值的因素有三个:资金额、计息期数、利率。

(二)等值变换公式

基本符号说明:i——利率;n——计息期数;P——现值;F——本利和或称终值;A——年度等值,简称年值。

公式说明:

①计息期数为时点或时标,本期期末即为下期期初,0 点就是第 1 期期初,1 点是第 1 期期末,也为第 2 期期初,依此类推;

②P 在第 1 期期初(0 点)发生;

③F 发生在考察期期末,即第 n 期期末;

④各期的等额支付年金 A 发生在各期期末。

1. 一次支付终值公式

一次支付终值公式(已知 P,求 F)如图 9-10 所示。

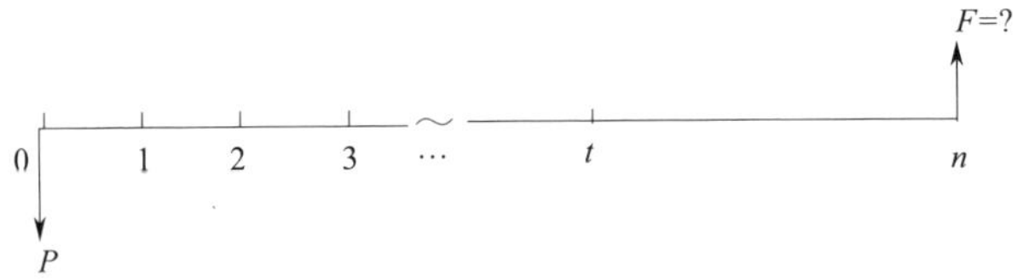

图 9-10 一次支付终值公式示意图

设某人到银行存款,数额为 P,n 期后他能取出的钱数 F 应为多少?

图 9-10 也可理解为 0 点处的一笔资金 P,在 n 点处的等值资金为 $P(1+i)^n$。

由复利计息方法中的讨论得知:

$$F = P(1+i)^n = P(F/P,i,n) \tag{9-2}$$

其中：$(1+i)^n=(F/P,i,n)$ 称为一次支付终值系数，简称“终值系数”。

如 $(F/P,5\%,6)$ 表示已知现值 P，在利率为 5%、计息期为 6 期的情况下求终值 F。

【例 9-1】5 年前存入银行一笔 20 000 元的现金，年利率为 10%，问现在的本利和为多少？

解：根据式（9-2）得

$$
\begin{aligned}
F &= P(F/P,i,n)=P(1+i)^n \\
&= 20\,000(F/P,10\%,5) \\
&= 20\,000\times(1+10\%)^5 \\
&= 20\,000\times 1.610\,5 \\
&= 32\,210(\text{元})
\end{aligned}
$$

2. 一次支付现值公式

一次支付现值公式（已知 F，求 P）如图 9-11 所示。

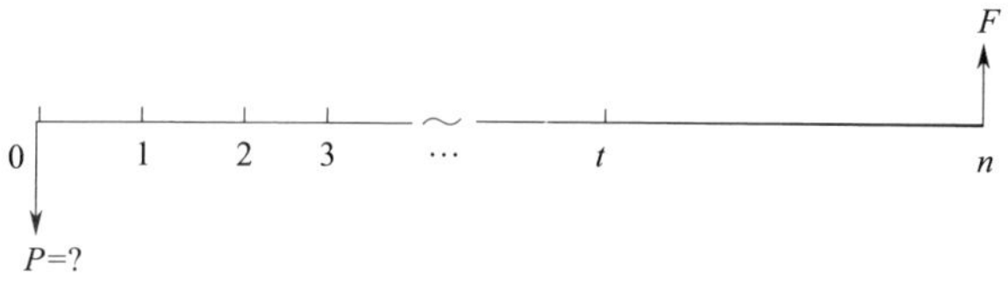

图 9-11 一次支付现值公式示意图

图 9-11 中的 P 值可理解为 n 点处的一笔资金 F，折合到 0 点（利率为 i）的数值为 $F(1+i)^{-n}$。故 P 也可称为折现值或贴现值，而将 i 称为折现率。

$$P=F(1+i)^{-n}=F(P/F,i,n) \tag{9-3}$$

其中：$(1+i)^{-n}=(P/F,i,n)$ 称为一次支付现值系数，简称“现值系数”。

如 $(P/F,5\%,5)$ 表示已知终值 F，在利率为 5%、计息期为 5 期的情况下求现值 P。

【例 9-2】5 年前投入一笔资金，年利率为 10%，现在得到的本利和为 32 210 元。问 5 年前投入的资金为多少？

解：根据式（9-3）得到

$$
\begin{aligned}
P &= F(P/F,i,n)=F(1+i)^{-n} \\
&= 32\,210(P/F,10\%,5)=32\,210\times(1+10\%)^{-5} \\
&= 32\,210\times 0.620\,9=20\,000(\text{元})
\end{aligned}
$$

3. 等额支付系列年金终值公式

等额支付系列年金终值公式(已知 A,求 F)如图 9-12 所示。

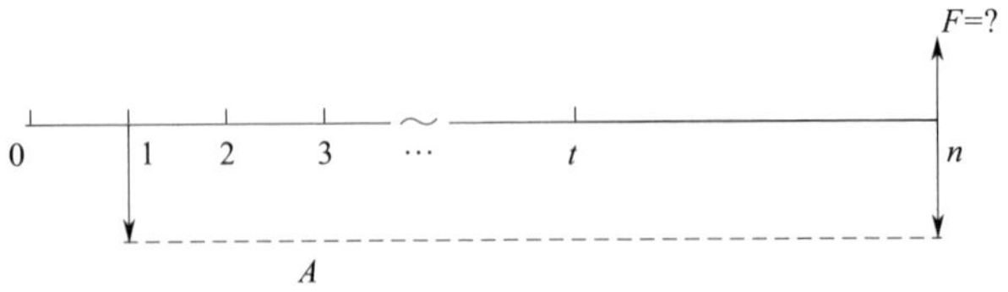

图 9-12 等额支付系列年金终值公式示意图

某人连续每期期末向银行存款,数额为 A,连续存 n 期,那么 n 期后他能从银行中取出多少款项?现金流量图如图 9-12 所示。

每期期末金额相等的资金称为年金,如果利率为 i,则 n 期期末的终值 F 与年金 A 之间的变换关系为

$$F = A\frac{(1+i)^n - 1}{i} = A(F/A,i,n) \tag{9-4}$$

注意:当问题包括 A 和 F 时,系列中的最后一个 A 和 F 是同时发生的。公式推导如下:

$$F = A(1+i)^{n-1} + A(1+i)^{n-2} + \cdots + A(1+i) + A \tag{9-5}$$

式(9-5)两边同乘 $(1+i)$ 得

$$F(1+i) = A(1+i)^n + A(1+i)^{n-1} + \cdots + A(1+i)^2 + A(1+i) \tag{9-6}$$

式(9-6)减去式(9-5)得

$$Fi = A(1+i)^n - A$$

$$F = A\frac{(1+i)^n - 1}{i} = A(F/A,i,n)$$

其中:$\frac{(1+i)^n - 1}{i} = (F/A,i,n)$ 称为等额支付系列年金终值系数。

【例 9-3】某企业每年年末从利润中提取 30 万元存入银行,连续存 6 年,到第 6 年年末一次性取出这笔资金。问 6 年后能取出的资金总额为多少?(按年利率为 10%)

解:现金流量图参见图 9-13。

根据式(9-4)得

$$F = A(F/A,i,n) = 30(F/A,10\%,6)$$

$$= 30\times\frac{(1+10\%)^6 - 1}{10\%} = 30\times 7.715\ \ 6 = 231.47(\text{万元})$$

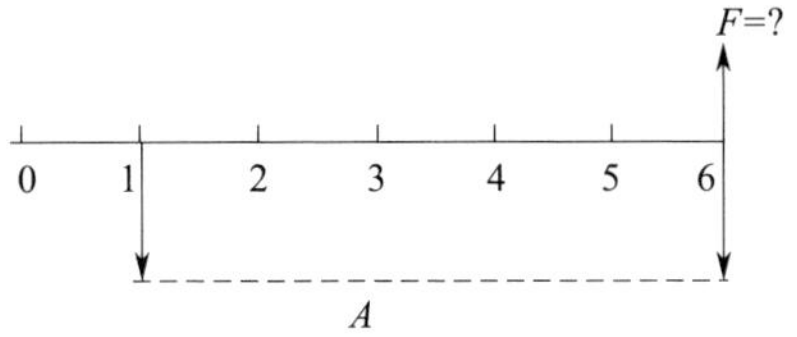

图 9-13 现金流量图

故 6 年后取出的资金总额为 231.47 万元。

4. 等额分付系列偿债基金公式

等额分付系列偿债基金公式（已知 F，求 A）如图 9-14 所示。

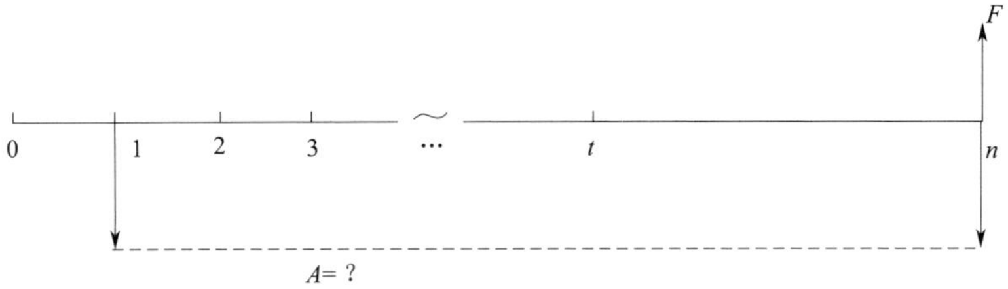

图 9-14 等额分付系列偿债基金公式示意图

某企业 n 期期末需要一笔资金 F，从现在开始每期期末向银行存入相同数值的资金 A，每年应存入多少？

将终值 F 变换为 n 期内等年值 A 的公式为

$$A = F\frac{i}{(1+i)^n - 1} = F(A/F,i,n) \tag{9-7}$$

其中：$\frac{i}{(1+i)^n - 1} = (A/F,i,n)$ 称为偿债基金系数。

【例 9-4】为了在第 6 年年末一次性取出一笔 231.47 万元的资金，需要连续 6 年每年投入一定量的等额资金，假定年利率为 10%，问连续 6 年每年投入的等额资金为多少？

解：根据式（9-7）得

$$\begin{aligned} A &= F(A/F,i,n) = 231.47(A/F,10\%,6) \\ &= 231.47\times\frac{10\%}{(1+10\%)^6 - 1} = 231.47\times 0.129\,6 \\ &= 30(\text{万元}) \end{aligned}$$

5. 等额分付系列年金现值公式

等额分付系列年金现值公式（已知 A，求 P）如图 9-15 所示。

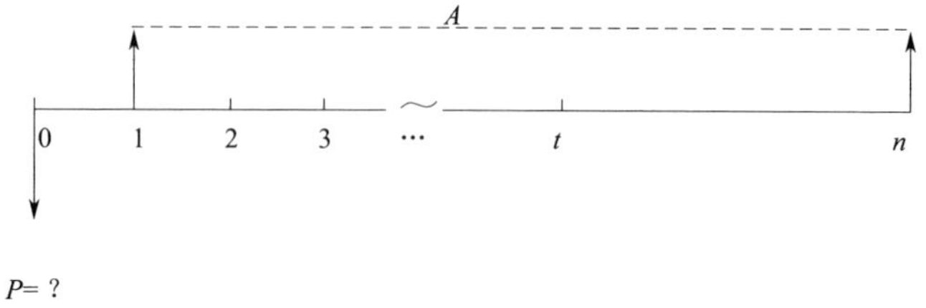

图 9-15 等额分付系列年金现值公式示意图

当已知 A 求 P 时,

$$P=A\frac{(1+i)^n-1}{i(1+i)^n}=A(P/A,i,n) \tag{9-8}$$

其中:$\frac{(1+i)^n-1}{i(1+i)^n}=(P/A,i,n)$ 称为等额分付系列年金现值系数。

【例 9-5】某人连续 6 年从银行等额取款 300 元,且将银行账户中的存款全部取光。若年利率为 3%,问 6 年前此人银行账户有多少存款?

解:根据式(9-8),6 年前此人银行账户的存款为

$$P=A\frac{(1+i)^n-1}{i(1+i)^n}=300\times\frac{(1+3\%)^6-1}{0.03(1+3\%)^6}$$

$$=300\times5.417\,2=1\,625.16(\text{元})$$

6. 等额分付系列资本回收公式

等额分付系列资本回收公式(已知 P,求 A)如图 9-16 所示。

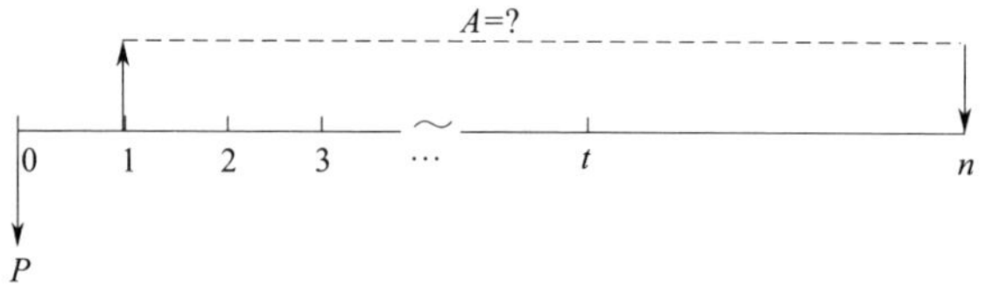

图 9-16 等额分付系列资本回收公式示意图

当已知 P 求 A 时,

$$A=P\frac{i(1+i)^n}{(1+i)^n-1}=P(A/P,i,n) \tag{9-9}$$

其中:$\frac{i(1+i)^n}{(1+i)^n-1}=(A/P,i,n)$ 称为资本回收系数。

【例 9-6】现在投入一笔资金 16.25 万元,假定年利率为 3%,需要从现在起连续 6 年,每年年末回收一个等额资金用于日常支出。问这个等额资金为多少?

解:根据式(9-9)得

$$A=P(A/P,i,n)=16.25(A/P,3\%,6)$$

$$=16.25\times\frac{3\%(1+3\%)^6}{(1+3\%)^6-1}=16.25\times0.184\,6=3(万元)$$

(三)资金等值换算总结

1. 等值换算六个公式

等值换算的六个公式是工程经济分析中最常用的公式。这些公式可概括为表 9-5。

表 9-5　等值换算的六个基本公式

名称	公式	系数
一次支付终值公式	$F=P(F/P,i,n)=P(1+i)^n$	$(F/P,i,n)=(1+i)^n$
一次支付现值公式	$P=F(P/F,i,n)=F(1+i)^{-n}$	$(P/F,i,n)=(1+i)^{-n}$
等额分付系列年金终值公式	$F=A(F/A,i,n)=A\frac{(1+i)^n-1}{i}$	$(F/A,i,n)=\frac{(1+i)^n-1}{i}$
等额分付系列年金现值公式	$P=A(P/A,i,n)=A\frac{(1+i)^n-1}{i(1+i)^n}$	$(P/A,i,n)=\frac{(1+i)^n-1}{i(1+i)^n}$
等额分付系列偿债基金公式	$A=F(A/F,i,n)=F\frac{i}{(1+i)^n-1}$	$(A/F,i,n)=\frac{i}{(1+i)^n-1}$
等额分付系列资本回收公式	$A=P(A/P,i,n)=P\frac{i(1+i)^n}{(1+i)^n-1}$	$(A/P,i,n)=\frac{i(1+i)^n}{(1+i)^n-1}$

2. 等值换算应用举例

【例 9-7】某项目第一、二年分别投资 800 万元和 600 万元;第二、三年收益均为 200 万元,经营费用均为 100 万元。其余投资期望以后 5 年内回收,问每年需等额回收多少钱?($i=8\%$)

解:现金流量图如图 9-17 所示。到第三年末还未回收的投资为

$$800(1+8\%)^3+600(1+8\%)^2-100(1+8\%)-100=1\,499.61(万元)$$

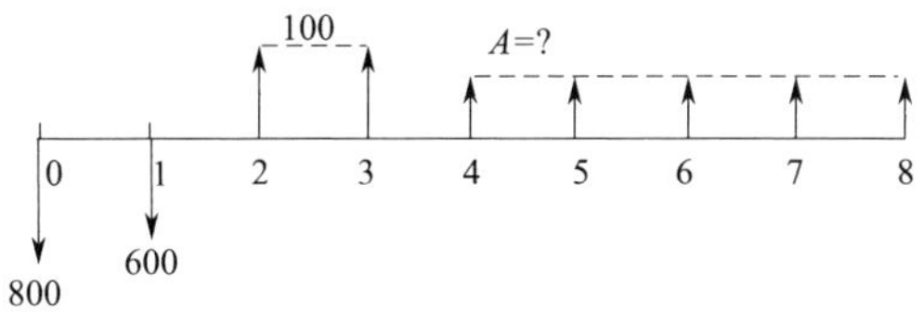

图 9-17　现金流量图

以后 5 年每年需等额回收:

$$A = 1\,499.61(A/P,8\%,5)$$
$$= 1\,499.61 \times \frac{8\%(1+8\%)^5}{(1+8\%)^5 - 1}$$
$$= 1\,499.61 \times 0.250\,5$$
$$= 375.65(\text{万元})$$

【例 9-8】某人每年年末等额存入 15 000 元,连续存 10 年,准备在第 6 年、第 10 年、第 15 年末支取三次用于旅行开支,三次支取金额相等。若年利率为 12%,求支取金额。

解:设支取金额为 x,现金流量图如图 9-18 所示。

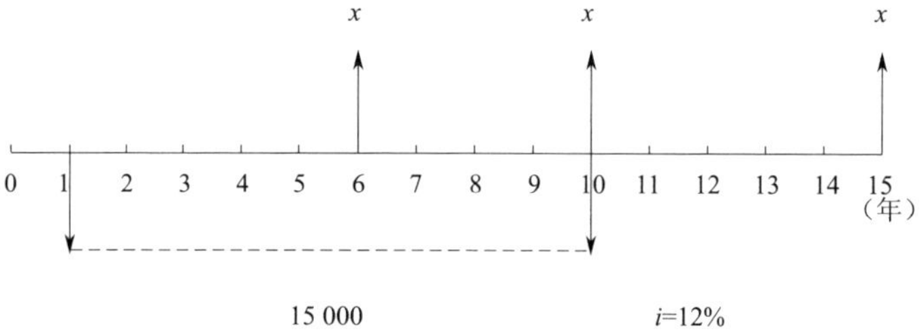

图 9-18 现金流量图

考虑在时点 10(即第 10 年末),总现金流入等于总现金流出,则有

$$15\,000(F/A,12\%,10) = x + x(F/P,12\%,4) + x(P/F,12\%,5)$$

解得

$$x = 83\,806.28(\text{元})$$

故连续三次每次能够支取的金额是 83 806.28 元。

【例 9-9】某项目资金流动情况如图 9-19 所示(单位:万元)。求终值、现值及第 4 期期末的等值资金(i=10%)。

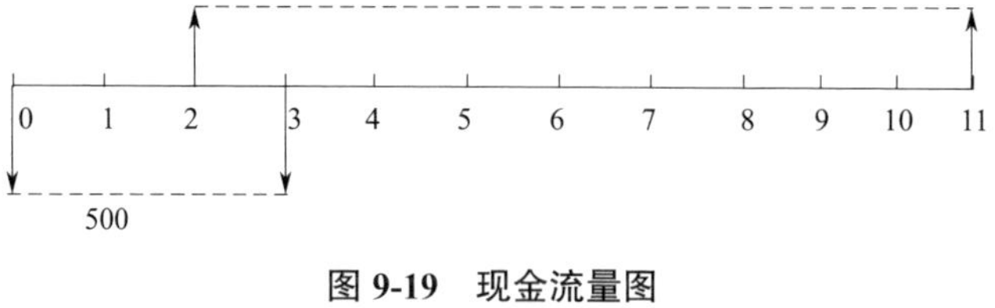

图 9-19 现金流量图

解:终值 = −500(F/A,10%,4)(F/P,10%,8)+200(F/A,10%,10)

$$= -500\ \frac{(1+10\%)^4-1}{10\%}(1+10\%)^8+200\times\frac{(1+10\%)^{10}-1}{10\%}$$

$$= -500\times 4.641\times 2.143\ 5+200\times 15.937$$

$$= -1\ 786.59(\text{万元})$$

现值 = −500−500(P/A,10%,3)+200(P/A,10%,10)(P/F,10%,1)

$$= -500-500\times\frac{(1+10\%)^3-1}{10\%(1+10\%)^3}+200\times\frac{(1+10\%)^{10}-1}{10\%(1+10\%)^{10}}(1+10\%)^{-1}$$

$$= -500-500\times 2.487+200\times 6.145\times 0.909\ 1=-626.34(\text{万元})$$

第 4 期期末的等值资金=−626.34(F/P,10%,4)=−917.02(万元)

【例 9-10】在资金紧缺的情况下,年轻人贷款买房成为常态,这也发挥了资金的杠杆作用。现在某人为买房借款 400 万元,年利率为 6%,为计算简便,假定分 5 年采用等额本息方法偿还。问每年偿还的本金和利息分别是多少?

解: 按照式(9-9),每年等额还款数额为

$$A=400\left(A/P,6\%,5\right)=400\times\frac{6\%(1+6\%)^5}{(1+6\%)^5-1}=400\times 0.2374=94.96(\text{万元})$$

即连续 5 年每年偿还的本利和为 94.96 万元。

其中各年偿还的本金和利息数额见表 9-6。第一年利息 $=400\times 6\%=24$万元,本金 =94.96−24=70.96 万元;第二年利息 $=\left(400-70.96\right)\times 6\%=19.74$万元,……,依此类推。

表 9-6　每年偿还的利息和本金

年份	利息(万元)	本金(万元)
第 1 年	24	70.96
第 2 年	19.74	75.22
第 3 年	15.23	79.73
第 4 年	10.45	84.51
第 5 年	5.38	89.58

可以看到,随着还款年限的增长,每年等额本息还款中的利息逐渐减少,本金逐渐增多,也就是说开始还款时更多的是利息部分。

四、名义利率与实际利率

在资金等值换算中,现金流量图的单位要求对应计息期。只有这样,相应的等值

换算公式才能套用。但在实际应用中，有时现金流量图的单位不对应计息期。所以，有必要引入名义利率与实际利率的概念。一般地，利率分为名义利率和实际利率（或称有效利率）。

①名义利率：计息周期利率与付息周期内计息周期数的乘积，名义利率通常为年利率，用 r 表示。

②实际利率：将付息周期内的利息再生因素考虑在内计算出的利率，用 $i_{实际}$ 表示。

③名义利率与实际利率的关系：设 i 为计息期利率，考虑这样一段时间，在这段时间上共记了 m 次利息（图 9-20），则最初一笔存款 P 在 m 期末的本利和为 $F=P\left(1+i\right)^m$，那么这段时间的总利息为 $P\left(1+i\right)^m-P$。

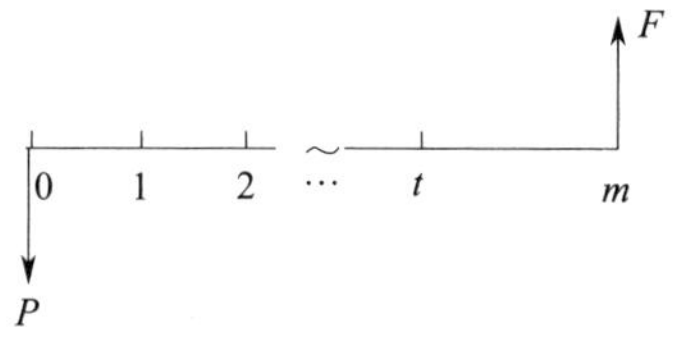

图 9-20　现金流量图

按利率的定义（见式（9-1）），定义这段时间的实际利率如下：

$$i_{实际}=\frac{利息}{本金}=\frac{P(1+i)^m-P}{P}=(1+i)^m-1=\left(1+\frac{r}{m}\right)^m-1 \qquad (9\text{-}10)$$

同时定义这段时间的名义利率为

$$r=mi$$

则

$$i=\frac{r}{m}$$

【**例 9-11**】年利率为 12%，按季计息。年初 600 元的存款，年末本利和为多少？

解：年利率 12%指的是年名义利率。

解法 1：计息周期是季度，一年计息 4 次，计息期利率

$$i=\frac{12\%}{4}=3\%$$

现金流量图参见图 9-21，则

$$F=600\left(F/P,3\%,4\right)=600\times(1+3\%)^4\approx 675(元)$$

解法 2：计算年实际利率，此问题可等价计算（参见式（9-10）和图 9-22）：

$$i_{实际}=(1+i)^4-1=\left(1+3\%\right)^4-1=12.55\%$$

F=600(F/P, $i_{实际}$, 1)=600(1+12.55%)≈675(元)

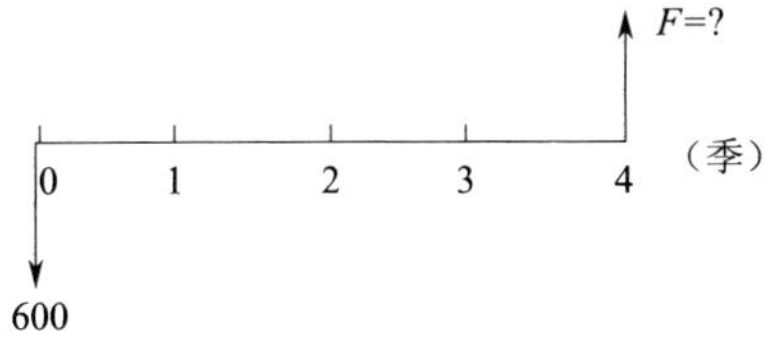

图 9-21　现金流量图

图 9-22　现金流量图

【例 9-12】年利率为 12%，按季计息，连续 3 年年末等额存款 2 000 元，求终值 F。

解法 1：现金流量图如图 9-23 所示，计息期利率：

$$i=\frac{r}{m}=\frac{12\%}{4}=3\%$$

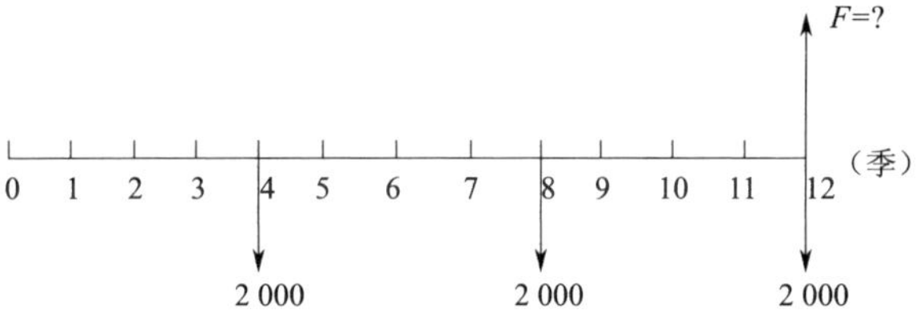

图 9-23　现金流量图

$$F=\sum_{k=1}^{3}2\,000(F/P,3\%,12-4k)$$

$$=2\,000(1+3\%)^8+2\,000(1+3\%)^4+2\,000=6\,784.55(元)$$

解法 2：将每年年末的 2 000 元向前分摊到该年的每个季度末，每季度末分得

$$A=2\,000(A/F,3\%,4)=2\,000\times\frac{3\%}{(1+3\%)^4-1}=478.05(元)$$

$$F=A(F/A,3\%,12)=478.05\times\frac{(1+3\%)^{12}-1}{3\%}$$

$$=478.05\times14.192=6\,784.50(元)$$

解法 3：

$$i_{年实}=\left(1+\frac{12\%}{4}\right)^4-1=12.55\%$$

$$F=2\,000(F/A,\ i_{年实},3)=2\,000\times\frac{(1+12.55\%)^3-1}{12.55\%}=6\,784.50(元)$$

【例 9-13】年利率 $r=12\%$,按季计息。求下列连续 5 年(20 个季度)等额支付的终值。

解:现金流量图如图 9-24 所示。

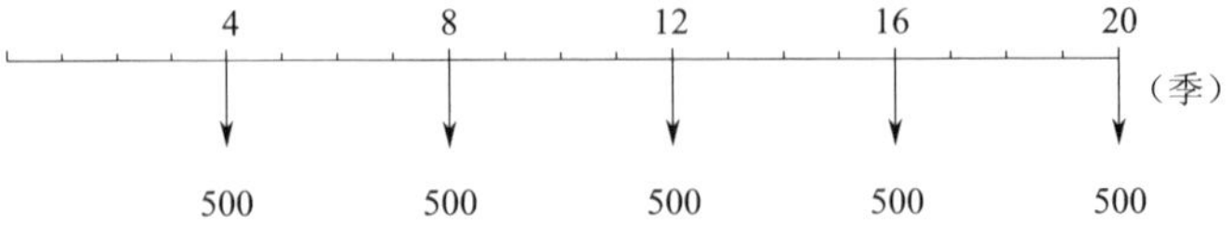

图 9-24 现金流量图

解法 1:计算计息周期利率。

名义利率 $r=12\%$, $\frac{r}{m}=\frac{12\%}{4}=3\%$ 为计息期利率。

$$F=500(F/P,3\%,16)+500(F/P,3\%,12)+500(F/P,3\%,8)+500(F/P,3\%,4)+500$$
$$=3\,211(\text{万元})$$

解法 2:计算年有效利率(实际利率)。

年有效利率

$$i=\left(1+\frac{r}{n}\right)^n-1=\left(1+\frac{12\%}{4}\right)^4-1=12.55\%$$

$$F=500(F/A,12.55\%,5)=500\times\frac{(1+12.55\%)^5-1}{12.55\%}=3\,211(\text{万元})$$

解法 3:变换成现金流动期和计息期同步的等值换算。

现金流动按季流动,将 500 平均分摊到一年 4 个季度中;利率同时也使用季度利率,即计息周期利率为 3%。

$$F=500(A/F,3\%,4)(F/A,3\%,20)=3\,211(\text{万元})$$

第五节 工程经济评价指标

本节将工程经济评价指标分为三个方面阐述:时间性的评价指标、价值性的评价指标、比率性的评价指标。

一、时间性的评价指标

时间性的评价指标是利用时间的长短来衡量项目对其投资回收清偿能力的指标。常用的时间性评价指标有静态投资回收期、动态投资回收期等。

（一）静态投资回收期

1. 定义

静态投资回收期 P_t 是在不考虑资金时间价值的条件下，以项目的净收益抵偿全部投资所需要的时间，它是反映项目财务上投资回收能力的重要指标。

2. 计算式

$$\sum_{t=0}^{P_t}(CI-CO)_t=0$$

则

$$\sum_{t=0}^{P_t}NCF_t=0 \tag{9-11}$$

实际计算时通常借助下面的插值公式：

$$P_t=[\text{累计净现金流量首次出现正值的年份数}]-1+\frac{|\text{上年累计净现金流量}|}{\text{出现正值年份净现金流量}}$$

3. 判别标准

若 $P_t \leqslant P_c$，考虑接受该项目；$P_t > P_c$，考虑拒绝该项目。其中，P_c 为行业或部门标准投资回收期。

4. 简化计算公式

针对建设期只有一笔投资 I，以后生产运营期各年收益 $(CI-CO)_t$ 相等的投资项目，P_t 可以用下面的简化公式求得：

$$P_t=\frac{I}{(CI-CO)_t} \tag{9-12}$$

其中：I——一次投资额。

5. P_t 指标的优点与缺点

优点：计算简单，经济意义明确。

缺点：

①静态投资回收期没有考虑资金的时间价值；

②随着技术进步，行业基准投资回收期 P_c 难以确定；

③ P_t 的计算只考虑了项目投资回收期以前的经济效益，没有考虑投资回收期以后的经济效益，即 P_t 没有反映项目整体的盈利水平。

虽然静态投资回收期的缺点不少，但是在实际的工程项目投资评价中，由于其计算简便，经济意义清晰，仍得到了广泛的应用。

【例 9-14】某项目的现金流量见表 9-7。计算该项目的静态投资回收期，并判断该项目是否可行(P_c =5 年)。

表 9-7　现金流量表

t(年)	0	1	2	3	4	5	6
投资(万元)	1 000	500					
销售收入(万元)			300	400	700	700	700
经营成本(万元)			100	100	100	100	100

解:计算过程见表 9-8。

表 9-8　例 9-14 计算过程

t(年)	0	1	2	3	4	5	6
NCF_t(万元)	−1 000	−500	200	300	600	600	600
$\sum NCF_t$(万元)	−1 000	−1 500	−1 300	−1 000	−400	200	

$$P_t = 5-1+\frac{|-400|}{600} = 4.67(\text{年})$$

由于 $P_t < P_c$ =5 年,所以该项目可行。

(二)动态投资回收期

1. 定义

动态投资回收期 P_t' 是指在考虑资金时间价值的条件下,以项目净收益抵偿全部投资所需要的时间。

2. 计算式

实际计算采用净现金流量折现值累计并结合插值公式求得:

$$\sum_{t=0}^{P_t'}(CI-CO)_t(1+i_c)^{-t}=0$$

$$\sum_{t=0}^{P_t'}NCF_t(1+i_c)^{-t}=0 \tag{9-13}$$

$$P_t'=\left[\frac{累计折现净现金流量}{首次出现正值的年份数}\right]-1+\frac{|上年累计折现净现金流量|}{出现正值年份净现金流量}$$

3. 评价标准

$P_t' \leqslant n$，考虑接受该项目；$P_t' > n$，考虑拒绝该项目。

n 为投资项目计算期（在投资前期，从投资评价要求出发综合权衡设定的期限），可以简单理解为项目寿命期。

这里 i_c 为行业或部门的基准收益率，是衡量项目是否可行的时间价值尺度。它的确定与银行利率、通货膨胀率及投资风险有关。确切地说，i_c 应大于银行贷款利率，也应大于通货膨胀率，还应考虑项目风险的大小。i_c 确定后，可将不同时点上的资金换算到其他任何一点处。

4. 简化计算公式

如果项目期初只有一笔投资 I，以后各年末净收益为 N，项目计算期为 n，其现金流量图如图 9-25 所示，则

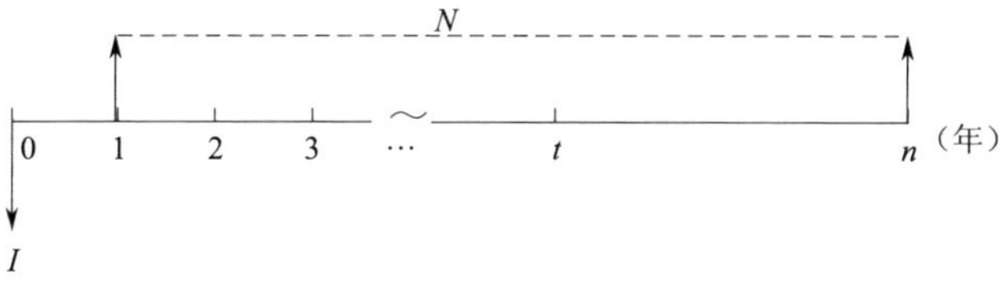

图 9-25 简化情形下的项目现金流量图

$$P_t' = -\frac{\ln\left(1-\frac{Ii_c}{N}\right)}{\ln(1+i_c)} \tag{9-14}$$

证明：设动态投资回收期为 P_t'，则

$$I = N(P/A, i_c, P_t')$$

$$\frac{I}{N}=\frac{(1+i_c)^{P_t'}-1}{i_c(1+i_c)^{P_t'}}$$

$$(1+i_c)^{-P_t'}=1-\frac{Ii_c}{N}$$

两边取对数得

$$P_t' = -\frac{\ln\left(1-\frac{Ii_c}{N}\right)}{\ln(1+i_c)}$$

即式(9-14)。

5. P_t' 指标的优点

动态投资回收期比静态投资回收期长,原因是动态投资回收期的计算考虑了资金的时间价值,这正是动态投资回收期的优点。但考虑时间价值后计算比较复杂。

【例 9-15】数据同例 9-14。设 i_c =10%,求动态投资回收期。

解:计算过程见表 9-9 。

表 9-9　例 9-15 计算过程

t(年)	0	1	2	3	4	5	6
NCF_t(万元)	−1 000	−500	200	300	600	600	600
$(1+i_c)^{-t}$	1	0.909 1	0.826 4	0.751 3	0.683 0	0.620 9	0.564 5
$NCF_t(1+i_c)^{-t}$(万元)	−1 000	−454.55	165.28	225.39	409.8	372.54	338.7
$\sum NCF_t(1+i_c)^{-t}$(万元)	−1 000	−1 454.55	−1 289.27	−1 063.88	−654.08	−281.54	57.16

$$P_t' = 6 - 1 + \frac{|-281.54|}{338.7} = 5.83(\text{年})$$

求得动态投资回收期为 5.83 年。5.83<6,故项目可行。

【例 9-16】现金流量图如图 9-26 所示。设 i_c =10%,求动态投资回收期。

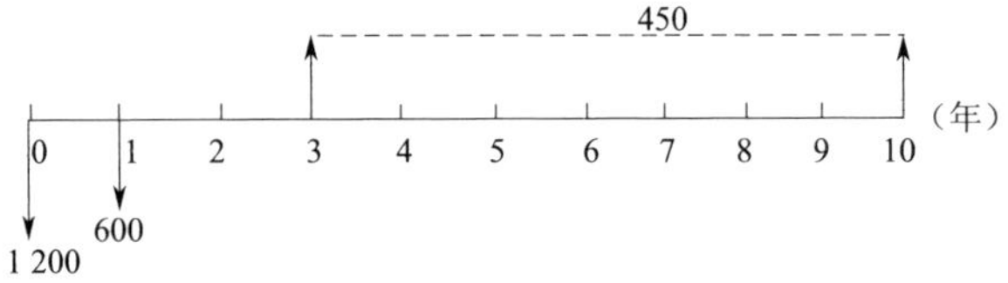

图 9-26　现金流量图(单位:万元)

解:根据式(9-14),折算到 t=2 时点,未回收的投资为

$$I' = 1\,200(1+10\%)^2 + 600(1+10\%) = 2\,112(\text{万元})$$

该项目的动态投资回收期为

$$P_t' = 2 - \frac{\ln\left(1 - \frac{2\,112 \times 0.1}{450}\right)}{\ln(1+0.1)} = 2 - \frac{-0.633}{0.095\,3} = 8.64(\text{年})$$

$P_t' < 10$ 年,故项目可行。

二、价值性的评价指标

价值性的评价指标是反映项目投资的净收益绝对量大小的指标。常用的价值性评价指标有净现值、净年值等。

(一)净现值 NPV

1. 定义

净现值(NPV, Net Present Value)是指投资项目按基准收益率 i_c 将寿命期内各点的净现金流量折现到投资起点(期初)的现值之代数和。所谓基准收益率是指要求投资达到的最低收益率,用 i_c 表示。

2. 计算公式

$$NPV(i_c) == \sum_{t=0}^{n}(CI-CO)_t(1+i_c)^{-t} \quad (9\text{-}15)$$

3. 评价标准

根据定义,显然 $NPV(i_c)=0$ 表示项目达到预定的收益率水平;$NPV(i_c)>0$ 意味着除保证项目可实现预定的收益率外,尚可获得更高的收益;$NPV(i_c)<0$ 仅表示项目未能达到预定的收益率水平,但不能确定项目已亏损。因此净现值法的评价标准为:$NPV(i_c)\geq 0$,考虑接受该项目;$NPV(i_c)<0$,考虑拒绝该项目。

4. NPV 指标的优缺点

优点:净现值指标考虑了资金的时间价值,反映了项目的整体盈利水平,经济意义明确。

缺点:计算净现值指标需要事先知道项目准确的基准收益率 i_c,而 i_c 的确定比较困难,需要综合考虑投资项目的资源禀赋、技术禀赋等条件确定。

【例 9-17】数据见表 9-10,计算净现值指标(i_c =10%)。

表 9-10 现金流量表

t(年)	0	1	2	3	4	5	6	7	8
投资(万元)	800	300							
销售收入(万元)			100	200	300	500	500	500	500
经营成本(万元)			50	100	100	100	100	100	100
残值(万元)									60

解:求解过程见表 9-11。

$NPV = 74.4$(万元)

$NPV > 0$,项目可行。

表 9-11 例 9-17 求解过程

t(年)	0	1	2	3	4	5	6	7	8
NCF_t(万元)	-800	-300	50	100	200	400	400	400	460
$(1+i_c)^{-t}$	1	0.909 1	0.826 4	0.751 3	0.683 0	0.620 9	0.564 5	0.513 2	0.466 5
$NCF_t(1+i_c)^{-t}$(万元)	-800	-272.73	41.32	75.13	136.6	248.36	225.8	205.28	214.59
$\sum NCF_t(1+i_c)^{-t}$(万元)	-800	-1 072.7	-1 031.4	-956.3	-819.7	-571.3	-345.5	-140.2	74.4

【例 9-18】现金流量图如图 9-27 所示。计算净现值指标(i_c =8%)。

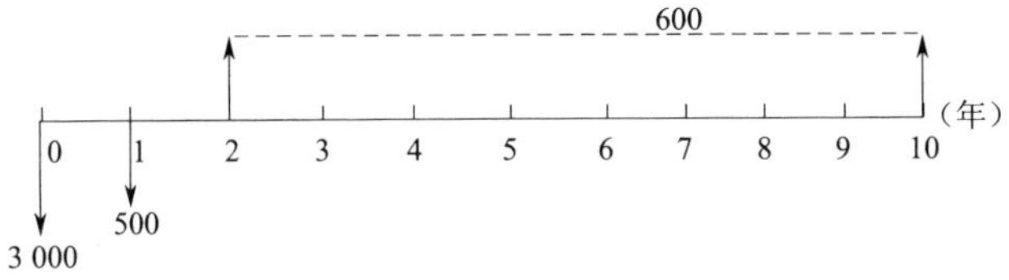

图 9-27 现金流量图(单位:万元)

解:$NPV = -3\ 000 + [-500+600(P/A,8\%,9)](P/F,8\%,1)$

$$= -3\ 000+\left[-500+600\times\frac{(1+8\%)^9-1}{8\%\times(1+8\%)^9}\right]\times(1+8\%)^{-1} = 7.53\text{(万元)}$$

(二)净年值 NAV

1. 定义

净年值(NAV, Net Annual Value)是将项目寿命期内所有的净现金流量以 i_c 为中介平均折算到每期期末的结果。

2. 计算公式

$$NAV(i_c) = \sum_{t=0}^{n}(CI-CO)_t(1+i_c)^{-t}(A/P,i_c,n) = NPV(i_c)(A/P,i_c,n) \qquad (9\text{-}16)$$

3. 评价标准

净年值指标反映的是项目年均收益的情况。净年值指标的判别准则: $NAV \geqslant 0$,考虑接受该项目; $NAV < 0$,考虑拒绝该项目。NAV 对于寿命不等的方案比较尤为

适用。

【例 9-19】现金流量图如图 9-28 所示，i_c =10%。求净年值指标,并判断项目是否可行。

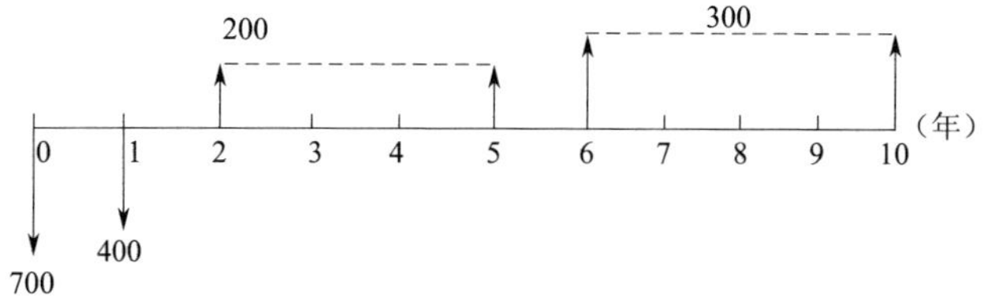

图 9-28　现金流量图(单位:万元)

解:$NAV=[-700-400\times(P/F,0.1,1)+200(P/A,0.1,4)(P/F,0.1,1)+300(P/A,0.1,5)(P/F,0.1,5)](A/P,0.1,10)$

$=[-700-400\times0.9091+200\times3.170\times0.9091+300\times3.791\times0.6209]\times0.1627$

$=35.6$(万元)

因为 $NAV>0$,所以该项目可行。

【例 9-20】现金流量图如图 9-29 所示，i_c =10%。求净年值指标。

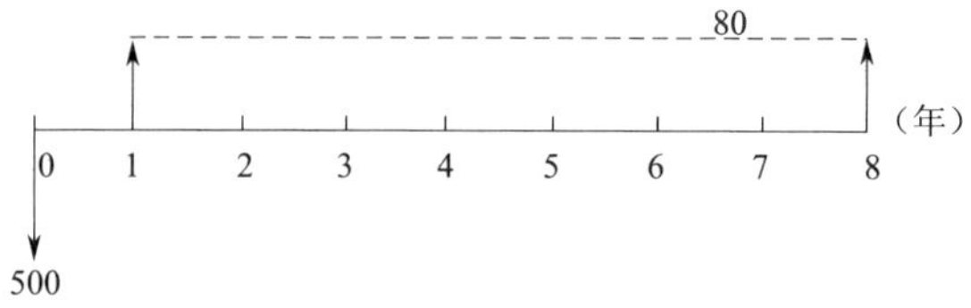

图 9-29　现金流量图(单位:万元)

解:$NAV=80-500\times(A/P,0.1,8)=80-500\times0.1874=-13.7$(万元)

因为 $NAV<0$,所以该项目不可行。

三、比率性的评价指标

比率性的评价指标是反映项目单位投资获利能力或项目对贷款利率的最大承受能力的指标。常用的比率性评价指标有内部收益率、净现值率等。

(一)内部收益率 *IRR*

1. 定义

净现值指标 $NPV(i_c)=\sum_{t=0}^{n}NCF_t(1+i_c)^{-t}$,将此公式中的基准收益率 i_c 改为任意利率 i,则有 $NPV(i)=\sum_{t=0}^{n}NCF_t(1+i)^{-t}$,$NPV(i)$称为净现值函数。使净现值函数等

于零的折现率称为内部收益率,用 IRR(Internal Rate of Return)表示。

2. 表达式

$NPV(i^*)=0$ 时对应的 $i^*=IRR$。

3. 内部收益率的经济含义

内部收益率:项目在一定的利率下,在项目寿命期结束时,正好将投资全部回收。

如图 9-30 和图 9-31 所示,第 1 年期初投资 100 万元,按照 10%的基准收益率计算, 1 年后变为 110 万元,而第 1 年期末收益为 40 万元,还有 70 万元没收回来且经过 1 年后变成 77 万元,第 2 年期末收益为 37 万元,还有 40 万元没收回来且经过 1 年后变成 44 万元,第 3 年期末收益为 24 万元,还有 20 万元没收回来且经过 1 年后变成 22 万元,第 4 年期末收益为 22 万元,刚好将项目投资全部回收。

内部收益率的经济含义是项目对占用资金的恢复能力。因为资金的时间价值,使得这个项目占用的资金每年都在变化,所以占用资金要大于初始投资,而回收能力是针对占用资金的回收。

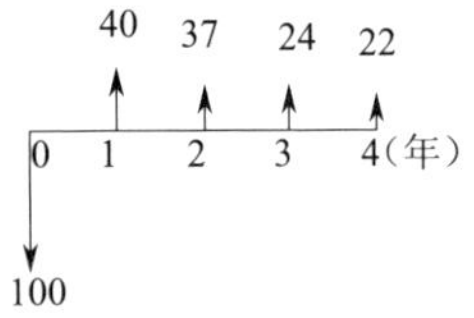

图 9-30 现金流量图

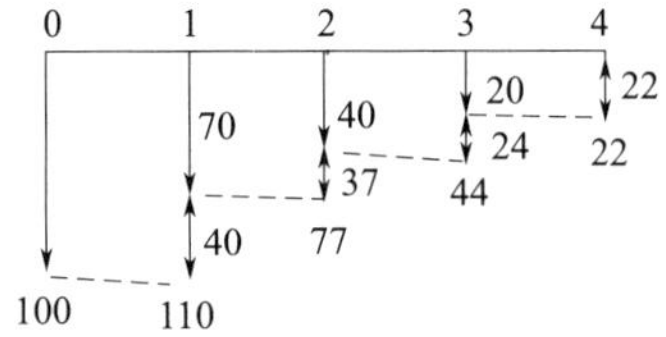

图 9-31 IRR 的经济含义

4. 净现值曲线

净现值曲线指描述折现率 i(折现率是指将未来预期收益折算成现值的比率)与 $NPV(i)$之间关系的曲线。对于常规型投资项目,在 $-1<i<\infty$ 区间,净现值曲线是一条单调递减、向下凸且必在 $i>0$ 的某个折现率上通过 $NPV(i)=0$ 的曲线,此时折现率 i 为 IRR,如图 9-32 所示。

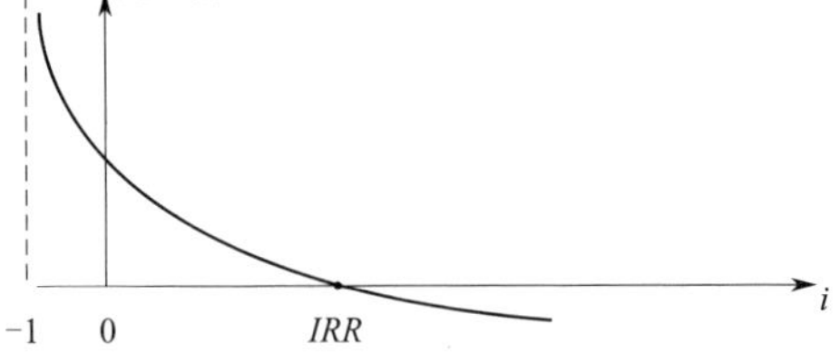

图 9-32 常规型投资项目的净现值曲线

5. 评价标准

$IRR \geqslant i_c$ 时，则 $NPV \geqslant 0$，考虑接受该项目；$IRR < i_c$ 时，则 $NPV < 0$，考虑拒绝该项目。

6. IRR 指标的优缺点

优点：计算 IRR 不用事先知道一个准确的基准收益率 i_c，同时其考虑了资金的时间价值，反映了项目对占用资金的恢复能力。

缺点：IRR 指标不是唯一的，也就是对于非常规投资项目，可能会计算出不止一个内部收益率。其原因如下。

按照公式 $\sum_{t=0}^{n}(CI-CO)_t(1+IRR)^{-t}=0$ 求 IRR。令

$$(1+IRR)^{-t}=x^t$$

$$(CI-CO)_t=F_t$$

则公式可写为

$$F_0+F_1x+F_2x^2+\cdots+F_nx^n=0$$

此方程式的正实数根的个数就是 F_0，F_1，$\cdots$，F_n 前面符号变更的次数。

7. IRR 指标计算

如图 9-33 所示，利用插值法，求 $NPV=\sum_{t=0}^{n}(CI-CO)_t(1+IRR)^{-t}=0$ 时的 IRR。

任取 i_1，代入 $\sum_{t=0}^{n}(CI-CO)_t(1+i_1)^{-t}$ 得 $NPV_1 \geqslant 0$。

再取 i_2，代入 $\sum_{t=0}^{n}(CI-CO)_t(1+i_2)^{-t}$ 得 $NPV_2 < 0$。

代入插值公式，由图 9-33 中相似三角形的性质得

$$\frac{NPV_1}{NPV_1+|NPV_2|}\approx\frac{IRR-i_1}{i_2-i_1}$$

则

$$IRR=i_1+(i_2-i_1)\frac{NPV_1}{NPV_1+|NPV_2|} \tag{9-17}$$

其中，i_1 为净现值为接近零的正值时的折现率；i_2 为净现值为接近零的负值时的折现率；NPV_1 为采用低折现率 i_1 时净现值的正值；NPV_2 为采用高折现率 i_2 时净现值的负值。

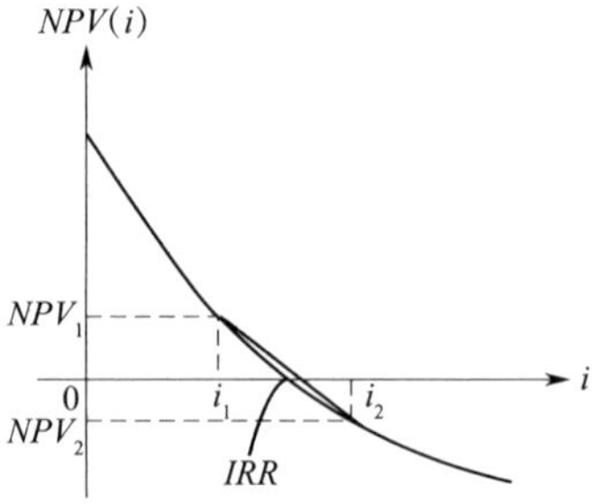

图 9-33　*IRR* 求解示意图

一般地,设 $0<|i_2-i_1|\leqslant 5\%$,即通常情况下,i_1 取 10%,i_2 最高取 15%或 5%。

因为在插值计算时,是近似把净现值曲线看成直线,为保证计算精确度,设定了5%的范围。

【例 9-21】数据见表 9-12。计算内部收益率指标(i_c =10%)。

表 9-12　现金流量表

t(年)	0	1	2	3	4	5	6	7	8
投资(万元)	800	300							
销售收入(万元)			100	200	300	500	500	500	500
经营成本(万元)			50	100	100	100	100	100	100
残值(万元)									60

解:按 i =10%求得 NPV=74.4 万元(见例 9-17)。

取 i =15%,计算 $NPV(i)$的过程见表 9-13。

求得 NPV(15%)=−170.4 万元。

这样,若 i_1=10%,i_2=15%,则 NPV_1=74.4 万元,NPV_2=−170.4 万元,代入式(9-17)得

$$IRR=i_1+\frac{NPV_1}{NPV_1+|NPV_2|}(i_2-i_1)=10\%+\frac{74.4}{74.4+|-170.4|}\times 5\%=0.115=11.5\%$$

表 9-13　*NPV*(15%)的计算过程

t(年)	0	1	2	3	4	5	6	7	8
NCF_t(万元)	−800	−300	50	100	200	400	400	400	460
$(1+i)^{-t}$	1	0.869 6	0.756 1	0.657 5	0.571 8	0.497 2	0.432 3	0.375 9	0.326 9
$NCF_t(1+i)^{-t}$(万元)	−800	−260.88	37.81	65.75	114.36	198.88	172.92	150.36	150.37
$\sum NCF_t(1+i)^{-t}$(万元)	−800	−1 060.88	−1 023.1	−957.3	−842.96	−644.08	−471.16	−320.8	−170.4

(二)净现值率 *NPVR*

1. 定义

净现值率(*NPVR*, Net Present Value Rate)是净现值(*NPV*)与投资现值和(I_p)之比。净现值率指标反映的是项目单位资金的利用率。

2. 公式

$$NPVR(i_c)=\frac{NPV(i_c)}{I_p}\times100\% \tag{9-18}$$

式中：I_p 为投资现值和。

3. 评价标准

$NPVR(i_c)\geqslant 0$，考虑接受该项目；$NPVR(i_c)<0$，考虑拒绝该项目。

4. 指标适用范围

NPVR 指标的评价标准与 *NPV* 相同，但对于资金有约束的项目，当考虑单位投资经济效益时，用 *NPVR* 指标更合适。

【例 9-22】现金流量见表 9-14，i_c =10%。求净现值率。

表 9-14　现金流量表

t(年)	0	1	2	3	4	5	6	7
投资(万元)	1 200	800	200					
销售收入(万元)			400	700	900	900	900	900
经营成本(万元)			100	100	100	100	100	100
残值(万元)								300

解：求解过程见表 9-15。

表 9-15　求解过程

t(年)	0	1	2	3	4	5	6	7
NCF_t(万元)	−1 200	−800	100	600	800	800	800	1 100
$(1+i_c)^{-t}$	1	0.909 1	0.826 4	0.751 3	0.683 0	0.620 9	0.564 5	0.513 2
$NCF_t(1+i_c)^{-t}$(万元)	−1 200	−727.28	82.64	450.78	546.4	496.72	451.6	564.52
$\sum NCF_t(1+i_c)^{-t}$(万元)	−1 200	−1 927.28	−1 844.64	−1 393.86	−847.46	−350.74	100.86	665.38

由表 9-15 得

$$NPV(10\%) = 665.38(\text{万元})$$

$$I_p = 1\,927.28 + 200 \times 0.826\,4 = 2\,092.56(\text{万元})$$

$$NPVR(10\%) = \frac{665.38}{2\,092.56} \times 100\% = 31.8\%$$

$NPVR(10\%)>0$,可接受该项目。

四、评价指标应用练习

【例 9-23】某投资项目建设期 2 年,第 1 年期初投资 100 万元,第 2 年期初投资 150 万元。第 2 年期末净流入 30 万元,第 3 年期末到第 10 年期末每年持续净流入 80 万元,i =10%,试计算该项目静态和动态投资回收期。

解:该投资项目现金流量图如图 9-34 所示。

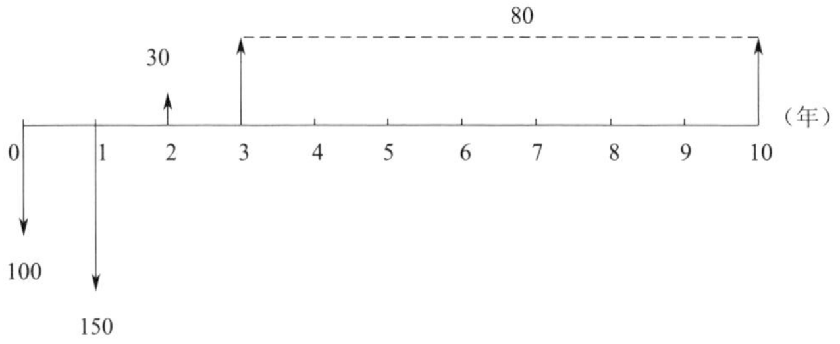

图 9-34　现金流量图

(1)静态投资回收期。

第 2 年年末收回的投资为

$$I = 100 + 150 - 30 = 220(\text{万元})$$

$$P_t = \frac{220}{80} + 2 = 4.75(年)$$

或用插值公式：

$$P_t = 5 - 1 + \frac{|-60|}{80} = 4.75(年)$$

（2）动态投资回收期。

将建设期第 0 年末和第 1 年末投资、第 2 年末收益统一折算到第 2 年末累计得到 I'，即

$$I' = 100(1+10\%)^2 + 150\times(1+10\%) - 30 = 256(万元)$$

$$P_t' = -\frac{\ln\left(1-\frac{I'i}{80}\right)}{\ln(1+i)} + 2 = -\frac{\ln\left(1-\frac{256\times10\%}{80}\right)}{\ln(1+10\%)} + 2 = 6.05(年)$$

对于同一个工程投资项目，动态投资回收期长于静态投资回收期，因为不但要回收投资本金，还要回收时间价值引发的增值部分。

【例 9-24】根据表 9-16 所示的现金流量（折现率为 10%）分别计算以下指标：

（1）净现值；

（2）净年值；

（3）内部收益率。

表 9-16　现金流量表

年份	项目	现金流量（万元）
0	初始投资	-120
1~6	年净收益	30
6	净残值	40

解：该项目的现金流量图如图 9-35 所示。

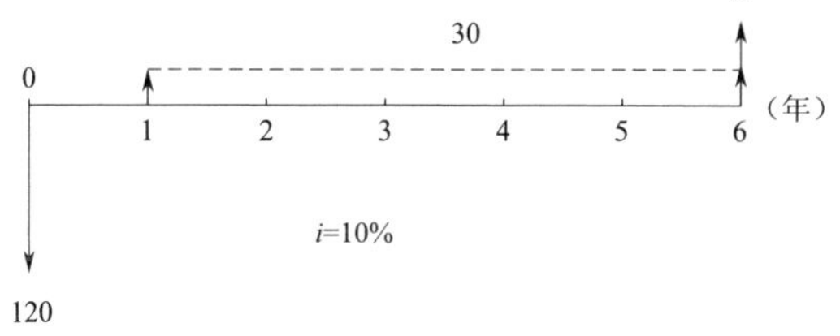

图 9-35　现金流量图

（1）净现值：

$$NPV(10\%) = -120 + 30(P/A,10\%,6) + 40(P/F,10\%,6)$$

$$= -120 + 30 \times \frac{(1+10\%)^6 - 1}{10\% \times (1+10\%)^6} + 40 \times (1+10\%)^{-6}$$

$$= 33.24（万元）$$

（2）净年值：

$$NAV(10\%) = -120(A/P,10\%,6) + 30 + 40(A/F,10\%,6) = 7.63（万元）$$

也可以用 $NAV(10\%) = NPV(10\%)(A/P,10\%,6) = 7.63$（万元）计算得出。

（3）内部收益率：

当 $i_1 = 15\%$ 时，

$$NPV_1 = 10.83（万元）> 0$$

当 $i_2 = 20\%$ 时，

$$NPV_2 = -6.84（万元）< 0$$

$$IRR = 15\% + (20\% - 15\%)\frac{10.83}{10.83 + 6.84} = 18.06\%$$

思考题

1. 简述工程经济的基本概念和工程经济分析的基本原则。
2. 简述现金流量和现金流量图的对应关系。
3. 资金时间价值和等值变换公式有哪些？
4. 简述名义利率和实际利率的概念。
5. 工程项目经济性分析的常用评价指标有哪些？
6. 领会投资项目评价指标的含义并能运用。

➢ 练习题及参考答案　　➢ 自测题及参考答案　　➢ 案例分析

参考文献

[1] 贾湖. 管理概论[M]. 天津:天津大学出版社,2012.
[2] 《管理学》编写组. 管理学[M]. 北京:高等教育出版社,2019.
[3] 周三多,陈传明,刘子馨,等. 管理学:原理与方法[M]. 7 版. 上海:复旦大学出版社,2021.
[4] 斯蒂芬·罗宾斯,玛丽·库尔特. 管理学[M]. 15 版. 刘刚,梁晗,程熙镕,等译. 北京:中国人民大学出版社,2022.
[5] 吴添祖,虞晓芬, 龚建立. 技术经济学概论[M]. 3 版. 北京:高等教育出版社,2010.
[6] 黄渝祥,邢爱芳. 工程经济学[M]. 3 版. 上海:同济大学出版社,2005.
[7] 赵涛,齐二石. 管理学[M]. 北京:清华大学出版社,2013.
[8] 朱秀文. 管理概论[M]. 天津:天津大学出版社,2004.
[9] 赵国杰. 工程经济与项目评价[M]. 天津:天津大学出版社,1999.
[10] J. L. 里格斯. 工程经济学[M] . 北京:中国财政经济出版社,1989.
[11] 虞和锡. 工程经济学[M]. 北京:中国计划出版社,2002.
[12] 吴育华. 管理科学基础[M]. 3 版. 天津:天津大学出版社,2013.
[13] 《运筹学》教材编写组. 运筹学[M]. 北京:清华大学出版社,2013.
[14] 张玉利. 管理学[M]. 天津:南开大学出版社,2019.
[15] 杨文明. 领导学与领导力[M]. 天津:天津大学出版社,2019.
[16] 杨善林. 企业管理学[M]. 北京:高等教育出版社,2015.
[17] 赵涛. 管理学[M]. 天津:天津大学出版社,2019.
[18] 迈克尔·波特. 竞争战略[M]. 陈小悦,译. 北京:华夏出版社,2005.
[19] 朱礼龙. 管理学[M]. 合肥:合肥工业大学出版社,2009.
[20] 毛良虎,蔡瑞林,罗守权. 管理学概论[M]. 北京:中国电力出版社,2009.
[21] 张强. 决策理论与方法[M]. 大连:东北财经大学出版社,2009.
[22] 冯文权,傅征. 经济预测与决策技术[M]. 5 版. 武汉:武汉大学出版社,2009.
[23] 陈春花,吕力. 管理学研究与实践的脱节及其弥合:对陈春花的访谈[J]. 外国经济与管理,2017,39(6):12-22.
[24] 熊勇清. 案例教学在《管理学原理》教学中的实施效果分析[J]. 现代大学教育,2004(1):85-88.

[25] 张桂喜,马立平. 预测与决策概论[M]. 北京:首都经济贸易大学出版社,2009.
[26] 刘金兰. 管理统计学[M]. 天津:天津大学出版社,2007.
[27] 加雷思·琼斯,珍妮弗·乔治. 管理学基础[M]. 黄煜平,译. 北京:人民邮电出版社,2004.
[28] 蒋志华,苏永明,曾鸿. 市场调查与预测[M]. 北京:中国统计出版社,2009.
[29] 贾湖. 工程经济学[M]. 天津:天津大学出版社,2009.
[30] 鲜静林. 学习《管理学原理》应重点把握的问题[J]. 甘肃理论学刊,1998(1): 73-74.